조선수학사

주자학적 전개와 그 종언

템플턴 동아시아 과학사상 총서 2

조선수학사 — 주자학적 전개와 그 종언
(원제: 朝鮮數學史—朱子學的な展開とその終焉)

지은이   가와하라 히데키(川原秀城)
옮긴이   안대옥
펴낸이   오정혜
펴낸곳   예문서원

편집   유미희
인쇄 및 제본   주) 상지사 P&B

초판 1쇄   2017년 7월 3일

출판등록   1993년 1월 7일(제307-2010-51호)
주소   서울시 성북구 안암로 9길 13, 4층(안암동 4가)
전화   925-5914 | 팩스   929-2285
홈페이지   http://www.yemoon.com
전자우편   yemoonsw@empas.com

ISBN 978-89-7646-366-1   93150
YEMOONSEOWON #4 Gun-yang B.D, 13, Anam-ro 9-gil, Seongbuk-Gu, Seoul, KOREA 02857
Tel) 02-925-5914 Fax) 02-929-2285

값   48,000원

This publication was made possible through the support of a grant from Templeton Religion Trust.
The opinions expressed in this publication are those of the author and do not necessarily reflect
the views of Templeton Religion Trust.

템플턴 동아시아 과학사상 총서 2

조선수학사

주자학적 전개와 그 종언

가와하라 히데키 지음
안대옥 옮김

예문서원

한국어판 서문

•

•

수학은 보편성이 강한 학문이다. 그러나 근대 이전의 수학의 경우, 일면적으로는 민족과 종교·시대를 넘어서는 보편성을 갖고 있었음과 동시에 일면적으로는 민족과 종교·시대가 배타적으로 규정하는 문화구속의 강한 영향하에 놓여 있었다. 온전히 논리만을 추구함으로써 언어와 문화의 영향을 벗어난 점도 있지만, 절대적으로 작용하는 민족과 종교·시대에 기인한 문화구속의 다대한 영향도 무시할 수 없다. 이 보편과 문화구속 간의 딜레마가 역사 속의 수학이 갖는 하나의 커다란 특징이다. 현재는 민족과 문화마다 서로 다른 수학이 존재할 수 없지만, 과거에는 역사 속의 수학으로서 이집트수학, 메소포타미아수학, 서구수학, 아라비아수학, 인도수학, 중국수학 등이 존재했었고, 이 사실은 이러한 전근대 수학에 대한 문화구속의 거대함을 잘 보여 준다.

수학사란, 위에서 언급한 문화구속의 개념을 이용하여 설명하자면, 역사학의 하나의 분과로서 과거의 수학서를 하나하나 독해하여 그로써 민족과 종교·시대마다 상이한 문화구속의 내용을 명확히 하는 것을 중요한 연구 목표의 하나로 삼는 학문이라고 할 수 있다. 수학의 역사적 연구는 과거의 수학을 연구 대상으로 함에도 불구하고 수학이 갖는 보편적 성격 탓에 역으로 문화구속의 내용과 성격을 명확히 하는 데 대단히 유리하고, 역사와 문화의 다양성을 손쉽게 부각시켜 준다. 수학이 갖는 보편성이 너무나도 복잡한 문화구속의 제 양상을 다소 간략화시켜 주기 때문이다.

본서 『조선수학사 ― 주자학적 전개와 그 종언』의 문화사적 분석에 있어 그 근저에 있는 것이 이상과 같은 인식이다. 분석의 최종 목표는 당연히 한국(貴國)의 문화를 정확히 이해하는 점에 있지만, 직접적 목표는 문화사, 보다 본질적으로는 사상사의 중요한 구성 요소로서 조선시대에 전개된 수학의 내용과 성격을 명확히 하는 바에 있다. 필자는 본서의 의도에 대해서, 수학사와 동시에 사상사를 기도한 문화사 연구의 작은 시도라고 생각한다.

얼마 전 역자로부터 한 통의 전자우편을 받았다. 그에 따르면 본서의 한국어판이 조만간 서울의 예문서원에서 동아시아 과학사상 총서의 하나로서 출간될 예정이라고 한다. 조선시대의 수학을 주요한 분석 대상으로 삼은 본서가 한국에서 과학사 연구서로 번역·간행된다는 사실을 무엇보다 기쁘게 생각한다. 본서의 테마에 정통한 한국의 과학사 연구자들로부터 다방면의 비판을 기대할 수 있기 때문이다.

본서의 한국어 번역은 안대옥 씨가 애써 주었다. 씨는 필자와 전공이

근접할 뿐만 아니라 조선시대 수학에도 견문이 있으니, 필자로서는 바라
마지 않는 번역자이다. 역자의 노력에 대해 진심으로 감사의 뜻을 전한
다. "安さん, ありがとうございました."

2016년 5월 19일

가와하라 히데키(川原秀城)

저자 서문

•

•

한국수학사는 한국문화사의 한 부분이고, 또한 세계문화사의 중요한 구성 요소의 하나이다. 이 말은 명저로 이름 높은 전보종錢寶琮(1892~1974)이 주편한 『중국수학사』(과학출판사, 1964)의 서문의 모두冒頭의 말[1]을 본뜬 것이지만, '중국'을 '한국'으로 바꾼 점을 제외하면 큰 의미상의 차이는 없다. 전보종을 인용한 이유는 이 구절이 본서의 기본적인 시점을 잘 나타내기 때문이다.

우리들이 생을 영위하고 있는 '현재'를 제대로 이해하기 위해서는 문화사적인 분석·고찰을 빼놓을 수 없다. 또한 문화사의 내용으로서 사상, 종교, 문학, 언어, 예술, 풍속뿐만 아니라 과학기술(천문수학, 의학, 농학 등)도 포함시킬 필요가 있다. 본서가 전통 수학의 분석에 초점을 두면서도 그것을 넘어선 무언가를 논하고자 한 것은 수학을 문화의 중요한 한 부분으로 파악하면서, 문화의 역사적인 변용變容을 해명하는 것을 연구의 최종 목표로 삼았기 때문이다.

그러나 '문화'의 정체를 분명하게 하는 것은 용이한 일이 아니다. 문화는 정체를 알 수 없는 것이어서 분석 대상을 한정하여 연구의 종점

---

1) 전보종은 『중국수학사』의 간행에 즈음하여 서두에서 "中國數學史是中國文化史的一部分, 也是世界文化史的一部分"이라고 자신의 신념을 밝혔다.

(endpoint)을 정하지 않으면 공소한 논술에 빠질 위험성이 대단히 높은 '물건'이기 때문이다. 문화사 연구와 관련하여 읽을 만한 명저가 적은 이유가 여기에 있을지도 모른다. 본서가 분석 대상을 한국의 전통 수학에 한정하고 역사적인 문맥을 하나하나 조사해 근거 있는 사항만을 논술하려한 것은 무엇보다도 공소한 논술이 되는 것을 두려워했기 때문이다.

본서는 문화사를 연구의 목표로 삼은 한편, 가능한 한 정확한 논술이되도록 노력했고, 논술의 정확성을 확보하기 위해 두 가지 기본 원칙을세웠다. 하나는 산서算書의 내용을 중심으로 수학사를 구축하는 것이고, 다른 하나는 한국수학의 원류를 확정해 그 내용을 상세히 서술하는 것이다.

우선 첫 번째 원칙에 대해 말하자면, 수학사 연구에 여러 가지 접근법이 있는 것은 잘 알려져 있다. 접근법은 크게 학설사, 사회사, 사상사로나누는 것이 가능할 테지만 그도 큰 틀을 보여 주는 것에 지나지 않고, 개별 연구에 있어서는 분석자의 개성과 분석 대상의 성격에 의한 바가크다. 본서는 논술에 있어 한국의 산서의 구성에 따라 원서의 내용을 있는 그대로 기술하고 직재直截적으로 설명하는 것을 원칙으로 하였다.[2) 목적은 논술자의 작위가 될 수 있는 대로 들어가지 않도록 하기 위해서이다. 이 의미에서 보자면 본서를 산서 중심의 수학학설사로 부를 수 있을 것이다.

　산서를 중심으로 한 수학사 연구가 의미를 가지기 위해서는 산서의 독해가 전제되기 때문에, 사료로서의 한국 산서를 빠짐없이 수집하는 것이 불가결하다. 그러나 실제로 한국의 산서는 그 수가 그다지 많지 않다.[3] 본서는 (1) 김용운 편, 『한국과학기술사자료대계—수학편』 전10권(여강출판사, 1985) 수록본,[4] (2) 개인적으로 수집한 서적(한적 영인본)이나 각국 도서관 소장본, (3) 인터넷에 공개된 한국 산서의 화상畵像자료를 주로 사용해 최대한 사료를 수집하고자 노력했지만, 전체적으로 사료의 절대량이 부족한 것은 부정할 수 없다. 중국이나 일본에 남아 있는 고전 수학서의 수와 비교하자면 그 차는 역력하다. 본서의 특징 중 하나는 다수의 한국 산서에 대해 그 내용을 소개한 것에 있지만, 사료적 한계 또한 분명

---

2) 현대 수학기호의 도움을 빌린 것은 사실이지만 그것은 과거의 번잡한 논술을 간략화하기 위해서이다. 수학사 연구에 있어서의 필요악으로 이해해 주길 바란다.
3) 현황은 확실히 사료적인 제약이 많지만, 인터넷의 세계적인 보급에 의해 사료적 문제는 급속히 해결될 것으로 기대한다.
4) '김용운 편'본은 한국수학의 기본서를 대부분 수록하고 있어 사료적 가치가 대단히 크다.

하다고 해야 할 것이다.

　두 번째 원칙에 대해 말하자면, 한국 산서의 원류에 해당하는 중국 산서를 찾아내 가능한 범위에서 산법의 역사와 그 내용을 소개하였다. 원래 한국수학은 중국수학을 기초로 해서 발전하였기 때문에 전승과 창조의 관계가 복잡하고 미묘하다. 그 때문에 양 수학의 비교 작업을 게을리하면 한국 산서의 내용 소개를 시도했다고 해도 결과적으로는 중국수학의 개설로 끝날 가능성이 높다. 한국 산서의 방정술方程術, 영부족술盈不足術, 천원술天元術, 개방술開方術, 대연술大衍術, 타적술垜積術 등을 소개한들 실제로는 중국수학의 개설에 지나지 않는다. 세심한 주의가 필요하다.

　또한 조선 후기와 말기의 수학에는 서양수학의 영향도 깊다. 예를 들면 『구수략九數略』의 사상산법四象算法은, 표면적으로는 역학에 기초해 언뜻 보기에 극히 조선적이지만, 상세하게 보면 서양의 삼수법三數法(rule of three)을 환골탈태한 것에 지나지 않는다. 우리들은 아무리 미세하더라도 산법에 은견隱見하는 그림자를 놓쳐서는 안 될 것이다.

　본서의 구성은 다음 표와 같이 크게 10장으로 이루어져 있다.

동아시아	서장 중국의 수학과 수학사상		
조선 이전	제1장 신라와 고려의 수학		
조선 초기	제2장 세종과 조선시대 수학의 틀		
조선 후기	제3장 동산의 성립과 천원술	제4장 서산의 전래 — 최석정과 홍대용	제5장 순수 성리학적 수학서의 출현 — 황윤석과 배상열
조선 말기	제6장 정조 대의 수학과 서산의 신장	제7장 서산의 심화와 전통의 재평가	제8장 실학자의 산학 연구 — 정약용과 최한기
동아시아	종장 조선의 수학과 동아시아		

　　본론은 제1장에서 제8장까지이고, 전후로 동아시아 수학과의 관계를 논한 서장과 종장을 두었다. 또 제1장부터 제3장까지는 시간축을 기준으로 배열하고, 제3장부터 제5장까지와 제6장부터 제8장까지는 평행적인 관계로 배열하였는데, 이는 사료의 많고 적음을 고려한 결과에 지나지 않는다.

　　이에 덧붙여 본서에서 의도적으로 시도한 것 중의 하나는 수학에 대

한 사상사적인 분석이다. 전보종의 문화사적인 분석을 보다 심화하고자
기도한 것으로, 한국수학에 대한 주자학, 실학, 서학西學 등의 사상적 관
계에 대해서도 가능한 한 분석하고 고찰했다. 또 조선의 주자학, 실학,
서학 자체의 사상 분석에도 많은 분량을 들였다. 서장과 제5장, 제8장의
논술이 그에 해당한다.

　또한 비교 수학사적인 분석도 미미하나마 시도하였다.(종장) 중국, 일
본, 한국의 수학을 비교하는 것이다. 동아시아의 수학은 대부분 중국수
학의 형식에 기초해서 발전한 것이고 한자를 이용한 기호법을 포함해서
유사한 바가 대단히 많다. 즉 동아시아 삼국의 수학의 특징은 다른 나라
의 역사에 보이는 수학(서양수학, 인도수학 등)과 비교해 보면 서로 다른 점
이 압도적으로 적다. 서로 다른 점이 적다면, 삼국의 분기점을 확정하는
것은 그다지 어려운 일은 아닐 것이다.

　생각해 보면 '수학'이란 '유類에 따라 확장하면 즉 유하궤복幽遐詭伏이
라고 해도 들어가지 못할 곳이 없는' 학문이다.5) 기본적인 성격 자체가

---

5) 劉徽의 「九章算術注序」 말미에 적힌 말을 빌렸다. 원문은 "觸類而長之, 則雖幽遐詭
伏, 靡所不入. 博物君子, 詳而覽焉"로, '幽遐詭伏'은 뿌에서 잘 보이지 않을 정도로

의식적인 노력을 하지 않더라도 자연히 '보편'을 지향하는 바가 있다. 논리 추구에 근거한 보편 지향 때문일 것이다. 과거 역사상의 수학에서도 시대와 언어의 문화구속을 너무나도 간단하게 초월하는 바가 많았다. 한국의 전통 수학도 예외는 아니다. '박물군자' 즉 수학을 사랑하고 과거의 문화유산을 애호해마지 않는 분들의 상람詳覽을 간절히 바라는 소이所以이다.

먼 곳과 의뭉스럽게 깊은 곳을 말한다.

차례

筭法通變本末卷上

　　　　錢塘楊輝　編集

習筭綱目

先念九九合數　自一一如一至九九八十一　用法不出於斯

學相乘起例並定位　切課一日

溫習乘法題目　自一位乘至六位以　切課五日

學商除起例并定位　切課一日

溫習除法題目　並自一位除至六位　切課半月日

既識乘除起例収買五曹應用筭法二本依法術日

下兩三問諸家筭法不拘次第今用二書以便初

學且未要窮理但要知如何發問作如何用法答

『宋楊輝算法』(일본 사본)의 書影

藪內淸 舊藏, 『宋楊輝算法』「算法通變本末」卷上의 첫 페이지. '習算綱目'을 설명한다. 상세한 내용은 제2장 2. 3) (2)를 참조 바란다. 본서는 關孝和에 의한 조선 전래의 『양휘산법』 필사본을 後人이 재차 전사한 것으로 이는 에도시대 일본의 和算家들이 『양휘산법』을 학습한 정황을 후세에 전하는 좋은 증거이다. 藪內淸 구장본은 현재 소재불명이다. 書影은 저자가 藪內淸 선생에게 빌려 복제한 사본을 이용하였다.

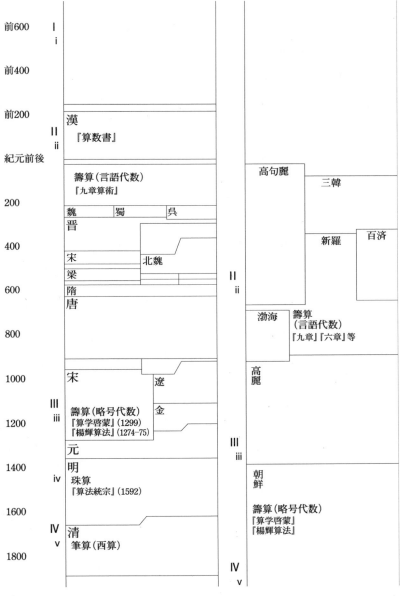

동아시아 수학사 연표

중국수학은 크게 5기로, 수학사상은 4기로 나뉘는데, 中算을 기초로 성립한 한국의 수학 또한 그 유형을 기준으로 해서 발전 시기를 구분할 수 있다. 로마숫자의 소문자는 수학 유형을 나타내며 각각 i 先秦數學, ii 籌算(언어대수), iii 籌算(약호대수), iv 珠算, v 필산(西算)을 의미한다. 또한 대문자는 사상 유형을 나타내며 I 子學, II 漢學, III 宋學, IV 淸學을 의미한다. 상세한 내용은 서장을 참조 바란다.

조선의 수학은 다른 중국 근린지역과 마찬가지로 유학의 사상적 규범하에서 중국의 수학(中算)을 기초로 하여 그 압도적인 영향을 받아가면서 발전하였다. 그러나 조선 후기에는 중국 명청기의 수학과 일본 에도시대의 수학(和算)과는 다른 발전의 길을 걸었고 동산東算이라는 독자적인 수학세계를 형성하였다.[1]

여기서는 조선의 수학과 수학사상을 논함에 있어서 그 형성에 심대한 영향을 미친 중국의 수학과 수학사상의 내용, 역사에 대해 미리 그 기본적인 사항을 이해해 두고자 한다.

1. 중국의 수학

근대 이전 시기까지 세계 각 지역의 수학은 각 문명마다 문화적으

---

[1] 상세하게 후술하겠지만 東算이라는 개념은 스스로의 원류에 해당하는 중산에 대해서 창출된 것이다. 즉 조선수학의 전통 속에 중산과 서로 어긋나는 바가 있음을 발견하고 자국의 수학의 독자성을 확고하게 자각함으로써 동산의 의식이 생겼다고 이해해야 한다. 동산이 중산에 대해 갖는 의식구조는 中算과 和算이 둘 다 서양수학(서산과 양산)과 짝을 이루는 개념인 점과 크게 다르다. 이 점은 특히 수학사에서 중요한 차이이므로 주의를 게을리해서는 안 된다.

로 엄격하게 구속된 상태로 고유의 독자적 형식과 사상을 구축했다.
그 결과 세계에는 역사적으로 언어와 전통을 달리하는 복수의 수학이
출현하였다. 그 대표적인 것 중의 하나가 '중국수학'이다.

1) 중국수학과 산주

중국수학의 특징은 '산학'이라는 한마디로 총괄할 수 있다. 또 조
선수학이나 일본수학 등 중국 주변의 여러 나라에서 전개된 수학에
대해서도 같은 의미에서 산학이라고 부를 수 있다.[2]

[산학과 산주] '산학'의 직접적인 의미는 계산에 사용되는 기구(算具)로부
터 유래한다. 몇십 개의 길고 가는 대나무로 만든 막대기인 '산算' 또
는 '산주算籌'를 사용하는 계산술, 즉 '산주의 수학'이라고 할 수 있다.
산주의 수학은 약칭해서 통상적으로 '주산籌算'이라고 불린다.

한편, 주판(算盤)에 기초한 '주산珠算' 역시 주산籌算의 발전 형태의
하나이다. 넓게 보자면 산학의 범주에 포함된다.

[산주의 제도] 산구算具의 '산'에는 다른 호칭이 다수 존재한다. '책策',
'주籌', '산주', '주산', '주책籌策', '산목算木' 등이 그렇다.[3]

---

   2) 동아시아 수학에 대해서만 산학이라고 칭할 수 있는 것은 아니다. 劉春銀 · 王小
      盾 · 陳義 編, 『越南漢喃文獻目錄提要』(中央研究院中國文哲研究所, 2002)에 의하면 베
      트남의 도서관에도 'OO算法'이라고 명명된 한문 수학서가 많이 남아 있다고 한다.
      수학서의 명명법에서 보자면 베트남의 수학도 산학으로 호칭해야 할 것이다.
   3) 상세한 것은 李儼, 『中國古代數學史料』(中國科學圖書儀器公司, 1954) 중 28. 算籌制度

산주의 형상이나 크기는 시대에 따라 차이가 크다. 출토된 선진先
秦 산주의 경우 대나무, 뼈, 납으로 만든 길고 가는 막대기로서 원형과
방형의 두 종류의 모양이 확인되었다. 길이는 후세의 것보다 길다. 예
를 들면 수호지睡虎地에서 발견된 전국시대 산주는 평균적으로 19.5㎝
정도이다.[4]

한편 『한서』「율력지」에서는 원기둥(圓柱)형의 '산'의 규격을 "직경
은 1분(약 0.23㎝), 길이는 6촌(약 13.86㎝), 271매로 6각형(六觚)을 이룬다"라
고 기술하였다. 또한 북주의 견란甄鸞의 『수술기유數術記遺』에는 사각막
대(方柱)형의 '산'의 규격을 "길이 4촌(약 9.80㎝), 사각형의 변의 길이(方)
가 3분(약 0.74㎝)"이라고 기술하였다. 『수서』「율력지」에서는 양수를
나타내는 삼각막대(三角柱)형의 산(正策)과 음수를 나타내는 사각막대형
의 산(負策)을 나누어 크기를 "넓이가 2분(약 0.59㎝), 길이가 3촌(약 8.85㎝)"
이라고 기술하였다. 문헌자료에 의하면 한 이후의 산주의 길이는 10㎝
전후로 정착한 듯하다.

[산주기수법] 중국의 산주기수법은 예부터[5] 십진기수법, 즉 10을 밑(基
數)으로 하고 자리에 의해 값이 정해지는 기수법이다. 즉 숫자 1~9를
나타내는 기호(광의의 숫자)를 정하고 숫자 0은 빈자리(無記號)로 해서, 좌

　　를 참조할 것.

4)　고고학적인 사례에 대해서는 劉鈍, 『大哉言數』(遼寧教育出版社, 1993) 중 제1장 제3
　　절 古記數制與古算具를 참조할 것.

5)　산주기수법이 언제쯤 발명되었는지에 대해서는 정확하지 않다. 그러나 王國維의
　　추정처럼 書寫用의 簡策과 계산용의 산주의 기원이 같다고 한다면 산주기수법의
　　발명은 殷周期까지 거슬러 올라갈 가능성도 있다.

측의 상위 숫자가 우측의 하위 숫자의 10배를 의미하는 자릿수 계산법에 의해 수를 표시하는 것이다.

산주기수법의 기본 원칙을 기술하면 다음과 같다.

(1) 산주를 늘어놓아 숫자 1~9를 나타내는 세로식(縱式) 기호와 가로식(橫式) 기호를 정한다.

	1	2	3	4	5	6	7	8	9
세로식 수 기호	│	‖	‖‖	‖‖‖	‖‖‖‖	⊤	⊤⊤	⊤⊤⊤	⊤⊤⊤⊤
가로식 수 기호	─	═	≡	≣	≣─	⊥	⊥─	⊥═	⊥≡

(2) 가로 방향으로 세로식과 가로식 기호를 교대로 늘어놓아 그 기호열에 의해 수를 표시한다. 세로식은 1자리, 100자리, ……, 10^{2n}자리에 놓고, 가로식은 10자리, 1000자리, ……, 10^{2n+1}자리에 사용한다.(n은 자연수)

(3) 현대의 기수법과 같이 왼쪽을 상위, 오른쪽을 하위로 하여 십진법으로 표시한다. 오른쪽 끝의 1자릿수를 기점으로 해서 왼쪽으로 한 자리 올라가면 10배의 수를 나타내며, 오른쪽으로 한 자리 내려가면 1/10의 수를 나타낸다.

(4) 영의 수는 특정한 기호를 만들지 않고 그 자리를 그대로 빈 채로 둔다.(무기호=0)

(5) 음수는 끝자릿수 기호 위에 한 개의 산주를 오른쪽으로 비스듬히 겹쳐 둔다.

중국의 십진기수법에는 분명히 0의 기호가 존재하지 않지만, 실질적으로는 무기호를 0의 기호로 삼아 사용하기 때문에 0의 발견은 꽤 이르다고 할 수 있다.

산주기수의 예를 들자면 '八千七百三十四'(8734)는 '⊥ Ⲧ ☰ Ⅲ'의 기호열을 이용하고, '二百零三'(203)은 'Ⅱ Ⅲ', '三百二十四負'(-324)는 'Ⅲ ☰ ⼗⼗⼗'로 표시하였다.

[산주계산법] 중국의 수학은 산주를 이용하여 정수, 분수 등을 표시하고 그 십진기수법으로 표시된 수에 대해서 방대한 알고리즘을 고안했다. '술' 혹은 '산법'이라고 불리는 것이 그것이다.

예를 들면 『구장산술』 권1에는 '방전술', '이전술', '약분술', '합분술', '감분술', '과분술', '평분술', '경분술', '승분술', '대광전술', '규전술', '사전술', '기전술', '원전술', '완전술', '호전술', '환전술' 등이 보인다.(제1장 3. 내용 참조) 역사적 문헌에는 다수의 산술과 그 '술'의 이름이 기록되어 있지만 이름 없는 '술'도 드물지는 않다. 산학의 알고리즘이 많기로는 보통 수준을 훨씬 넘을 것이다.

주산籌算을 대표하는 알고리즘을 들자면 연립일차방정식을 처리하는 '방정술', 고차방정식을 세우는 방법에 관한 '천원술天元術', 고차방정식의 해법인 '증승개방법增乘開方法', 연립고차방정식을 처리하는 '사원술四元術' 등을 거론할 수 있다.

위에서 언급한 산술의 공통적인 특징은 산주기수법의 자리를 결정하는 방식을 확장하여 세로쓰기의 산주식算籌式에 의해 방정식을 나타내는 점에 있다. 예를 들면 『구장산술』 방정장의 제1문제는 산주算籌를

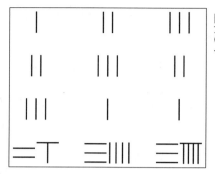

[그림 p-1] 주산식(방정)
方程術은 籌算의 대표적인 알고리즘의 하나이다. 算籌를 세로로 늘어놓아 삼원일차방정식을 표시한다.

[그림 p-1]처럼 늘어놓지만 그 방정술의 산주식은 삼원일차방정식

$$\begin{cases} 3x + 2y + z = 39 \\ 2x + 3y + z = 34 \\ x + 2y + 3z = 26 \end{cases}$$

을 의미한다. 산주숫자와 아라비아숫자의 1대1 대응에 주목한다면 주산籌算식이 의미하는 바는 용이하게 이해될 수 있을 것이다.

중국의 수학은 방대한 산주계산법 각각에 대해서, (1) 정확함과 신속함을 추구하여 계산 과정의 개량을 거듭하고, (2) 구 계산술이 갖는 결점을 극복할 목적으로 새로이 개선된 알고리즘을 다수 고안했다. 산학의 역사를 가리켜 알고리즘의 개량 및 발명의 역사라고 서술하는 이유가 여기에 있다.

[산학의 외연] 산학의 외연을 이야기하자면 명대의 주산珠算 또한 산학의 범주에 포함시켜야 할 것이다. 그것은 주판(算盤)이 바로 산주算籌의 발전 형태의 하나이기 때문이다.

주판이 산주로부터 발전한 사실은 주산籌算과 주산珠算의 역사를

통해서도 분명하게 알 수 있지만, 주판의 구조로부터 설명하는 것도 가능하다. 주판에서 양상梁上(柱上)의 1알(珠)은 5의 수를 의미하고 양하 梁下(柱下)의 1알은 1의 수를 나타내는데, 그 구조는 산주算籌기수의 6에 서 9까지의 기호와 같다. 즉 주산珠算의 기수법은 가로식 숫자기호에 서 세로로 둔 산가지와 세로식 숫자기호에서 가로로 둔 산가지가 5를 나타내고, 가로식 기호의 가로로 둔 산가지와 세로식 기호의 세로로 둔 산가지가 각각 1을 의미하는 것과 완전히 같다. 이것은 주산珠算이 주산籌算에서 발전해 온 것을 여실히 보여 준다.

한편 청대의 필산도 산학이라고 호칭할 수 있다. 그것은 청대 사 람들이 중서中西 절충적인 자국의 수학에 대해 산법이나 산술이라고 호칭했기 때문만은 아니다. 진정한 이유는, 기호법의 가치를 정확하 게 인식했던 청대의 수학도 주산籌算적인 언어에 의한 알고리즘 표기 에 대한 욕구가 강렬하였고, 본질적인 점에서 보면 중국 산술의 전통 적인 틀에서 벗어나 있지 않았기 때문이다. 청대의 산술(淸算)에서도 『구장산술』의 영향이 현저하게 보이는 이상 한대 이래의 산학이라는 호칭을 굳이 부정할 필요는 없을 것이다.

2) 중국수학의 분기

중국수학 즉 산학의 발전은 크게 5기로 나뉘는데, 발전 상황은 i 선진先秦의 산학 전사前史 → ii 한당의 주산籌算(言語代數) → iii 송원의 주산籌算(略號代數) → iv 명의 주산珠算 → v 청의 필산(西算)으로 정리할

수 있다.[6]

[중산의 분기] 중국수학을 약칭해서 '중산中算'이라고 부르는 경우가 많다. 중산의 짝을 이루는 개념은 '서산西算' 즉 서구의 수학이다.[7]

i 선진수학 — 산학 전사前史

진나라의 중국 통일에 앞서 산주算籌에 의한 기수記數 계산법이 확립되었다. 또 제자백가의 하나인 묵가가 명변名辯적인 기하학을 전개하였다.

ii 한당수학 — 주산籌算: 언어대수

한대에 『구장산술』(簡策本)이 편찬되었다. 『구장산술』은 전통 산학의 집대성이라고 할 수 있는 언어대수학서言語代數學書이다. 계산술은 기호가 아닌 언어(한문)로 쓰였다. 중국 고대수학 체계(산학)의 성립을 알리는 중요한 표지標識이다. 후세의 중국 및 중국 주변 여러 나라의 수학은 그 알고리즘을 중시하는 수학서에 의해 발전의 방향이 결정되었다.

위말진초魏末晉初의 유휘劉徽는 『구장산술』의 직각삼각형의 닮은 꼴

---

6) 이하, 동아시아 수학의 수학 유형을 보이는 경우 본 장 2) 중국수학의 분기의 로마숫자(소문자)를 사용하였다. 즉 한당수학 수준의 籌算(언어대수)이 전개된 때에는 유형 ii로 표시한다.

7) 에도시대의 수학을 칭해서 '和算'이라고 하는데 이는 '洋算'의 대립 개념으로서 자국이 자랑하는 수학을 가리켜 언급한 것이다.

(相似法)을 발전시켜 '중차술重差術'의 예제에 주석을 붙였다. 주석은 망실되었지만 예제는 『해도산경海島算經』으로서 현존한다. 진남북조晉南北朝기(4~6세기)의 수학서에는 『손자산경孫子算經』, 『하후양산경夏侯陽算經』, 『장구건산경張丘建算經』, 『철술綴術』이 있고, 등차급수나 부정방정식의 해법 등을 발전시켰다.

iii 송원수학 — 주산籌算: 약호대수

산주算籌를 계산 도구로 쓴 중국의 전통 수학은 한당 1000년의 완만한 발전 속에서 언어대수적 성격이 강한 왕조 공인의 『십부산경十部算經』, 즉 『주비산경周髀算經』, 『구장산술』, 『해도산경』, 『손자산경』, 『하후양산경』, 『장구건산경』, 『철술』, 『오조산경五曹算經』, 『오경산술五經算術』, 『집고산경緝古算經』으로 집대성되었지만, 송원기에는 다시 비약적인 발전을 이루어 언어대수의 수준을 일거에 돌파하여 약호대수적인 기호법(天元術과 四元術), 고차방정식의 수치해법(立成釋鎖法과 增乘開方法), 연립일차합동식의 해법(大衍術), 급수의 합을 구하는 법(垜積術) 등의 영역에서 눈부신 성과를 거두었다. 약호대수라고 불리는 것은 수리 전개에는 기호가 상용되지만 여전히 언어대수적 성격 또한 강하게 남아 있고 기호화에 철저하지 못하여 기호대수로서는 불충분한 점이 있기 때문이다.

송원수학의 뛰어난 성과 중에서 특출하게 중요한 것은 약호대수의 기호법인 '천원술'과 고차방정식의 수치해법에 해당하는 '증승개방법'이다. 주요한 산학서로는 진구소秦九韶의 『수서구장數書九章』(1247), 이야李冶의『측원해경測圓海鏡』(1248), 주세걸朱世傑의『사원옥감四元玉鑑』(1303) 등이 있지만 조선의 수학 즉 동산東算과의 관계에서 보자면 주세걸의 『산학계몽算學啓蒙』(1299)과 양휘楊輝의『양휘산법楊輝算法』(1274~1275)에 특히 주의해야 할 것이다.

iv 명의 수학 ― 주산珠算

명대에는 주산珠算이 번성하였다. 그러나 명대 중기에는 주산珠算과 실용주의의 성행에 따라 송원수학의 고도의 성과는 잊혀 과거의 위대한 주산서籌算書 대다수가 망실되었다. 천원술이나 증승개방법은 망각의 저편에 사라져『산학계몽』,『양휘산법』의 존재도 중국에서 사라졌다.

v 청의 수학 ― 필산(西算)

명 말에 예수회 선교사에 의해 서구의 과학혁명 전후의 신구新舊 수학이 전해져 중국수학에 심대한 영향을 미쳤다. 청 중엽에 이르면 중서 양 수학의 기초 위에 산학 또한 독자의 발전을 이루었다. 고산古算의 복원에 덧붙여 삼각함수의 급수전개나 방정론의 연구 등이 대표적 성과이다.

[중산의 성격] 『사고전서총목제요四庫全書總目提要』 천문산법류天文算法類의 소서小序를 인용할 것도 없이, 중국수학은 전체적으로는 시대의 추이에 따라 확실하게 그 수준을 높여 간 것이 틀림없다. 그러나 명의 주

산珠算은 예외적이다. 송원수학에 비교하면 실용성은 확연히 향상되었지만 수학적 수준은 급속하게 저하하였다.

또한 청대의 수학은 순수수학의 필산과 상용수학의 주산珠算으로 나뉘어 서로 간에 이렇다 할 영향관계 없이 진전되었는데, 이는 수학의 담당층이 다르고 각각 수학에 대한 요구가 달랐기 때문이다.

2. 중국의 수학사상

앞 절에서 언급한 것처럼 중국수학의 발전은 크게 5기로 분기할 수 있지만, 그중 수학관이나 수를 둘러싼 사상의 경우, 일반적인 중국 사상사의 구분과 같이 Ⅰ 선진사상(子學) → Ⅱ 한당사상(漢學) → Ⅲ 송명사상(宋學) → Ⅳ 청의 사상(淸學)의 4기로 나눌 수 있다.[8]

1) 유림儒林의 실학

중국의 목록학 연구에 따르면, 중국 고유의 학술 분류는 전한 애제哀帝 시기에 완성된 최초의 도서목록인 유흠劉歆의 『칠략七略』에 의

---

8) 이 주제에 대해서는 劉鈍, 『大哉言數』(遼寧敎育出版社, 1993)의 제1장 古算概視 제4절 古算與社會에서 (二)學術思潮演變中的中國古代數學을 참조할 것. 劉鈍의 책은 수학사상의 전개를 先秦·漢·魏晉·宋·淸으로 분기하는 등 필자의 견해와 다른 부분도 없지는 않지만 중국의 수학사상에 관한 한 세계 최초의 본격적인 분석이라고 일컬어도 좋을 저술로서 높게 평가할 필요가 있다.

해 그 범형範型이 확정되었다고 한다. 그러나 학술 분류의 범형을 확정했다는 것은 결국 경학⁹⁾(유학)을 중심으로 한 보편적인 학문적 지도가 정립된 것을 의미한다. 유흠에 의해 이루어진 경학적 학술 분류의 정립이 강한 규범성을 통해 후세의 중국 학술을 규정한 것은 실로 이 범식範式적 성격 탓이라고 할 수 있다.

[경학과 과학] 유흠의 『칠략』은 과학기술서에 대해서, 천문학(曆法과 天文)과 수학에 관련된 서적은 「술수」(數術)에 분속시키고, 의학(醫經과 經方)은 「방기方技」에, 농학은 「제자諸子」의 범주에 넣어 각각 별도의 학문범주로 분류하였다. 천문수학, 의학, 농학 삼자를 일괄하는 '유類'개념은 정립되지 않았지만, '육예六藝 = 경학(유학)을 근간적인 학술로 여기면서 과학을 포함한 모든 지적 영위를 경학의 하부에 놓고 경학을 지탱하는 필수불가결한 학술 부문으로 위치 지었다.

　그러나 학문 영역 모두가 경학의 하부 학술로서 위치 지어진 이상, 당시의 학문 모두가 경학에 속하는 것으로 이해되고 학문적 실용성이 중시된 천문수학과 의학 그리고 농학이 '유림의 실학'(유교사회를 지탱하는 실용적 학문)으로 인식된 점은 의심할 바 없다. 중국과학은 유흠에 의해서 왕조의 공식 이론 즉 유학 = 경학(天學)의 세계 인식의 일익을 담당하는, 없어서는 안 될 구성 요소로 위치 지어진 것이다.

---

　9) 경학이란 경서(공자의 刪定을 거쳤다고 말해지는 중국의 古典籍. 경서의 개념은 한대에 성립)를 연구하는 학문을 말한다. 유학의 이론 부분을 가리킨다고 해도 좋을 것이다. '天人之祭'를 주요한 연구 주제로 한 탓에 '天의 철학' 혹은 '天人의 學'이라고 불리는 경우가 많다.

[술수와 방기 등] 중국과학은 이렇게 하여 경학=유학의 이념하에서 한 대에 그 틀을 완성하였다. 천문학은 '천의 과학'으로서 경학을 근저에서 지탱하는 학술상 가장 중요한 역할과 위치를 부여받았다. '역법'은 전한 말의 유흠의 삼통력三統曆에 이르러 경학적 독자 체계를 형성하였고, '천문'은 전한 말부터 후한 중기에 걸쳐 혼천의에 기초한 천상 관측법을 확고하게 한 후 점성술의 형식을 완성하였다. 천문학에 부수된 수학도 후한 초기의 『구장산술』에 이르러 독자적인 풍격을 갖추었다.

의학은 왕조의 관수官守의 하나로서 개인 및 집단의 건강을 지키고 질병에서 회복하는 수단이었다. 전한 중말기에 『황제내경黃帝內經』이 편찬되어 의학이론의 기초를 다졌고(醫經), 후한 말기에는 장중경張仲景이 『상한잡병론傷寒雜病論』을 저술하여 임상의학의 형식을 갖추었다(經方). 농학도 마찬가지로 전한 말부터 후한에 걸쳐서 그 전통을 확립하였다.

2) 수학사상의 특징

유학은 한학, 송학, 청학을 불문하고 역수학曆數學을 '유림의 실학'으로서 매우 중시하였다. 그러나 그 수학사상은 서로 달라서 각각 개성적이다.[10]

---

10) 이하 수학사상의 유형을 가리키는 경우는 본 장 2) 수학사상의 특징의 로마숫자(대문자)를 가지고 대신한다. 즉 수학 유형 ii에 대응하는 한당사상(漢學)을 가리킬 때에는 유형 II로 표시한다.

Ⅰ 선진사상(子學) — 수학 유형 ⅰ에 대응

백화요란百花繚亂의 제자백가에 있어 인문적인 색채가 넘치는 유가가 '역수曆數' 등 사회제도상의 정비를 시도하였다면, 논리 사고에 뛰어난 묵가는 기하학과 같은 공인工人적인 실학을 중시하였다.

그러나 묵가사상을 근저에 두는 기하학과 논리수학은 유가사상이 꽃핀 한漢 이후로는 거의 발전하지 못하였다.

Ⅱ 한당사상(漢學) — 수학 유형 ⅱ에 대응

중국 2000년을 특징짓는 유학을 중심으로 한 문화의 기본적인 형식은 한대에 완성되었다. 수학도 유학적 세계 인식의 일익을 담당하며 유림의 실학 중의 하나인 '술수학'의 분과로서 독자적인 체계를 구축하였다.

한당기의 수학은 총괄하자면 '주례구수周禮九數'의 말류로 위치 지어져(『구장산술』 서문이나 上緝古算經表 등) 왕조 행정을 순조롭게 행하기 위한 실용수학의 성격이 강하였다. 특히『오조산경五曹算經』은 행정 기관인 전조, 병조, 집조, 창조, 금조에 필요한 계산술을 모은 것으로서, 책 이름 자체가 행정수학서인 것을 여실히 보여 주고 있다. 또한 유흠의『칠략』 등 당시의 도서목록에 의하면 수학은 역학曆學과 함께 같은 '역수曆數' 부문으로 분류되었으니, 이 시기의 수학은 '천의 과학'인 역학曆學과도 관계가 깊었던 것이 분명하다.

한학적인 수학사상은 수리의 자율적 전개를 중시하고 자유로운 전개를 허용한 탓에 경서의 기술의 재해석을 요구하게 되어 어떤 면에서 보면 유학이론을 심화시켰다. 유흠이나 정현鄭玄의 상수역학象數易學이나 유휘의 수학사상이 그 대표적인 것이다.

Ⅲ 송명사상(宋學) — 수학 유형 iii과 iv에 대응

남송의 주희朱熹는 북송의 유학 혁신 운동을 집대성하고 리기론에 기초한 새로운 유학 체계를 수립하였다. '성리학' 혹은 '리학理學'이라고 불린다. 송명기의 수학도 성리학의 깊은 영향을 받아 순수수학과 상용수학에 거대한 발자취를 남겼다.

송명수학 최대의 사상적 특징은 수리 전개에 있어 수학 개념과 역학易學 개념을 혼효混淆한 점이다. 천원술은 '태太'나 '원元'자를 써서 특정한 대수항을 표시하는데, '태'란 '태허' 내지 '태극원기太極元氣'를 말하며, '원'은 원기가 운행하여 존재하는 장소를 나타낸다. 또한 『수서구장』의 '대연술大衍術'은 용어법뿐만 아니라 알고리즘 자체도 『주역周易』 「계사전繫辭傳」의 '대연지수大衍之數'에 기초해 있다. 『속고적기산법續古摘奇算法』이나 『산법통종算法統宗』의 첫머리를 장식하는 것은 『역학계몽易學啓蒙』에 보이는 '하도河圖'([그림 p-2])와 '낙서洛書'([그림 p-3])이다.

송원수학의 경우, 수리의 전개에는 타율적인 바가 있으므로 송대 역학易學의 영향이 적지 않고 술수학적 색채가 풍부하다고 할 수 있다. 그것은 『성리대전性理大全』이 성리학의 근저를 역학易學과 역외별전易外別傳의 『태극도설太極圖說』, 『황극경세서皇極經世書』, 『역학계몽』, 『홍범황극내편洪範皇極內篇』에 두는 것과 완벽하게 대응된다.

다른 한편 송학적인 예학禮學사상은 제왕수시학帝王授時學인 '역수曆

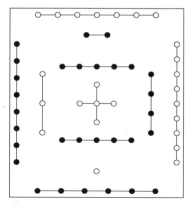

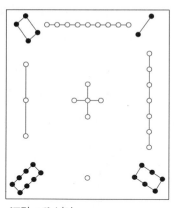

[그림 p-2] 하도
『易』「繫辭上傳」에 "황하는 圖를 내고 낙수는 書를 낸다. 성인이 이에 의거한다"라고 하고, 또 "천 1, 지 2, 천 3, 지 4, 천 5, 지 6, 천 7, 지 8, 천 9, 지 10이다. 천의 수가 다섯, 지의 수가 다섯이다. 다섯 수를 서로 얻어 각각 더하면 천의 수는 25이고, 지의 수는 30이다. 무릇 천지의 수는 55로, 이는 변화를 이루고 귀신을 행하는 所以이다"라고 하였다.

[그림 p-3] 낙서
『數理精蘊』 상편 권1의 「數理本原」에서는 洛書의 수에 대해서 "戴九履一, 左三右七, 二四爲肩, 八六爲足, 五居其中"이라고 설명하고 "곱셈과 나눗셈의 本原은 낙서에서 생긴다"라고 결론짓고 있다.

數의 학'에 덧붙여 초등교육에서의 '육서구수六書九數의 학' 즉 '서수書數'의 중요성을 정확히 인식하도록 촉진하였다. 주희의『의례경전통해儀禮經典通解』가 유학경전에 보이는 수학 관련 사항을 '왕조례王朝禮'에 속하는 '역수曆數'와 '학례學禮'에 속하는 '서수'로 나누어 논술하려고 한 것이 그것이다.

IV 청의 사상(淸學) — 수학 유형 v에 대응

명말청초 예수회 선교사들에 의해 전래된 '서학西學'의 자극하에서 공소한 송명의 리학理學과 심학心學을 극복하기 위한 새로운 유학 혁신

운동이 일어났다. 이 사상운동은 실증을 중시하는 청학(淸代 漢學)으로서 결실을 맺었다.

청학은 '마테마티카'(馬得馬第加, 천문수학)를 '이학'(哲學)의 분과로 하는 서구 학문관(『西學凡』)의 영향을 받아, 스스로의 학문적 지도地圖를 새롭게 하여 술수학과 천문산법을 준별하고, 천문산법을 유학 하부의 순수 이성적 학술로서 높게 평가하였다. 천문산법류天文算法類가 『사고전서四庫全書』에서 술수류術數類로부터 독립한 것은 그 때문이다. 또한 대진戴震 이후 경학자의 90%가 경학과 천문산법을 '겸치兼治'한 것(梁啓超, 『淸代學術槪論』, 15)도 그 학문관의 전환을 잘 설명해 준다.

청학은 크게 (1) 고증학과 (2) 서학西學의 두 방향으로 발달하였는데, 수학도 역시 (1) 고증풍인 고산古算의 복원과 (2) 서학풍인 수리적 탐구를 주요한 내용으로 하고 있다.

청학적인 수학사상은 총괄하자면 '격물궁리'를 중시하고 술수사고를 멸시하는 점에 최대의 특징이 있다고 할 수 있다.

제1장 신라와 고려의 수학

한국에서 수학과 수학사상에 관련된 사항이 역사서에 기록되기 시작한 것은 통일신라 이후의 일이고 그 이전의 경우는 확실한 사료가 절대적으로 부족하여 상세한 것을 알기 어렵다. 신라의 수학을 한국수학사 기술의 시작으로 삼는 이유가 여기에 있다.

신라와 고려의 수학과 수학사상에 대해서는 주로 『삼국사기』나 『고려사』 등에 의해 그 개요를 알 수 있다. 수학의 기본 형식은 유형 ii 의 주산籌算(언어대수)에 해당하고, 수학사상은 유형 II의 한당유학의 영향이 크다고 할 수 있다.

1. 신라의 수학

김부식金富軾(1055~1151) 등이 편찬한 『삼국사기』(1145) 권38에는 신라왕조가 신문왕 2년(682), 중국 당의 제도를 본받아 예부에 속하는 고등교육기관인 국학[1]을 세워 유학교육을 실시하였다고 기록되어 있다.

---

[1] 국학의 호칭은 경덕왕 6년(747)에 태학감으로 개칭하였지만 혜공왕 12년(776)에 다시 국학으로 되돌렸다고 한다.(『증보문헌비고』, 권202)

[국학의 조직] 국학의 조직은 관리직의 향鄕(京位 6~8等) 1명, 대사大舍(경위 11~13등) 2명, 사史(경위 12~17등) 2명과 교육직의 박사 약간 명에 조교 약간 명으로 구성되어 있다. 박사와 조교에 대해서는 정원도, 관위도 기록되어 있지 않다.

[국학의 규정] 국학이 규정하는 교수법에 의하면 당시 박사와 조교가 『주역』, 『상서尙書』, 『모시毛詩』, 『예기禮記』, 『춘추좌씨전春秋左氏傳』, 『문선文選』, 『논어』, 『효경』 등의 유학경전(經書)을 제생諸生에게 교수하였다고 하는데, 유학경전교수의 설명에 덧붙여 다음과 같이 기술하였다.

> 산학박사2) 또는 조교 1명을 골라 『철경』(綴術), 『삼개三開』, 『구장九章』, 『육장六章』을 교수하였다.3)

신라의 산사算士 육성은 중국과 마찬가지로 유학교육의 일환으로서 행해졌던 것이다.

국학의 규정에 따르면 학생은 15세부터 30세까지 관위가 대사大舍 이하(경위 12~17등) 혹은 관위가 없는 자(無位者)로 구성된다. 재학 연수는 9년이다. 졸업이 불가능해 보이는 자는 중도에 퇴학시키지만 가능하다면 9년을 넘겨서도 재학하는 것이 가능하다. 그러나 관위가 대나마大奈麻(경위 10등), 나마(경위 11등)에 오르면 곧바로 퇴학시켰다고 한다.

---

2) 『삼국사기』 권8에 "聖德王十六年(717)春二月, 置醫博士算博士各一員"이라고 보인다. 산학박사는 때때로 줄여서 산박사라고도 하였다.
3) 差算學博士若助敎一人, 以綴經三開九章六章敎授之.

[주산의 교과서] 신라가 자국의 산사算士를 양성하기 위해 사용한『구장산술』과『철경』은 분명하게 중국의 주산서籌算書이지만,『육장』과『삼개』의 이름은 중국서의 목록에 보이지 않는다.『육장』과『삼개』가 중국서가 아닌 이상 조선의 서적으로 단정하지 않을 수 없을 것이다.

『육장』과『삼개』에 대해서는 일본의 간페이 연간(寛平年間, 889~897)에 후지와라 스케요(藤原佐世, ?~897)가 편찬한『일본국현재서목록日本國見在書目錄』(『續群書類從』, 권884)에 "육장 6권 고씨高氏의 찬撰", "육장도六章圖 1", "육장사기六章私記 4", "삼개 3권", "삼개도三開圖 1"이라는 내용이 보이고, 또 조간 연간(貞觀年間, 859~877)에 고레무네 나오모토(維宗直本)가 편찬한 양로령養老令의 주석서『영집해令集解』에서는 "육장 석운釋云 6권, 고씨야高氏也, 고기무별古記無別", "삼개중차三開重差 석운 3권, 고씨야, 고기무별"이라고 전한다. 이에 따르면『육장』과『삼개』의 저자(편자)는 고씨일 가능성이 높다.

[독서출신과와 산학] 한편 원성왕 4년(788)에는 신라 특유의 선거법인 독서출신과讀書出身科(독서삼품과)가 창설되었다고 알려져 있지만, 이 인재등용법은『춘추좌씨전』,『예기』,『문선』등 유교 경전에 대한 학식을 시험 보는 것으로 산과의 내용에는 미치지 않는다.

2. 고려의 수학

고려 왕조는 중국 당을 본받아 유학을 근간에 두는 고등교육제도를 정비해 경학 지식을 묻는 과거를 실시하고 인재를 등용하였다.

1) 산학

[국자감과 산학] 고려는 당의 국자감 제도를 따라 교육제도를 정비하였다. 태조 13년(930)에 학교를 설치하고, 성종 11년(992)에는 국자감을 세웠다. 다만 초기의 국자감에는 아직 산학(數學大學)이 속해 있지 않았다.

국자감에 경사육학京師六學 즉 국자학, 대학, 사문학四門學(이상 3학은 모두 經學大學), 율학律學(法科大學), 서학書學(書科大學), 산학 모두를 갖추게 되는 것은 늦어도 인종(재위 1122~1146) 이전의 일로 보아야 할 것이다. 인종이 식목도감式目都監에 명해 상세하게 정한 '학식學式'이 오늘날까지 전하고 있기 때문이다.

[학식] 식목도감상정학식式目都監詳定學式에 의하면 산학은 산술을 가르치는 것을 담당한다. 그러나 박사(종9품)만을 두고 조교는 두지 않았다. 산학의 입학 자격은 8품 이하4)(8~9품)의 자제 및 서인庶人으로 정해져 있지만 7품 이상의 자제라도 원하는 경우는 입학을 허용하였다.(『고려

---

4) 원문은 "律書算及州縣學生, 並以八品以上及庶人爲之"라고 하여 '八品以上'으로 되어 있지만 문맥에 따라 '이상'을 '이하'로 고쳤다.

산학에서 사용된 주산籌算 교과서에 대해서는 식목도감상정학식에 아무 기록도 없지만, 같은 학식에 보이는 국자학, 대학, 사문학에서의 경학 교과서의 예를 통해 생각해 보면 명산과明算科의 시험에 사용된『구장산술』,『철술』,『삼개』,『사가謝家』가 산학에서도 교수되었다고 보아도 틀림없을 것이다.

[산업감시] 인종 14년(1136)의 규정에 의하면 산업감시算業監試 즉 산학의 입학시험은 백정白丁(未差役者)에게는 경經3기機와 산算2기를 과課하고 장정莊丁(差役者)에게는 경5기와 산2기를 과하였다고 한다.(『고려사』,「選擧志1」, 과목1)

2) 과거

고려는 산과에서도 당제唐制를 따라 과거를 실시했다. 계산에 능한 인재를 등용하는 것이 목적이다.

[산과선거] 고려의 과거는 광종 9년(958)에 중국 후주後周 출신의 쌍기雙翼를 지공거知貢擧에 임명해 진사(製述), 명경明經 및 의업醫業, 복업卜業에 대한 채용시험을 실시한 것을 시작으로 한다. 그러나 당시의 과거는 아직 산과算科를 포함하지 않았다. 『고려사』「선거지1」에 보이는 등과총목登科總目에 따르면 명산과明算科에서 급제자를 낸 것은 목종 원년

(998)이 가장 빠르다. "明算四人及第"가 그것이다. 명산과에 의한 등용 시험이 시작된 것은 목종 원년에서 그다지 거슬러 올라가지 않을 것으로 추정해도 무방할 것이다.

[명산업식明算業式] 고려의 과거는 인종 14년(1136)의 판문判文에 의하면 '첩경貼經'과 '강독講讀'을 합친 방식이었다. 첩경은 다른 말로 첩경帖經, 시첩試帖이라고도 한다. 경문의 양쪽 끝을 가려 중간의 1행만을 노출시킨 후 그 행 중의 중요한 곳에 첩지貼紙(帖)를 해서 가린 문자가 무엇인지를 묻는 문제로, 정확하게 경문을 암송하고 있는지를 확인하는 것이다.

　　명산과의 경우는 첩경의 시험에 이틀이 걸렸다. 첫째 날에는『구장산술』10조條를 묻고, 둘째 날에는『철술』4조와『삼개』3조, 그리고『사가』3조를 시험하였다. 전 문제 정답이 합격 기준이다. 셋째 날 이후는 강독의 시험을 실시하였다.『구장산술』10권을 읽고 6기機는 바르게 구두(破文)를 끊고 바르게 해석해야 하고, 매 의義 여섯 문제 중 4기는 바르게 구두를 해야 한다. 또『철술』4기와『삼개』3권(機數는 미정)과『사가』3기에 대해서는 각각 2기에 대해 바르게 답해야 할 뿐만 아니라 덧붙여서 문의問義에도 바르게 답해야 한다.(『고려사』,「선거지 1」, 과목1)

　　고려의 산과 시험에 사용된 산서는『구장산술』,『철술』,『삼개』,『사가』이지만『구장산술』을 제외하면 어느 책도 상세한 사정은 알지 못한다.

[고려 산사] 과거의 합격자는 말직이지만 각 관청에 '산사算士'로서 배속되었다. 『고려사』「백관지百官志」에 따르면 백관을 총괄하는 상서도성尚書都省에 '산사 1인', 중외전곡中外錢穀의 출납회계를 통괄하는 삼사三司에 '산사 4인'을 둔 것 외에, 상서고공尚書考功에 1명, 상서호부尚書戶部에 1명, 상서도관尚書都官에 1명, 어사대御史臺에 1명, 전중성殿中省에 1명, 예빈성禮賓省에 1명, 대부시大府寺에 1명, 소부감小府監에 1명, 장작감將作監에 1명, 사재감司宰監에 2명, 군기감軍器監에 2명, 상식국尚食局에 1명, 상약국尚藥局에 2명, 중상서中尚署에 1명, 대관서大官署에 1명, 장야서掌冶署에 1명, 내원서內園署에 1명, 전구서典廐署에 1명, 대창서大倉署에 2명, 대영서大盈署에 1명 등을 두었다고 한다.

3. 『구장산술』의 내용

신라의 국학은 산사 교육에 『구장산술』, 『철술』, 『삼개』, 『육장』을 이용하였고, 고려는 명산과의 시험에 『구장산술』, 『철술』, 『삼개』, 『사가』를 썼지만, 당시의 산학서는 『구장산술』을 제외하고는 모두 망실되어 현존하지 않는다. 『구장산술』을 통해 당시 주산籌算의 내용을 이해할 수밖에 없는 이유가 여기에 있다.[5]

『구장산술』은 책 이름대로 9장으로 구성되어 있고 실용 문제를 다

---

5) 『구장산술』의 내용에 대해서는 伊東俊太郎 編, 『數學の歷史2 中世の數學』(東京: 共立出版, 1987)에 수록된 필자의 원고 「中國の數學」을 借用하였다.

〈표 1-1〉『구장산술』의 장 이름과 그에 대한 유휘의 주
『구장산술』은 9장으로 구성되어 있으며 실용 문제 246제를 다루고 있다. 각 장의 첫머리에는 章名
이 보이는데, 그 유휘의 주는 각 장의 내용을 간결하게 설명한 것으로 이름 높다.

장의 명칭	수학적 내용
방전	논밭의 경계와 영역을 다룬다.(以御田疇界域)
속미	교역을 다룬다.(以御交質變易)
쇠분	귀천에 의해 달라지는 급여와 납세를 다룬다.(以御貴賤稟稅)
소광	정방형, 입방체, 원, 구의 면적, 체적을 다룬다.(以御積冪方圓)
상공	토목공사의 공정과 여러 가지 입체 계산을 다룬다.(以御功程積實)
균수	원근의 노비勞費를 다룬다.(以御遠近勞費)
영부족	착종하여 표면에 나타나지 않는 수를 다룬다.(以御隱雜互見)
방정	어긋나고 뒤섞인(錯糅) 음양수를 다룬다.(以御錯糅正負)
구고	높이, 깊이, 넓이, 길이를 다룬다.(以御高深廣遠)

면적으로 다루고 있다. 장 이름과 그에 대한 유휘劉徽의 주를 병기하
면 〈표 1-1〉과 같다.

1) 방전장 — 분수와 면적 계산 38문

[산학서의 일반적인 형식] 중국의 고전 수학서는 대개 해답과 계산법을
병기한 문제집으로서 편찬되는 것이 보통이다.

대표적인 형식을 방전장方田章의 제1, 2문과 그 계산법으로 살펴보
면 다음과 같다.

今有田, 廣十五步, 從十六步, 問爲田幾何.
　　答曰, 一畝.

又有田, 廣十二步, 從十四步, 問爲田幾何.

　答曰, 一百六十步.

方田

術曰, 廣從步數相乘得積步.

　이상과 같이 문제 → 해답 → 계산법의 순서로 기술하는 것이 산학서의 일반적인 형식이다. 그러나 후대에는 난해한 해법을 보다 정확하게 나타내기 위해서 '術술'에 대한 구체적인 계산 과정을 설명하는 '세초細草'가 덧붙여졌다.

　방전장의 첫머리의 문제는 방전(장방형의 밭)의 면적을 구하는 간단한 정수의 곱셈이다.[6] 번역을 하면 아래와 같다.

[1] 지금 가로 15보, 세로 16보의 밭이 있다. 묻는다. 밭의 면적은 얼마인가?

　　답, 240평방보. 즉 1무畝이다.

[2] 또 가로 12보, 세로 14보인 밭이 있다. 묻는다. 밭의 면적은 얼마인가?

　　답, 168평방보.

　방전

〈계산법〉 가로와 세로의 보의 수를 서로 곱해서 면적의 평방보 수를 얻는다.

---

6) 제3, 4문은 변과 길이의 단위를 리(=300보)로 나타낸 방전의 면적을 구하는 문제이다.

방전술에서 주의해야 할 것은 면적도 길이 단위로 나타낸다는 점이다. 예를 들면 사방 1보의 면적은 길이와 동일하게 '1보'라고 하며, 길이의 보와 구별하기 위해서 면적의 보를 '적보積步'라고 한다. 또 체적도 면적과 마찬가지로 길이 단위로 나타내기 때문에 변의 길이가 1척의 입방체의 체적은 '1척'이다.

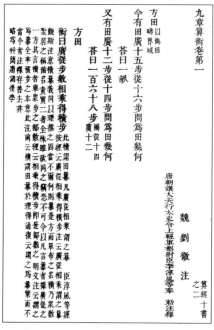

[그림 1-1] 『구장산술』
청 孔繼涵刻 徵波榭本 戴震 重校 『구장산술』(1774) 방전장 제1葉의 書影. 책의 구성은 大字의 경문과 小字의 劉徽 주, 李淳風 주석으로 이루어져 있다.

[제분] 제5문에서 제24문은 '제분諸分' 즉, 여러 가지 분수 계산과 관련된 문제로 구성되어 있다. 『장구건산경張丘建算經』 서문에 "대저 산을 배우는 자는 곱셈과 나눗셈을 어려워하지 않고 통분을 어려워한다"7)라고 하였듯이 고대에도 분수 계산은 초학자에게 꽤 번거로운 것이었을 것이다. 『구장산술』은 분수 계산을 '약분'부터 시작한다.

---

7) 夫學算者, 不患乘除之爲難, 而患通分之爲難.

〈약분술〉 분모·분자를 함께 반으로 줄일 수 있을 때는 반으로 줄인다. 불가능할 경우는 따로 분모·분자의 수를 두어 작은 수를 큰 수에서 뺀다. 이 과정을 반복해서 양자의 등수等數를 구한다. 이 등수로 분모·분자를 약분한다.[8]

이 산술은 유클리드의 호제법互除法과 동등하며 '등수' 즉 분모·분자의 최대공약수를 구해서 양자를 약분한다.

약분술에 이어서 '합분合分' 즉 분수의 덧셈과, '감분減分' 즉 분수의 뺄셈이 나온다. 분수의 덧셈·뺄셈은 통분한 다음에 더하고 빼는데 합분술(제9문)의 경우는 이하와 같다.

$$\frac{1}{2}+\frac{2}{3}+\frac{3}{4}+\frac{4}{5}=\frac{1\cdot3\cdot4\cdot5+2\cdot2\cdot4\cdot5+3\cdot2\cdot3\cdot5+4\cdot2\cdot3\cdot4}{2\cdot3\cdot4\cdot5}=\frac{326}{120}=2\frac{43}{60}$$

또 '경분經分' 즉 분수의 나눗셈은 분모·분자의 분수를 통분하고 각 분수의 분자를 가지고 나눗셈 계산을 행하며, '승분乘分' 즉 분수의 곱셈은 분수의 분모끼리 곱한 것을 나누는 수(除數)로 하고 분자끼리 곱한 것을 나뉘는 수(被除數)로 해서 계산을 행한다.

경분經分: $\dfrac{b}{a}\div\dfrac{d}{c}=\dfrac{\dfrac{b}{a}}{\dfrac{d}{c}}=\dfrac{\dfrac{b\cdot c}{a\cdot c}}{\dfrac{d\cdot a}{c\cdot a}}=\dfrac{b\cdot c}{d\cdot a}$, 승분乘分: $\dfrac{b}{a}\times\dfrac{d}{c}=\dfrac{b\cdot d}{a\cdot c}$

한편 분수 계산이 방전의 면적을 구하는 문제, 즉 구적求積 문제를

---

8) 約分術曰, 可半者半之. 不可半者, 副置分母子之數, 以少減多. 更相減損, 求其等也. 以等數約之.

다루는 곳에 집중되어 있는 것은 송宋 이적李籍의 『구장산술음의九章算術音義』에 보이듯이 "산술을 배우는 자는 분수 계산을 뒤로 미룰 수 없기"[9] 때문일 것이다.

[면적 계산] 제25문에서 장 끝까지의 14문제는 평면의 구적 문제이다. 우선 제25, 26문은 '규전圭田' 즉 일반삼각형의 구적법을 다루고 있다. 규전술은 밑변을 반으로 한 후 높이를 곱하는데(半廣以乘正從) 높이를 '정종正從'이라고 표현한 것에서 보자면 밑변과 높이를 수직으로 간주한 것이 틀림없다.

규전술에 이어서 '사전邪田' 즉 직각사다리꼴과 '기전箕田' 즉 일반 사다리꼴의 구적 공식이 보인다. 구적 공식은 모두 윗변 a, 밑변 b, 높이 h, 면적 S에 대해서 $2S = (a+b)h$로 표기할 수 있다.

제31, 32문은 '원전圓田' 즉 원의 구적 문제이다. 원전술은 합해서 4가지 방법이 주어져 있다.

〈계산법〉 원주의 반과 직경의 반을 곱해서 면적의 평방보수를 얻는다.
〈다른 계산법〉 원주와 직경을 서로 곱해서 4로 나눈다.
〈다른 계산법〉 직경을 제곱해서 그것을 3배한 후 4로 나눈다.
〈다른 계산법〉 원주를 제곱해서 12로 나눈다.[10]

---

9) 皆列於方田者, 欲其學算者不可後也.
10) 術曰, 半周半徑相乘得積步. 又術曰, 周徑相乘, 四而一. 又術曰, 徑自相乘, 三之, 四而一. 又術曰, 周自相乘, 十二而一.

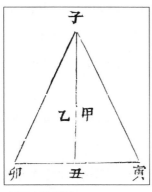

[그림 1-2] 규전
李潢『九章算術細草圖説』(1812)의 추
정도. "如圖子丑爲正從, 寅卯爲廣"이
라고 해설하였다.

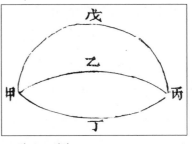

[그림 1-3] 완전
이황『구장산술세초도설』의 추정도. "如圖甲乙
丙丁爲宛田下周, 甲戌丙爲宛田徑"이라고 해설하
였다.

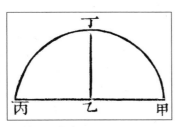

[그림 1-4] 호전
이황『구장산술세초도설』의 추정도. 해
설에 의하면 "如圖甲乙丙爲弧田弦, 丁乙爲
矢"라고 한다.

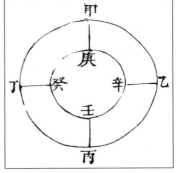

[그림 1-5] 환전
이황『구장산술세초도설』의 추정도. 이
황은 "如圖甲乙丙丁爲外周, 庚辛壬癸爲中
周, 甲庚·乙辛·壬丙·癸丁皆徑也"라고 해
설하였다.

원전 4술은 원주율(π)을 3(古率)으로 하여 이론적으로 올바른 제1
식을 변형한 것이다. 『구장산술』은 적어도 원주와 직경의 상호관계에
대해서 정확하게 파악하였다고 추측할 수 있다.

원전술이 끝나면, '완전宛田' 즉 중앙이 볼록하게 솟은 원형의 밭의
면적의 근사치를 구하는 공식이다. 그림을 기준으로 "직경(甲戌丙)을

밑 둘레(甲乙丙丁)에 곱해 4로 나눈다"[11]라고 하였다. 또 '호전弧田' 즉
활 모양의 밭의 면적을 근사치로 구하는 공식의 경우, 그림을 기준으
로 "현(甲乙丙)을 시矢(丁乙)에 곱해 또 시를 제곱하여 서로 더한 후에 2
로 나눈다"[12]라고 서술하였다.

　　마지막으로 제37, 38문은 '환전環田' 즉 도넛형 밭의 구적 문제이다.
내주內周(안 둘레)와 외주外周(바깥 둘레)의 직경(甲庚)의 값은 $\pi = 3$에 의거
해서 주어져 있지만, 이 술은 "내주와 외주를 서로 더해서 반으로 한
다. 얻어진 값에 직경을 곱해서 면적의 평방보수를 얻는다"[13]라고 하
였으니 이는 바깥 원의 반경 R, 안 원의 반경 r, 면적 S에 대해서,

$$S = \left(\frac{2\pi R + 2\pi r}{2} \right) \times (R - r) = \pi R^2 - \pi r^2$$

을 의미하며 이론적으로 올바르다.

2) 속미장 ― 비례교환 46문

[금유술] 속미장粟米章은 첫머리에 '속미의 법' 즉 20종의 곡물의 교환
비율인

　속률粟率 50, 여미糲米 30, 어미御米 21, 여반糲飯 75, 벼(稻) 60, ⋯⋯

등을 기술한 후 바로 '금유술今有術' 즉 비례 유형 문제의 총술總術을

---

11) 以徑乘周, 四而一.
12) 以弦乘矢, 矢又自乘, 幷之, 二而一.
13) 幷中外周而牛之. 以徑乘之, 爲積步.

서술하고 그로써 제1문에서 제37문까지의 교환 문제를 해결한다.

금유술의 알고리즘을 기술하면 다음과 같다.

〈계산법〉 소유수所有數(지금 있는 것의 수)를 소구율所求率(구하는 바의 비율)과 곱해 실實(피제수)로 하고 소유율所有率(지금 있는 것의 비율)을 법法(제수)으로 한다. 실을 법으로 나눈다.[14]

계산법의 의미하는 바는 비례관계

소유수 : 소구수所求數(구하는 바의 수) = 소유율 : 소구율

의 4수에 대해서

$$소구수 = \frac{소유수 \times 소구율}{소유율}$$

로 표현할 수 있다.

금유술의 계산례를 들자면 제4문은 '속미의 법'에 의해서 다음과 같이 푼다.

[4] 지금 속미가 7두 9승 있다. 묻는다. 어미로 하면 얼마인가?[15]

답, 3두 $3\frac{9}{50}$승.

〈계산법〉 속미를 어미로 하려면 21배하여 50으로 나눈다.[16]

---

14) 術曰, 以所有數乘所求率爲實, 以所有率爲法. 實如法而一.
15) 今有粟七斗七升. 欲爲御米, 問得幾何?
16) 以粟求御米, 二十一之, 五十而一.

[기율술] 제38문부터 제43문까지의 6문제는 금유술을 응용한 '기율술其
率術'의 문제이다. 기율술의 구체적인 계산 과정을 제40문을 예로 들면
다음과 같다.

[40] 지금 13970전을 내서 상질과 하질 두 종류의 실을 합계 1석石 2균
鈞 28근斤 3량兩 5수銖만큼 샀다. 묻는다. (1석에 대해 1전의 가격
차가 있는) 상질의 실과 하질의 실의 1석당 가격은 각각 얼마인
가?17)
    답, 하질의 실 1균 9량 12수는 1석 8051전.
    상질의 실 1석 1균 27근 9량 17수는 1석 8052전.

기율술은 이 문제에 대해서 (a) 무게의 단위를 수로 환산한다.

    1석 2균 28근 3량 5수=79949수, 1석=46080수

(b) 물수物數를 소유율, 1석을 소구율, 전수錢數를 소유수로 하고,
금유술에 의거해서 소유수와 소구율을 곱해 소유율로 나눈다.

    46080수×13970전(實)

  = 79949수(法)×8051전+68201수 · 전

(c) 실實의 나머지를 법法에서 빼면18) 다음과 같다.

  = (79949−68201)수×8051전+68201수×(8051+1)전

  = 11748수×8051전+68201수×8052전

---

17) 今有出錢一萬三千九百七十, 買絲一石二鈞二十八斤三兩五銖. 欲其貴賤石率之, 問各幾何?
18) 不滿法者, 反以實減法.

즉 법의 나머지(11784수)는 하질의 수량에 해당하고 실의 나머지 (68201수)는 상질의 수량에 해당한다.(法貴實賤)

[반기율술] 제44문 이하의 마지막 3문제에 대해서는 '반기율反其率'이라 고 명명되었다. 제45문을 예로 들면 다음과 같다.

> [45] 지금 620전을 내어 상질과 하질 두 종류의 깃을 합계 2100개 샀 다. 묻는다. (1전으로 살 수 있는 수량의 차가 1개인) 상질의 깃과 하질의 깃의 개당 가격은 각각 얼마인가?[19]
> 답, 상질의 깃 1140개는 3개 1전.
> 하질의 깃 960개는 4개 1전.

반기율술은 기율술과 정반대로 전수를 소유율, 물수를 소유수로 하여 1전을 소구율로 한다. 소구율 1전의 곱셈을 생략하여 전수를 법 으로 하고 물수를 실로 해서 실을 법으로 나눈다.[20]

> 2100개(實)
>
> = 620전(法)×3개/전＋240전×1개/전

실의 나머지를 법에서 빼면,[21] 다음과 같다.

> = (620－240)전×3개/전＋240전×(3＋1)개/전
>
> = 380전×3개/전＋240전×4개/전

---

19) 今有出錢六百二十, 買羽二千一百擭. 欲其貴賤率之. 問各幾何?

20) 以錢數爲法, 所率爲實, 實如法而一.

21) 不滿法者, 反以實減法.

법의 나머지는 상질 즉 1전당 수량이 적은 편의 전수錢數에 해당하고, 실의 나머지는 하질 즉 많은 편의 전수에 해당한다.(法少實多) 또한 상하질 깃 각각의 수량은 하질의 깃 개수를 실의 나머지에, 상질의 깃 개수를 법의 나머지에 곱해서 구할 수 있다.22)

3) 쇠분장 ― 비례분배 20문

[쇠분술] 쇠분장衰分章은 첫머리에 곧바로 '쇠분술衰分術' 즉 등급에 의한 비례배분 총술을 기술하고 예제 7문제를 실었다.

〈쇠분술〉 각각 열쇠列衰(등급별 비율)를 둔다. 별도로 그 값을 전부 더해서 법으로 한다. 열쇠와 분배하는 수량을 곱해 각각 실로 한다. 실을 법으로 나눈다. 실에 나머지가 있을 때는 법을 분모로 한다.23)

수량 A를 $b_1 : b_2 : \cdots\cdots : b_n$의 비율로 분배하여 각각 a_1, a_2, $\cdots\cdots$, a_n을 얻었다고 가정하면 다음과 같다.

$$a_1 = \frac{b_1}{b_1 + b_2 + \cdots + b_n} A, \ a_2 = \frac{b_2}{b_1 + b_2 + \cdots + b_n} A,$$

$$\cdots\cdots, \ a_n = \frac{b_n}{b_1 + b_2 + \cdots + b_n} A$$

---

22) 二物各以所得多少之數乘法實, 卽物數.
23) 衰分術曰, 各置列衰. 副幷爲法. 以所分乘未幷者, 各自爲實. 實如法而一. 不滿法者, 以法命之.

이때 각 $b_k \cdot A$를 실, $b_1 + b_2 + \cdots\cdots + b_n$을 법으로 한 것이 쇠분술이다.

쇠분술의 예제로 이를테면 제3문의 경우,

[3] 지금 갑은 560전을 가지고, 을은 350전을 가지고, 병은 180전을 가지고 함께 출관出關했다. 묻는다. 관세 100전을 소지금의 비율로 분배한다면 각각 얼마인가?[24]

답, 갑은 $51\frac{41}{109}$전, 을은 $32\frac{12}{109}$전, 병은 $16\frac{56}{109}$전.

라고 기술하여 100전을 560 : 350 : 180의 비율로 분배한다.

쇠분술은 변종도 많다. 예를 들면 제1문은 사슴 5마리를 등차수열 5 : 4 : 3 : 2 : 1로 분배하고, 제5문은 직포 5척을 등비수열 1 : 2 : 4 : 8 : 16으로 분배한다.

[반쇠술] 쇠분술에 이어서 '반쇠술返衰術'을 기술한다. 반쇠술은 쇠분술의 일종이며 반쇠(반비례)를 이용하는 점에 특징이 있다. 반쇠를 정하는 법은 현행 방식과 다르지 않다.

___

24) 今有甲持錢五百六十, 乙持錢三百五十, 丙持錢一百八十, 凡三人俱出關, 關稅百錢, 欲以錢數多少衰出之, 問各幾何?

4) 소광장 ― 개평방과 개립방 등 24문

[소광술] 소광장少廣章의 제1문에서 제11문까지는 '소광少廣' 즉 가로(폭
[廣]) 1보, 세로 240보의 1무의 밭에서 면적을 변화시키지 않고 가로를
조금(少) 넓혔을(廣) 때 세로의 길이를 구하는 문제이다. 이순풍李淳風의
주석은 "세로의 길이를 절취하여 폭을 조금 늘린다. 그 때문에 소광
이라고 한다"[25)]라고 술명術名의 유래를 설명한다.

소광 문제는 제1문의 가로 1+1/2보에서 시작해서 제2문의 1+1/2
+1/3보, 제3문의 1+1/2+1/3+1/4보로 이어져, 제11문의 1+1/2+1/3
+1/4+1/5+1/6+1/7+1/8+1/9+1/10+1/11+1/12보로 끝난다. 총해
법인 '소광술'은 제1문의 앞, 즉 장의 첫머리에 있다.

소광술은 합분술(앞에서 서술)의 개량법으로, 수가 제일 큰 분모를
각 분자 및 정수에 빠짐없이 곱하고 각 분모로 그 분자를 나누어 나누
어떨어지지 않으면 나누어떨어질 때까지 같은 방법을 반복한다.[26)] 예
를 들면 제4문의 경우, 다음과 같은 과정을 거쳐 분수의 가법加法을
행한다.

$$
1+\frac{1}{2}+\frac{1}{3}+\frac{1}{4}+\frac{1}{5} = \frac{5+\frac{5}{2}+\frac{5}{3}+\frac{5}{4}+1}{5} = \frac{20+10+\frac{20}{3}+5+4}{20}
$$

$$
= \frac{60+30+20+15+12}{60} = \frac{137}{60}
$$

---

25) 截取其從, 少以益其廣. 故曰少廣.
26) 置全步及分母子, 以最下分母徧乘諸分子及全步, 各以其母除其子, 置之於左. 命通分者, 又
   以分母徧乘諸分子及已通者. 皆通而同之.

소광술의 이점은, 합분술에 의하면 제11문의 공통분모가 12!= 479001600에 달하지만, 소광술에 따르면 83160으로 억제할 수 있는 점에 있다.

[개방술] 제12문에서 제16문까지는 개평방開平方 문제이다. '개방술開方術'은 다음과 같이 기술되어 있다.

〈개방술〉 ⓐ적적積을 두고 실(피개방수)로 한다. 일산一算(借算)을 빌려 1의 자리(一位)부터 두 자리씩 나아간다. ⓑ어림짐작(議)으로 초상初商[27]을 얻어 이를 차산借算에 곱해서 법으로 한다. ⓒ초상을 법과 곱해 실에서 뺀다. ⓓ빼기가 끝나면 법을 2배 해서 정법定法으로 한다. 복제復除는 정법을 한 자리 뒤로 물려 다시 차산을 두고 처음처럼 자리를 나아간다. ⓔ차상次商을 차산의 1에 곱해 얻은 수를 따로 두고 다시 그 값을 정법에 더한다. 이 정법에 차상을 곱해 실에서 뺀다. ⓕ다시 따로 둔 값을 정법에 더한다. ⓖ앞에서처럼 정법을 뒤로 물려 삼상三商을 얻어 실에서 뺀다.[28]

개방술을 이용하여 제12문 $x^2 = 55225\,(x = 235)$를 풀면 다음과 같다.

---

27) 역주: 상이란 몫을 말한다.
28) 開方術曰, ⓐ置積爲實. 借一算步之, 超一等. ⓑ議所得, 以一乘所借一算爲法. ⓒ而以除. ⓓ除已, 倍法爲定法. 其復除, 折法而下, 復置借算, 步之如初. ⓔ以復議一乘之. 所得副以加定法, 以除. ⓕ以所得副從定法. ⓖ復除折下如前.

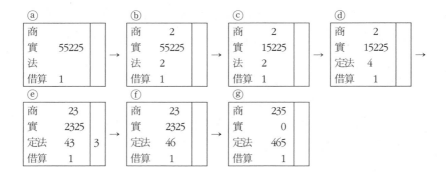

개방술의 알고리즘을 대수적으로 설명하자면, 피개방수 N, 초상 x_1, 차상 x_2, 삼상 x_3로 했을 때

$$N = (x_1 + x_2 + x_3)^2 = x_1^2 + x_2(2x_1 + x_2) + x_3\{2(x_1 + x_2) + x_3\}$$

에 있어,

ⓐⓑⓒ······ $N - x_1^2$

ⓓ··········· $2x_1$

ⓔ··········· $(N - x_1^2) - x_2(2x_1 + x_2)$

ⓕ··········· $2(x_1 + x_2)$

ⓖ··········· $\{(N - x_1^2) - x_2(2x_1 + x_2)\} - x_3\{2(x_1 + x_2) + x_3\}$

라는 과정에 대응해서 계산을 행하는 것을 의미한다.

[개원술] 개방술에 이어서 원의 면적을 알고 있을 때 원주를 구하는 '개원술開圓術'이 전개되어 있지만, 이는 면적에 4π (=12)를 곱해 개평 방해서 원주를 구하는 것에 불과하다.(제17, 18문)

[개립방술] 개원술에 이어지는 것은 '개립방술開立方術'이다. 제19문 이하의 4문제에 대해서 체적을 알고 있는 입방체의 한 변의 길이(邊長)를 계산한다.

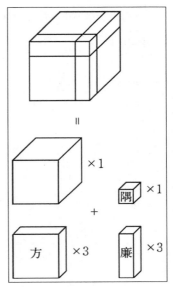

[그림 1-6] 개립방도(추정도)
그림은 2항식의 3차 冪의 전개식을 의미한다.

〈개립방술〉 ⓐ적積을 두고 실(피개립방수)로 한다. 일산(借算)을 빌려 1의 자리(一位)부터 세 자리씩 나아간다. ⓑ어림짐작(議)으로 초상初商을 얻어 이를 차산借算에 두 번 곱해서 법으로 한다. ⓒ초상을 법과 곱해 실에서 뺀다. ⓓ빼기가 끝나면 법을 3배 해서 정법定法으로 한다. 복제復除는 정법을 한 자리 뒤로 물리고 3을 초상에 곱하여 중행中行에 두고 다시 차산을 하행下行에 둔다. 중행을 두 자리, 하행을 세 자리 뒤로 물린다. ⓔ차상次商을 한 번 중행에 곱하고 두 번 하행에 곱하여 얻은 두 수를 따로 두고 다시 그 값을 정법에 더한다. ⓕ그 정법에 차상을 곱하고 실에서 뺀다. ⓖ빼기가 끝나면 따로 둔 하행의 2배를 역시 따로 둔 중행에 더하고 다시 정법에 더한다. ⓗ앞에서처럼 정법을 뒤로 물려 삼상三商을 얻어 실에서 뺀다.[29]

---

29) 開立方術曰, ⓐ置積爲實. 借一算步之, 超二等. ⓑ議所得, 以再乘所借一算爲法. ⓒ而除之. ⓓ除已, 三之爲定法. 復除, 折而下, 以三乘所得數置中行, 復借一算置下行. 步之, 中超一下超二位. ⓔ復置議以一乘中, 再乘下, 皆副以加定法. ⓕ以定法除. ⓖ除已, 倍下并中從定法. ⓗ復除折下如前.

개립방술을 이용해서 제19문 $x^3 = 1860867 \, (x = 123)$ 을 풀면 다음과 같다.

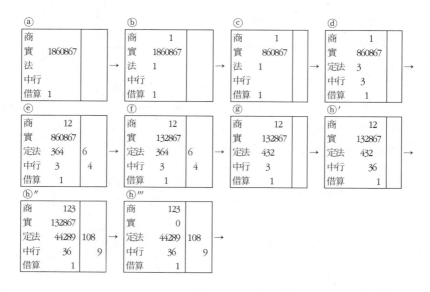

개립방술이 의미하는 바를 대수적으로 설명하면 피개립방수 N, 초상 x_1, 차상 x_2, 삼상 x_3로 했을 때

$$N = (x_1 + x_2 + x_3)^3$$
$$= x_1^2 + x_2(3x_1^2 + 3x_1 x_2 + x_2^2) + x_3\{3(x_1 + x_2)^2 + 3(x_1 + x_2)x_3 + x_3^2\}$$

에 있어,

ⓐⓑⓒ······$N - x_1^3$

ⓓ············$3x_1^2$, $3x_1$

ⓔ············$3x_1^2 + 3x_1 x_2 + x_2^2$

ⓕ············$(N-x_1^3)-x_2(3x_1^2+3x_1x_2+x_2^2)$

ⓖ············$3(x_1+x_2)^2=(3x_1^2+3x_1x_2+x_2^2)+3x_1x_2+2x_2^2$

ⓗ'············$3(x_1+x_2)=3x_1+3x_2$

ⓗ"············$3(x_1+x_2)^2+3(x_1+x_2)x_3+x_3^2$

ⓗ'''············$\{(N-x_1^3)-x_2(3x_1^2+3x_1x_2+x_2^2)\}-$

$$x_3\{3(x_1+x_2)^2+3(x_1+x_2)x_3+x_3^2\}$$

라는 과정에 대응하여 계산하는 것을 의미한다. 동시에 유휘 주와 대응하는 개립방도(그림 1-6)를 통해 기하학적으로 이해하는 것도 가능하다.

[개립원술] 소광장의 말미에는 구의 체적을 알고 있을 때 직경을 구하는 '개립원술開立圓術'이 보인다.(제23, 24문) 개립원술은 구의 체적 V, 직경 d에 대해서

$$d=\sqrt[3]{\frac{16V}{\pi^2}}\ \left(V=\frac{\pi^2}{16}d^3\right)$$

로 표현하는 것이 가능한데, 유휘도 지적한 것처럼 위의 식은 잘못이다.

5) 상공장 ― 입체의 구적계산 28문

[허양견율] 상공장商功章은 제1문에서 우선 토목공사에서 상태에 따라

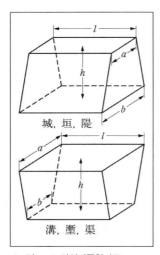

城, 垣, 隄

溝, 壍, 渠

[그림 1-7] 성원제구참거도(추정도)
『구장산술』 상공장은 흙을 쌓아서
굳혀 만드는 '성', '원', '제'나 흙을
파서 만드는 '구', '참', '거'도 "전
부 방법은 같다"라고 하여 積尺의
계산법을 설명한다.

변화하는 흙의 체적비가 주어진다. 즉 땅을 팠을 때의 '허墟'율 : 파서 아무렇게나 쌓아 놓았을 때의 '양壤'율 : 쌓아서 단단히 굳혔을 때의 '견堅'율 = 4 : 5 : 3 이다.

[성원제구참거술] 제2문에서 제7문까지는 '성城', 원垣', '제隄', '구溝', '참壍', '거渠' 즉 사다리꼴기둥의 면적을 구하는 문제이다. 공사 물건의 체적이나 용적을 구해 공사에 필요한 인수를 도출한다.

제5문으로 예시하자면 (1) 우선 상광 上廣 a, 하광下廣 b, 깊이 h, 길이 l의 '도랑'의 용적 V를 공식 $2V = (a+b)hl$에 의해 계산하고 4375입방척을 얻는다. (2) 이 도랑의 용적을 봄철 한 사람의 하루 할당량(春程人功) 766 입방척 중에서 흙을 운반하는 데 필요한(出土功) 1/5을 제외한 612 4/5 입방척으로 나누어 필요한 인부의 숫자를 정한다.(7과 427/3064인)

[방정술 등] 상공장은 성원제구참거술에 이어서 '방보도方堢壔'(사각기둥), '원보도圓堢壔'(원기둥), '방정方亭'(사각뿔대), '원정圓亭'(원뿔대), '방추方錐'(사각뿔), '원추圓錐'(원뿔)의 정확한 구적求積 공식을 제시한다. 제10문의 사각뿔대의 경우, 다음과 같다.

[10] 지금 방정(사각뿔대)이 있다. 아랫면의 정사각형은 한 변이 5장丈, 윗면의 정사각형은 한 변이 4장, 높이는 5장이다. 묻는다. 체적은 얼마인가?[30]

　　　답, 101666과 태반太半척.

〈계산법〉 위아래 정사각형의 한 변을 서로 곱하고 다시 각각 자승自乘한다. 두 값을 서로 더하고 높이를 곱해 3으로 나눈다.[31]

방정의 체적 V는 상방上方 a, 하방下方 b, 높이 h에 대해서 다음과 같이 표현된다.

$$V = \frac{1}{3}(ab + a^2 + b^2)h$$

한편 답의 태반太半은 2/3를 의미한다.

[참도, 양마, 별노] 다음에 보이는 것은 유휘가 구적求積의 핵심(功實之主)이라고 주를 단 '참도塹堵', '양마陽馬', '별노鼈臑'의 체적을 구하는 문제이다. 순서대로 삼각기둥, 사각뿔, 삼각뿔의 한 형태인데, 기본형은 모두 정육면체의 분할에 의해 만들 수 있다.([그림 1-8])

별노의 체적을 구하는 문제는 다음과 같다.

[16] 지금 별노가 있다. 하광下廣이 5척, 하장下長(袤)은 없고, 상장上長은 4척, 상광上廣은 없다. 높이는 7척이다. 묻는다. 체적은 얼마인가?[32]

---

30) 今有方亭. 下方五丈, 上方四丈, 高五丈. 問積幾何?
31) 上下方相乘, 又各自乘. 幷之, 以高乘之, 三而一.

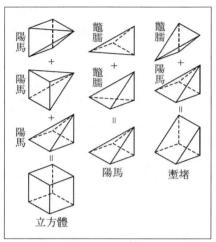

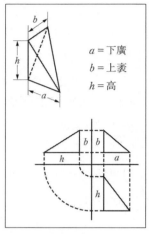

[그림 1-8] 입방체의 분할도(추정도)
유휘는 체적 계산을 설명하기 위해서 棊라고 불리
는 4종류의 입체 모형을 이용하였다. 정육면체, 참
도(정육면체의 반, 삼각기둥), 양마(정육면체의 1/3, 사각뿔),
별노(정육면체의 1/6, 삼각뿔)이다. 유휘의 주는 "合兩
鱉臑成一陽馬, 合三陽馬而成一立方", "邪解立方,
得兩塹堵. 邪解塹堵, 其一爲陽馬, 一爲鱉臑"라고
설명한다.

[그림 1-9] 별노도(추정도)
별노는 양마의 이등분체이다. 李
籍『九章算術音義』에 의하면 "其
形有似鱉肘, 故以名云"이라고 설
명한다.

$a = 下廣$
$b = 上袤$
$h = 高$

     답, 23과 1/3척.

〈계산법〉 하광과 상장을 서로 곱하고 높이를 곱해 6으로 나눈다.[33]

     별노의 체적 V는 하광下廣 a, 상무上袤 b, 높이 h에 대해서 다음과
같이 구해진다.

$$V = \frac{1}{6}abh$$

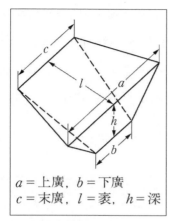

$a = 上廣, \quad b = 下廣$
$c = 末廣, \quad l = 袤, \quad h = 深$

[그림 1-10] 선제(추정도)
유휘의 주는 선제의 형태에 대해 "此術羨除, 實隧道也. 其所穿地, 上平下邪, 似兩鱉臑夾一塹堵, 卽羨除之形"이라고 설명한다.

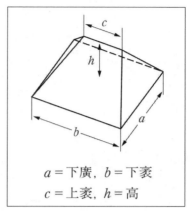

$a = 下廣, \quad b = 下袤$
$c = 上袤, \quad h = 高$

[그림 1-11] 추맹(추정도)
유휘의 주는 추맹의 형태에 대해 "正斬方亭, 兩邊合之, 卽芻甍之形也" 혹은 "其用棊也, 中央塹堵二, 兩端陽馬各二"라고 설명한다.

[선제와 추맹] 제17, 제18문의 '선제羨除'와 '추맹芻甍' 등의 면적을 구하는 방법에 대해서는 말로 하면 도리어 복잡해지기 때문에 산도算圖의 부호로 설명하면 다음과 같다. 선제의 용적 V는 [그림 1-10]의 부호로 표현하자면

$$V = \frac{1}{6}(a + b + c)hl$$

이 되고, 또 추맹의 체적 V는 [그림 1-11]의 부호로 다음과 같이 표현할 수 있다.

$$V = \frac{1}{6}(2b + c)ah$$

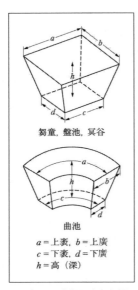

芻童, 盤池, 冥谷

曲池

$a=$上袤, $b=$上廣
$c=$下袤, $d=$下廣
$h=$高（深）

[그림 1-12] 추동곡지반지명곡
도(추정도)
『구장산술』상공장은 "芻童·
曲池·盤池·冥谷 모두 같은
방법을 쓴다"라고 기술하여
積尺의 계산법을 설명한다.

[추동술 외] 제19문에서 제22문까지의 '추
동芻童', '곡지曲池', '반지盤池', '명곡冥谷'의
면적을 구하는 공식은 모두 같고 [그림
1-12]의 부호로 다음과 같이 주어진다.

$$V = \frac{1}{6}\{(2b+c)b+(2c+a)d\}h$$

곡지의 경우는 윗면의 중외주中外周의
평균을 a, 아랫면의 중외주 평균을 c로
하여 위의 식에 대입하면 된다. 또 제21,
22문은 용적을 구할 뿐만 아니라 공사에
필요한 인부의 숫자도 묻고 있다.

[위속술委粟術] 제23문에서 제25문까지는 곡
물을 원뿔 등의 형태로 쌓아 올렸을 때
그 체적과 곡물의 양을 계산한다. 체적을 구하는 공식은 정확하지만
각 양의 계산법은 곡물 1곡斛의 체적이 '속미粟米의 법'의 비율에 따라
서 변화한다고 하였으므로 잘못되었다.

[구적술의 환원술] 제26문 이하는 이미 알고 있는 용적이나 체적에서 변
의 길이 등을 구하는 구적술求積術의 환원 문제이고, 사다리꼴기둥(垣),
직방체直方體(方倉), 원기둥(圓囷)을 다룬다.

6) 균수장 — 균수법 등 28문

[균수술] 균수장均輸章의 제1문에서 제4문까지는 한무제의 원봉元封 원년(기원전 110)부터 시작된 균수법의 구체적인 계산례를 제공한다. 균수법이란 납세액과 수송비의 합계를 균등하게 하려는 세제를 말한다. 제3문으로 예시하면 다음과 같다.

[3] 지금 세금 부과를 위해 속미粟米를 균율均率로 부과하려고 한다. 갑현은 20520호가 있고, 속미 1곡의 가격은 20전, 자기 현 내를 운송한다. 을현은 12312호가 있고, 속미 1곡의 가격은 10전, 운송지까지의 거리는 20리이다. 병현은 7182호가 있고, 속미 1곡의 가격은 12전, 운송지까지의 거리는 150리이다. 정현은 13338호가 있고, 속미 1곡의 가격은 17전, 운송지까지의 거리는 250리이다. 무현은 5130호가 있고, 속미 1곡의 가격은 13전, 운송지까지의 거리는 150리이다. 무릇 5현의 부역賦役 합계는 속미 10000곡을 운송·납부하는 것이다. 1대의 수레는 25곡을 적재하고 운송비로 1리에 1전이 든다. 묻는다. 속미로 내는 세금에 대해서 각 현의 1호당 노비勞費를 동등하게 하려면 각각 얼마씩 내면 좋은가?[34]

답, 갑현은 $3571\frac{517}{2873}$ 곡, 을현은 $2830\frac{2260}{2873}$ 곡,

병현은 $1388\frac{2276}{2873}$ 곡, 정현은 $1719\frac{1313}{2873}$ 곡,

---

34) 今有均賦粟. 甲縣二萬五百二十戶, 粟一斛二十錢, 自輸其縣. 乙縣一萬二千三百十二戶, 粟一斛十錢, 至輸所二百里. 丙縣七千一百八十二戶, 粟一斛十二錢, 至輸所一百五十里. 丁縣一萬三千三百三十八戶, 粟一斛十七錢, 至輸所二百五十里. 戊縣五千一百三十戶, 粟一斛十三錢, 至輸所一百五十里. 凡五縣賦輸粟一萬斛. 一車載二十五斛, 與僦一里一錢. 欲以縣戶賦粟, 令費勞等, 問縣各粟幾何?

무현은 $939\dfrac{2253}{2873}$ 곡.

균수술은 (a) 1리의 운송비를 운송지까지의 리수里數에 곱해 수레 1대의 적재량 25로 나누어,35) 각 현마다 1곡의 운송비를 얻는다. (b) 1곡의 속미 가격을 더하면 각 현마다의 속미 1곡을 납부하는 데 들어가는 비용이 된다.36) (c) 얻은 값으로 각 현의 호수를 나누어 비례분배의 '쇠衰', 즉

갑 : 을 : 병 : 정 : 무 = 1026 : 684 : 399 : 494 : 270

을 얻는다.37) (d) 쇠분술을 시행하여 각 현이 내야 할 속미의 곡수를 구한다.38)

한편, 제4문의 경우는 현마다의 운송인부 고용임금이 차이가 나고, 부세賦稅 속미의 적재 여부로 수레가 하루에 갈 수 있는 거리가 달라지는 등 조건이 한층 더 복잡하다.

[반비례와 연비례] 균수장의 제7, 8문은 반비례反比例 문제, 제10, 11문은 연비례連比例 문제를 처리한다. 우선 반비례 문제를 살펴본다.

[8] 지금 하루에 무게가 1석 17근의 바구니를 짊어지고 76보의 거리를

---

35) 以一里僦價乘至輸所里, 以一車二十五斛除之.
36) 加一斛粟價, 則致一斛之費.
37) 各以約其戶數, 爲衰.
38) 副幷爲法. 所賦粟乘未幷者, 各自爲實. 實如法而一.

50회 왕복하였다. 묻는다. 무게가 1석의 바구니를 짊어지고 100보
의 거리를 몇 번 왕복하는 것이 가능한가?[39]

이 문제에 대해 왕복횟수를 다음과 같은 관계식으로 정한다.

　　문제의 운송거리×문제의 바구니의 무게×문제의 왕복횟수
　= 원래의 운송거리×원래의 바구니의 무게×원래의 왕복횟수

또한 연비례 문제는 다음과 같다.

[10] 지금 낙사絡絲 1근은 연사練絲 12량이 되고 연사 1근은 청사靑絲
　　1근 12수銖가 된다. 묻는다. 청사 1근은 원래 낙사의 수가 얼마인
　　가?[40]

　　답, 1근 4량 $16\frac{16}{33}$ 수.

〈계산법〉 연사 12량을 청사 1근 12수에 곱해서 법으로 한다. 청사 1근
의 수수銖數를 연사 한 근의 량수에 곱하고 또 낙사 1근을 곱해 실로
한다. 실을 법으로 나누면 근수를 얻는다.[41]

유휘는 연비례의 해법을 '중금유술重今有術'이라고 불렀는데 이는
(a) 청사를

$$청사\ 1근(=384銖) \times \frac{연사\ 1근(=16兩)}{청사\ 1근\ 12수(=396銖)}$$

---

39) 今有負籠重一石一十七斤, 行七十六步, 五十返. 今負籠重一石, 行百步, 問返幾何?
40) 今有絡絲一斤爲練絲十二兩, 練絲一斤爲靑絲一斤十二銖. 今有靑絲一斤, 問本絡絲幾何?
41) 以練絲十二兩乘靑絲一斤十二銖, 爲法. 以靑絲一斤銖銖數練絲一斤兩數, 又以絡糸一斤乘
　　之, 爲實. 實如法得一斤.

으로써 연사로 고치고, (b)

$$앞의 \ 식 \times \frac{낙사 \ 1근}{연사 \ 12량}$$

으로 계산하여 낙사의 근수를 구함에 있어 단번에 계산하기 때문이다.

[부안술과 교시술] 제9문과 제20문에서 제26문까지는 양휘의 『상해구장
산법찬류詳解九章算法纂類』(1261)에서 '반용합분술反用合分術' 즉 분수의 합
을 분모로 하는 산법이라고 이름 붙여진 산법의 유형 문제이다. 이
8문제는 모두 본질적으로 동등한 두 가지 방법으로써 풀 수 있다. 해
법은 제20, 23문에 유래하여 각각 '부안술鳧雁術'과 '교시술矯矢術'이라고
한다.

　우선 부안술을 살펴보면 다음과 같다.

　[20] 지금 물오리(鳧)는 남해에서 7일 만에 북해에 이르며, 기러기는
　　　북해에서 9일 걸려 남해에 이른다. 묻는다. 물오리와 기러기가
　　　동시에 출발하면 며칠 만에 만나는가?[42]

　　　답, $3\frac{15}{16}$일.

　〈계산법〉 일수를 서로 더해 법으로 한다. 일수를 서로 곱해 실로 한
　다. 실을 법으로 나누어 만날 때까지의 일수를 얻는다.[43]

---

　42) 今有鳧起南海七日至北海, 雁起北海九日至南海. 今鳧雁俱起, 問何日相逢?
　43) 幷日數爲法. 日數相乘爲實. 實如法得一日.

이 문제는 다음과 같이 푼다.

$$\frac{1}{\frac{1}{7}+\frac{1}{9}}=\frac{7\times 9}{7+9}=\frac{63}{16}$$

이른바 미리 분모의 분수를 통분하는 계산법이다.

교시술은 이에 반해 (1) 일수를 미리 9일로 가정하고 그 일수 동안 물오리와 기러기가 각각 도달하는 도착수到着數 9/7와 1을 정한다. (2) 두 값을 서로 더해 법으로 하고, 가정한 9일을 실로 한다. (3) 실을 법으로 나누어 물오리와 기러기가 서로 만나는 일수를 얻는다. 다시 말하면 교시술은 다음과 같이 계산한다.

$$\frac{1}{\frac{1}{7}+\frac{1}{9}}=\frac{9}{\frac{9}{7}+1}=\frac{9}{\frac{16}{7}}=\frac{63}{16}$$

7) 영부족장 ― 과부족의 계산 문제 20문

[영부족 문제] 영부족장盈不足章의 맨 처음 4문제는 모두 두 가지 설정 중 하나는 남고(盈) 하나는 부족不足한 과부족의 구조를 갖는다.

[1] 지금 공동으로 물건을 산다. 각자 8전씩 내면 3전이 남고 각자 7전씩 내면 4전 부족하다. 묻는다. 사람 수와 물건 값은 각각 얼마 인가?[44]

---

44) 今有共買物. 人出八盈三, 人出七不足四. 問人數物價各幾何?

영부족 문제라고 불리는 소이이다.

[영부족술] 영부족 문제의 해법인 '영부족술盈不足術'은 제5문의 둘 다 남
는 '양영兩盈'과 제6문의 둘 다 부족한 '양부족兩不足'의 해법, 덧붙여 제
7, 8문의 하나는 남거나 모자라고 또 하나는 딱 떨어지는 '영적족盈適
足'과 '부족적족不足適足'의 해법의 기초를 이루지만, 단지 과부족 유형
의 문제의 총술總術을 의미할 뿐이 아니다. 제9문 이하의 이른바 복가
정법複假定法의 문제도 역시 영부족술을 이용해서 기계적으로 해답을
도출한다. 제한 없이 응용 가능한 알고리즘이라고 할 수 있다.
　　이 영부족술은 다음과 같다.

　　〈영부족술〉ⓐ각자가 낸 율을 두고 그 밑에 남는 수와 부족한 수를
　　둔다. ⓑ남는 수와 부족한 수를 서로 각자가 낸 율에 곱해 서로 더해
　　서 실로 한다. 남는 수와 부족한 수를 서로 더해 법으로 한다. ⓒ'실
　　을 법으로 나눈다. ⓒ공동으로 물건을 살 때는 각자가 낸 율을 두고
　　많은 편에서 적은 편을 뺀다. ⓓ그 나머지로 법과 실을 약約하면 실
　　은 물건 값을 나타내고 법은 사람 수를 나타낸다.[45]

　　영부족술은 ⓒ'를 제외한 ⓐⓑⓒⓓ로써 맨 앞의 4문제 즉 공동으
로 물건을 사는 경우(盈不足相與同其買物者)의 해법을 서술하고, ⓐⓑⓒ'로
써 복가정법의 계산법을 기술한다. 복가정법에 대해서는 후술하기로

---

45) 術曰. ⓐ置所出率, 盈不足各居其下. ⓑ令維乘所出率, 幷以爲實. 幷盈不足爲法. ⓒ'實如法
　　而一. ⓒ盈不足相與同其買物者, 置所出率, 以少減多. ⓓ余以約法實, 實爲物價, 法爲人數.

하고 우선 물건을 사는 경우의 영부족 산법에 대해 분석하고자 한다.

'영부족상여동기매물자盈不足相與同其買物者'의 계산법은 각자가 a_1의 돈을 내면 $b_1(>0)$만큼 돈이 남고 각자가 a_2의 돈을 내면 $b_2(>0)$만큼 돈이 부족한 경우, 사람 수 x, 물건 값 y는 이하와 같이 구하는 것이 가능하다.

ⓐ"각자가 낸 율을 두고 그 밑에 남는 수와 부족한 수를 둔다." 이는 아래의 연립방정식을 세우는 것과 동등하다.

$$\begin{cases} y = a_1 x - b_1 \cdots\cdots ① \\ y = a_2 x + b_2 \cdots\cdots ② \end{cases}$$

ⓑ"남는 수와 부족한 수를 서로 각자가 낸 율에 곱해 서로 더해서 실로 한다. 남는 수와 부족한 수를 서로 더해 법으로 한다." 즉 ①식에 b_2, ②식에 b_1을 곱해 변끼리 서로 더한다.

$$(b_1 + b_2)y = (a_1 b_2 + a_2 b_1)x \cdots\cdots ③$$

ⓒ"공동으로 물건을 살 때는 각자가 낸 율을 두고 많은 편에서 적은 편을 뺀다." 이는 ①식에서 ②식을 빼는 것을 의미한다.

$$(a_1 - a_2)x = b_1 + b_2 \cdots\cdots ④$$

ⓓ"그 나머지로 법과 실을 약約하면 실은 물건 값을 나타내고 법은 사람 수를 나타낸다." 이는

④식에서 $x = \dfrac{b_1 + b_2}{a_1 - a_2}$. 고로 ③식에서 $y = \dfrac{a_1 b_2 + a_2 b_1}{a_1 - a_2}$

으로 계산한 것과 동등하다.[46]

영부족술에 이어서 '양영술兩盈術', '양부족술兩不足術', '영적족술盈適足術', '부족적족술不足適足術'이 있다. 하지만 양영술과 양부족술은 영부족의 b_1, b_2의 음양이 바뀌었을 따름이고, 영적족술과 부족적족술은 b_1, b_2의 어느 쪽인가가 0이 되는 것에 지나지 않기 때문에 계산법에 커다란 변화는 없다.

[복가정법] 영부족장은 제9문 이하의 12문제에 대해서 복가정법複假定法 즉 대수적인 형태로 정리하지 않고 곧바로 2개의 가정과 그 결과를 이용하여 일차방정식의 문제의 해답을 도출한다. 예를 들어 제9문의 경우

> [9] 지금 10두 크기의 통에 쌀(糲米)이 얼마간 들어 있다. 거기에 속미 粟米를 가득하게 넣어 빻아서 쌀 7두를 얻었다. 묻는다. 원래의 쌀 은 얼마가 들어 있었는가?[47]
>   답, 2두 5승.
> 〈계산법〉 영부족술로 계산한다. 원래의 쌀 수를 2두라고 하면 2승 부 족하고, 3두라고 하면 2승 남는다.[48]

처럼, (a) 가령의 수를 정해서 잠정적인 남는 수와 부족한 수를 구하

---

46) 영부족 문제는 물건을 살 때의 특수한 해법으로 '其一術'을 기술하였는데 그 別法 은 위와 같은 부호로 ①식에서 ②식을 빼서 y를 소거하고 x의 값을 구해 그 x값 을 ①식이나 ②식에 대입해서 y값을 계산하는 것이다.
47) 今有米在十斗桶中, 不知其數. 滿中添粟而舂之, 得米七斗. 問故米幾何?
48) 以盈不足術求之. 假令故米二斗, 不足二升, 令之三斗, 有餘二升.

[그림 1-13] 복가정법과 일차함수
복가정법을 이용하면 두 개의 가정
과 그 식의 값(남는 수와 부족한 수)에서
해를 구할 수 있다. 그래프를 보면
그 의미는 자명하다.

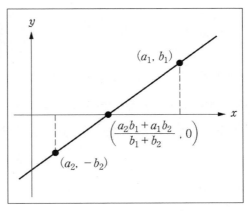

고, (b) 영부족술을 이용하여 '고미기하故米幾何'를 계산한다.

제9문은 원래의 쌀 수 x에 대해서 일차방정식 $x + \frac{3}{5}(10 - x) - 7 = 0$

을 푸는 것을 의미하기[49] 때문에, 문제를 일반화해서 일차방정식

$$f(x) = mx - n = 0$$

을 복가정법을 이용하여 푸는 것을 생각해 보자.(m과 n의 값은 미정) 복

가정법을 이용하면 위의 식은 2개의 가정과 그 식의 값(남는 수와 부족한

수), 즉

$$\begin{cases} f(a_1) = ma_1 - n = b_1 \\ f(a_2) = ma_2 - n = -b_2 \end{cases}$$

의 a_1, a_2, b_1, $-b_2$로부터

---

49) 속미를 빻아서 쌀로 만들면 그 양은 3/5로 준다. 이 비율은 '속미의 법'에 기초해
있다.(본장의 2) 속미장 — 비례교환 46문 참조)

$$x = \frac{a_2 b_1 + a_1 b_2}{b_1 + b_2} = \frac{a_2 f(a_1) - a_1 f(a_2)}{f(a_1) - f(a_2)}$$

로써 해解를 구하는 것이 가능하다.$(b_1,\ b_2 > 0)$

위의 알고리즘은 일원일차식으로 나타낸 임의의 문제에 대해서 기계적으로 x값을 도출할 수 있다. 방정식을 세울 필요가 없을 뿐만 아니라 문제를 분석할 필요조차 없다. 또 영부족술과도 다음과 같이 1대1 대응한다.

ⓐ"각자가 낸 율을 두고 그 밑에 남는 수와 부족한 수를 둔다." 이는 이하의 연립방정식을 세우는 것이다.

$$\begin{cases} ma_1 - n = b_1 & \cdots\cdots \text{①} \\ ma_2 - n = -b_2 & \cdots\cdots \text{②} \end{cases}$$

ⓑ"남는 수와 부족한 수를 서로 각자가 낸 율에 곱해 서로 더해서 실로 한다. 남는 수와 부족한 수를 서로 더해 법으로 한다." 즉 ①식에 b_2, ②식에 b_1을 곱해 변끼리 서로 더한다.

$$m(a_1 b_2 + a_2 b_1) - n(b_1 + b_2) = 0$$

ⓒ'"실을 법으로 나눈다."

$$m\left(\frac{a_1 b_2 + a_2 b_1}{b_1 + b_2}\right) - n = 0. \ \ \text{고로} \ \ x = \frac{a_1 b_2 + a_2 b_1}{b_1 + b_2}$$

영부족장의 제11, 12문은 등비급수, 제19문은 등차급수를 영부족술로 처리한다.

8) 방정장 — 다원일차방정식 18문

방정장方程章은 전부 연립다원일차방정식 문제로 이루어져 있고
이 연립다원일차방정식의 해법이 바로 '방정술'이다. 예를 들면 제1문
은 방정술의 알고리즘을 설명하고 있다.

[1] 지금 상질의 벼(上禾) 3묶음과 중질의 벼(中禾) 2묶음과 하질의 벼
(下禾) 1묶음의 화실禾實은 39두斗이다. 상화 2묶음과 중화 3묶음과
하화 1묶음의 화실은 34두이다. 상화 1묶음과 중화 2묶음과 하화
3묶음의 화실은 26두이다. 묻는다. 상중하 세 종류의 화실은 한
묶음 각각 얼마인가?[50]

답, 상화는 $9\frac{1}{4}$ 두, 중화는 $4\frac{1}{4}$ 두, 하화는 $2\frac{3}{4}$ 두.

이 문제는 상화 1묶음의 화실의 양 x, 중화 1묶음 y, 하화 1묶음
z에 대해서 연립방정식

$$\begin{cases} 3x + 2y + z = 39 \\ 2x + 3y + z = 34 \\ x + 2y + 3z = 26 \end{cases}$$

을 의미하고 그 해법은 다음과 같다.

〈방정술〉 ⓐ상화 3묶음, 중화 2묶음, 하화 1묶음, 화실 39두를 우행右行
에 둔다. 중행中行, 좌행左行의 화禾도 역시 우행과 같이 늘어놓는다.

---

50) 今有上禾三秉, 中禾二秉, 下禾一秉, 實三十九斗. 上禾二秉, 中禾三秉, 下禾一秉, 實三十四
斗. 上禾一秉, 中禾二秉, 下禾三秉, 實二十六斗. 問上中下禾實一秉各幾何?

ⓑ우행의 상화를 골고루 중행中行에 곱해 우행으로 직제直除51)한다. ⓒ다시 골고루 차행次行에 곱해 우행으로 직제한다. ⓓ그런 다음 중행의 중화의 나머지를 골고루 좌행에 곱해 중행으로 직제한다. 좌행의 하화에 나머지가 있으면 상(하화의 묶음 수)을 법으로 하고 하(화실의 양)를 실로 한다. 이 실은 하화의 화실이다. ⓔ중화를 구하려면 법을 중행의 하실에 곱해 하화의 화실을 뺀다. ⓕ나머지를 중화의 묶음 수로 나누면 중화의 화실이다. ⓖ상화를 구하려면 다시 법을 우행의 하실에 곱해 하화의 화실과 중화의 화실을 뺀다. ⓗ나머지를 상화의 묶음 수로 나누면 상화의 화실이다. ⓘ실을 법으로 나누어 각각의 두 수를 얻는다.52)

방정술의 산算의 이동을 도표로 제시하면 다음과 같다.([그림 p-1]은 ⓐ의 算籌 표기)

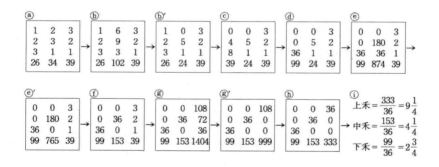

51) 역주: 뺄셈을 연속으로 행하는 것.
52) 方程術曰, ⓐ置有上禾三秉, 中禾二秉, 下禾一秉, 實三十九斗於右方. 中左禾, 列如右方. ⓑ以右行上禾徧乘中行, 而以直除. ⓒ又乘其次, 亦以直除. ⓓ然以中行中禾不盡者徧乘左行, 而以直除. 左方下禾不盡者, 上爲法, 下爲實. 實卽下禾之實. ⓔ求中禾, 以法乘中行下實, 而除下禾之實. ⓕ餘如中禾秉數而一, 卽中禾之實. ⓖ求上禾, 亦以法乘右行下實, 而除下禾中禾之實. ⓗ餘如上禾秉數而一, 卽上禾之實. ⓘ實皆如法, 各得一斗.

방정식의 표기법은 한문 기술법에 따라 세로쓰기였지만 만일 가로쓰기가 행해졌다면 현행의 행렬과 같이 가로로 기술하였을 것임은 의심할 여지가 없다. 또한 행마다의 소거법도 현행의 방법과 동일하기 때문에 중국의 방정술은 행렬을 이용한 방정식의 해법과 동등하다고 할 수 있다.

[정부술] 제1문의 해법의 경우 모든 단계를 통틀어 음수가 나오지 않지만 임의의 방정 문제를 풀 수 있으려면 적어도 음수를 정수와 같이 처리할 필요가 있다. '정부술正負術'은 바로 그 기법이다.

〈정부술〉 ⓐ같은 부호는 서로 빼고, ⓑ다른 부호는 서로 더한다. ⓒ영에서 정수를 빼면 음으로 하고, 음수를 빼면 양으로 한다. ⓓ다른 부호는 서로 빼고 ⓔ같은 부호는 서로 더한다. ⓕ영에 정수를 더하면 정이 되고 음수를 더하면 음이 된다.[53]

정부술의 ⓐⓑⓒ는 뺄셈, 또한 ⓓⓔⓕ는 덧셈에 있어서의 정부正負 (음양) 부호법칙이다. 자연수 a, $b(a > b > 0)$에 대해서 각각 다음과 같은 의미이다.

---

53) 正負術曰. ⓐ同名相除, ⓑ異名相益, ⓒ正無入負之, 負無入正之. ⓓ其異名相除, ⓔ同名相益. ⓕ正無入正之, 負無入負之.
   원문 ⓒⓕ의 '入'자에 대해서는 '人'의 오류로 여기는 연구자도 적지 않다. 『算學啓蒙』에서도 "人으로 하는 것은 잘못이다"라고 서술하였기 때문이다. 그러나 '無人'은 入算의 수가 없는, 즉 0을 의미한다. 필자는 문맥에서 볼 때 '入'자가 '人'보다 가능성이 더 높다고 생각한다.

ⓐ동명상제同名相除 $\pm a - (\pm b) = \pm (a - b)$

ⓑ이명상익異名相益 $\pm a - (\mp b) = \pm (a + b)$

ⓒ정무입正無入은 음으로 하고, 부무입負無入은 양으로 한다.

$$0 - (\pm b) = \mp b$$

ⓓ이명상제異名相除 $\pm a + (\mp b) = \pm (a - b)$

ⓔ동명상익同名相益 $\pm a + (\pm b) = \pm (a + b)$

ⓕ정무입은 양으로 하고, 부무입은 음으로 한다.

$$0 + (\pm b) = \pm b$$

한편, 정부술의 가감加減 계산은 본수本數 즉 절대치를 기준으로 '빼기'(除)와 '더하기'(益)가 행해지는 점에 주의해야 한다.

9) 구고장 ― 삼평방의 정리와
직각삼각형의 상사법相似法 24문

[구고술] 유휘 주에 의하면 직각삼각형의 직각을 낀 두 변 중 짧은 변을 '구句', 긴 변을 '고股'라고 하고, 뿔을 맺은 빗변을 '현弦'이라고 한다. '구고술句股術'이란 이 구고형 즉 직각삼각형에서의 삼평방의 정리(피타고라스 정리)를 말한다.

〈구고술〉 구와 고를 각각 자승하여 서로 더하고 개평방開平方하면 현이다.
또한 고의 자승을 현의 자승에서 빼 그 나머지를 개평방하면 구이다.
또한 구의 자승을 현의 자승에서 빼 그 나머지를 개평방하면 고이

다.[54]

구고술은 첫 3문제의 총술로서
제3문의 뒤에 놓여 있다.

[구고술의 응용문제] 제4문에서 제14
문까지는 구고술의 응용문제이다.
표기를 간략화하기 위해 이후로는
구를 a, 고를 b, 현을 c로 나타내
그 해법을 서술하고자 한다.

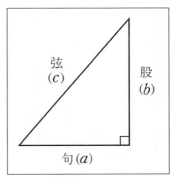

[그림 1-14] 구고형
구고형이란 평면의 직각삼각형을 말한
다. 유휘 주는 "短面曰句, 長面曰股, 相
與結角曰弦"이라고 설명한다.

제4문은 미지의 b를 $\sqrt{c^2 - a^2}$로 하고, 제5문은 미지의 c를
$\sqrt{a^2 + b^2}$로 해서 구할 수 있다. 그러나 제6문의 경우에 대해서는 다
음과 같다.

[6] 지금 한 변이 1장인 정사각형의 연못이 있어 갈대가 그 중앙에
자라 수면에서 1척 나와 있다. 이 갈대를 물가 쪽으로 잡아당기면
정확하게 물가에 닿는다. 묻는다. 수심 및 갈대의 길이는 각각 얼
마인가?[55]

연못의 한 변의 반(半池方)을 구 a, 수심을 고 b, 갈대의 길이를 현

54) 句股各自乘, 幷而開方除之, 卽弦. 又股自乘, 以減弦自乘, 其餘開方除之, 卽句. 又句自乘,
以減弦自乘, 其餘開方除之, 卽股.
55) 今有池方一丈, 葭生其中央, 出水一尺. 引葭赴岸, 適與岸齊. 問水深葭長各幾何?

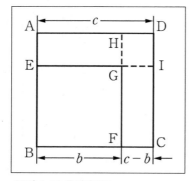

[그림 1-15] 구실지구도
戴震의 추정도이다. 孔繼涵刻 微波榭本
『구장산술』(1774) 권9 訂訛補圖에 보인다.

c로 해서 다음과 같이 수심과 갈대의 길이를 계산해 낸다.

$$b = \frac{a^2 - (c-b)^2}{2(c-b)},$$
$$c = b + (c-b)$$

위의 식은 후한 말의 조상趙爽의 『주비산경周髀算經』 주(句股圓方圖)나 위진의 유휘의 『구장산술』 주 등을 참조해 볼 때 구실지구도句實之矩圖([그림 1-15])에 의해 구해진 것으로 추정할 수 있다. 구실지구도에 의하면, 정사각형 ABCD와 EBFG는 각각 한 변이 c와 b이고, 곱자형(矩形) AEGFCD는 꺾어진 것을 곧게 펴면 변 길이가 $c-b$, $c+b$인 직사각형과 같으며 면적은 a^2이다. 곱자형 AEGFCD에서 정사각형 HGID를 제외하면 남은 면적은 $a^2 - (c-b)^2$이 되는데, 이는 직사각형 GFCI의 두 배 즉 $2(c-b)b$와 같다. 위의 식이 구실지구도에서 구해진 것으로 추정할 수 있는 소이이다.

또한 제7, 8문 및 제9문, 제10문은 이미 알고 있는 a와 $c-b$로부터 미지의 c를 각각

$$c = \frac{1}{2}\left\{\frac{a^2}{c-b} + (c-b)\right\}, \quad c = \frac{\left(\frac{a}{2}\right)^2}{\frac{c-b}{2}} + \frac{c-b}{2}, \quad 2c = \frac{a^2}{c-b} + (c-b)$$

처럼 계산하는데, 이 공식 모두 구실지구도에서 도출되었을 가능성이

높다.

제11문은 이미 알고 있는 c와 $b-a$로부터

$$\sqrt{\frac{1}{2}\left\{c^2 - 2\left(\frac{b-a}{2}\right)^2\right\}} = \frac{b+a}{2}, \ \frac{b+a}{2} - \frac{b-a}{2} = a, \ \frac{b+a}{2} + \frac{b-a}{2} = b$$

로 a와 b를 산출하는데, 이 공식이 근거한 것은 [그림 1-16]이다. 이는
첫 번째 식을 $2c^2 = (b-a)^2 + (b+a)^2$로 변형시켜 그림과 비교하면
명백하다.

또한 제12문은 이미 알고 있는 $c-b$와 $c-a$로부터 a, b, c를 다
음과 같이 구한다.

$$\sqrt{2(c-b)(c-a)} = a+b-c,$$
$$(a+b-c) + (c-b) = a,$$
$$(a+b-c) + (c-a) = b,$$
$$(a+b-c) + (c-b) + (c-a) = c$$

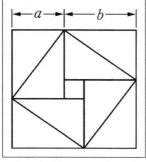

[그림 1-16] 句股差句股幷與弦互求
之圖
대진의 추정도이다. 미파사본 『구
장산술』 권9 정와보도에 보인다.

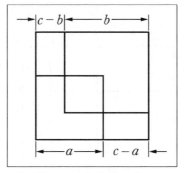

[그림 1-17] 句弦差股弦差求句股弦之圖
대진의 추정도이다. 미파사본 『구장산술』
권9 정와보도에 보인다.

공식이 근거한 것은 [그림 1-17]일 것이다. 첫 번째 식은 그림에서 보자면 변의 길이가 $c-b$, $c-a$인 직사각형 두 개의 면적이 중앙의 한 변이 $a+b-c$인 정사각형의 면적과 같은 것으로 설명할 수 있다.

제13문은 구실지구도에 바탕하여

$$b = \frac{1}{2}\left\{(b+c) - \frac{a^2}{b+c}\right\}$$

을 이용하여 b를 구하고, 제14문은

$$a:b:c = a(c+a):b(c+a):c(c+a)$$
$$= \left[(c+a)^2 - \frac{1}{2}\{(c+a)^2 + b^2\}\right]:b(c+a):\frac{1}{2}\{(c+a)^2 + b^2\}$$

으로서 이미 알고 있는 b와 $c+a$로부터 구고현의 비율을 산출한다. [그림 1-18]로써 위의 식을 설명하자면 산술의 핵심은 비율 $a:c$를 직사각형 FEGH와 ABEF의 면적비를 고려하는 것에 있다. 비율을 얻은 후 그 값을 이용하여 닮은꼴(相似) 계산을 행한 것은 말할 것도 없다.

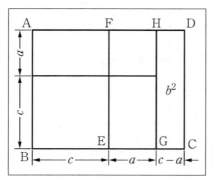

[그림 1-18] 股與句弦幷求句弦之圖
미파사본 『구장산술』 권9 정와보도에 보이는 대진의 추정도를 약간 수정하였다.

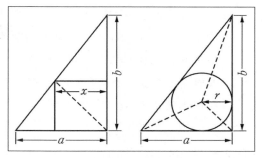

[그림 1-19] 용방용원도(추정도)
직각삼각형에 내접하는 정사각
형의 한 변과 원의 직경을 묻는
것이다.

[용방용원 문제] 구고술의 응용문제에 이어 종류가 다른 문제가 나온다. '구고용방句股容方'과 '구고용원句股容圓' 문제이다. 즉 제15문은 이미 알고 있는 직각삼각형에 정사각형이 내접할 때 정사각형의 변의 길이를 묻고, 제16문은 직각삼각형에 원이 내접할 때 원의 직경을 묻는다.

정사각형의 한 변을 x, 원의 직경을 $2r$이라고 하면 해법은 각각 다음과 같다.

$$x = \frac{ab}{a+b}, \; 2r = \frac{2ab}{a+b+c}$$

유휘의 주는 용방容方과 원경圓徑으로써 구고형의 면적을 구하는 식을 정하여 위의 식이 타당한 것을 증명하였는데 원래의 방법에 대해서도 같은 식으로 추정해야 할 것이다.

[구고형의 닮은꼴 문제] 제17문에서 마지막까지의 8문제는 직각삼각형의 닮은꼴(相似) 문제이다. 제22문으로 예시하면

[22] 지금 나무(A)가 있는데 사람으로부터 얼마나 떨어져 있는지 알수 없다. 네 개의 표表(막대기)를 1장 사방에 세워 왼쪽의 두 표와 나무를 일직선이 되도록 한다. 오른쪽 뒤의 표에서 나무를 바라보면 오른쪽 앞의 표로부터 3촌 안쪽으로 들어간다. 묻는다. 나무와 사람의 거리는 얼마인가?[56]

에 대해 구고형 ABC와 CDE의 닮은꼴로부터

$$AB : BC = CD : DE. \text{ 고로 } AB = \frac{BC \cdot CD}{DE}$$

를 얻어

1장을 자승해서 실로 하고 3촌을 법으로 한다. 실을 법으로 나눈다.[57]

라고 하여 나무와 사람의 거리를 구한다.

한편 제20문에서는 이차방정식

$$x^2 + 34x = 71000$$

을 푼다. 중국 산학사算學史상 일차항을 갖는 개방식을 다루는 것은 이것이 최초이다. 이런 종류의 개방법은 '대종개평방帶從開平方' 내지 '개대종평방開帶從平方'이라고 불렸는데 x^2의 계수가 1, x의 계수가 종

---

56) 今有木去人不知遠近. 立四表, 相去各一丈, 令左兩表與所望參相直. 從後右表望之, 入前右表三寸. 問木去人幾何?

57) 令一丈自乘爲實, 以三寸爲法, 實如法而一.

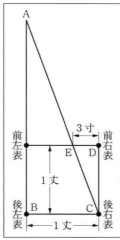

[그림 1-20] 立四表圖
이황 『구장산술세초도설』
(1912)의 추정도에 의거함.
이황은 "如圖入表爲句率,
右兩表相去爲股率, 左右後
兩表相去爲見句, 木去人爲
見股"라고 설명한다.

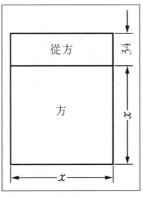

[그림 1-21] 대종개평방(추정도)
제20문의 원문을 옮기면 "今有邑
方不知大小, 各中開門. 出北門二
十步有木. 出南門十四步, 折而西
行一千七百七十五步見木. 問邑方
幾何"이다.

법從法, 실수항이 실實이다. 대종개평방이라는 명명命名은 종법을 띠고
(帶) 있는 것에서 유래한다.

제2장 세종과 조선시대 수학의 틀

　•

　•

　조선(1392~1910)의 제4대 왕 세종은 주자학을 교학의 기본으로 삼고 유교적 중앙집권체제를 확립하는 한편, 산학을 정비하였다. 성종 16년(1485)에는 그 기초하에서 『경국대전』이 조선의 기본 법전으로 성립하였고, 산학 교과서로서 남송 주세걸朱世傑의 『산학계몽算學啓蒙』과 남송 양휘楊輝의 『양휘산법楊輝算法』, 원의 안지재安止齋의 『상명산법詳明算法』을 선정하였다.

1. 조선시대 수학의 틀

　15세기 전·중기의 세종과 세조의 시대는 조선시대 수학사상의 첫 번째 절정기이다. 주자학에 기초한 왕조의 지배 체제가 대부분 확립되었고 국가 재정이나 행정기구 상의 필요로부터 수학이 정비되었다.

1) 세종과 수학

(1) 세종 소전

　고려 공양왕 4년(1392) 7월 배극렴裵克廉 등은 주자학풍의 '역성혁명'

론을 신봉하고 이성계(1355~1408)를 고려 왕에 추대했다. 태조(재위 1392~1398)이다. 다음 해 2월 태조는 국호를 조선으로 고치고 태조 3년(1394) 한양에 도읍했다. 조선이 정식으로 명으로부터 책봉을 받은 것은 태종(재위 1400~1418)의 치세인 1401년이다. 태조나 태종은 '도학(주자학) 입국立國'을 주창해 구래의 호국불교를 배척하고 주자학을 국교로 삼아 새로운 국가 건설을 시도하였다.

세종(1397~1450)은 조선 제4대 왕으로, 재위는 1418~1450년, 휘諱는 도祹, 자는 원정元正, 태종의 셋째 아들이다. 어머니는 원경왕후 민씨, 비妃는 소헌왕후 심씨이다. 태종 8년(1408) 충녕군忠寧君에 봉해지고, 12년(1413)에 대군大君으로 진봉進封되었다. 태종 18년(1418) 6월 세자로 책봉되어 같은 해 8월 선양禪讓으로 왕위를 이었다.

세종은 문치에 정력을 기울여 현군으로도 이름이 높다. 『세종실록』권127에 의하면 "해동海東의 요순이라고 시칭時稱되었다"고 한다. 주자학을 장려했을 뿐만 아니라 경연經筵을 처음으로 열고(1418), 집현전을 설립해 문사를 선발하여 고문顧問으로 삼았다(1420).

세종기는 문화사에 빛나는 업적이 대단히 많지만 그중 가장 큰 성과로 거론해야 할 것은 역시 한글의 제정일 것이다. 세종은 정인지鄭麟趾(1396~1478), 신숙주申叔舟(1417~1475), 성삼문成三問(1418~1456), 최항最恒(1409~1474) 등에게 조선 국자國字의 창제를 명하였고, 이 조선의 독자적인 문자(諺文)는 세종 25년(1443)에 완성되어 동 28년(1446)에 『훈민정음』으로서 공포되었다.

세종은 또한 『자치통감훈의資治通鑑訓義』(1435), 『치평요람治平要覽』(1445

命纂), 『고려사』(1423 命改修), 『육전등록六典謄錄』(1428), 『용비어천가』(1445), 『효행록』(1428 命改撰), 『삼강행실』(1434), 『오례의五禮儀』(1430), 『지리지』(1432), 『동국정운』(1449), 『향약집성방』(1433), 『의방유취醫方類聚』(1445 完成), 『역대 병요歷代兵要』(1445 命纂), 『칠정산내외편』(1442), 『농사직설農事直說』(1429) 등 많은 도서를 편찬·출판하였다. 세종의 편찬사업은 왕조의 두뇌들의 공동 작업으로, '잡학' 즉 의학·한학·몽학·외학·여진학·천문학· 지리학·명과학命課學·율학·산학 등을 배제하지 않은 점에 최대의 특징이 있다. 예를 들면 『의방유취』는 365권으로 되어 있으며 15세기 세계 최대의 의학서이다.

세종은 정흠지鄭欽趾(1378~1439), 정초鄭招(?~1434), 정인지 등에게 역 법의 연구를 명하고, 측우기를 만들어 각 도에 반포하고, 음률을 정비 하고 악보를 만드는 등 내치內治를 정돈하였다. 또한 외치外治에서도 크게 국경을 북방으로 넓혀, 두만강 방면에 육진六鎭을 두고 압록강 상류에 사군四群을 정해 이를 통해 여진을 수무綏撫하였다. 그리고 사 신을 남방 일본에 보내고 쓰시마(對馬)와 조약을 맺어 삼포三浦를 엶으 로써 왜구를 회유하였다.[1]

세종은 32년(1450) 2월 임신王申, 영응대군永膺大君 염琰의 집 동별궁東 別宮에서 훙薨하였다. 재위 32년, 향년 54세이다. 영릉英陵에 묻혔다. 시 호諡號는 장헌莊憲이다.

---

1) 이 단락, 특히 外治에 대해서는 『朝鮮人名辭典』(조선총독부 중추원, 1937)의 「世宗」 항목에 의거했다.

(2) 세종과 산학

① 조선왕조 초기 산학 융성의 사상적 배경

고려 말기부터 조선 초기에 걸친 시기는 한국사상사상 유불儒佛 교체를 이룬 사상적 전환기로 볼 수 있다.

고려는 국제 환경의 변화에 대응해 개경 천도(1270) 이후 친몽고정책을 추진하였다. 이 정치적 선택은 문화와 학술에도 깊은 영향을 미쳐 원元(1271~1368)의 문화적 영향을 받게 되었고 원학元學인 주자학이 간단間斷없이 한반도에 전해져 한국의 사상 풍토도 변화하지 않을 수 없었다.

당학唐學(=漢學)적인 유불 병존의 느슨한 사상 구조에서 다른 학문을 이단시하는 성리학 일존一尊의 엄격한 사상 구조로 전환된 것이다.

이 사상의 전환기에 저명한 석학이 배출되었는데, 그 인물로는 안향安珦(1248~1306), 이제현李齊賢(1287~1367), 이색李穡(1328~1396), 정몽주鄭夢周(1337~1392), 정도전鄭道傳(1342~1398), 권근權近(1352~1409) 등을 들 수 있다.

그러나 고려에서 조선으로의 커다란 정치적 요동 속에서 주자학(道學)은 크게 두 파로 나뉘었다. 정도전과 권근 등 '치인지학治人之學'(정치)을 중시하는 현실 참여적 혁명파(이성계파)와 이색과 정몽주 등 '수기지학修己之學'(도덕)을 중시하여 두 왕조를 섬기는 것을 마음 편히 여기지 않는 보수파(반이성계파)이다. 조선 초기 정치적으로 승리한 건국 공신들은 주자학을 이론적인 근거로 삼아 혁명의 정당성을 주장하고, 전제田制 개혁을 단행하고 노비를 해방시켰으며 법체계를 정비하여 왕조의 기초를 확립했다.

② 세종의 산학 정비 진흥책

세종은 위에서 서술한 조선 초기 주자학의 정치 이념을 계승하여 '도학입국道學立國'의 일환으로서 산학의 정비·진흥책을 크게 실시하였다. 주요한 것을 거론하면 다음과 같다.

세종 2년(1420) 궁정 내에 연구 기구인 집현전을 설립하고 장래성 있는 젊은 인재를 등용하여 역산학을 포함한 학문 연구에 종사시켰다.(『세종실록』, 권7, 3월 갑신) 또한 계산에 밝은 관리의 육성과 산학의 진흥을 꾀하고자 널리 역산서를 구하고, 집현전이나 습산국習算局에 덧붙여 산법교정소算法校正所와 역산소曆算所를 설치하였다.(『세조실록』, 권20, 세조 6년 6월 신미에 보이는 세종의 故事)

세종은 스스로가 "산법은 육예의 하나이다. 학문에 있는 자는 마땅히 배워야 할 바이다"[2]라고 하고, 신하에게 모범을 보여 주기 위해 부제학인 정인지로부터 『산학계몽』의 기본을 배웠다.(『세종실록』, 권50, 12년 10월 경인)

세종 12년(1430)에는 '산학취재算學取材의 경서제예經書諸藝 수목數目' 즉 수학 고등교육을 위한 커리큘럼 겸 산사算士 채용 시험 과목을 정했다. 고려의 『구장산술』, 『철술』, 『삼개』, 『사가』를 대신하여 『산학계몽』, 『양휘산법』, 『상명산법』, 『오조산경』, 『지산地算』을 채용한 것이다.(『세종실록』, 권47, 3월 무오) 『지산』의 상세한 내용은 알지 못하지만 『산학계몽』, 『양휘산법』, 『상명산법』, 『오조산경』에 대해서는 현존서

---

2) 李純之, 「交食推步法序」(1458), "算法居六藝之一, 在學者所當習."

등에 의해 그 내용을 확인할 수 있다.3)

세종 13년(1431)에는 사역원주부司譯院注簿 김한金汗과 김자안金自安 등을 명에 파견하여 산학을 배우게 하였다.(『세종실록』, 권51, 3월 병인) 세종 25년(1443)에는 집현전에 명하여 역대 산학의 법을 고찰하도록 하였다.(『세종실록』, 권102, 11월 무신)

③ 주산서籌算書

세종은 산학 관련 제도를 충실하게 하고, 산학자의 인재 육성에 노력하였으며, 뛰어난 산서를 탐구探求하여 국가 채용 시험의 교본으로 삼았을 뿐만 아니라 그 "지남指南을 만들고 세상에 반행頒行하여 사람으로 하여금 배우지 않음이 없도록 하였다."4) 세종 15년(1433) 8월 25일 "경상도의 감사(辛引孫)가 새롭게 간행한 송나라의 『양휘산법』 100건을 진정進呈하였다. 집현전·호조·서운관書雲觀의 습산국習算局에 분사分賜하였다"5)라고 보이는 것이 그것이다.

[양휘산법] 당시 간행된 '경주부판간慶州府版刊' 남송 양휘의 『양휘산법』

---

3) 『오조산경』 5권은 魏晉대의 수학저작으로, 저자는 미상이다. 『신당서』, 『구당서』 「예문지」에는 甄鸞이나 韓延, 李淳風 등의 주석본이 보이지만 어느 것도 오늘에 전하지 않는다. 현재의 傳本은 『영락대전』으로부터의 輯出本이고 경문만으로 구성되어 있다. 『오조산경』은 행정기관인 田曹·兵曹·集曹·倉曹·金曹에 필요한 계산술을 모은 것으로 書名 자체가 행정수학서인 것을 잘 보여 준다.

4) 李純之, 「交食推步法序」(1458), "作指南, 頒行於世, 使人無不學也."

5) 『세종실록』, 권61, 8월 을사, "慶尙道監司進新刊宋楊輝算法一百件. 分賜集賢殿戶曹書雲觀習算局."

(목판본)의 경우 다행스럽게도 몇 본이 오늘날까지 전한다. 일본 쓰쿠 바(筑波) 대학 부속도서관 소장본6) 등이다. '선덕宣德 8년 계축(1433) 5월' 의 박욱朴彧의 발跋과 간기刊記 등에 의해 출판의 대체적인 경위를 알 수 있다.

발문과 간기에 의하면 동서同書는 명 홍무洪武 무오년(1378) 고항여 씨근덕서당古杭余氏勤德書堂 간본을 복각한 것이다. 경상도관찰출척사통 정대부慶尙道觀察黜陟使通政大夫(정3품) 공조우참의工曹右參議 신인손이 세종 의 내지內旨를 받아 경력소도사통선랑經歷所都事通善郎(정5품) 공조정랑工 曹正郎 박근朴根, 부윤가선대부府尹嘉善大夫(종2품) 겸농병마절제사兼農兵馬節 制使 김을신金乙辛, 판관승훈랑判官承訓郎(정6품) 겸권농병마단련판관兼勸農 兵馬團練判官 이호신李好信에게 복각을 위촉했다. '감독'은 중훈대부中訓大 夫(종3품) 경주유학교수관慶州儒學敎授官 최예崔汭가 담당하고 '교정'은 성 균생원 최진崔震과 도읍안일호장정조都邑安逸戶長正朝 김칭金秤이 맡았다. 판목을 새기는 '각수刻手'는 대선사大禪師 홍조洪照, 선사 홍혜洪惠·종월 宗月 등 다수가 담당했다.

[산학계몽과 상명산법] 시대는 약간 내려가지만 조선 초기(임진왜란 이전)에 복각된 것이 확실한 중국수학서로는 남송 양휘의 『양휘산법』 이외에 도 남송 주세걸의 『산학계몽』과 원 안지재의 『상명산법』이 있다.

김병구金秉九 씨가 소장하는 경오자본庚午字本 『산학계몽』 3권 3책은

<hr>

6) 筑波大學 부속도서관 소장본은 兒玉明人 편, 『十五世紀の朝鮮刊本銅活字數學書』(私家 本, 1966)의 영인 및 부속도서관이 공개한 화상 데이터에 의해 내용을 볼 수 있다. 또 關孝和가 필사한 『宋楊輝算法』(藪內淸 舊藏本)도 있다.

현재 발견된 제본諸本 중에서 간행년이 가장 이른『산학계몽』의 인본印本이다. 인출기印出記에 '경태景泰 2년 8월 일 인출'이라고 되어 있기 때문에 경태 2년＝문종 원년(1451)에 동활자(庚午字)로 인쇄된 것으로 추정된다.[7] 판식版式은 변란邊欄(四周)은 단변單邊이고, 판광版匡은 24.8×16.8㎝, 유계有界, 행격行格은 10행 17자, 소자쌍행小字雙行, 판심版心은 상하백구上下白口, 상하내향흑어미上下內向黑魚尾로 되어 있고, 판심제版心題는 '계몽啓蒙'이다.(南權熙,「庚午字本『新編算學啓蒙』과 諸版本 硏究」)

조선 초기의 중각본重刻本에는 또한 쓰쿠바 대학 부속도서관 소장의 을해자본『산학계몽』[8]이나 일본 국립국회도서관 소장의『상명산법』[9] 등이 있다. 을해자본『산학계몽』의 판식은 변란(사주)은 단변이고, 판광은 22.0×14.9㎝, 유계, 행격은 9행 17자, 주쌍행, 판심은 상하백구, 상하내향삼엽화문흑어미上下內向三葉花紋黑魚尾로 되어 있고, 판심제는 '계몽'이다.(藤本幸夫,「東京教育大學藏朝鮮本について」) 다른 한편『상명산법』은 상하 2권본인데, 하권의 말미에는 간기가 '홍무계축춘洪武癸丑春(1373) 여릉이씨명경당간廬陵李氏明經堂刊'으로 기록되어 있어 명의 중각본임에 틀림없다.

---

7) 南權熙,「庚午字本『新編算學啓蒙』과 諸版本 硏究」(『서지학연구』제16집, 1998)에 의하면 庚午字는 세종 32년(1450, 문종 즉위년)에 주조된 활자인데 안평대군의 휘호에 기초해서 주조된 탓에 후에 세조에 의해 녹여지고 그 대신 姜希顔의 서체로 된 乙亥字가 주조되었다. 따라서 사용된 기간이 길지 않고 전하는 기록뿐만 아니라 현재 알려진 印本도 많지 않다고 한다.
8) 南權熙,「庚午字本『新編算學啓蒙』과 諸版本 硏究」에 의하면 筑波大學 부속도서관 소장『산학계몽』은 중종 연간(1506~1544)에 乙亥字로 인쇄된 것이라고 한다.
9) 同書에 대해서는 藤原松三郎,「支那數學史の硏究」IV(『東北數學雜誌』48-1, 1941)의 詳明算法の異版에서 배운 바가 많다.

쓰쿠바 대학 부속도서관 소장 『산학계몽』과 일본 국립국회도서관 소장 『상명산법』에는 '양안원養安院'이란 장서인이 보인다. '양안원'은 한방의 마나세 쇼린(曲直瀬正琳, 1565~1611)을 말하는데, 양안원 구장본의 다수는 치료의 답례로 우키타 히데이에(宇喜多秀家, 1572~1655)로부터 임진왜란 때 일본으로 가져간 조선본을 기증받은 것이다.

(3) 『칠정산내편』

하지만 세종 대의 수학에 대해 조선시대 수학사상 첫 번째 절정기라고 할 수 있는 점은 주도면밀한 산학 정비 때문만은 아니다. 실은 응용수학에 속하는 고도의 역법 연구가 존재했기 때문이다.

세종시대 이전의 산학은 아무리 편든다 한들 중국 송원수학의 도입기에 해당할 뿐 아직 독자적인 전개를 보이지 않았다.[10] 그러나 고도한 산법을 다용하는 수리천문학의 치력治曆의 학문은 이에 반해 세종의 지도하에 놀랄 만한 진보를 이루어, 세종 대에는 『칠정산내편七政算內篇』 등 미증유의 성과를 획득하는 데 성공했다. 이 때문에 정확하게 말하면, 세종 대 수학을 조선시대 첫 번째 절정기로 볼 수 있는 것은 고도한 역법 연구가 존재했기 때문이라기보다는 오히려 광의의 산학에서 보이는 뛰어난 연구의 존재가 총체적으로 세종 대 수학의 높이를 분명하게 드러내기 때문이라고 해야 할 것이다.

---

10) 崔錫鼎의 『九數略』은 조선 초기 수학에 능한 자로서 南在(1351~1419)와 黃喜(1363~1452)를 거론하지만(古今算學), 모두 저명한 정치가이고, 산학의 능력에 대해서는 실질을 알 수 없다.

[내편법 편찬사] 『칠정산내편』이란 조선의 독자적 역법(내편법)을 설한 수리천문학서를 말한다. 또한 내편법에 대해서는 본국의 천문 현상에 합치시키고자 한양을 기준으로 삼아 원의 수시력授時曆과 명의 대통력大統曆을 개편한 것이라고 할 수 있다.

하지만 내편법의 의의를 정확하게 평가하기 위해서는 최소한 역법을 둘러싼 중국과 조선의 복잡한 교류사에 대해 정확하게 이해해야 할 필요가 있다.[11] 이야기를 수시력 창시 즈음부터 시작하는 편이 가장 이해하기 쉬울 것이다.

[수시력의 편찬] 원의 지원至元 13년(1276), 세조 쿠빌라이는 송을 평정하자 왕순王恂과 곽수경郭守敬 등에게 신력新曆의 개치改治를 명했다. 왕순과 곽수경 등은 정밀한 천문 관측을 행함과 동시에 역대의 역법을 참개參改하여 지원 17년(1280) 동지에 신력을 완성하였고, 조칙詔勅으로 수시력이라고 사명賜名되었다. 지원 18년(1281)에 천하에 반행頒行되었다.

수시력[12]은 지원 18년 신사辛巳(1281) 세전歲前 천정동지天正冬至를 역원曆元으로 삼고 1년의 길이를 365.2425일로 하는 태음태양력이다. 가장 두드러진 특징은 천문 관측에 신중을 기한 것이다. 역법 제정의 근간이 되는 동지의 일시를 정확하게 측정하고, 동지 때의 태양의 위치나 이십팔수二十八宿의 거도距度, 일출입日出入의 시각 등을 정확하게

---

11) 『칠정산내편』에 대해서는 유경로 편, 『한국과학기술사자료대계—천문학편』 제3권(여강출판사, 1986)에 실린 유경로의 해제나, 한국 천문학사 편찬위원회 편, 『소남 유경로 선생 유고 논문집 한국 천문학사 연구』(녹두, 1999) 등을 참조하였다.
12) 수시력에 대해서는 藪內淸, 『增補改訂 中國の天文曆法』(平凡社, 1990)을 참조.

측정하였다. 하지만 수시력은 고도로 정밀한 천문 관측을 실시했을 뿐만 아니라 산술에서도 신기축을 이루었다. 태양과 달의 영축盈縮(부등속 운동)의 계산에 2차 '초차식招差式'을 이용한 보간법(3차 근사식)을 사용하고, 황적도黃赤道나 황백도黃白道의 변환 등에 구면삼각법과 유사한 '호시할원술弧矢割圓術'을 사용하였기 때문이다.[13] 역 계산법은 내용으로 보아 당시 최고 수준의 산술이라고 칭할 만한 것이었다.

예를 들면 수시력은 그 중심차에 기인하는 태양의 부등속 운동에 대해서 진동지(定冬至)로부터 진춘분(定春分)에 이르는 간격은 88.91(88.909225)일이고, 태양은 그 88.91일(≒6×14.82)을 지나 1상한象限 즉 91.31도(1周天은 365.2425도)를 움직이는 것으로 한다. 그러나 태양의 진황경과 평균황경의 차는 적일積日에 대해 대략 사인 곡선을 그리기 때문에 태양의 실제의 운행도수를 구하기 위해서는 관측치를 제외하면 보간법을 이용하여 중간치를 계산해야 한다. 수시력은 3차의 근사식을 이용하여 그 보간을 행하였는데 그 근사법을 호칭하여 '평립정삼차술平立定三差術'이라고 한다.

수시력은 '태양영축평립정삼차지원太陽盈縮平立定三差之原(원리)'에 대해서 다음과 같이 설명한다. 즉,

적일積日 x : 계산의 기점으로부터의 일수
적차積差 $f(x)$: 실제의 운행도수(실측한 日躔度數)와 매일 1도 움직

13) 수시력의 산술의 상세한 내용은 藪內淸, 『增補改訂 中國の天文曆法』의 제3부 「三 太陽と月の運動」이나, 錢寶琮 主編, 『中國數學史』(科學出版社, 1964)의 제10장·제11장을 참조 바란다.

이는(원궤도를 등속으로 움직이는) 것으로 여겼을 때
의 운행도수(平行度數)의 차의 누적

일평차日平差 $F(x)$: 적차/적일

에 대해 $14.82n$을 인수로 한 6단의 적차표(1상한)를 만들고 적차를 적일로 나누어 일평차표를 만든다.(n은 1~6) 일평차표에 의하면 일평차의 초항 즉 동지 때의 일평차의 값 $F(0)$는 513.32이고 일차—差의 초항= -37.07(汎平積差), 이차二差= -1.38, 삼차三差= 0이다. 계차階差가 알려지면 일평차 $F(x)$는 2차의 초차식招差式에 의거하여

$$F(x) = 513.32 + \frac{x}{14.82}(-37.07) + \frac{1}{2}\frac{x}{14.82}\left(\frac{x}{14.82} - 1\right)(-1.38)$$

$$= 513.32 - 2.46x - 0.0031x^2$$

으로 구할 수 있다. 또 $f(x) = xF(x)$이므로

$$f(x) = 513.32x - 2.46x^2 - 0.0031x^3$$

으로 적차가 정해지면 임의의 날에 있어 태양의 실제 운행도수를 계산하는 것은 어렵지 않다.

[수시력의 조선 전래] 수시력은 고려 충렬왕 7년(1281)에 원의 왕통王通이 반행 후 즉시 고려에 전했다. 고려는 원의 조공국으로서 동아시아의 안전보장상 원과 공통의 역일曆日을 쓰지 않을 수 없었다. 충렬왕 29~30년(1303~1304)에 당시 원에 머물던 충선왕(재위 1298, 1308~1313)은 역법의 정치적 의미를 정확하게 이해하여, 수행한 최성지崔誠之에게 스승

을 구해 배워서 수시력을 회득會得할 것을 명했다. 최성지는 충선왕 복위의 해(1308)에 부전不傳의 묘를 얻어 귀국, 처음으로 준용遵用하였다. 그러나 반력에 사용된 것은 상용력의 추산법뿐이고, 일월교식에 대해서는 구래의 선명력법宣明曆法을 그대로 사용하였으며 또한 오성분도五星分度에도 미치지 못하였다. 강보姜保가 편찬한 『수시력첩법입성授時曆捷法立成』(1346)도 이 최성지가 전한 바에 유래한다.

[대통력과 그 전래] 원이 망하고 명이 건국되자 홍무 원년(1368), 태조 주원장朱元璋은 신력을 반행했다. 대통력이다. 그러나 비록 역명曆名은 다르지만 내실은 수시력과 다르지 않았다. 대통력은 역법이 갖는 정치적인 의미로 인해 반행 후 즉시 고려에 전해졌다. 공민왕 19년(1370)에 성준득成准得이 전한 것이 그것이다. 고려는 홍무 이후 명의 정삭正朔을 받아 대통력을 사용하였다.

명의 홍무 17년(1384), 중국의 원통元統은 수시력을 가지고 역원을 고치고 세실소장법歲實消長法을 삭제하였다. 하지만 근본적인 개변은 이루어지지 않았다. 『명사明史』 역지曆志에서 "명의 대통력은 실은즉 원의 수시력이다"[14]라고 비방한 이유가 여기에 있다. 원통이 봉납한 역서는 4권으로 이루어져 있으며 서명은 『대통력법통궤大統曆法通軌』라고 한다.

[조선의 역법 연구] 조선 초기 국기國基가 아직 안정되지 않은 상태에서

---

14) 明之大統曆, 實卽元之授時.

태조나 태종이 역법의 문제를 생각할 여유는 없었다. 하지만 시대는 확실하게 진전한다. 세종 2년(1420)에 영서운관사領書雲觀事 유정현柳廷顯이 역법을 이정釐正할 것을 청하였고, 세종은 이를 가납嘉納하여 예문관직제학藝文館直提學 정흠지 등에게 수시력법의 연구를 명했다. 또 예문관직제학 정초 등에게 명하여 역법 연구에 참가시켰다.(『四餘躔度通軌』, 「跋文」) 세종 15년(1433)에는 예문관제학 정인지 등에게 『칠정산내편』, 『칠정산외편』의 교정을 명했다.(『國朝曆象考』, 「曆法沿革」)

또한 세종 24년(1442)에는 봉상시윤奉常寺尹 이순지李純之(?~1465)와 봉상시주부奉常寺注簿 김담金淡(1416~1464)에게 명하여 『대통력법통궤』와 수시력법의 증손차이增損差異를 비교·검토시켜 미세한 수정을 덧붙여서 『칠정산내편』을 완성시켰다.(『四餘躔度通軌』, 「跋文」)

[내편법의 반행] 세종이 완성한 내편법은 『칠정산내편』의 완성 후 곧바로 시행되어 효종 4년(1653)의 시헌력時憲曆(湯若望法)에 이르기까지 약 200년에 걸쳐 반행되었다.

[내편법의 특징] 『칠정산내편』은 크게 두 종류가 남아 있다. 『세종장헌대왕실록』권156~158에 수록된 실록본과 서울대학교 규장각에 소장된 단행본(3권 3책, 활자본)이다. 권수卷首에 역원과 천행제율天行諸率·일행제율日行諸率·월행제율月行諸率·일월식의 정수定數가 보이고, 이하 제일역일第一曆日, 제이태양第二太陽, 제삼태음第三太陰, 제사중성第四中星(黃道出入赤道內外度), 제오교식第五交食, 제육오성第六五星, 제칠사여성第七四餘星

(紫氣, 月孛, 羅睺, 計都)에 대해서 계산법이 서술되어 있다.

『칠정산내편』의 내편법의 특징을 들자면 다음과 같다.

(1) 수시력은 지원 18년 신사(1281)를 역원(역 계산의 기점)으로 하고, 대
    통력은 홍무 17년 갑자(1384)를 역원으로 함에 반해, 내편법은 지
    원 19년 신사를 역원으로 하였다.
(2) 수시력은 세실소장법을 채용하여 위로 왕고往古를 고려할 때에는
    100년마다 주천周天은 1초를 줄이고 세실歲實은 1분을 늘리며, 아
    래로 장래를 측험할 때에는 100년마다 주천은 1초를 늘리고 세실
    은 1분을 줄이는 것으로 했지만, 대통력은 추보推步에 소장消長의
    리가 없다고 여겨 이를 생략하였다. 내편법은 수시력에 따랐다.
(3) 한양의 위도를 기준으로 하여 이지二至 후 일출입주야진각日出入
    晝夜辰刻을 계산하였다.

세종의 내편법은 역법의 법수法數 자체는 기본적으로 수시력법에
근거하였고 근본적인 개변은 없지만 난해하기 그지없는 역법의 알고
리즘을 완전히 소화하고 본국에서 사용하기 적합하도록 제대로 개편
하였다. 수시력의 개량판이기 때문에 조선의 독자적인 발명으로 여기
는 등 과도하게 높이 평가할 필요는 없지만, 조선의 현실에 적합하도
록 산법을 개량한 점에서 정흠지 · 정초 · 정인지 · 이순지 · 김담 등의
공적을 낮추어 봐서도 안 된다.

2) 『경국대전』과 산학

산학을 포함하는 조선의 제반 제도는 세종 후 몇 차례 수정을 거쳐 『경국대전經國大典』의 시행(1485)에 이르러 안정을 얻었다. '조종불역祖宗不易'의 기본 법전의 성립이다. 『경국대전』 이후 『대전속록大典續錄』(1492), 『대전후속록大典後續錄』(1543), 『대전주해大典註解』(1555), 『수교집요受敎輯要』(1698), 『속대전續大典』(1744), 『대전통편大典通編』(1785), 『대전회통大典會通』(1865) 등이 편찬되었지만 어느 것도 『경국대전』을 증보한 것에 지나지 않는다.

[경국대전의 산학직] 산학직算學職은 경관직京官職의 호조에 속하고, 호조판서(정2품) 1원員, 참의參議(정3품) 1원, 정랑正郎(정5품) 3원, 좌랑佐郎(정6품) 3원 이하 산학교수(종6품) 1원, 별제別提(종6품) 2원, 산사算士(종7품) 1원, 계사計士(종8품) 2원, 산학훈도算學訓導(정9품) 1원, 회사會士(종9품) 2원 및 산원算員 30인, 생도 15인을 정원(正職)으로 하였다. 『경국대전』 이후 산원과 생도의 정원은 증가하였지만 품계가 있는 관직에는 큰 변화가 없다.[15](〈표 2-1〉)

관직의 산사 이하와 산원에 대해서는 정규직에 덧붙여서 체아직遞兒職(정원 외 임시직)을 두고 그 명의로 봉급을 지급하였다. 각 원은 판적사版籍司·회계사會計司·경비사經費司 등에 배속되어 호구·공부貢賦·전

---

15) 黃元九·李鐘英 編, 『朝鮮後期 曆算家譜·索引』(한국문화사, 1991)을 참조. 法典別算學職員數一覽도 같다.

<표 2-1> 법전별 산학 직원수 일람
조선의 공식적인 산학 직원수를 알 수 있다. 관위로 보자면 산학 직원은 그다지 우대되지 않았다.

		경국대전 (1485)	속대전 (1744)	대전통편 (1785)	대전회통 (1865)
관직	산학교수(종6품)	1	1	1	1
	겸교수(종6품)				1
	별제(종6품)	2	1	1	1
	산사(종7품)	1	1	1	1
	계사(종8품)	2	1	1	1
	산학훈도(정9품)	1	1	1	1
	회사(종9품)	2	1	1	1
산원		30	30	56	56
생도		15	61	61	61

량田粮 · 식화食貨의 일을 담당하였다.

[산학취재] 조선은 기본적으로 '과거科擧'와 '취재取才'를 조합한 인재등용을 실시하였다. 과거에는 문과와 무과에 덧붙여 잡과(역과漢學·蒙學·倭學·女眞學), 의과(의학), 음양과(천문학·지리학·命課學), 율과(律學))가 있고, 취재取才에는 제학諸學(의학·한학·몽학·왜학·여진학·천문학·지리학·명과학·율학·산학)과 화원畫員·도류道流·악생樂生·악공이 있다.

산학은 과거 중 잡과에도 들어가지 못하고 취재에 의해 호조의 관원 15명을 선발하였다. "제학은 춘하추동의 첫 달에 예조禮曹는 각 부국의 제조관提調官과 공동으로 취재한다. 제조관이 없을 때에는 해당 부국의 당상관堂上官과 공동으로 취재한다"[16]라는 것이 그것이다. 또한 산학의 취재 시험에는 세종 경서제예수목經書諸藝數目의 5책 중 원

---

16) 諸學, 四孟月, 本曹同提調取才. 無提調處, 則同該曹堂上官取才.

안지재의 『상명산법』과 남송 주세걸의 『산학계몽』, 남송 양휘의 『양휘산법』 세 책을 이용하였다.(『경국대전』, 권3, 「禮典·取才」)

참고로 문과(대과)는 초시의 정원이 240명, 복시의 정원이 33명, 전시의 정원이 33명(갑과 3명, 을과 7명, 병과 23명)이고, 시험에는 사서오경 등을 사용하였다. 또 음양과는 초시의 정원이 천문학 10명과 지리학·명과학 각 4명이고, 복시의 정원이 천문학 5명과 지리학·명과학 각 2명이다. 천문학의 시험에는 『보천가步天歌』, 『경국대전』, 『칠정산내편』, 『칠정산외편』, 『교식추보가령交食推步假令』을 이용하였다.(『경국대전』, 권3, 「禮典·諸科」)

한편, 녹사錄事와 서리書吏 등 품계가 없는 각 관서의 말단 관리에게도 '해서행산楷書行算'이 의무였지만 어느 정도의 수학 학력이 요구되었는지는 불명확하다.

[산학취재와 주산籌算 3서] 산학취재의 시험 과목에 보이는 『산학계몽』, 『양휘산법』, 『상명산법』은 중국 당대의 학관學官에 쓰였던 『구장산술』, 『철술』, 『오조산경』 등과 달리 송원시대에 편찬된 새로운 수학서이다. 후대(17세기 중엽~18세기 초기)에 조선수학은 중국 이상으로 관료적·행정의존적이었으면서도 독자적인 발전을 이루어 동국의 산학(東算)을 성립시켰음을 고려할 때, 세종이 중국의 학관에 보이지 않는 3서를 채용한 사실이 갖는 의미를 가볍게 보아서는 안 된다.

2. 조선 주산 3서의 내용

『경국대전』의 성립에 의해 조선 주산籌算의 기본서 3서가 결정되고 조선수학의 틀이 형성되었는데, 여기서는 이 안지재의 『상명산법』, 주세걸의 『산학계몽』, 양휘의 『양휘산법』이 도대체 어떠한 수학서였는지, 이 주산籌算 3서에 대해 각각 간단히 소개하고자 한다.

조선시대 기본 주산 3서에 담긴 산술 중 특히 중요한 것은 약호대수적 기호법인 '천원술天元術'과 고차방정식의 수치해법에 해당하는 '증승개방법增乘開方法'이다. 전자가 고차방정식의 기계적 작성법인 점에 대해, 후자는 고차방정식의 기계적인 수치해법을 의미한다. 이하 천원술과 증승개방법을 중심으로 3서의 내용과 특징을 기술한다.

1) 민간수학과 『상명산법』

(1) 송원명 민간수학의 역사

송원명 수학의 커다란 특징 중 하나는 민간수학의 발흥이다. 수학적 내용은 높지 않지만 제재를 민간의 일용에서 구하고, 생략 계산을 빈번히 사용하고, 가결歌訣을 암창暗唱해 연산에 응용하였다. 신외가감법身外加減法 · 구일법求一法 · 손승법損乘法 · 유두승법留頭乘法 · 구귀법九歸法 등의 생략 계산은 종래의 곱셈나눗셈이 상중하 3층으로 산주算籌를 늘어놓는 것에 반해 1층으로 계산하는 점에 특징이 있다. 주산珠算이란 이 1층의 생략 주산籌算의 발전 형태에 다름 아니다.

주산珠算은 원의 중엽에 고안되어 급속하게 보급되었다. 당시의 민간수학서는 산주算籌로 포산하는 주산서籌算書로부터 발전하였지만 명의 중엽에는 주판을 쓰는 주산서珠算書가 간행의 중심을 점했다.

주산서籌算書는 정거丁巨의 『정거산법丁巨算法』(1355), 가형賈亨의 『산법전능집算法全能集』, 안지재의 『상명산법』, 오경吳敬의 『구장산법비류대전九章算法比類大全』(1450) 등이 이름 높다. 주산서珠算書는 서심로徐心魯의 『반주산법盤珠算法』(1573)이 가장 오래되었는데, 가상천柯尙遷의 『수학통궤數學通軌』(1578), 주재육朱載堉의 『산학신설算學新說』(1584)로 이어져 정대위程大位의 『직지산법통종直指算法統宗』(1592)에 이르러 주산술珠算術의 발전을 집대성했다. 이리하여 주산珠算의 전성기가 도래하였다.

(2) 『상명산법』

조선의 산학취재 교재 중 하나인 『상명산법』은 위에서 언급한 것처럼 주산珠算 이전의 민간 주산서籌算書이고 '초학의 일조一助'를 목표로 한 초등수학서이다. 편자는 원 말의 안지재로 전해진다.(『상명산법』, 「자서」) 명대 정대위의 『산법통종』 권17에는 "『상명산법』은 원유 안지재, 하평자의 저작이다. 승제乘除가 있고 구장을 다루지 않음이 없다"[17]라고 하였다. 현존하는 간본은 조선 복각판 홍무간본뿐이다.[18]

---

17) 詳明算法, 元儒安止齋, 何平子作. 有乘除而無九章不修.
18) 분석에는 兒玉明人 編, 『十五世紀の朝鮮刊銅活字數學書』에 수록된 일본 내각문고 소장본(동활자본)을 사용하였다. 이 내각문고본 『상명산법』은 권말에 "洪武癸丑(1373) 春廬陵李氏明經堂刊"이라고 적혀 있다.

[상명산법의 내용] 목록을 적어 보면, 상권은 구장명수九章名數(구장산술의 名義)・소대명수小大名數(大小數 進位法)・구구합수九九合數(구구표)・두곡장척 斗斛丈尺(度量의 환산표)・근칭전무斤稱田畝(衡의 환산표)・구수구수口授(산학총칙)・승 제견총乘除見總(곱셈과 나눗셈의 일반규칙)・인법因法(단위수의 곱셈)・가법加法 (身外加法＝첫 자릿수가 1인 곱셈)・승법乘法(두 자리 이상의 수의 곱셈)・귀법歸法 (九歸＝한 자릿수의 나눗셈)・감법減法(定身除＝첫 자릿수가 1의 나눗셈)・귀제歸除 (두 자리 이상의 수의 나눗셈)・구일求一(제수의 첫 자릿수를 1로 바꾸어 행하는 나눗셈 의 응용법)・상제商除(九歸와 定身除와 歸除의 兼術)・약분約分(분수계산)으로 구성 되며, 하권은 이승동제異乘同除(비례 계산)・취물추분就物抽分(비례 계산의 응 용)・차분差分(분배 계산)・화합차분和合差分(貴賤差分＝분배 계산의 응용)・단필 端匹(단필 계산)・근칭斤秤(斤秤의 환산 계산)・퇴타堆垛(급수)・반량창교盤量倉窖 (용적)・장량전무丈量田畝(면적)・전무뉴량田畝紐粮(田地 생산량의 계산)・수축修 築(普請題)으로 구성되어 있다.

구귀법九歸法이란 단위수單位數 즉 한 자릿수의 나눗셈을 말하는데 『상명산법』의 구귀가결九歸歌訣을 옮기면 다음과 같다.

一歸: 一歸不須歸, 其法故不立.
二歸: 二一添作五, 逢二進一十.
三歸: 三一三十一, 三二六十二, 逢三進一十.
四歸: 四一二十二, 四二添作五, 四三七十二, 逢四進一十.
五歸: 五一倍作二, 五二倍作四, 五三倍作六, 五四倍作八, 逢五進一十.
六歸: 六一下加四, 六二三十二, 六三添作五, 六四六十四, 六五八十二,
      逢六進一十.

七歸: 七一下加三, 七二下加六, 七三四十二, 七四五十五, 七五七十一,

七六八十四, 逢七進一十.

八歸: 八一下加二, 八二下加四, 八三下加六, 八四添作五, 八五六十二,

八六七十四, 八七八十六, 逢七進一十.

九歸: 九歸隨身下, 逢九進一十.

간단히 설명하자면, "이일첨작오二一添作五"란 이일二一 즉 10÷2의 경우 10자리의 1을 바꾸어 5로 하는 것을 말하며, "봉이진일십逢二進一十"은 20÷2의 경우 원자리의 값(本身) 2를 없애고 10을 윗자리로 올리는 것을 말한다. "삼일삼십일三一三十一"은 10÷3=3 나머지 1, 즉 10자리의 1을 3으로 바꾸고 아래 자리에 1을 더하는 것을 말하며, "육사육십사六四六十四"는 40÷6=6 나머지 4를 의미한다. "구귀수신하九歸隨身下"란 10÷9=1 나머지 1, 20÷9=2 나머지 2, ……, 80÷9=8 나머지 8, 즉 원자리의 값(本身)을 그대로 두고 아랫자리에 원값과 같은 수를 더하는 것이다.

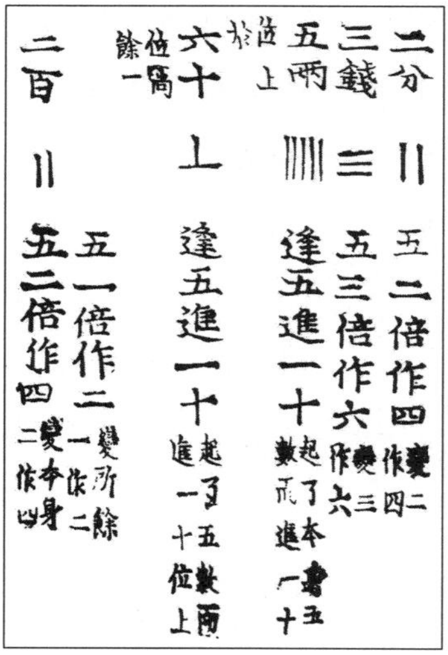

예를 들면 안지재는 26532÷5를 계산함에 二六五三二 → 4六五

[그림 2-1] 『상명산법』의 五歸 계산
만 자리의 二를 보고 "五二倍作四"라고 구결을 외우면서 二六五三二를 4六五三二로 바꾼다. 천 자리의 六을 보고 "逢五進一十"이라고 구결을 외우면서 4六五三二를 5一五三二로 한 다음, 다시 천 자리의 一을 보고 "五一倍作二"라고 구결을 외우면서 52五三二로 한다. 이하 같은 방식. 한자 숫자는 五歸해야 할 수를, 아라비아 숫자는 확정된 값을 나타낸다. 〈일본 독립행정법인 국립공문서관 소장〉

三二 → 5一五三二 → 52五三二 → 530三二 → 5306二 → 53064로 1층

으로 계산하고(그림 2-11), 또한 26532÷6의 경우 二六五三二 → 3八五三

二 → 4二五三二 → 43七三二 → 44一三二 → 441七二 → 442一二 →

4421六 → 4422로 1층으로 계산한다.

『상명산법』에서 주의해야 할 것은 항목이 대체로 원 말 가형賈亨

의 『산법전능집算法全能集』과 일치한다는 점이다. 또한 권하卷下의 장량

전무丈量田畝의 원전圓田의 소주小注에 '고사법古四法'을 설명한 후, "또

유휘劉徽의 신술新術이 있고, 조충지祖冲之의 밀률密率이 있고 유덕전劉德

全의 정률精率이 있다"[19]라고 하였는데 유덕전의 정률은 사서史書에 보

이지 않는 것으로 중국 원주율사를 고려할 때 주의를 소홀히 해서는

안 된다.(『四部總錄算法篇』)

2) 『산학계몽』과 천원술

천원술天元術의 내용과 의의를 정확하게 파악하기 위해서는 『산학

계몽』의 구성을 우선 알아볼 필요가 있다.

(1) 주세걸의 산학계몽

[주세걸 소전] 주세걸朱世傑은, 자는 한경漢卿, 호는 송정松庭이다. 연산燕山

에 우거寓居하였다. 『산학계몽』 3권(1299)과 『사원옥감四元玉鑑』 3권(1303)

의 저자인 점을 제외하고 상세한 것은 알지 못한다. 다원고차방정식

19) 又劉徽有新術, 祖冲之有密率, 劉德全有精率.

의 해법(四元術)과 고계등차급수高階等差級數의 연구(垛積術과 招差術) 등에 뛰어난 공적을 세운 것으로 유명하다. 『사원옥감』의 주요한 내용이 그것이다.

청의 나사림羅士琳은 송원수학의 대가로서 주세걸과 진구소秦九詔, 이야李冶의 3인을 나란히 거론하지만, 특히 주세걸에 대해서는 "진(구소)·이(야) 양가兩家를 초월한다"라고 각별하게 높은 평가를 내렸다.

[산학계몽] 『산학계몽』[20]은 초학자의 훈도를 위해 편찬된 산학 계몽서이다. 상중하의 3권으로 구성되어 있으며 합계 20문門 259문제를 다룬다. 서전書前에는 대덕大德 3년(1299) 조성趙城의 「산학계몽서」가 있고 권수卷首에는 「산학계몽총괄」이 기술되어 있다. 상권 이하는 중국 산서算書의 통례대로 해법을 부기한 문제집이다. 구성이 뛰어나 초보적인 문제에서 어려운 문제로 나아가서 개방석쇄문開方釋鎖門의 천원술로 끝맺는다. 그 구성은 〈표 2-2〉와 같다.

[산학계몽총괄] 권수卷首의 「산학계몽총괄」은 산법의 설명에 앞서 산학에 필요한 예비지식을 제공한다.

석구수법釋九數法(구구표), 구귀제법九歸除法(八算見一의 割聲), 근하류법斤下留法(斤兩化零歌), 명종횡결明縱橫訣(算籌를 늘어놓는 법), 대수지류大數之類(大數의 호칭명), 소수지류小數之類(小數의 호칭명), 구제율류求諸率類(여러 가지 환산

---

20) 분석에는 兒玉明人 編, 『十五紀の朝鮮刊銅活字數學書』에 수록된 일본 筑波大學 부속도서관 소장본(동활자본)의 영인을 사용하였다.

<표 2-2> 『산학계몽』 목록
『신편산학계몽』의 목록은 「上卷八門」, 「中卷七門」, 「下卷五門」만을 기재하고 있고 「總括」의 細目名은 기재되어 있지 않다. 합하여 "計三卷共二十門凡二百五十九問"이다.

總括	上卷		中卷		下卷	
釋九數法	縱橫因法門	8問	田畝形段門	16問	之分齊同門	9問
九歸除法	身外加法門	11問	倉囤積粟門	9問	堆積還源門	14問
斤下留法	留頭乘法門	20問	雙據互換門	6問	盈不足術門	9問
明縱橫訣	身外減法門	11問	求差分和門	9問	方程正負門	9問
大數之類	九歸除法門	29問	差分均配門	10問	開方釋鎖門	34問
小數之類	異乘同除門	8問	商功修築門	13問		
求諸率類	庫務解稅門	11問	貴賤反率門	8問		
斛斗起率	折變互差門	15問				
升秤起率						
端匹起率						
田畝起率						
古法圓率						
劉徽新術						
冲之密率						
明異名訣						
明正負術						
明乘除段						
明開方法						

표), 곡두기율斛斗起率(용량의 환산표), 승칭기율升稱起率(중량의 환산표), 단필기율端匹起率(척도의 환산표), 전무기율田畝起率(田數의 호칭명), 고법원율古法圓率(옛 원주율＝3), 유휘신술劉徽新術(유휘의 원주율＝157/50), 충지밀률冲之密率(조충지의 원주율＝22/7), 명이명결明異名訣(中半＝1/2, 少半＝1/3 등), 명정부술明正負術(음수 양수의 곱셈·나눗셈 법칙), 명승제단明乘除段(합과 멱 등의 정의), 명개방법明開方法(개방용어의 정의)의 18조로 나누어서 필요사항을 설명한다.

[산학계몽 상권] 상권 이하가 본제로 「상권팔문上卷八門」은 113문을 처리

한다. 전반부 5문門은 승제첩법乘除捷法을 설명하고 있는데, (1) 종횡인 법문의 주제는 한 자릿수의 곱셈, (2) 신외가법문은 곱하는 수의 첫자리가 1인 곱셈, (3) 유두승법문은 여러 자릿수의 곱셈이고, (4) 신외감법문은 피제수의 첫자리가 1인 나눗셈, (5) 구귀제법문은 제수가 여러 자리인 경우의 나눗셈이다. 가결歌訣을 덧붙여 연산 과정을 알기 쉽게 보여 주는 바에 기술의 특징이 있다.

다른 한편, (6) 이승동제문은 호환 문제이다. 산문算門의 유래는 먼저 물건과 돈처럼 '이異'(성질이 서로 다른 것)를 곱하고 그 후에 물건과 물건 혹은 돈과 돈처럼 '동同'(성질이 같은 것)으로 나누는 것에 근거한다. (7) 고무해세문은 이자 및 세수稅收 등의 문제를 다루며, (8) 절변호차문은 차분差分이 있는 비례분배 문제를 다룬다.

[산학계몽 중권] 「중권칠문中卷七門」은 합계 71문으로 이루어져 있다. (1) 전무형단문은 검지산檢地算으로 삼각형·사다리꼴·원형 등의 면적을 구하며, (2) 창돈적속문은 사각기둥·원기둥·사각뿔대·원뿔대 등의 체적과 용적을 계산한다. (3) 쌍거호환문은 복비례나 연비례를 다루며, (4) 구차분화문은 경수비례更數比例나 등차급수 등을 다룬다. (5) 차분균배문은 비례분배의 응용문제(按分通析比例)이다. (6) 상공수축문은 토목건축(普請割)을 안배하고, 적토량積土量을 계산하며 인부의 공功을 계산한다. (7) 귀천반율문은 『구장산술』의 기율술其率術과 반기율술反其率術의 응용이다.

[산학계몽 하권] 「하권오문下卷五門」은 합계 75문이다. (1) 지분제동문은 분수의 연산법을 설명하며, (2) 퇴적환원문은 타적술垛積術(등차급수)과 그 환원 문제이다. (3) 영부족술문은 『구장산술』의 영부족술盈不足術(과부족 계산)을 다루며, (4) 방정정부문은 말 그대로 방정술方程術을 처리한다. 최후의 (5) 개방석쇄문은 천원술과 개방술開方術을 병용함으로써 각종의 난제를 멋지게 해결한다.

산서의 구성에서 보자면 『산학계몽』은 천원술을 주산籌算의 오의奧義로 여겼다. 천원술을 산사算士의 구극적인 목표로서 제시한 것이다.

(2) 천원술

[천원술] 동아시아 산학이 자랑하는 '천원술'은 미지수 x를 이용하여 방정식을 세우는 현행의 방법과 매우 흡사하다. 즉 (1) 값이 정해져 있지 않은 임의치를 미리 '천원일天元一'(미지수)로 해 둔다. (2) 그 미지수를 이용하여 문제에 주어진 조건에 따라 기계적이고 규칙적으로 같은 물건에 대한 등가의 다항식 2식을 구한다. (3) 서로 상쇄하여 숫자계수의 일원고차방정식을 얻는다. 이것이 기본적인 연산 과정이다.

단지 산주算籌를 늘어놓은 상하의 위치에 의해 미지수의 2차, 3차…… 의 승멱乘冪을 나타내며, 산주를 이용해서 특정의 위치에 각항의 계수와 상수항의 수치만을 기록하는 바가 현행의 방정식과 다른 점이다.

[천원술의 역사] 기호대수학으로 발전할 수 있는 계기를 갖는 중국의 약

호대수학인 천원술을 계통적으로 서술한 것은 원의 이야李治의 『측원해경測圓海鏡』(1248)과 『익고연단益古演段』(1259)이 최초이다. 초기의 천원술에서는 고차방정식을 표기할 때 일차항에 '원元'자를 덧붙이든지 상수항에 '태太'자를 덧붙였지만, 후기에는 보통 첨자添字를 생략하였다.

이야의 두 책을 계승한 것이 주세걸朱世傑의 『산학계몽』과 『사원옥감』이다.

주세걸은 전문적인 다원고차방정식의 해법(사원술)을 논한 『사원옥감』뿐만 아니라 계몽서의 『산학계몽』에서도 천원술의 기법을 설명하였다. 이 『산학계몽』이야말로 조선수학의 기초를 정한 기본 수학서라고 할 수 있다.

[산학계몽의 입천원立天元의 법] 그러나 주세걸의 『산학계몽』은 천원술의 기호법에 대해서 어떠한 설명도 없이 불과 27개의 문제(제8~34문)에 대하여 해법을 예시했을 따름이다. 개방석쇄문의 제8문의 경우는 다음과 같다.

今有直田八畝五分五釐. 只云, 長平和得九十二步. 問長平各幾何.

答曰, 平三十八步, 長五十四步.

術曰, ⓐ立天元一爲平. ⓑ以減云數, 餘爲長. ⓒ用平乘起爲積. 寄左. ⓓ列畝通步與寄左相消. 得開方式. ⓔ平方開之, 得平. 以減和步, 卽長. 合問.

[그림 2-2] 『산학계몽』 개방석쇄문 제8문
일본 筑波大學이 화상 데이터를 인터넷에 공개하여 역사적으로 중요한 同書(養安院本)의 내용을 손쉽게 볼 수 있다. 천원술의 기재에서 주의해야 할 사항은 상수항 옆에 '太極'의 2자가 덧붙여져 있다는 점이다. '태극'이 있는 것은 극히 드물다. 〈筑波大學 부속 도서관 소장〉

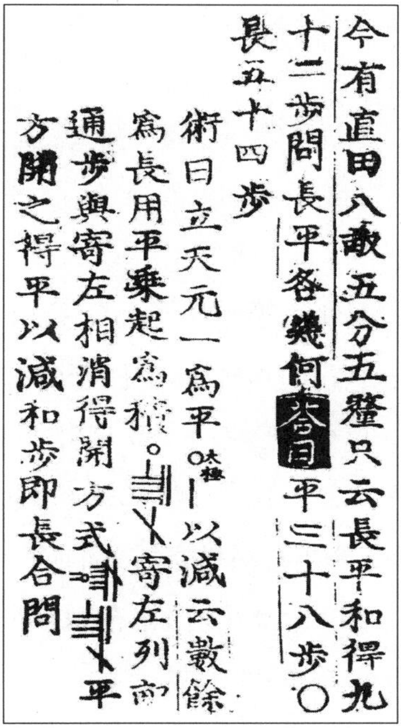
今有直田八畝五分五釐只云長平和得九
十二步問長平各幾何 荅曰 平三十八步○
長五十四步
術曰立天元一爲平 太極 以減云數餘
爲長用平乘起爲積○ 寄左列畝
通步與寄左相消得開方式 平
方開之得平以減和步即長合問

번역하면 위 문제는 다음과 같이 적을 수 있다.

지금 직전直田(직사각형의 밭)이 있고 면적은 8.55무이다. 단지 말하기를 장평長平의 합은 92보라고 한다. 묻는다. 장평은 각각 얼마인가?

답, 평은 38보, 장은 54보.

술術에 이르기를 ⓐ천원일을 세워서 평으로 삼는다. 즉 $\begin{pmatrix}0\\1\end{pmatrix}$. ⓑ운수云數 92보로부터 평(천원식)을 빼면 나머지는 장이 된다. ⓒ장(천원식)에 평(천원식)을 곱해 적積 $\begin{pmatrix}0\\92\\-1\end{pmatrix}$을 얻는다. 왼편에 둔다.(寄左) ⓓ무수畝數

를 보步로 환산하여(1무＝240평방보) 기좌식奇左式과 상쇄한다. 개방식

$$\begin{pmatrix} -2052 \\ 92 \\ -1 \end{pmatrix}$$을 얻는다. ⓔ평방으로 개방하여 평(의 값)을 얻는다. 합보

(92보)에서 **빼면** 즉 장(의 값)이다. 합문合問.

문제는 장(縱)과 평(橫)의 합 92보, 면적 8.55무(＝2052평방보)의 직사각형의 밭에 대해서 장과 평의 길이를 구하는 것이다.

주세걸은 "천원일을 세워서 평으로 삼고" 기계적이고 규칙적으로 산주算籌를 조작하여 스스로 '개방식'이라고 부른 일원이차방정식을 유도하였다. 현행의 대수학과는 이질적인 명명법을 사용하고 가로쓰기의 주산籌算의 기호법을 이용하였지만 ⓐ의 의미는 우리들이 평＝x (미지수)라고 하는 것과 같다.

현행의 기호법으로 번역하여 이하의 연산 과정을 설명하자면, ⓑ 주어진 조건에서 장＝$92-x$를 도출하고, ⓒ장평을 서로 곱해서 직전의 면적＝$92x-x^2$을 구하고, ⓓ2052평방보와 상쇄하여 개방식 $-2052+92x-x^2=0$을 결정한다고 서술할 수 있다.

천원술의 사고법은 이상과 같이 현행의 방정식 작성법과 거의 다르지 않다.

3) 증승개방법과 『양휘산법』

조선에 '개방술'을 소개함에 크게 기여한 주산서籌算書로 말하면 우

선 남송 양휘의 『양휘산법楊輝算法』을 거론하지 않을 수 없다.[21] 『양휘산법』은 개방술의 최종판인 '증승개방법增乘開方法'의 계산 과정을 상세하게 기록하고 있고 그럼으로써 조선 주산서籌算書의 기법의 기초를 확립했기 때문이다.

하지만 『양휘산법』의 내용과 의의를 정확하게 파악하기 위해서는 고차방정식의 수치해법의 역사와 증승개방법의 의의에 대해서 미리 알아 둘 필요가 있다. 먼저 증승개방법의 역사와 계산 과정을 설명하고 이어서 『양휘산법』의 다기多岐에 걸친 내용을 설명하는 이유이다.

(1) 증승개방법

[개방법의 역사] 고차방정식의 수치해법은, 우선 11세기 중엽에 북송의 가헌賈憲이 '입성석쇄법立成釋鎖法'을 고안하여 $x^n = N(N>0)$인 형식에 대해 '개방작법본원開方作法本源'(파스칼의 삼각형, [그림 2-3])을 이용하여 해법 과정 중의 각항의 계수를 확정했다. 또한 고차방정식의 기계적인 개방법인 '증승개방법'을 발명하여 같은 형식의 수식에 대한 해법을 구했다.(『黃帝九章算經細草』) 입성석쇄법은 『구장산술』 이래의 방법과 기본적으로는 동일하지만, 증승개방법은 입성석쇄법의 기초하에서 발전한 새로운 해법이다.

또한 12세기 초두의 유익劉益에 이르면 증승개방법 등을 이용하여,

---

21) 『算學啓蒙』 開方釋鎖門은 제2문의 $x^3 = 17576$에 대해서 분명하게 增乘開方法을 사용하고 있지만, 증승개방법이 예시된 것은 제2문에 한하며 일반고차방정식의 해법으로서 기재되어 있지 않다. 開方術의 수용에 관해서는 『楊輝算法』의 영향이 가장 크다고 판단해야 할 것이다.

[그림 2-3] 개방작법본원
『永樂大典』(1407)에 수록된 양휘
의 『詳解九章算法』(1261)의 2항
전개의 계수표이다. 원본은 失傳
되었지만 『영락대전』이나 吳敬
의 『九章算法比類大全』(1450) 등
에 인용되어 오늘에 전한다. 양
휘의 주석에 의하면 개방작법본
원은 "釋鎖算書에 나오며 賈憲
이 이 術을 썼다"라고 한다.

$$a_0 x^n + a_1 x^{n-1} + \cdots + a_{n-1} x = N$$

$$(a_0 \neq 0, \ N > 0)$$

형식의 개방식을 풀었다.(『議古根源』) 이 해법을 '대종개방정부손익지법帶從開方正負損益之法'이라고 한다. 유익의 개방법이 갖는 최대의 특징은 상수항(實)은 여전히 양수여야 하지만 각항의 계수(方·廉·隅)의 음양을 따지지 않는다는 점에 있다. 여기서 '방법方法'은 x항의 계수, '염법廉法'은 $x^2 \sim x^{n-1}$항의 계수, '우법隅法'은 x^n항의 계수를 말한다.

마지막으로 남송의 진구소秦九韶가 개방식의 상수항을 음수로 정하고(『數書九章』, 1247), 원의 이야(『測圓海鏡』, 1248·『益古演段』, 1259)나 주세걸(『算學啓蒙』, 1299·『四元玉鑑』, 1303)이 상수항의 음양의 제한을 없애고 증승개방법을 일반고차방정식으로까지 확장하였다. 이리하여 증승개방법은 개방식의 보편적인 해법으로서 완성을 보게 된다.

[증승개방법의 계산 과정] 증승개방법은 기법적으로는 1819년 영국의 수학자 윌리엄 호너(William George Horner)가 발표한 대수방정식의 해법, 이

른바 호너법과 매우 닮았다. 증승개방법과 호너법은 자리 위치의 처리 방법이 다르고 상수항을 다루는 방식 또한 차이가 있지만 계산 과정 자체는 완전히 동등하다.

양휘의 『전무비류승제첩법田畝比類乘除捷法』 권하卷下는 유익의 『의고근원議古根源』의 22문을 골라 세초 중에 증승개방법 등을 써서 해법을 제시하고 유익의 원술을 설명한다. 예를 들어 제7문의 경우 유익의 문제

> 직전(직사각형의 밭)의 면적은 864평방보이다. 단지 말하기를 3장長 5활闊의 합은 228보라고 한다. 묻는다. 원래의 활(폭)은 얼마인가?[22]
>> 답, 24보.
> 술術에 이르기를 3배의 적보積步(=864×3)를 실實(상수)로 하고, 공보共步(=228)를 종방從方(1차의 계수)으로 하고, 5를 우산隅算(2차의 계수)으로 하여 개평방한다.[23]

에 대해서 방정식 $-5x^2 + 228x = 2592$[24]를 다음의 도식과 같이 풀었다.[25]

---

22) 直田積八百六十四步, 只云, 三長五闊共二百二十八步. 問元闊幾何?
23) 術曰, 三之積步爲實, 共步爲從方, 五爲隅算, 開平方除之.
24) 방정식의 유래는 直田 면적의 세 배를 $x(228-5x) = 864 \times 3$으로 표기할 수 있는 것으로부터 자명하다.
25) 원문을 제시하면 다음과 같다. "草曰, ⓐ三之田積, 得二千五百九十二步, 爲實. 置五算爲負隅, 依法於百位下約十. 置從方二百二十八於負隅級上, 進一位. ⓑ上商置二十步, 爲負隅, 減從一百. ⓒ以餘從一百二十八命上商, 除實二千五百六十, 餘積三十二步. ⓓ復以上商命負隅, 又減一百, 餘從二十八. ⓔ(餘從)退一位, 負隅退二位. ⓕ又上商闊四步, ⓖ命負隅, 減從二十, 餘八. ⓗ命上商, 除實盡, 得闊二十四步. 合問."

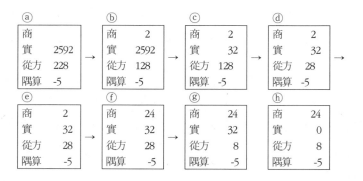

간단하게 증승개방법의 연산 과정을 서술하자면 ⓐ우선 자리 위
치를 확정한다. ⓑ초상初商을 구하여 우산隅算에 곱하고 종방從方에 더
한다.(228−20×5=128) ⓒ초상을 종방에 곱하여 실에서 뺀다.(2592−20×128
=32) ⓓ초상을 우산에 곱하고 종방에 더한다.(128−20×5=28) ⓔ종방을
한 자리, 우산을 두 자리 뒤로 물린다. ⓕ차상次商을 구한다. ⓖ차상을
우산에 곱하여 종방에 더한다.(28−4×5=8) ⓗ차상을 종방에 곱하여 실
에서 뺀다.(32−4×8=0) 실은 남음이 없고 $x=24$가 확정된다.

이것이 증승개방법의 연산 과정이다. 형식적으로 조립제법組立除法
을 행하면 상商을 얻을 수 있다. [그림 2-4]에 보이는 것은 같은 방정식

−5	228	−2592	(20
	−100	2560	
	128	−32	
	−100		
	28		
−5	28	−32	(4
	−20	32	
	8	0	

[그림 2-4] 호너법
영국의 수학자 윌리엄 호너(1786~1837)가 1819년에 왕
립학회에서 발표한 대수방정식의 수치해법이다. 논문
명은 "A new method of solving numerical equations
of all orders by continuous approximation"이다.

을 호너법으로 풀이한 것인데, 서로 대조해 보면 두 법의 유사함은 명백하다.

(2) 『양휘산법』

[양휘 소전] 양휘楊輝는 자를 겸광謙光이라고 한다. 전당錢塘 출신이다. 주산서籌算書인 『상해구장산법詳解九章算法』 12권(1261), 『일용산법日用算法』 2권(1262), 『승제통변산보乘除通變算寶』 3권(1274), 『전무비류승제첩법田畝比類乘除捷法』 2권(1275), 『속고적기산법續古摘奇算法』 2권(1275)을 저술한 것으로 이름 높다.

[양휘산법] 『양휘산법』은 양휘의 후기 실용수학서의 합책본이다.[26] 합책의 경위는 불명확하지만 현존하는 조선 간본刊本은 (1) 『승제통변산보』 3권, (2) 『전무비류승제첩법』 2권, (3) 『속고적기산법』 2권으로 구성되어 있다. 『양휘산법』의 특징 중 하나는 수많은 산도算圖가 그려져 있는 점이다. 산도의 존재가 수학적 이해를 용이하게 만든 점에 대해서는 강조할 필요조차 없을 것이다.

① 승제통변산보

『승제통변산보』 3권은 산학의 학습 단계를 서술한 「습산강목習算綱目」을 권수卷首에 기재하고 이하 각종 승제첩법을 정리하여 기술하

---

26) 분석의 저본으로는 兒玉明人 編, 『十五世紀の朝鮮刊銅活字數學書』에 수록된 일본 筑波大學 부속도서관 소장본(목판본)을 사용하였다.

였다. 권명은 서명과 달리 「산법통변본말권상算法通變本末卷上」과 「승제통변산보권중乘除通變算寶卷中」, 「법산취요본말권하法算取要本末卷下」 등으로 되어 있다.

『승제통변산보』 집필의 목적에 대해서 양휘는 「속고적기산법자서續古摘奇算法自序」에서 초학자가 "가감귀배加減歸倍의 법은 소략하게 알지만 변통의 용用은 모르기" 때문에 초학자에게 편의를 제공하기 위해 '대승대제代乘代除의 술術'을 저술하였다고 설명한다. 자서에 의하면『승제통변산보』의 목적이 대승대제의 술 즉 승제첩법(생략산법)의 소개에 있음은 틀림없다.

[산법통변본말권상]『승제통변산보』 3권의 내용을 간단히 설명하자면 권수에 보이는 것이 「습산강목」이다. 산학에 뜻이 있는 자는 구구합수九九合數 → 승제乘除 → 오조산경五曹算經·응용산법應用算法 → 가감加減·구일求一·구귀九歸 등의 생략 산법 → 분수 계산 → 개방법 → 구장산술의 순서로 배우지 않으면 안 된다 라고 주장한다. 양휘가 생각한 바로는 산학의 최종 목표는『구장산술』의 습득에 있는데, 이는 스스로 전문서『상해구장산법』을 저술한 것에서 가장 잘 드러난다.[27] 양휘는 구구합수에 대해서 "일일여일一一如一"에서 "구구팔십일九九八十一"에 이른다고 서술하였지만 선진先秦에서 한당漢唐의 구구는 "구구팔십일"이 첫 구이다. 구구의 순서가 역전된 것은 아마도 이 무렵이었

---

27) 양휘 자신도 "九章爲算經之首, 輝所以尊尙此書, 留意詳解"라고 서술하였다.(「속고적기산법자서」)

을 것이다. 한편 『응용산법』(1080)은 평양平陽의 장순원蔣舜元이 편찬한 주산서籌算書이다.

양휘는 산학의 학습 단계를 서술한 후 산례算例를 들면서 수많은 승제첩법을 설명해 간다. 최초로 서술한 것은 「상승육법相乘六法」이다. 상승육법이란 (1) 한 자릿수의 곱셈인 '단인單因', (2) 곱하는 수를 인수因數(한 자릿수)로 분해하는 '중인重因', (3) 신전身前에 인법因法을 이용하는 '신전인身前因', (4) 일반 곱셈인 '상승相乘', (5) 곱하는 수를 인수분해하는 '중승重乘', (6) 구인九因, 팔인八因, ……, 이인二因을 대신하여 손일損一, 손이損二, ……, 손팔損八을 이용하는 '손승損乘'을 가리킨다. 두 번째로 보이는 것은 「상제이법商除二法」이다. '실實'(피제수)을 '법法'(제수)으로 나누는 일반적인 세 자릿수 나눗셈의 설명이지만 '실다법소實多法少'와 '실소법다實少法多'로 나누어 후자에 대해서는 실과 법을 바꾸어 계산할 것을 추천한다. 이상이 상권이다.

[승제통변산보권중] 「승제통변산보권중」은 권명에서 분명히 알 수 있듯이 『승제통변산보』의 중심 부분에 다름없다.

양휘는 가술오법加術五法, 감술사법減術四法, 구일승법求一乘法, 구일제법求一除法, 구귀법九歸法의 순서로 산법을 설명해 간다. 가술오법이란 신외가법身外加法을 말하며 (1) 곱하는 수가 11, 12, ……, 19인 경우의 생략산법 '가일위加一位'[28], (2) 곱하는 수가 111, 112, ……, 119인 경우

---

28) 양휘는 96250×13을 끝자리부터 다음과 같이 계산한다. 즉 九六二五〇 → 九六二650 → 九六3250 → 九81250 → 1251250.(梅榮照, 「唐中期到元末的實用算術」, 『宋元數學史論文集』, 北京: 科學出版社, 1966)

[그림 2-5] 신외가법(加二位術)

加二位術의 원문은 "以所有物數, 爲實爲身. 以所求物價一後二位零數, 於實身後, 先加第二位, 言十次身布, 言如膈位加, 却加第一位, 言如次身置, 言十起當身求之"이다. 被乘數 342에 乘數 112를 곱하는 경우, 乘數의 零數의 둘째 자리인 2를 身位의 2에 곱하여 二二如四, '膈位'에 4를 더하고, 또 零數의 첫째 자리인 1을 身位의 2에 곱하여 二一如二, '此身'에 2를 둔다. 주 29)의 三四二 → 三四224의 계산이 이에 해당한다. 〈일본 筑波大學 부속도서관 소장〉

의 '가이위加二位[29]', (3) 가일위법을 중복시킨 '중가重加', (4) 곱하는 수가 101, 102, ……, 109인 경우의 생략산법 '가격위加膈位', (5) 곱하는 수의 첫자리가 2로 인수분해가 불가능한 경우에 이용하는 '연신가連身加[30]'를 말한다.

또한 감술사법이란 (1) 제수가 11, 12, ……, 19인 경우의 생략산법 '감일위減一位[31]', (2) 제수가 111, 112, ……, 119인 경우의 '감이위減二位[32]', (3) 감일위법을 중복시킨 '중감重減', (4) 제수가 101, 102, ……, 109인 경우의 생략산법 '감격위減膈位[33]'를 가리킨다.

---

29) 양휘는 342×112를 끝자리에서부터 다음과 같이 계산한다. 즉 三四二 → 三四224 → 三4704 → 38304.(梅榮照, 「唐中期到元末的實用算術」)

30) 양휘는 23×29＝23×(19＋10)을 끝자리부터 다음과 같이 계산한다. 즉 二三 → 二57 → 437 → 667.(梅榮照, 「唐中期到元末的實用算術」)

31) 양휘는 4788÷14를 첫자리부터 다음과 같이 계산한다. 즉 四七八八 → 3五八八 → 34二八 → 342.(梅榮照, 「唐中期到元末的實用算術」)

32) 양휘는 29193÷111을 첫자리부터 다음과 같이 계산한다. 즉 二九一九三 → 2六九三 → 26三三三 → 263.(梅榮照, 「唐中期到元末的實用算術」)

33) 양휘는 28222÷103을 첫자리부터 다음과 같이 계산한다. 즉 二八二二二 → 2七六二二 → 27四一二 → 274.(梅榮照, 「唐中期到元末的實用算術」)

승제수乘除數의 첫자리가 1인 경우에는 위에서 언급한 것처럼 가감 加減으로써 승제乘除를 대신하는 것이 가능하고, 구일승법, 구일제법은 가배加倍나 절반 등으로써 첫자리를 1로 만들어 곱셈과 나눗셈의 계산 을 간략화하는 방법을 말한다. 예를 들어 237×56의 경우 양휘는 118.5×112로 변형하여 '가일이加一二'를 이용한다. 또 '구귀법'이란 일 반적으로는 가결에 의한 한 자리 나눗셈을 의미하지만 양휘는 이것을 두 자리 나눗셈에까지 확장할 것을 주장한다.

[법산취요본말권하] 「법산취요본말권하」는 권중의 예제 부분에 해당하 고 가인대승加因代乘 300문과 귀감대제歸減代除 300문으로 구성되어 있 다. 권하의 권수卷首에는 '전당錢塘 양휘楊輝·사중영史仲榮 편집'이라고 하였으니 하권이 사중영과의 합작임은 의심할 여지가 없다.

   ② 『전무비류승제첩법』

『양휘산법』 중에서 『전무비류승제첩법』은 (a) 유익의 '대종개방정 부손익지법'이나 (b) '증승개방법' 등을 기술하고 있고, 조선시대의 개 방술 이해에 심대한 영향과 자극을 준 점에서 중요하다.

『전무비류승제첩법』은 「속고적기산법서」에 따르면 『승제통변산 보』를 집필한 후 중산中山의 유익의 『의고근원』을 보고 "연단쇄적演段 鎖積이 고입신古入神의 묘妙를 넘어섬이 있다"라고 감격하고, 발양發揚하 여 후학에 비익神益됨이 있고자 편집한 것이다. 크게 상하권으로 구성 되어 있다.

[전무비류승제첩법 권상] 『전무비류승제첩법』 권상은 유익의 「의고근원 서」에 "산의 술은 들어가면 즉 제문諸門, 나오면 즉 직전直田"34)이라고 함에 촉발되어, 산술은 여러 가지로 변화하지만 결국은 승제乘除로 귀 결되고 만물의 형태는 다양하게 변화하지만 최종적으로는 전세田勢로 귀결된다고 하여 면적 계산 문제와 비류比類 문제 등을 전개한 것이 다. 기본술은 직전(직사각형), 방전方田(정사각형), 원전(원형), 환전環田(도넛 형), 규전圭田(삼각형), 제전梯田(사다리꼴) 등 평면도형의 면적 계산에 지나 지 않는다.

[그림 2-6] 규타
타적술의 일종. 주세걸의 『산학계몽』 「堆積還源門」은 같은 퇴적법을 茭草 垛로 부른다. 〈일본 筑波大學 부속 도서관 소장〉

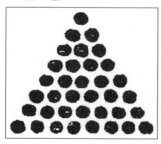

[그림 2-7] 광종상승절반도
圭田의 면적을 구하는 경우 "廣步可以折半者, 用半廣以乘正從. 從步可以折半者, 用半從步以乘廣. 廣從步皆不可折半者, 用廣從相 乘折半"이라고 한다. 위의 算圖는 규전의 알고리즘이 성립하는 이유를 보여 주고 있다. 〈일본 筑波大學 부속도서관 소장〉

---

34) 算之術, 入則諸門, 出則直田.

그러나 비류 문제(응용문제)에는 원타圓垜, 방타方垜, 규타圭垜, 제타梯
垜 등의 퇴타술堆垜術(垜積術)도 보여 초학자가 홍미를 잃지 않도록 꾸며
놓았다. 퇴타술이란 급수의 합을 구하는 법이다. 규타(그림 2-6))의 경우

$$1+2+3+\cdots+n = \frac{1}{2}n(n+1)$$

을 의미한다. "규전과 서로 유사함에도 오히려 제전법을 쓴다"[35]라고
설명하였다. 또한 제전諸田에는 규전의 광종상승절반도廣從相乘折半圖([그
림 2-7))와 같은 구적법을 설명하는 그림도 그려져 있다.

[전무비류승제첩법 권하] 다른 한편, 『전무비류승제첩법』 권하는 「오조간
오삼제五曹刊誤三題」와 유익의 『의고근원』의 세초細草의 두 부분으로 나
눌 수 있다. 전자는 단지 『오조산경五曹算經』의 '절당切當하지 않은 바'
(오류)를 지적한 것에 지나지 않지만, 후자는 '전고前古에 듣지 못한 바'
인 유익의 '대종개방정부손익지법'의 해설로 '관건으로 삼을 만한 제
문題問' 22문을 골라 상세한 주석과 그림, 세초를 덧붙여 이로써 "유군
劉君 수훈垂訓의 뜻을 추광推廣"한다.

유익의 대종개방정부손익지법은 대종개방법의 발전 형태이다. 유
익 이전의 대종개방식(실은 개평방과 개립방뿐)은 상수항(實)의 부호를 반
드시 양으로 하고 각항의 계수(方·廉·隅)도 음수여서는 안 된다. 유익
은 계수의 부호의 제한을 없애고 대종식帶從式을 3차 이상으로 확장하
였다.[36]

---

35) 雖與圭田相類, 却用梯田法.

[그림 2-8] 유익의 대종개방정부손익지법
양휘의 『전무비류승제첩법』은 유익의 『의고근원』을 인용하여 그 대종개방정부손익지법에 세초를 부가하였다. 양휘는 유익의 4차 益隅式에 대해 增乘法으로써 그 문제를 풀었다. 〈일본 筑波大學 부속도서관 소장〉

제1문의 $x^2 + 12x = 864$는 양수의 정종正從으로 구래의 입성석쇄법에 기초해 있지만, 제2문의 $x^2 - 12x = 864$는 음수의 부종負從으로 (a) 종방從方과 방법方法을 병용하는 '익적법益積法'과 (b) 실질적으로는 증승법과 동등한 '감종법減從法'의 두 법에 의해 해를 구한다. 제4문의 $-x^2 + 60x = 864$는 '익우益隅' 즉 음수의 부우負隅이고 제2문과 동등하게 익적법과 감종법을 이용하여 문제를 푼다. 익우식의 부우는 -1에 한하지 않는다. 제7문은 $-5x^2 + 228 = 2592$, 제8문은 $-3x^2 + 228x = 4320$, 제10문은 $-8x^2 + 312x = 86$을 처리한다.

제18문의 대종식은 또 $-5x^4 + 52x^3 + 128x^2 = 4096$으로 표기할 수 있다.([그림 2-8]) 대종식이 4차에 이르면 주산籌算의 산위算位는 6층이 필요하다.

현안의 증승개방법은 대종개방정부손익지법을 설명하는 사이 슬며시 나타난다. 감종법이 실질적으로 증승법인 것뿐만이 아니다. 제7문부터 제10문의 익우식의 경우 양휘의 세초는 분명히 증승법으로써

---

36) 상수항의 부호에 대해서 유익은 양수로 한정하고 있다.

기계적인 해답을 도출하고 있다.

③ 속고적기산법

『속고적기산법』은 기묘한 수학서이다. '산술기제算術奇題'를 소개하고 유제遺題를 계승하는 것을 목적으로 한다. 양휘의 자서에 의하면 집필의 경위는 이러하다. 『상해구장산법』, 『일용산법』, 『승제통변산보』, 『전무비류승제첩법』 등 4집을 함께 간행하여 산서 공간公刊의 비원悲願을 달성하고 만족해하던바, 유벽간劉碧澗과 구허곡丘虛谷이 '제가諸家 산법의 기제奇題 및 구간舊刊 유망遺忘의 문文'을 가져와 산서의 편찬과 간행에 조력해 줄 것을 요청하였다. "결국 (1) 제가의 기제와 (2) 그 선본繕本(舊刊遺亡의 文) 및 (3) 예로부터 이어 가야 할 법초法草를 첨적添撫하여, 총괄해 1집으로 하였다." 『속고적기산법』이 그것이다.

[속고적기산법 권상] 『속고적기산법』 권상은 처음에 종횡도縱橫圖 22도를 그리고 그 수학적 의미를 해설한다. 제1도는 '낙서洛書'이다. 천수天數의 1, 3, 5, 7, 9와 지수地數의 2, 4, 6, 8, 10의 합 55에 대하여 "상수上數의 1과 하수下數의 10을 함께 합하여 11, 고수高數 10을 곱하여 110. 절반으로 하여 55를 얻는다. 이것이 천지의 수이다"[37]라고 한다.

제2도는 '하도河圖'로, 그 3×3의 마방진에 대하여 "1에서 9를 비스듬히 늘어놓고 상수上數의 1과 하수下數의 9를 바꾸고 좌수左數의 7과

---

37) 倂上下數共一十一, 以高數十乘之, 得一百十. 折半得五十五, 天地之數.

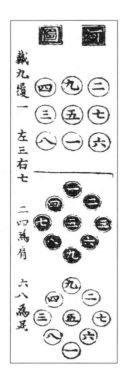

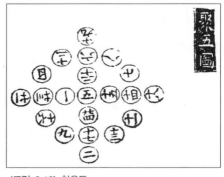

[그림 2-9] 3차 方陣圖
『續古摘奇算法』은 방진 연구의 일환으로서 河圖의 작도법을 설명한다. 又 洛書·河圖·四四圖·五五圖·六六圖·七七圖·六十四圖·九九圖·百子圖·聚五圖·聚六圖·聚八圖·攢九圖·八陣圖·連環圖 등을 모아서 縱橫圖라고 칭한다. 〈일본 筑波大學 부속도서관 소장〉

[그림 2-10] 취오도
楊輝는 "二十一子作, 二十五子用"이라고 해설한다. '이십일자'란 3·10·22를 제외한 1~24의 수를 말한다. '이십오자'란 再用하는 四子 1·20·24·15를 이십일자에 더한 값을 가리킨다. '聚五' 즉 5를 비롯하여 6, 23, 17, 14를 중심에 둔 5조의 五子는 합이 어느 것도 65이다. 〈일본 筑波大學 부속도서관 소장〉

우수右數의 3을 바꾸어 사유四維를 빼낸다"[38]라고 작도作圖의 방법을 해설한다.([그림 2-9])

사사도四四圖(4×4), 오오도五五圖(5×5)에서 구구도九九圖(9×9), 백자도百子圖(10×10)의 방진에 이어서는 취오도聚五圖([그림 2-10]), 취육도聚六圖, 취팔도聚八圖, 찬구도攢九圖, 팔진도八陣圖, 연환도連環圖가 보인다. 종횡도는 산술 기제奇題에서 으뜸인 것이고 송원수학의 술수학적 특징을 현저하게 보여 주는 가장 좋은 예라고 할 수 있을 것이다.

---

38) 九子斜排, 上下對易, 左右相更, 四維挺出.

종횡도에 이어지는 것은 「전관술翦管術」 5문이다. 전관술은 속칭 진왕암점병秦王暗点兵이라고도 한다. 『손자산경孫子算經』의 "지금 물건이 있으나 그 수는 알지 못한다. 3씩 세면 2가 남고 5씩 세면 3이 남고 7씩 세면 2가 남는다. 묻는다. 물건의 수는 얼마인가"[39]의 해법과 같은 문제이다. 손자의 부정방정식 문제는 현재 연립일차합동식이라는 이름으로 불리며 가우스의 기호를 이용하여 다음과 같이 표기할 수 있다.

$$X \equiv 2 \pmod 3 \equiv 3 \pmod 5 \equiv 2 \pmod 7$$

같은 시대 진구소秦九韶의 『수서구장數書九章』(1247)은 손자 문제의 해법을 이론화하여 연립일차합동식의 보편적인 해법인 '대연술大衍術'을 발명하였는데 양휘는 이론화의 노력을 전혀 하지 않았다.

전관술에 이어지는 것은 「육십갑자납음六十甲子納音」, 「구본년내일갑求本年內日甲」, 「지지봉수地支逢宿」 등이다. 양휘는 일상에서 빈번하게 사용되는 천문점天文占에 관련한 문제를 처리한 후에 「삼녀귀맹三女歸盟」, 「배식일월倍息一月」, 「정곡법正斛法」, 「양창법量倉法」, 「제전불구적경답무수諸田不求積竟答畝數」, 「개하정일開河定日」, 「공매사견共買紗絹」, 「매과구정買果求停」 등을 다루고 있다. 문제 자체는 서로 무관계하다.

[속고적기산법 권하] 『속고적기산법』 권하는 권상을 뛰어넘는 기제奇題의 나열이다. 제명을 적어 보면 (1) 분신分身 문제를 다루는 「치토동롱雉兎

---

39) 今有有物不知其數. 三三數之賸二, 五五數之賸三, 七七數之賸二. 問物幾何.

同籠」(孫子),「능라은가綾羅隱價」(應用),「삼계석직三鷄析直」(張丘建),「삼과공가三果共價」(變古通源),「삼주분신三酒分身」, (2) 호환술互換術의「방금구중方金求重」,「개하문적開河問積」,「승제대환乘除代換」(應用), (3) 합분호환술合分互換術의「하상탕배河上蕩杯」(孫子),「병사지견兵士支絹」, (4) 쇠분술衰分術의「정률구차定率求差」,「이칠차분二七差分」, (5) 영부족술盈不足術의「인승양목引繩量木」(孫子),「적인도견賊人盜絹」(孫子), (6) 방원方圓 문제를 종합적으로 논하는「방원총론方圓總論」,「개방부진법開方不盡法」(變古通源), (7) 구고술句股術의「탁영양간度影量竿」(孫子),「이표망목以表望木」(海島),「격수망목隔水望木」(海島)이다.

4) 조선 주산서籌算書의 성격

이상이 송원명기의 중국수학사의 개략이고『산학계몽』,『양휘산법』,『상명산법』의 내용이다.

[주산珠算과 서산西算] 명대 중기에는 주산珠算의 맹렬한 보급에 따라 송원수학의 고도의 성과는 잊히고 과거의 위대한 주산서籌算書 다수가 망실의 위기에 처했다. 천원술이나 증승개방법은 망각의 저편으로 사라지고,『산학계몽』,『양휘산법』의 존재도 중국에서 자취를 감추었다.

주산籌算에서 주산珠算으로의 교체기에 예수회 선교사에 의해 서양의 과학혁명 전후의 신구新舊 수학이 전해져 중국수학에 심대한 영향을 주었다. 마테오 리치(利瑪竇)와 서광계徐光啓는 협력하여 크리스토프

클라비우스의 『유클리드원론주해』 16권본의 전前 6권을 『기하원본幾
何原本』이란 이름으로 번역하였다.(1607) 마테오 리치와 이지조李之藻는
또 클라비우스의 『실용산술개론』을 핵심으로 하고 거기다 중국 산법
을 덧붙여 『동문산지同文算指』를 편찬하였다.(1613)

　그러나 청 초에는 매문정梅文鼎(1633~1721) 등이 서양수학을 포함해
동전東傳한 과학 지식을 거의 대부분의 영역에 걸쳐 소화 흡수하여 서
광계 이래 과학 연구의 이상인 '중서회통中西會通'을 실천하는 데 성공
하였다. 매문정은 평이한 문체로 서양수학을 서술 부연함과 동시에
쇠미衰微의 극에 달했던 전통 수학도 표창하였다.(『曆算全書』, 1723 · 『梅氏
叢書輯要』, 1761) 매문정의 연구는 강희제 어제御製의 『수리정온數理精蘊』
(1723)에 깊은 영향을 미치었고 그 의미에서 극히 중요하다.

[조선 주산籌算 3서의 성격] 조선의 수학은 세종 이후, 중국의 영향을 받으
면서도 학문적 독립을 달성하고 동산東算=동국산학의 성립을 향해
일직선으로 전진하였는데, 그 직접적인 원인을 살펴보자면 조선의 수
학제도의 근간을 정한 3서가 모두 중국수학의 본류로부터 벗어난 수
학서인 점에 있다고 해도 절대로 핵심을 벗어난 것은 아닐 것이다.

　중국이 실용성을 판단의 기준으로 삼아 주산珠算 일변도로 기울어
과거의 뛰어난 성과를 업신여긴 것에 반해, 조선은 다른 길을 선택하
여 중화 내지 동아시아의 전통을 중시하고 송원수학을 기초로 하여
주산籌算을 발전시킨 것이다.

3. 조선 중기의 산학의 황폐

조선 중기(15세기 중엽에서 17세기 중엽), 조선의 수학은 내부적으로는 이황李滉을 대표로 하는 사림과 주자학의 실학 경시, 외부적으로는 일본의 침략(왜란)과 중국의 침략(호란)을 받아 크게 황폐화되었다.

1) 조선 중기의 시대상과 실학의 쇠퇴

세종시대에 산학은 크게 꽃피었지만 세조(재위 1455~1468)시기 이후 급속하게 쇠퇴하였다. 조선 중기에 저술된 산학서가 오늘날에 남아 있지 않을 뿐만 아니라 당시에 활약한 산학자의 존재도 알려져 있지 않다. 이 사실로 보자면 조선 중기를 산학의 황폐기라고 할 수 있을 것이다.

황폐화된 원인은 크게 두 가지이다. 하나는 거듭되는 사화에 기인한 과도하게 내향적인 시대 풍조이고, 다른 하나는 왜란과 호란이다.

[사림과 사화] 주자학과 실학을 겸수兼修한 개국공신에 의해 왕조지배체제가 정비된 결과, 과거가 제 기능을 함으로써 주자학풍의 도덕을 신봉하는 지식인이 대량으로 출현하였다. 조선 주자학이 초기의 '치인지학治人之學'에서 중기의 '수기지학修己之學'으로 발전한 원인의 하나는 신봉자의 급속한 증가에 있다고 말할 수 있다.

그러나 전환기에 있어서는 '실학' 즉 치인지학(경세지학)을 받들며 기득권을 옹호하려는 훈구파와 '허학' 즉 수기지학(윤리도덕)을 받들며 정치 개혁을 추구하는 신진 사림파가 심각한 갈등과 치열한 투쟁을 전개하였다.

사림파의 연원은 고려―조선 혁명에 즈음하여 구 왕조에 충성을 다하다 살해된 정몽주鄭夢周 등으로 거슬러 올라갈 수 있다. 성종(재위 1469~1494) 대에 정몽주 → 길재吉再 → 김숙자金叔滋의 학통(嫡傳)을 잇는 김종직金宗直(1431~1492)은 도학 문장으로써 일대의 유종儒宗이 되어 문생門生이 대단히 많고 영남 일대에서 세력을 형성하였다. 사림파의 시조로 불리는 이유이다. 사림파는 절의와 명분을 무엇보다도 중시하였고 세조의 왕위 찬탈(1455)을 불의로 간주하였다.

훈구파와 사림파의 대립은 김종직의 「조의제문弔義帝文」(1457)을 둘러싸고 곧장 유혈 참사로 발전하였다. 연산군 4년(1498)의 무오사화가 그것이다. 훈구파는 김종직의 문인인 김일손金馹孫이 스승의 「조의제문」을 『성종실록』에 편입하고자 한 것을 문제 삼고 사초史草에 세조의 왕위 찬탈을 비꼬는 바가 있음을 이유로 김일손을 능지처참, 김종직을 부관참시, 문인인 김굉필金宏弼, 정여창鄭汝昌 이하 40여 명을 혹은 베고 혹은 유배에 처하였다. 한때의 명류가 대부분 사라졌다고 전해진다.

이어서 연산군 10년(1504)의 갑자사화에서는 김굉필 등 수십 명이 극형에 처해지고 정여창 등이 부관참시에 처해졌다. 또 중종(재위 1506~1544) 대에는 조광조趙光祖를 사사賜死한 기묘사화(1519)가 일어나고, 명종(재위 1545~1567) 대에는 을사사화(1545)와 정미사화(1547)가 발생해 많은 선류善類가 참벌斬伐의 화를 입었다. 이황李滉(1501~1570)은 '동방사현東方四賢'으로 스스로가 사상적 영향을 받은 이언적李彦迪에 더하여 사화로 무념無念의 죽음을 맞이한 김굉필·정여창·조광조를 들고 있다.

[성리학의 융성과 실학의 경시] 수차례의 사화에 의해 사림파는 크게 타격을 입었지만 향촌의 서원과 향약을 기반으로 하여 세력을 신장하였다. 선조(재위 1567~1608) 대에는 사림파가 정치의 주도권을 전면적으로 장악하면서 훈위勳威와의 대립은 소멸되었다.

사림파는 학문 연구를 중시하고 후진의 육성에도 힘을 기울여, 그 결과로 조선 주자학은 크게 진전되었지만, 유혈을 동반한 사화는 주자학의 학문적 성격을 근본적으로 규정지었다. 사화를 피하고자 학문의 성격이 일거에 사변적 경향으로 강화된 것이다.

사림파 주자학은 수기지학, 즉 절의와 명분을 중시하고 예학과 보학譜學을 발달시켜 양반의 신분적 우위를 유지하고자 적서嫡庶의 차별을 강조하였다. 또한 주자의 규범을 신복하고 정주학程朱學을 유일의 정통으로 위치 지어 정주程朱 이외의 학문이나 사상을 전혀 인정하려고 하지 않았다. 양명학을 이단으로 배척하고 실용의 학문잡학을 '완물상지玩物喪志'로 경시한 것은 그 때문이다.

당시의 사변철학을 대표하는 주자학자가 바로 이황과 이이李珥(1536~1584)이다.

[사림일존과 당쟁의 개시] 그러나 선조 대의 사림일존士林一尊 이후, 사림

내부에는 학벌과 지연에 의한 붕당이 형성되어 당쟁이 시작되었다. 과거시험에 합격한 관료 예비군(양반)의 수에 비하여 정부의 관직 수가 절대적으로 부족하였기 때문에 자당自黨을 유지하고자 인사권을 장악하려고 한 것이 붕당 다툼의 발단이다. 우선 동인과 서인의 두 당이 생겼으며(1575), 이윽고 동인은 남인과 북인으로 나뉘고(1591) 이들이 더욱 분파를 낳아 격렬한 당쟁을 전개하였다.

2) 왜란과 호란

산학의 발전을 저해한 것은 적극적인 사회 참여를 기피하고 직접적인 실용 학문을 경시하는 과도하게 내향적인 시대 풍조뿐만이 아니다. 빈번한 외환도 산학의 황폐를 크게 가속화하였다.

선조 25년(1592) 도요토미 히데요시(豊臣秀吉)는 대군을 파견하여 조선을 침략하였다. 전쟁은 휴전을 포함하여 전후 7년(1592~1598)을 끌었고 히데요시의 왜군은 성과 없이 철퇴하였다. 또한 인조(재위 1623~1649) 대에는 후금(청)이 두 번(1627, 1636~1637)에 걸쳐 침입하였다. 인조는 삼전도에서 항복하였고 명에게 받은 칙인을 청 태종에게 바쳤다.

왜란과 호란의 전화戰禍는 미증유未曾有였다. 국토는 황폐해지고 인구는 대폭 감소하였다. 경지 면적은 삼분의 일 이하로 떨어지고 식량 문제가 심각화되었다. 기술자를 포함한 5~6만 인이 포로로 일본에 끌려가고 산업은 정체되었다. 토지 대장이나 호적이 흩어지고 나라의 재정도 핍박되었다.

왜란과 호란을 전후하여 신분제도는 동요를 일으키고 조선사회는 크게 변모하였다. 이러한 사회의 근본적인 변화는 중세적 세계에서 근세적 세계로의 전환으로 파악해야 할 것이다.

조선 후기(17세기 중엽에서 18세기 말경), 근세사회는 자국의 수학을 새로운 수준으로 끌어올렸다. '동국산학', 줄여서 '동산東算'의 성립이다.

1. 조선 후기 산학 융성의 사상적 배경

조선사상사에서 16세기 중엽 즉 왜란·호란의 시대는 중세적인 주자학 독존에서 근세적인 주자학과 실학(비주자학)의 공존으로 변화하는 일대 사상 전환기에 해당한다.

조선 후기가 되어 민족적 특색을 갖춘 산학서가 저술되기 시작하고 조선산학이 미증유의 발전을 이룬 것은 크게는 급격한 사회 변동에 근거한 거대한 사상 전환이 배태한 것이라고 해야 할 것이다. 즉 배척하면서도 공존하는, 주자학의 체제 재편적 지향과 실학의 실용 중시라는 시점이 결합하여 조선산학의 정비 발전을 가져온 것이라고 할 수 있다.

1) 사회 변동과 제도 개혁

조선사회의 양반지배체제는 왜란과 호란을 거쳐 크게 동요되었다. 농지의 황폐와 인구의 감소, 군제·세제의 붕괴 등이 그 사실을 상징한다. 왕조는 폐정을 시정하고 통치 질서를 재편하고자 광범한 사항에 걸쳐 제도 개혁을 실시하였다.

주요한 바를 거론하자면, 농지의 개간을 장려하고 양전量田(田地調査)을 실시하였다. 또한 전세田稅를 풍작부작豊作不作의 여부와 관계없이 일정하게 정하고(永定法), 현물 공납을 고쳐 농지의 면적에 대응하여 정률의 세금을 징수하였다(大同法). 군무軍務를 통괄하는 비변사의 기능을 강화하고 훈련도감·어영청·총융청·수어청·금위영 등의 오군영을 설치하고 국방력을 강화하였다.

2) 당쟁의 격화와 주자학의 교조화

원래 사회 변동에 기인하는 심각한 사회 위기에 처한 경우 정치사상상의 대처법은 크게 두 가지가 있다. 하나는 전통적인 가치를 긍정하고 역사적인 문맥을 중시하는 보수주의적 통치 원리의 재편·강화이고, 다른 하나는 이성에 절대적인 신뢰를 두는 혁신주의적인 통치원리의 변혁이다. 조선 후기의 경우 전자는 주자학을 교조화하였고, 후자는 실학을 주창해 주자학을 상대화하였다.

[당쟁의 격화] 조선 후기, 당쟁 정치는 크게 변질되었다. 이대二大 붕당 간(서인 대 남인, 남인 대 노론, 노론 대 소론, 시파 대 벽파 등)의 당쟁이 격화되었고 정권이 빈번히 교체(환국)되었다. 집권당은 권력을 잡자마자 정치적 보복으로서 대립당의 구성원을 철저하게 탄압하고 전 정권의 지도자를 용서 없이 처형하였다. 피로 피를 씻는 일당전제(독재)이다.

그러나 강압적인 전제당의 빈번한 교체는 역으로 정권을 동요시키고 정국을 불안정하게 하였다. 영조(재위 1724~1776)나 정조(재위 1777~1800)가 각 붕당을 균등하게 등용하는 탕평책을 실시한 것은 정권의 불안정을 해소하고 왕권을 강화하기 위한 것이었다.

[주자학의 교조화] 그러나 조선의 이대 붕당제에서는 집권당이든 반대당이든 정주程朱의 규범을 독신篤信하여 정책은 거의 다르지 않고 사상도 그다지 차이가 없다. 주요한 쟁점을 말하자면 예론禮論으로 명분론에 지나지 않는다. 집권당은 그럼에도 불구하고 사소한 차이를 근거 삼아 반대당의 구성원을 '사문난적斯文亂賊'으로 규정하고 주자에 등 돌린 자라 하여 곧바로 주살誅殺하였다. 주자학의 교조화·경직화를 단적으로 보여 주는 바이다.

당쟁 시대를 대표하는 주자학자로는 송시열宋時烈(1607~1689)을 들지 않을 수 없다. 송시열은 (1) 조선 주자학에서 이이 → 김장생金長生(1548~1631)으로 이어지는 적통을 자임하며, (2) '조선 중화사상'(소중화사상)을 받들어 현실적으로는 청에 신복臣服하면서도 사상적으로는 이를 이적시하고, (3) '북벌론'을 주장하여 명을 멸하고 조선을 유린한 청에 복수하려는 정책을 은밀히 실행하였다.

3) 실학의 발달

[실학의 정의] 다른 한편, 조선 실학이란 (1) 조선 주자학의 흐름을 이어 이를 사상적 기초로 하면서, (2) 조선 후기, 새롭게 전래된 서학西學(서구의 과학)이나 청학淸學(청조 고증학과 과학기술)의 영향하에서 (3) 현실로부터 유리된 주자학의 각종 이론을 비판하고 현실사회와 결합한 학문을 지향하는 일련의 사상운동을 말한다.

실학은 크게 성호학파와 북학파로 나뉘어 발전하였다고 볼 수 있다.

[성호학파] 성호학파는 이익李瀷(1681~1763)[1]을 시조로 하는 학파를 이른

---

1) 이익은 자를 子新이라고 하고 호를 星湖라고 하였다. 본관은 경기도 여주이다. 조선 후기를 대표하는 사상가의 한 사람이다.

이익의 일생은 17세기 말엽에 격화한 당쟁의 여파로 정치적 격변에 농락당한 양반 지식인의 삶 그 자체였다. 가계는 과거 합격자를 배출한 남인의 명문에 속한다. 증조부 李尚毅는 의정부좌찬성에 올랐고, 조부 李志安은 司憲府持平을 역임하였다. 부친인 李夏鎭도 사헌부대사헌에 이르렀지만, 숙종 6년(1680)의 南人大黜陟(庚申大黜陟이라고도 한다)을 당해 실각하여 평안도 운산에 유배되었다.

이익은 숙종 7년(1681) 10월 18일, 후부인인 안동권씨(大後의 딸)를 어머니로 하여 그 아버지의 유배지에서 태어났다. 이듬해 이하진이 사거한 탓에 어머니를 따라 先墓地인 경기도 광주의 첨성리로 이주하였다. 이익은 자질이 聰穎하고 남달리 뛰어났지만 태어나길 병약하여 外傅를 모시는 것도 쉽지 않아 학문을 전수받은 것은 조금 성장한 이후 仲兄인 李潛으로부터였다.

그러나 중형 이잠은 숙종 32년(1706) 노론의 金春澤 등이 왕세자의 위해를 기도하였다고 상소하여 노론의 우의정 李頤明의 경질을 요구하였는데 이것이 숙종의 격분을 사서 絆問 끝에 杖殺되었다. 이익은 당쟁에 기인하는 중형의 무참한 죽음에 큰 충격을 받아 입신출세나 세상사에 의욕을 잃어 과거시험 공부를 포기하고 그

다. 후술할 정약용丁若鏞(1762~1836)이 가장 이름 높다. 이익의 학문은, 근간은 성리학에 있고 학통은 이황 → 정구鄭逑(1543~1620) → 허목許穆 (1595~1682)으로 이어지는 기호 남인의 계열에 속한다.[2]

또한 조선에서의 서학 연구는 이익의 학술 연구와 적극적인 평가를 거쳐 본격적인 수준에 도달하였다고 여겨진다. 이익이 논급한 서학서에는 가톨릭 교리를 설명한『천주실의天主實義』,『주제군징主制群徵』, 과학서의『천문략天問略』,『기하원본』등 20종이 있다. 상당량의 한역 서학서를 읽고 그 의미를 이해하였던 점은 의심할 여지가 없다. 이익의 서학 연구는 질적으로도 뛰어나서 유럽 기원의 새로운 지식을 소개하며 타당하고 설득력 있는 평가를 내리고 있다.[3]

이익은 농본주의자로서 토지의 겸병과 부의 편재를 방지하고 농촌 경제를 안정시킬 것을 사회 번영의 첫 번째 요건으로 여겨 '한전론

이후 재야의 학자로서 독서와 저술에 전념하였다. 영조 3년(1727), 繕工監假監役에 추거되었지만 사퇴하여 벼슬에 나아가지 않았다. 영조 39년(1763) 12월 17일에 서거하니, 향년 83세이다.

2) 이익은 스스로의 사승 관계가 퇴계 이황으로 이어질 뿐만 아니라 개인적으로도 이황의 학덕을 마음으로 尊慕하였다.『근사록』을 따라 이황의 언행을 편집한『李子粹語』를 만들고 이황의 사단칠정론을 변호하고자『四七新編』을 저술하며 이황의 유집에서 예에 대해 논한 서찰을 抄出 분류하여『李先生禮說類編』을 편찬한 것이 그것이다. 이익은 또 직접적으로 경서나 성리학서의 연구를 통해 진리에 도달하고 사회의 실용에 도움이 되고자 하였다.『시경』,『상서』,『주역』의 三經,『논어』,『맹자』,『대학』,『중용』의 四書 및『가례』,『근사록』,『심경』,『소학』에 대한 대량의 독서노트의 존재가 이를 잘 보여 준다.『詩經疾書』,『書經疾書』등이 그것이다. 이익의 성리학에 대해서는 장지연,『조선유교연원』(아세아문화사, 1973) 혹은『星湖全書』文集附錄, 권1,「家狀」(李秉休) 등을 참조.

3) 예를 들면『星湖僿說』등에서 아담 샬의 時憲曆의 정확성을 언급한 것이나 동아시아의 전통에 반해서 대지가 구형이라는 점과 뇌가 지각운동의 중추인 점 등을 인정한 것 등을 들 수 있다.

限田論'의 실시를 제안하였다. 농가 1호당 보유하는 경작지의 최저한도 를 정해 영업전永業田으로서 매매를 금지하고 그 이외의 토지는 처분 의 자유를 허가하여 점진적인 토지 소유의 균등을 실현시키고자 하였 다. 또한 농업 부진이나 사회 모순의 원인으로서 신분제도·과거제 도·양반문벌의 존재 등을 거론하여, 그 해결책으로 상공업의 억제, 화폐 사용의 축소, 관제官制나 세제稅制의 개혁, 노비 소유의 제한, 과 거와 천거薦擧의 병용, 사농합일士農合一의 추진 등을 제안하였다. 이 외에도 중화 중심의 역사 인식에서 벗어나 단군정통시발설檀君正統始發 說·삼한정통론 등 조선 독자의 역사관을 제시한 바도 평가할 만한 점이라고 한다.[4]

[북학파] 한편, 북학파란 홍대용洪大容(1731~1783)을 시조로 하는 학파를 말한다. 학파의 명명은 홍대용 등이 북쪽, 중국(청)에게 배울 것을 주 장한 것에서 유래한다. 북학파는 박지원朴趾源(1737~1805)이나 박제가朴 齊家(1750~?), 김정희金正喜(1786~1856) 등이 유명하다. 홍대용에 대해서는 나중에 상세하게 분석할 것이다.

[실학과 산학] 실학자들은 성호학파이든 북학파이든 서학을 연구하고 산학을 포함한 과학 지식에 큰 관심을 보였다.

---

4) 이익의 실학 연구에 대해서는 한우근, 『성호 이익 연구―인간 성호와 그의 정치 사상』(서울대학교 출판부, 1980)이나 이우성, 『한국의 역사상』(창작과 비평사, 1982) 등을 참조.

2. 동산의 탄생

조선 후기의 17세기 중엽에 산학은 왕조 체제의 재편을 최종적인 목적으로 삼아 왜란과 호란 이전 수준으로 회복할 것을 목표로 재차 발전을 시작하였다.

1) 『산학계몽』의 복간

조선 후기 산학은 산과취재算科取才의 기본서인 『산학계몽』의 복간復刊을 통해 급속한 발전을 개시하였다.

(1) 산학의 황폐

조선 후기의 17세기 중엽에는 산학의 황폐가 심각하여 교본教本의 입수는 대단히 힘들었던 것으로 보인다.

수전남도관찰사守全南道觀察使인 김시진金始振도 효종 8년(1657)에 어쩌다 초본抄本 『양휘산법』을 금구현령金溝縣令인 정양鄭瀁에게서 얻고, 국초인본國初印本의 『산학계몽』을 지부地部(호조) 회사會士인 경선징慶善徵에게서 얻은 적이 있음을 술회하였다. 또한 『주서관견籌書管見』의 조태구趙泰耉의 자발自跋(1718)에도 "아직 약관에 이르지 못했을 때 산학에 유의하였으나 벽거僻居에 책이 없음을 알았다. 계발의 서적을 얻고자 했지만 분비憤悱해도 얻지 못했다"[5]라는 말이 보인다.

---

5) 未弱冠留意此, 患僻居無書. 思有以啓發, 憤悱而不可得.

(2) 김시진의 중간

김시진은 현종 원년(1660)에 『산학계몽』을 판각하여 중간重刊하였
다. 김시진이 『산학계몽』을 판각한 것은 이 책을 널리 판행版行하지
않으면 "후세에 그 전함이 끊어지지 않을까 걱정했기"(慮益久而絶其傳)
때문이었다.(「重刊算學啓蒙序」, 1660)

[김시진 소전] 김시진金始振(1618~1667)은 자를 백옥佰玉이라고 하고 호를
반고盤皐라고 하였다. 본관은 경주이다. 좌의정 김명원金明元(1534~1602)
의 증손이고 김남헌金南獻의 아들이다. 인조 22년(1644)에 정시문과庭試文
科에 병과丙科로 급제하였다. 전라도관찰사, 사은부사謝恩副使, 한성부좌
윤漢城府左尹, 수원부사水原府使 등을 역임하였다. 당시 "추보推步를 잘한
다"라고 칭송되었지만 반면 시헌력법을 공척攻斥한 것6)도 전해진다.

[김시진 중각본의 판식과 특징] 김시진이 중각한 『산학계몽』(목판본)의 판식
版式은, 변란邊欄(四周)은 단변으로, 판광版框은 21.4×14.1cm, 무계無界, 행
격行格은 10행 19자, 판심版心은 상하내향육판화문흑어미上下內向六瓣花紋
黑魚尾(部分有紋)로 이루어져 있다.(남권희, 「경오자본 『신편산학계몽』과 제판본 연
구」)

또한 김시진의 중간본은 "양휘의 망해望海 1장을 권미卷尾에 첨입添
入"한 것이 커다란 특징 중 하나이다.(「重刊算學啓蒙序」)

---

6) 黃胤錫, 『頤齋亂藁』 제2책(한국정신문화연구원, 1995)의 1767년 12월 11일조와 南
克寬, 『夢囈集』, 「金參判曆法辨辨」(민족문화추진회, 1998) 등에 보인다.

2) 새로운 수학서의 편집

조선시대의 수학자는 자국의 상황을 고려하여 『산학계몽』 등의 복간을 진행함과 동시에 참신한 아이디어를 시도하여 독특한 기풍이 넘치는 수학서를 편집하였다. 경선징의 『묵사집산법默思集算法』과 조태구의 『주서관견』 등이 그러하다.

(1) 경선징의 『묵사집산법』

① 경선징과 『묵사집산법』

『묵사집산법』[7]의 저자 경선징(1616~?)은 후명後名을 선행善行이라고 한다. 자는 여휴汝休, 청주 사람으로, 중인계급 출신의 이름 높은 수학자이다. 산학의 사상성을 특히 중시한 최석정崔錫鼎도 근세조선에서 "술사術士 중 산법에 정精한 자"로서 유일하게 경선징의 이름을 거론하여 그의 남다른 수학력數學力에 경의를 표했다.(『九數略』, 「古今算學」)

인조 18년(1640)에 산학의 취재取才 시험에 합격, 관직은 산학교수, 활인별제活人別提에 이른다. 청주경씨는 대대로 산학 합격자를 배출하였다.(〔그림 3-1〕) 경선징의 아버지가 산학별제, 외조부가 산학교수를 역임하였을 뿐만 아니라, 처는 산학교수인 이충일李忠一로부터 취娶하였고 딸은 계사計士인 김석령金錫齡과 산학교수인 현대원玄大源에게 시집

---

7) 북경대학 도서관이 소장하는 『묵사집산법』에는 저술년의 기술도 저자명의 기술도 없다. 그러나 『九數略』 인용서목조에 "默思集, 東土 慶善徵 著"라고 있는 이상 이 책이 경선징의 산서임은 의심할 여지가 없다.

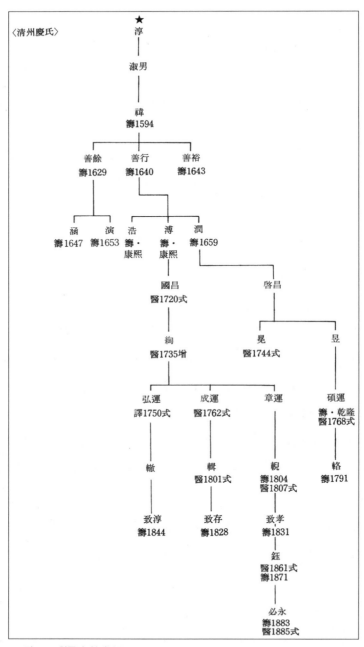

〈清州慶氏〉

★
淳
│
淑男
│
禪
籌1594
│
┌────────────┼────────────┐
善餘   善行   善裕
籌1629   籌1640   籌1643
│   │
┌──────┐   ┌──────┼──────┐
涵   演   浩   溥   潤
籌1647 籌1653 籌·   籌·   籌1659
             康熙   康熙   │
                      │   │
                     國昌   │
                     醫1720式 │
                      │   │
                      絢   啓昌
                     醫1735增 │
                      │   ┌──────┴──────┐
           ┌──────┼──────┐ 晃   昱
          弘運   成運   章運 醫1744式
          譯1750式 醫1762式 │   碩運
           │   │   │   籌·乾隆
          轍   輯   覘   醫1768式
                 醫1801式 籌1804   │
           │   │   醫1807式   輅
          致淳   致存   │   籌1791
          籌1844 籌1828 致孝
                        籌1831
                         │
                        鈺
                        醫1861式
                        籌1871
                         │
                        必永
                        籌1883
                        醫1885式

[그림 3-1] 청주경씨 계보도
그림 속의 籌는 籌學, 譯은 譯科, 醫는 醫科, 雲은 雲科, 律은 律科의 略이고, 아라비아
숫자는 과거(잡과) 혹은 取才(諸學)의 합격년을 보여 준다. 〈이성무·최진옥·김희복 편,
『조선시대 잡과합격자 총람─잡과방목의 전산화』所收〉

보냈다.(籌學入格案)

경선징의 저작으로는 『상명수결詳明數訣』이란 책 이름도 알려져 있
지만(홍대용, 『籌解需用』, 「引用書目」; 邊彦廷, 『籌學實用』, 「引用書目」) 오늘날에 전
하지 않는다. 저서는 중국 북경대학 도서관에 초본抄本 『묵사집산법』
3권[8](저술년 미상)만이 남아 있을 뿐이다.

② 『묵사집산법』과 『산학계몽』

경선징의 『묵사집산법』은 『산학계몽』의 구성과 분류에 기본적으
로 근거하면서 전통 산학의 구조를 분명하게 하고 조선수학을 재구축
하려 한 시도라고 할 수 있다. 『산학계몽』과의 관계가 매우 깊은 점에
대해서는 두 책의 목록(〈표 2-2〉와 〈표 3-1〉)에서 산문명算門名을 비교하면
명칭의 일치도 많을 뿐더러 자명하다.

[상권의 내용] 『묵사집산법』 상권의 포산선습문布算先習門은 『산학계몽』
의 총괄에 해당하며 문門 이름 그대로 포산에 앞서 배워야 할 바를
서술하고 있다. 크게 25조로 구성되며, 구구합수九九合數(구구표), 구귀법
九歸法(나눗셈의 구구표), 소대수명小大數名(대소수의 진위법), 종횡법縱橫法(算籌를
늘어놓는 법), 승제법乘除法(곱셈·나눗셈의 일반 규칙), 귀제법歸除法(제수의 첫자
리와 피제수의 첫자리를 같게 하는 撞歸法), 근하유량법斤下留兩法(1근=16량의 환산
법), 수량상구법銖兩相求法(1량=24수의 환산법), 약분작명법約分作名法(中半=

---

8) 분석에는 김용운 편, 『한국 과학기술사 자료대계—수학편』(여강출판사, 1985) 소
수본을 사용하였다.

<표 3-1> 『묵사집산법』 목록
김용운 편, 『한국 과학기술사 자료대계—수학편』 所收本에는 목록이 없지만 북경대학
도서관 소장본에는 書前에 「묵사집산법목록」이 있다. 『산학계몽』의 목록을 따라 「上
卷十門」, 「中卷十門」, 「下卷五門」 등으로 적혀 있다.

上卷	中卷	下卷
布算先習門 25條	就物抽分門 4問	和答互換門 11問
縱橫因法門 8問	和合差分門 28問	互乘和合門 18問
身外加法門 10問	田畝形段門 24問	差等均配門 16門
留頭乘法門 8問	倉囤積粟門 12問	和取互該門 10問
列位乘法門 17問	商功修築門 19問	開方解隱門 43問
單位歸法門 8問	堆垛開積門 10問	
身外減法門 13問	測量高遠門 9問	
隨身歸除門 26問	約分齊解門 16問	
異乘同除門 14問	引乘求總門 3問	
歸除乘實門 66問	加減乘除門 5問	

1/2, 少半＝1/3 등), 정위법定位法(자릿수 일람), 두곡법斗斛法(量의 환산표), 장척
법丈尺法(度의 환산표), 근칭법斤秤法(衡의 환산표), 전무법田畝法(면적의 稱名法),
고원경법古圓徑法(고대의 원주율＝3), 유휘신술劉徽新術(유휘의 원주율＝157/50),
충지밀률冲之密率(祖冲之의 원주율＝22/7), 방사법方斜法($\sqrt{2}$＝7/5), 천지견양법
穿地堅壤法(堅柔에 따른 토양의 체적비), 평원해적법平圓該積法(원의 구적법), 입원
해적법立圓該積法(구의 구적법), 구고현법句股弦法(직각삼각형의 용어법), 개방법
開方法(개방＝거듭제곱의 환원술), 평방적평원적공화석분법平方積平圓積共和釋分
法(원의 면적과 사각형의 면적의 관계), 입방적입원적공화석분법立方積立圓積共
和釋分法(구의 체적과 육면체의 체적의 관계)을 말한다.

포산선습문은 『산학계몽』의 총괄과 비교해서 산학의 예비지식을
잘 정리하였지만 총괄과 중복되는 내용도 많고 종합적으로 볼 때 총
괄을 약간 확장한 것이라고 할 수 있다.

『묵사집산법』 상권은 포산선습문에 이어 9문門 170문제가 본론이다. 종횡인법문은 곱하는 수가 한 자릿수의 곱셈, 신외가법문은 곱하는 수의 첫자리가 1인 곱셈9), 유두승법문은 곱하는 수가 21, 31, ……, 91인 곱셈, 열위승법문은 여러 자릿수의 곱셈을 다루며, 단위귀법문은 제수가 2, 3, ……, 9인 나눗셈, 신외감법문은 제수의 첫자리가 1인 나눗셈10), 수신귀제문은 제수가 여러 자릿수의 나눗셈을 다룬다. 또 이승동제문은 호환 문제이고, 귀제승실문은 비례 문제이다. 이승동제문의 제9문에는 유클리드 호제법이 보여 최대공약수를 구하고 있다.

『묵사집산법』 상권 10문門은 내용으로 보자면 대체로 『산학계몽』과 거의 동등하지만, 종횡인법문, 신외가법문, 유두승법문, 신외감법문, 이승동제문의 5문門은 내용에 덧붙여 산문算門의 명칭조차 완전히 일치한다. 또 『묵사집산법』은 승제법을 논하는 7문門 중, 종횡인법문, 신외가법문, 유두승법문, 열위승법문, 단위귀법문, 신외감법문에 알고리즘을 간결하게 설명하는 '가결'이 보이는데,11) 『산학계몽』도 종횡인법문, 신외가법문, 유두승법문, 신외감법문, 구귀제법문에 한하여 가결의 기재가 있어 승제법의 설명에 가결이 기술되는 점에서도 두 책은 꽤 흡사하다.12)

---

9) 곱하는 수가 11, 12, ……, 19의 加一位뿐만 아니라 加隔位도 다룬다. 제10문의 46181.24×1.07=49413.9268이 그것이다.
10) 제11문의 해법은 5488.14÷17.0=306.6으로 적을 수 있다.
11) 수신귀제법에는 가결이 없다. 중권의 인승구총문에는 가결이 기재되어 있다.
12) 단 가결 자체는 동일하지 않다. 종횡인법문의 가결을 예로 들자면 『산학계몽』은 "此法從來向上因, 但言十者過其身, 呼如本位須當作, 知算縱橫數目貫"이라고 하지만 『묵사집산법』은 "此法從上而下, 言十過其身, 言零變作其身"이라고 한다.

[그림 3-2] 『묵사집산법』
북경대학 도서관 소장. '燕京大學圖書館'
이란 장서인이 오른쪽 아래에 보인다.

[중권의 내용] 『묵사집산법』 중권은 10문門 130문제이다. 취물추분문과 화합차분문은 문 이름은 『상명산법』에 따르지만, 비례 계산의 응용문제인 취물추분문은 『산학계몽』의 절변호차문切變互差門(부분)과 같은 유형의 문제를 풀고, 분배 계산의 응용문제인 화합차분문은 마찬가지로 구차분화문求差分和門이나 귀천반율문貴賤反率門과 같은 유형의 문제를 푼다. 『산학계몽』의 문門 이름을 그대로 따르는 전무형단문, 창돈적속문, 상공수축문은 각각 면적 계산, 체적 계산, 토목건축(普請割)에 필요한 계산을 정리하였다.

　퇴타개적문은 타적술(등차급수)이나 구(立圓)의 구적술求積術이 주제이다. 『산학계몽』의 퇴적환원문堆積還源門(부분)과 비교해 보면 문제와 해법의 유사함은 부정할 수 없다. 측량고원문은 고원高遠을 측량하는 『속고적기산법』의 해도海島 문제이다. 약분제해문은 『산학계몽』의 지분제동문之分齊同門에 보이는 약분과 합분 등의 분수 계산을 처리한다. 인승구총문은 『속고적기산법』의 전관술을 다루고, 가감승제문은 『산학계몽』의 영부족술문盈不足術門(부분)과 유사한 문제를 풀고 있다.[13]

13) 『산학계몽』은 모두 영부족술로 문제를 풀지만 『묵사집산법』은 영부족술에 덧붙

[하권의 내용] 『묵사집산법』 하권은 5문門 98문제로 구성되어 있다. 화답호환문은 기법상 서로 무관계한 기제寄題를 모았는데 이는 아마도 양휘의 『속고적기산법』을 모방하여 작제作題한 것으로 보인다.

호승화합문은 「삼녀귀맹三女歸盟」 문제나 영부족술의 응용문제로 되어 있고, 차등균배문은 비례분배의 응용문제이다. 각각 『산학계몽』의 영부족술문(부분)과 차분균배문差分均配門의 문제와의 유사함을 지적할 수 있다. 화취호해문은 방정 문제와 구고 문제이고 『산학계몽』의 방정정부문方程正負門과 관계가 깊다. 마지막의 개방해은문은 증승개방법을 포함한 각종 개방술을 이용하여 방정식을 풀고 있다. 『산학계몽』의 개방석쇄문開方釋鎖門과 유사한 문제가 많지만 개방이 필요한 퇴적환원문(부분)의 타적술의 환원 문제도 보인다.

③ 『묵사집산법』의 특징

원래 조선수학의 교육 커리큘럼은 『산학계몽』, 『양휘산법』, 『상명산법』을 기초로 하여 그 기반 위에서 성립하였지만, 세 책의 연산법의 설명에는 일견 모순된 것처럼 보이는 곳도 존재한다. 따라서 초학자를 무척이나 곤혹스럽게 만들었음에 틀림없다. 예를 들어 한 자릿수의 곱셈인 인법의 경우, 『상명산법』의 인법은 연산에 대해서 "끝자리의 소수小數부터 산기算起한다"라고 서술하지만, 『양휘산법』과 『산학계몽』은 완전히 반대로 한 자릿수의 곱하는 수를 '실'의 윗자리부터

여 별술에 의한 해법도 기술한다.

곱하는 것으로 되어 있다.

또 산학의 교재인 세 책을 통틀어 배우면, 설명이 책마다 다를 뿐만 아니라 같은 산법의 설명이 몇 번이고 나와서 내용적으로도 중복되는 곳이 많은 탓에 독자는 틀림없이 혼란스럽고 학습하는 데 낭비가 심하다고 느꼈을 것이다. 합리적인 구성을 갖춘 새로운 산학 교재가 요구된 이유이다. 그리고 『묵사집산법』이 '산경삼서算經三書' 중에서 『산학계몽』에 의거한 것은 경선징도 김시진과 마찬가지로 "계몽은 간결하고 또한 완비되어 실로 산가算家의 총요總要이다"(「重刊算學啓蒙序」)라고 여긴 점을 보여 준다.

그러나 『묵사집산법』은 『산학계몽』에 근거하여 산학의 기법을 나누고 잡다한 유제類題를 정리하였지만 그렇다고 『산학계몽』 등의 예제를 그대로 베낀 것은 아니다. 특별한 경우[14]를 제외하면 원제와 본술을 능란하게 처리하여 새로운 유제와 스스로의 해법을 작성하였다. 또한 『산학계몽』의 분류에 완전히 따르고 있지도 않다.

예를 들면 『묵사집산법』의 유두승법문은 『산학계몽』의 같은 이름의 문門과 달리 곱하는 수가 21, 31, ……의 격위승隔位乘만을 다루고 그 이외의 일반 곱셈(乘法)에 대해서는 별도의 열위승법문에 수록한다. 또한 단위구법문은 『산학계몽』의 구귀제법문九歸除法門의 유제類題 중에서 한 자릿수에 의한 나눗셈(單位九歸)만을 다루고 나머지 일반 나눗셈(歸除)에 대해서는 수신귀제문을 새로 만들어 설명을 덧붙였다. 초학자들이 쉽게 배울 수 있도록 한 개정일 것이다.

---

14) 필자가 확인한 것은 海島 문제 한 문제뿐이다.

『묵사집산법』의 귀제승실문은 역으로『산학계몽』의 고무해세문庫務解稅門과 쌍거호환문雙據互換門, 절변호차문(부분)에 보이는 유제類題를 동일한 형식으로 판단하여 한곳에 모았다. 취물추분문과 화합차분문은『상명산법』의 분류 기준을 따랐으며『산학계몽』의 분류와 같지 않다. 또 측량고원문은『양휘산법』의 측량 문제(海島題)에 대해서 설명하고, 인승구총문은 마찬가지로『양휘산법』의 연립일차합동식의 해법(貼管術)을 서술한다.

『묵사집산법』은 위에서 기술한 것처럼『산학계몽』에 근거하면서 산경삼서의 내용을 잘 절충한 구성을 취하고 있는데, 구성만이 개성적인 것이 아니라 내용 자체도 극히 개성적이다. 예를 들어 포산선습문에 보이는 구귀법은 일반의 순서와 역으로 되어 있어 "구귀수신하九歸隨身下, 봉구진일십逢九進一十"에서 시작하여 "일귀불수귀一歸不須歸, 기법고불립其法故不立"으로 끝난다. 유사한 예를 보지 못하는 기술이다.

또한 개방해은문은 방정식의 해법을 설명하는 부분인데『산학계몽』의 개방석쇄문과 같은 유형의 문제를 풀면서도 '천원술'을 이용하지 않는다. 기술의 중심은 오히려 철저하게 실용으로 일관되어, 개방開方의 상세한 과정이나 구적·급수 문제 등의 환원술을 설명하는 바에 있다.

(2) 조태구의『주서관견』

조태구의『주서관견』도 경선징의『묵사집산법』에 뒤지지 않게 개성적이다. 하지만『주서관견』은 사본寫本이 오늘날에 전할 뿐이다. 서울대학교 규장각 소장본(1책, 98장)으로, 책 뒤에는 "무술戊戌(1718) 국추菊秋 소헌素軒 쓰다"라는 자발自跋이 있어 '이 책을 찬성纂成하는 소이의 뜻'에 대해서 기술하였다. 조태구의 책으로 추정되는 이유이다.[15]

① 조태구 소전

조태구趙泰耉(1660~1723)는 자를 덕수德叟, 호를 소헌素軒 혹은 하곡霞谷이라고 한다. 양주 사람이다. 우의정 조사석趙師錫(1632~1693)의 아들이다. 숙종 9년(1683, 24세)에 생원이 되어 숙종 12년(1686, 27세)에 별시문과에 병과로 등제하였다. 숙종 36년(1710, 51세)에 동지사로 청에 사행使行하였고, 숙종 43년(1717, 58세)에 우참찬右參贊에 올라 경종 즉위 해(1720, 61세)에 우의정에 임명되었다.

소론의 영수로서 노론과 격하게 대립하였다. 경종 원년(1721, 62세)에 병약하고 자식이 없었던 경종이 노론 4대신(金昌集, 李健命, 李頤命, 趙泰采)의 의견을 받아들여 연잉군(후의 영조)을 왕세자로 세워 대리청정代理聽政을 행하게 하려고 하자 시기상조라고 반대하였다. 대리청정을 환수시키고 그 여세를 모아 소론 정권을 수립, 스스로 영의정의 직에

---

15) 『주서관견』에는 저자의 호만이 기술되어 있기 때문에 조태구의 저서로 판단함에 일말의 불안이 남는 것도 사실이다. 그러나 산서의 내용을 통해 저술된 시대를 이 시기로 추정할 수 있고 같은 시기에 素軒이라는 호를 갖는 인물로 조태구를 제외하고는 알려진 인물이 없는 이상 김용운의 해제(『한국과학기술사자료대계―수학편』, 여강출판사, 1985)에 따라 조태구의 책으로 여기지 않을 수 없다고 생각된다. 또 조태구가 『九數略』의 저자인 崔錫鼎과 같은 소론에 속하는 것도 그 방증을 제공한다.
한편 분석에는 김용운 편, 『한국과학기술사자료대계―수학편』에 수록된 규장각본의 영인을 사용하였다.

올랐다. 또 김일경金一鏡의 논핵論劾이나 목호룡睦虎龍의 고변告變 등을 이용하여 대옥사大獄事를 일으켜 노론 4대신에게 역모죄를 입히고 사사賜死에 이르게 하였으며 노론 일파를 정계에서 추방하였다. 이른바 신임사화이다.

그러나 경종 3년(1723, 64세)에 유혈의 당쟁 중 사거하였다. 경종이 붕어하여 영조가 즉위하고 노론이 재집권하자 신임사화의 원흉으로서 탄핵되어 관작官爵이 추탈追奪되었다.

② 『주서관견』의 내용

조태구의 『주서관견』은 『구장산술』의 분류에 기본적으로 의거하면서 실용적인 가치가 높은 승제제법乘除諸法이나 전통적인 제 문제를 '조술粗述'한 초학자 대상의 주산籌算 교본이다. 원서에는 약간 난삽한 곳도 있지만 필자의 분류에 의하면 (1) 산학예비문算學豫備門(가제), (2) 승제제법乘除諸法(가제), (3) 구장제문九章諸問(가제), (4) 구장문답(가제)의 네 부분으로 나눌 수 있다.(〈표 3-2〉)

[산학예비문] 『주서관견』의 첫 번째 부분은 「수명數名」을 논한 후, 「포주구결布籌口訣」, 「구구구결九九口訣」, 「구귀구결九歸口訣」, 「귀제결歸除訣」 등을 기술하고, 포산에 있어서 반드시 알아야 할 지식과 암송해야 할 구결에 대해서 총론한다. 산주算籌 계산을 행함에 필요한 최소한의 예비지식, 즉 주산籌算의 강령을 제공함을 목적으로 하며, 『산학계몽』의 총괄이나 『묵사집산법』의 포산선습문과 저술의 목적을 같이하는 내

〈표 3-2〉『주서관견』목록
『주서관견』은 書前에 목록을 붙여 항목명을 기재하였다. 한편「朞三百註」는
『서경』「堯典」의 "朞三百有六旬有六日"의 주석을 의미하고 사분력의 상수에
근거하여 1년의 일수를 계산한 것이다.

算學豫備門	乘除諸法	九章諸問	九章問答
數名	乘除總論	九章名義	九章問答
布籌口訣	定位法	方田	
九九口訣	步乘訣	粟布	
九歸口訣	開方定商法	衰分	
歸除訣	因法	少廣	
斤下留法	加法(身外加法)	商功	
解卜法	乘法	均輸	
正負訣	九歸法	盈朒	
句股名義	減法(定身減法)	方程	
雜法	歸除法	句股	
	步乘	朞三百註	
	商除		
	異乘同除		
	同乘異除		
	之分論		
	四率法		

용이다.

[승제제법]『주서관견』의 두 번째 부분은「승제총론」에 이어서 주산籌算
에 의한 곱셈·나눗셈의 생략 계산법(곱셈의 因·加·乘과 나눗셈의 歸·減·歸
除)이나 분수의 계산법(之分論)과 '사율법四率法' 등을 소개한다. 논술의
내용에 특별한 바는 없지만 간단하고 명료한 설명에는 일정한 가치가
있을 것이다. 또한 사율법이란 비례에 의해 세 기지수旣知數로부터 하
나의 미지수를 구하는 것으로, 최석정의 사상산법四象算法의 '준승準乘'
과 '준제準除'에 해당한다. 사율법에 관한 상세한 설명은 후술하겠다.

[구장제문] 『주서관견』의 세 번째 부분은 「구장명의九章名義」16)를 기술한 후 『구장산술』의 구성에 따라 문제집의 형식을 취하면서 전통 수학의 제 문제를 처리한다. 본서의 중심 부분이다. 장 이름은 『구장산술』 원본과 거의 동등하며 방전제일方田第一(24문), 속포제이粟布第二(24문), 쇠분제삼衰分第三(11문), 소광제사少廣第四(27문), 상공제오商功第五(30문), 균수제육均輸第六(7문), 영뉵제칠盈朒第七(10문), 방정제팔方程第八(10문), 구고제구句股第九(18문)라고 한다.17) 장 이름이 다른 것은 제2장의 속미粟米 → 속포, 제7장의 영부족盈不足 → 영뉵뿐이다.

조태구가 동아시아 수학의 원점으로 되돌아가 『구장산술』의 구성에 근거하여 주산서籌算書인 『주서관견』을 편찬한 것은 동아시아 수학사상 평가할 만한 사건이라고 해야 할 것이다. 당시 『구장산술』은 조선에 존재하지 않았고 또 중국에서도 거의 망실에 가까웠기 때문이다.

조태구가 『구장산술』에 주목한 것은 산학의 최종 목표를 『구장산술』에 두는 양휘의 『승제통변산보』의 「습산강목」의 수학관에 공명했기 때문이라고 추정할 수도 있지만,18) 단지 그뿐만은 아니다. 결정적인 영향을 받은 것은 아마도 주희朱熹의 『의례경전통해儀禮經典通解』「서

---

16) 각 장별로 "一曰方田, 以御田疇界域" 등으로 기술되어 있다.
17) 『籌書管見』의 「구장명의」는 程大位의 『算法統宗』 권1의 그것과 완전히 일치한다. 그렇다고 해서 조태구가 그 내용을 『산법통종』에서 인용하였다고 생각할 필요는 없다. 『산법통종』에서 처음으로 그 부분을 인용한 것은 최석정이고 조태구는 최석정의 영향을 받아서 『구장산술』의 구성에 근거하여 籌算書를 편찬한 것으로 보아야 할 것이다.
18) 예를 들어 『주서관견』의 「衰分第三」에는 『양휘산법』의 「稚兎同籠」, 「綾羅隱價」와 같은 유형의 문제가 보이고 「商功第五」에는 마찬가지로 「三女歸盟」과 같은 유형의 문제가 수록되어 있다. 조태구가 『양휘산법』을 읽은 것은 틀림없다.

수편서書數篇序」의 문장 "(수는 일용에 필요한바 강講하지 않을 수 없다. 따라서)『구장산경』을 채취(하여 이 편을 만들었기)" 때문임이 틀림없다. 그 이유는 당시 사상계의 주자 광분狂奔에 더하여 조태구의 책에는 최석정의 영향이 여기저기에 보이고,[19] 최석정이 실제로 위의 「서수편서문」을 인용하여『구장산술』이 동국에 전하지 않는 무념無念을 서술하고 있기 때문이다.

③『주서관견』의 특징

『주서관견』은 또한 단지 사본寫本에 지나지 않지만 분류에 대해서 뿐만 아니라 내용적으로도 매우 뛰어나다. 예를 들면 유제類題의 선택도 간략하게 요령을 얻었고, 소광 문제의 경우 일반 방정식($x^3 - 3x = 1296$)을 풂에 있어 증승개방법을 이용하고 사승방四乘方(5제곱)의 개방 문제($x^5 = 4182119424$)도 처리한다.

『주서관견』이 문제의 뜻(題意)에 대한 설명도에 덧붙여서 포산식布算式을 도시圖示한 것도 평가해야 할 것이다. 포산식은 개방술이나 영부족술, 방정술 등에 보이는데, 개방술 등은 포산이 번잡하여 세세하게 지시하지 않으면 이해하기 어렵기 때문이다. 예를 들어 $x^3 = 56623104$를 푸는 포산식은 [그림 3-3]과 같다. 증승개방법에 의해 $x = 384$를 계산한다.

---

19) 예를 들어『주서관견』의 「사율법」은 최석정이 발명한 기법에 근거하고 「東國名算法」에 보이는 조선의 대수학자의 이름도 최석정을 제외하면 나머지는 모두 최석정의『구수략』「古今算學」과 일치한다.

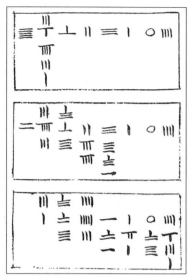

[그림 3-3] 그림에 의한 포산(개방)
문제는 "今有立方積五千六百六十二萬三千一
百零四. 問方面幾何"이고 증승개방법에 근거
하여 "答三百八十四尺"을 도출한다. 〈김용운
편, 『한국과학기술사자료대계―수학편』 所收〉

[그림 3-4] 개평방도
조태구는 "初商則有面無隅, 再商
則乙丙各附兩邊而丁爲隅, 三商則
戊己各附兩邊而庚爲隅. 此方隅之
理也, 倍甲面而爲乙丙共面, 倍乙
丙而爲戊己共面. 此倍方之理也"라
고 서술한다. 〈김용운 편, 『한국과
학기술사자료대계―수학편』 所收〉

그러나 『주서관견』의 수학사상의 가치는 『구장산술』의 구성에 따
랐다는 점에만 그치지 않는다. 이 책 최대의 특색은 동아시아 산서의
구례舊例에 따라 문제집을 편찬한 것만으로는 초학자가 "행여 그 법을
얻더라도 그 원리를 알지 못하고", "행해도 분명치 않고 배워도 깨닫
지 못하는 우환이 있다"라고 여겨 "구장 문답을 만들어 연演하여 도설
圖說을 작성하고 뒤에 부록한"(素軒跋) 바에 있다.[20] 주석의 형식이 아니

---

20) 원문은 "未弱冠留意此, 患僻居無書, 思有以啓發, 憤悱而不可得. 余乃爲一冊子, 粗述乘除
諸法九章諸問, 載其切於日用, 開於理□者. 又恐初學徒得其法, 不知其理, 則有行不著, 習
不察之患. 於是作九章答問, 演爲圖說, 以附其後. 名之曰籌書管見"이다.

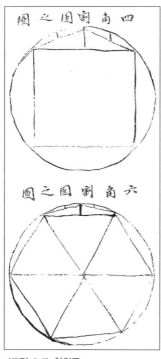

[그림 3-5] 할원도
조태구의 四角割圓術은 元의 趙友欽
의『革象新書』권5의 乾象周髀에 보
이는 할원술에 근거한 것이다. 조우흠
은 원에 내접하는 정사각형으로부터
계산하여 정$4 \times 2^{12} = 16384$각형의
변 길이를 구해 원주율의 값 3.141592
有奇를 얻었다. 〈김용운 편,『한국과
학기술사자료대계―수학편』所收〉

라 '혹문或問'의 형식 즉 문답체로써
포산의 이유와 알고리즘의 수리를
설명하였는데, 구래의 산서에서는
볼 수 없는 참신한 점이다.

예를 들어 소광의 개평방 문제
의 경우 "어떤 사람이 묻는다. 평방
방우平方方隅의 법, 득문得聞할 수 있
는가"에 대해서 명석한 계산도([그림
3-4])를 그려 정사각형의 갑(= 初商의
自乘)의 양쪽 곁에 있는 동형동적同形
同積의 직사각형의 을과 병(= 2初商×
次商)을 써서 개평방 시 "방법方法을
두 배로 하는" 이유를 분명하게 한
다. 계산도를 다용하는 설명 방법
(도설)은 '원리를 알게' 한다는 의미
에서 초학자 특히 독학자에게 극히
유익함은 의심할 여지가 없다.

또는 혹문의 "무엇을 할원割圓의
법이라고 하는가"에 대해서는 "원주율은 원을 나누지 않으면 얻을 수
없다"[21]라고 말하고 계산도([그림 3-5])를 그리면서 '사각할원四角割圓'의
원리를 설명한다.

---

21) 以徑求周者, 非割圓不能得.

즉 원에 내접하는 정사각형을 시작으로 구고술(피타고라스 정리)을 이용하여 정팔각형 → 정십육각형 → 정삼십이각형 → 정육십사각형을 구하고, "미루어 이를 백천만억으로 극대화함으로써 시矢를 구할 수 없을 때까지 이르면 즉 이 법으로 얻은 현은 또한 극히 작고 극히 짧아서 현의 곧음과 현의 굽음은 같은 선이 된다. 이와 같다면 즉 원 안의 방형方形은 곧 전원全圓의 체體를 이루고 방면方面의 합은 곧 원주를 이루어 방체方體의 적적은 곧 원적圓積을 이룬다"22)라고 서술한 것이 그것이다.23) 도설圖說은 간단하고 요령을 얻은 뛰어난 원리 해설이라고 할 수 있다.

그러나 조태구는 책 속에서 『구장산술』의 중요성을 밝히고 전통적 산법의 모든 것이 『구장산술』의 제법으로 수렴됨을 서술하는 것으로 만족한 것인지, 스스로 주세걸의 '입천원立天元의 법'이나 서양인의 '평삼각平三角 호삼각弧三角의 법'에 대해서 "법리가 심오하다"라고 이해했으면서도 "천원은 (구장산술) 소광의 연演이고 삼각은 구고의 오奧"라고 서술하여 그 이상 분석하려고 하지 않았다.24)

조태구는 천원술이 소광장의 개방술로부터 발전하여 서구 삼각법이 구고술의 발전 형태임을 정확하게 이해했음에도 불구하고 그러한 지적에 머물러 더 이상 연구를 심화시키지 않았다. 이 점은 두고두고

---

22) 推而極之於百千万億, 以至無矢之可求, 則其法得之弦, 亦極小極短, 而弦之直者與弦之彎者同線矣. 若是則圓內方形, 卽成全圓之體, 而方面之合, 卽爲圓周矣, 方體之積, 卽爲圓積矣.
23) 원문 자체는 劉徽의 '六角 割圓'과 다르지 않지만 조태구의 할원법은 사각할원으로 유휘와 같지 않다.
24) 원문은 "獨朱氏有立天元之法, 西人有平三角弧三角之法, 皆創智而得其巧者也. 然天元者少廣之演也, 三角者句股之奧也. 亦豈能舍九章而爲法哉"이다.

아쉬움이 남는다.

3) 동산의 탄생

조선에서는 17세기 중엽에서 19세기 초엽에 걸쳐 뛰어난 수학서
가 여럿 등장하였다. 이 시기를 조선수학의 두 번째 절정기라고 할
수 있다.

그런데 당시의 조선수학서, 즉 경선징의 『묵사집산법』이나 조태
구의 『주서관견』, 나아가 후술할 박율朴繘의 『산학원본算學原本』이나 홍
정하洪正夏의 『동산초東算抄』·『구일집九一集』, 최석정崔錫鼎의 『구수략九
數略』, 홍대용洪大容의 『주해수용籌解需用』 등은 모두 예외 없이 주산서籌
算書로, 같은 시기의 중국의 주산서珠算書와는 연산의 방법이 다르며 수
학서로서의 성격도 동일하지 않다.

조선 후기의 산학자는 각자 독자적인 구상으로써 동아시아의 전
통 수학을 정리하고 그 이론 구조를 구명함과 동시에 초학자의 학습
에 편리한 산학 교본의 편찬을 시도하였고 이를 통해 조선수학을 현
창顯彰하고 그 존재를 천하에 알렸다. 17세기 중엽 이후의 조선수학을
'동산'이라고 호칭할 수 있는 이유이다.

3. 홍정하의 『구일집』과 동산의 확립

조선의 수학자는 『산학계몽』에서 천원술을 배우고 선진적인 기호법을 계승·발전시켰다. 그러나 중국에서 천원술이 망각되었다는 사실을 알자 천원술의 전승을 스스로의 사명으로 삼아 천원술을 다용하는 주산서籌算書를 편찬하였다.

1) 주산籌算과 천원술

중국의 명대는 주산珠算의 전성기로 그 결과 천원술을 포함한 주산籌算의 위대한 성과가 사라졌다. 그러나 동 시기의 조선의 수학은 중국과는 달리 천원술의 중요성을 정확하게 인식하여 상용商用에만 무게를 두는 실용주의적인 주산珠算에 안이하게 빠지지 않고 중국수학의 위대한 성과를 잘 계승하고 발전시켰다. 임준任濬에 의한 『산학계몽』의 교정校訂이나 박율의 『산학원본』의 저술 등이 그것이다.

(1) 임준과 『산학계몽』

[산학계몽의 교정] 임준에 의한 『산학계몽』의 교정은 김시진의 「중간산학계몽서」(1660)에 그 사실이 보인다.

「중간산학계몽서」에서는 국초인본 『산학계몽』의 "끝의 두 장은 만폐漫弊함이 과반 이상으로 거의 분변할 수가 없었다. 지금 대흥현감인 임준은 술術에 있어 통하지 않는 바가 없다. 한 번 보고 이를 풀어 손수

제3장 동산의 성립과 천원술   173

그림을 그리고 그 부족함을 보완하였다. 그 후에 우연히 한 초본抄本을 얻어 이를 교감한바 과연 터럭만큼도 차가 없었다"[25]라고 하였다.

임준이 천원술을 자유롭게 다루었다는 것은 의심할 여지가 없다. 『산학계몽』 끝의 두 장이 어느 정도 판독 불능이었는지는 알 수 없지만 두 장에 보이는 마지막 문제의 해법은 "천원일天元一을 세워서 입법면立法面으로 삼는" 경우로 천원술을 정확하게 이해하지 못하면 '술왈術曰'의 문장을 완벽하게 복원하는 것이 불가능하기 때문이다. 한편 문제를 풀기 위해서는 방정식

$$3625x^3 + 59826x^2 + 339444x - 120366432 = 0$$

을 도출하지 않으면 안 된다.

[임준 소전] 임준任濬(1608~?)은, 자는 백심伯深, 호는 은돈隱墩이다. 서하부西河府 사람이다. 인조 11년(1633)에 사마시에 합격하여 순릉참봉順陵參奉에 제수되고 의금부도사義禁府都事를 나와 용궁현감龍宮縣監이 되었다. 내외직을 역임하여 공조좌랑工曹佐郎, 평시서령平市署令에서 사재감첨정司宰監僉正에 올라 그 후 영주군수榮州郡守가 되었다. 현종(재위 1659~1674) 초 영주군수에서 파면된 뒤 문을 걸어 잠그고 자취를 감추었다.[26]

임준의 수학 실력에 대해서는 김시진뿐만 아니라 최석정의 『구수략』(「古今算學」)도, 조태구의 『주서관견』(東國明算法)도 높은 평가를 내렸

25) 第其末端二紙, 漫弊過半, 殆不可辨. 今大興縣監任君濬, 於術無所不通. 一見而解之, 手圖而補其欠. 其後偶得一抄本讎之, 果不差毫釐.
26) 주로 조선총독부 중추원, 『조선인명사전』(1937)에 의한다.

다.27)

[신편산학계몽주해] 후지와라 마쓰사
부로(藤原松三郎)28)는 조선총독부 도
서관에 "임준의 『신편산학계몽주
해新編算學啓蒙註解』(壬寅輯書註解)가 있
다"라고 서술하고 그 '임인'년을
현종 3년(1662)으로 추정하였다.(『支
那數學史ノ研究』 IV) 또한 김용운·김
용국의 『한국수학사』에서도 후지
와라의 견해를 답습하였다.

[그림 3-6] 『신편산학계몽주해』의 書影
국립중앙도서관이 소장하는 『신편산학
계몽주해』의 김시진 「重刊算學啓蒙序」
말미 부분이다. 刊記가 '庚午重刊藏于本
學' → '乙未校正' → '壬寅輯書註解'의
순서로 기록되어 있다.

그러나 『신편산학계몽주해』는 조선시대의 목록이나 저술에 책 이
름이 보이지 않고 국립중앙도서관 소장본(사본, 구 조선총독부 도서관 소장
본)과 영남대학교 도서관 소장본(사본)이 전할 뿐이다.

현존하는 『신편산학계몽주해』의 복사본을 입수하여 분석해 본 결
과는 다음과 같다.

(1) 두 책의 기법記法은 상당히 차이가 있지만 '해解'(즉 註解)의 문장
은 동등하기 때문에 원서가 동일한 것은 분명하다.

---

27) 『조선인명사전』은 현종이 동궁이던 시절 '望海法'에 대해 묻고자 하여 宋時烈과
상담한바, 송시열이 임준을 추천한 사실을 전한다. 김시진의 중간본은 양휘의 望
海 一章을 권미에 삽입하였는데 중간의 경위에서 보자면 이것도 임준의 영향이라
고 여겨도 좋을 것이다.

28) 역주: 일본의 수학자 겸 동아시아 수학사 연구자.

(2) 임준 사후의 저작인 홍정하의『구일집』(1724)이 인용되어 있다.

(3) 국립중앙도서관 소장본에는 김시진의 「중간서」(1660)에 이어서 간기刊記가 '경오중간장어본학庚午重刊藏於本學' → '을미교정乙未校正' → '임인집서주해壬寅輯書註解'의 순서로 기록되어 있다. '경오'도 '을미'도 '임인'도 그 정확한 연대가 불확실한 것은 틀림없지만, 임인의 연도가 기재의 순서에 따라 경오(1690), 을미(1715) 이후일 것으로 생각하는 것이 자연스러울 것이다.

이상에서 보자면『신편산학계몽주해』의 저자가 임준일 가능성은 거의 없다고 할 수 있다.

(2) 박율의『산학원본』

박율의『산학원본算學原本』은 완본이 오늘날 전하지 않는다. 그러나 이 책의 경우, 고려대학교 소장본(3권, 잔본)과 황윤석의『리수신편』[29] 권23의 「산학본원算學本源」(重修本)의 대비를 통해서 원본을 거의 완전하게 복원할 수 있다.『리수신편』권23은『산학원본』에 대해서 "별도로 고치고 다듬어 이를 바로잡고 이를 보완하여 마침내 여기에 실은 것" (「황윤석序」)[30]이라고 하였는데, 대략 박율의 원문을 그대로 인용하였기 때문이다.

그런데 책 이름에 대해서는, 고려대학교 소장본은 '산학원본'으로 되어 있지만,『증보문헌비고增補文獻備考』예문고藝文考 5에서는 '주학본

---

29) 분석에는『頤齋全書』(경인문화사, 1976) 소수본을 사용하였다.
30) 원문은 "世傳算書, 有所謂算學原本, 乃本國人所編. 而考其書或誤訛, 究其法多闕漏. 今另加修潤, 正之補之, 遂載於此"이다.

원纂學本原', 홍대용『주해수용』의 인용서목에서는 '수원數原'으로 되어 있다. 또한 출판 경위에 대해서도, 박율의 몰 후 곧바로 아들 박두세朴斗世가 "이 책을 바로잡고" 최석정의 서문을 덧붙여 간행하였다(「황윤석序」)는 것 이외에는 알려져 있지 않다.

[박율 소전] 박율朴繘(1621~?)은 자를 자명子明, 호를 오리梧里라고 한다. 아버지는 박이건朴以健, 어머니는 여계선呂繼先의 딸로 울산 사람이다. 효종 5년(1654)에 식년式年의 문과에 병과로 급제하였다. 현종(재위 1659~1674) 때 은산현감이 되었고, 숙종(재위 1674~1720) 때 장령에 이르렀다. 박율의 책에 최석정의 서문이 있는 것으로 보아 그도 소론에 속했을 가능성이 높다.

[산학원본의 내용] 『산학원본』은 크게 「직방원율直方圓率」과 「천원일술天元一術」의 두 부분으로 구성되어 있다. 제1부는 '구고술句股術'(피타고라스 정리)과 '방사법方斜法'(√2 의 값), '개평방명분모자지법開平方命分母子之法'(개방이 떨어지지 않았을 때 奇零의 처리법), '원율圓率'(π 의 값) 등에 대해서 논하고, 제2부는 '천원술'에 대해서 설명을 덧붙였다.

　그러나 『산학원본』의 형식에 대해서는 단순히 문제집이라고 할 수는 없다. 계산 문제의 예시도 적지는 않지만 기술記述의 중심은 오히려 해법의 설명에 있기 때문이다. 또한 『리수신편』본에는 박율의 사후에 간행된 『수리정온』(1723)에서의 인용도 보이는데, 이는 황윤석이 "그 법을 규명하니 궐루闕漏가 많다"라고 생각해서 보완한 것에 다름 아니다.

[박율과 천원술] 제2부의 천원일술의 경우, 박율은 그 산법을 설명함에
있어 평방·입방·삼승방·사승방·오승방·육승방·칠승방[31)의 개
방식의 구조를 분명히 하는 것에서부터 설명을 시작한다.

증승개방법을 이용하면서 '실實'과 '방법方法', '염법廉法', '우법隅法'
의 승수乘數, 즉 2항 전개에서 각항의 계수치를 설명하는 것이 그것이
다. 예를 들어 육승방의 경우, 황윤석은

(一), (二) 七, (三) 二十一, (四) 三十五, (五) 三十五, (六) 二十一, (七) 七, (八)
라고 기술하였다.([그림 3-7]) 이는

$$(a+x)^7 = a^7 + 7a^6x + 21a^5x^2 + 35a^4x^3 + 35a^3x^4 + 21a^2x^5 + 7ax^6 + x^7$$

을 의미한다. '실'은 (一)의 상수항의 값, '방법'은 (二)의 x항의 계수치,
'염법'은 (三)에서 (七), '우법'은 (八)의 계수치를 말한다. 또한 제승유
호도諸乘維互圖([그림 3-8])를 그려 평방·입방·삼승방·사승방의 방렴方廉
의 승수乘數가 올바른 것임을 설명·검증하고 있다.

박율은 2항 전개를 설명한 후, 여러 가지 예제를 들어 천원술에
의한 해법을 설한다. 천원술의 처리 자체는 어느 예제를 막론하고 정
확하지만 설명의 중점은 오히려 천원식(2항)의 자승·삼승…… 계산에

---

31) 籌算의 累乘의 경우 평방 → 입방 → 삼승방 → 사승방…… 등으로 나타내지만,
    이때 삼승방은 4차멱, 사승방은 5차멱……을 의미하고 현재의 용법과는 1차만큼
    차이가 난다.

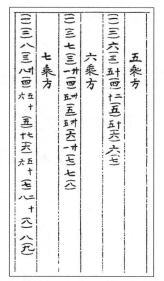

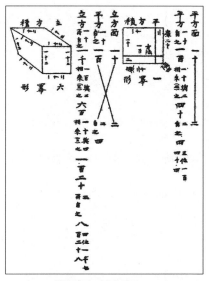

[그림 3-7] 『산학원본』의 2항 전개 계수표
"一을 隅法으로 삼아 上商에 一을 두고"
增乘開方法에 의해 계산하면 2항 전개의
계수, 즉 廉法·方法을 정할 수 있다. 괄호
안의 숫자는 어느 계수인지를 보여 주며 괄
호 밖의 숫자는 開方作法本源(파스칼의 삼각
형)과 같은 의미이다. 〈『頤齋全書』所收〉

[그림 3-8] 황윤석의 제승유호도
初商 一十과 次商 二를 예로 하여 諸乘의 維互
관계, 즉 각항의 初商의 冪數와 次商의 冪數를
설명하고 있다. 〈『頤齋全書』所收〉

있다. 「일분위우이상가인법一分爲隅以上加因法」과 「지분위우가인법之分爲

隅加因法」으로 불리는 것이다. 둘 다 $(a + kx)^n$의 각항의 계수에 대해

서 논한 것이지만, 전자는 k가 정수일 경우, 후자는 분수일 경우를

다룬다.

　예를 들어 전자의 이분二分의 삼승방의 경우, 제1위에 대해 "삼자

지三自之", 제2위에 대해 "재자지再自之, 우팔지又八之", 제3위에 대해 "자

지自之, 우이십사지又二十四之", 제4위에 대해 "삼십이지三十二之", 제5위

에 대해 "삼자지三自之"라고 한다. 이는

$$(a + 2x)^4 = a^4 + 8a^3x + 24a^2x^2 + 32ax^3 + 16x^4$$

을 말한다.

또한 후자의 일분반一分半$(1\frac{1}{2} = \frac{3}{2})$의 입방의 경우, 제1위에 대해서 "재자지再自之", 제2위에 대해서 "자지自之, 우사분반지又四分半之$(4\frac{1}{2} = \frac{9}{2})$", 제3위에 대해서 "육분태지六分太之[32])$(6\frac{3}{4} = \frac{27}{4})$", 제4위에 대해서 "재자지再自之"라고 한다. 이는

$$\left(a + \frac{3}{2}x\right)^3 = a^3 + \frac{9}{2}a^2x + \frac{27}{4}ax^2 + \frac{27}{8}x^3$$

을 의미한다.

박율은 이처럼 2항식의 누승累乘 계산을 설명한 후 천원식의 각항 계수의 음양(正負) 부호에 대해서도 고찰을 덧붙였다. 황윤석은 마지막으로 개방요결초開方要訣鈔로서 "동명同名은 서로 더하고 이명異名은 서로 뺀다. 정무인正無人은 양으로 하고 부무인負無人은 음으로 한다.(이상加法) 동명을 서로 곱하면 양으로 하고 이명을 서로 곱하면 음으로 한다"라고 기술하고 있다.[33] '동명同名'이란 같은 부호를 가리키며 '이명異名'이란 다른 부호를 말한다. "동명은 서로 더한다"라는 것은 같은 부호의 덧셈은 절대치가 증가한다는 것이고, '무인無人'이란 영을 말한다. "이명을 서로 곱하면 음으로 한다"란 서로 다른 부호의 곱셈은

---

32) '太' 즉 太半은 3/4을 말한다.
33) 원문은 "同名相加, 異名相減. 正無人正, 負無人負. 同名相乘爲正, 異名相乘爲負"이다.

음수가 된다는 것을 의미한다.

그러나 박율의 천원술 해석에서 가장 주목할 만한 것은 '쇠분衰分'의 해법조차 천원술의 범위에 포함시켜 "천원일天元一을 세워서" 그 해법을 서술한 점에 있다. 예를 들어 박율은 문제 "지금 다섯 가지 색의 비단 302필이 있다. 단 황은 청의 2/5, 홍은 황의 1/5, 백은 홍의 1/4, 혹은 백의 1/2이라고 한다. 묻는다. 각각 얼마만큼인가?"[34]에 대해서 "천원일을 세워서 청으로 삼아" 청$=x$, 황$=0.4x$, 홍$=0.08x$, 백 $=0.02x$, 혹$=0.01x$를 구하고 $1.51x=302$로부터 청색 비단 200필을 계산한다.

박율이 전통 산학의 틀에 반하는 것을 익히 잘 알고 있으면서도 고차방정식뿐만 아니라 단순한 일차방정식 문제에 대해서까지 천원술을 이용하여 푸는 것에는 가벼운 놀라움을 금할 수 없다. 천원술을 이용할 필요가 없는 단순한 문제에 대해서까지 기어이 "천원일을 세워서" 천원의 의미를 분명히 하는 것은 전통을 중시하는 동아시아 산술에서는 잘 볼 수 없는 경우이고, 또한 수리 전개상 유별난 짓을 하는 것은 불필요한 오해를 불러일으키고 논리의 칼날을 무디게 하는 방향으로도 작용하기 때문이다.

그러나 아무리 기묘하더라도 천원일이란 미지수를 가리키기 위해서 고안된 기호에 불과하고, 따라서 박율의 해석은 수학적으로는 전혀 오류가 없다. 그뿐만 아니라 초학자에게는 천원의 의미를 이해하

---

34) 今有五色錦共三百空二匹. 只云黃如靑五分之二, 紅如黃五分之一, 白如紅四分之一, 黑如白二分之一. 問各幾何?

는 데 뛰어난 설명 기법일 수도 있다. 이 점에서 보자면 박율의 천원 해석도 천원술의 이해가 상당한 정도에 달했던 것을 보여 주는 증거 의 하나로 헤아릴 수 있을 것이다.

2) 홍정하와 천원술

홍정하의 『구일집』, 『동산초』도 박율의 『산학원본』에 뒤떨어지지 않는 흥미 깊은 주산서籌算書이다.

(1) 『구일집』

[홍정하 소전] 저자인 홍정하洪正夏(1684~?)는 자가 여광汝匡이고 남양 사람이다. 남양홍씨는 산학 합격자를 배출한 것으로 이름 높다.(〔그림 3-9〕) 그러나 홍정하 개인의 일생에 대해서는 갑자년(1684)에 산학교수算學教 授 홍재원洪載源을 아버지로 산학교수 경연慶演의 딸을 어머니로 하여 태어난 것, 1692년에서 1713년 사이에 산학취재 시험에 합격한 것,[35] 산학훈도算學訓導를 거쳐 산학교수에 올라간 것, 전주 중인 출신의 산학훈도인 이극준李克俊의 딸과 결혼한 것 이외에는 거의 알지 못한다. 단지 홍정하의 이름이 달린 산학서(『구일집』)의 존재가 그의 뛰어난 수학적 재능을 증명할 따름이다.

---

35) 『籌學入格案』에 의하면 홍정하에 관한 기술이 보이는 것은 '康熙三十年'(1691)과 '雍正□年' 사이에 낀 '康熙□年'의 조이다. 또 『頤齋亂藁』 제3책(한국정신문화연구원, 1997)의 1770년 4월 13일조는 何國柱와의 論算(1713)을 언급하고 홍정하를 '朝家'의 '算員錚錚者'로서 소개한다.

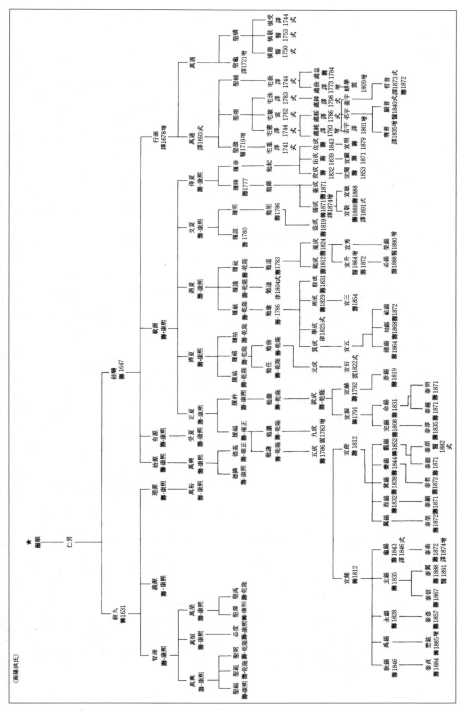

[그림 3-9] 남양홍씨 계보도
남양홍씨는 洪敍九(1631) 이후 다수의 합격자를 배출했다. 〈이성무·최진옥·김희복 편, 『조선시대 잡과합격자
총람─잡과방목의 전산화』 所收〉

〈표 3-3〉 『구일집』 목록
『구일집』에는 책머리에 목록이 붙어 있다. 그러나 목록은 天冊 · 地冊 · 人冊에 따라 算門을 분류
하지는 않았다.

天	卷之一	縱橫乘除門 (19) 異乘同除門 (8) 田畝形段門 (29) 切變互差門 (16) 商功修築門 (8)
	卷之二	貴賤差分門 (22) 差等均配門 (18) 貴賤反率門 (3)
	卷之三	之分齊同門 (6) 物不足總門 (13) 盈不足術門 (13)
地	卷之四	方程正負門 (14) 毬隻解隱門 (9) 缶瓶堆垛門 (19) 倉囤積粟門 (26)
	卷之五	句股互隱門 (78) 望海島術門 (6)
	卷之六	開方各術門 (上, 58)
人	卷之七	開方各術門 (中, 66)
	卷之八	開方各術門 (下, 42)
	卷之九	雜錄

〈표 3-4〉 『동산초』 목록
『동산초』의 목록에도 天地人에 의한 구별은 없지만 『구일집』과 마찬가지로 3책본으로 구성되어
있다.

天	卷之一	縱橫乘除門 (12) 異乘同除門 (5) 田畝形段門 (16) 切變互差門 (6) 商功修築門 (6) 貴賤差分門 (13) 差等均配門 (7) 貴賤反率門 (2) 毬隻解隱門 (5) 之分齊同門 (14) 物不足總門 (11)
地	卷之二	盈不足術門 (8) 方程正負門 (8) 句股互隱門 (75) 望海島術門 (7) 缶瓶堆垛門 (7) 倉囤積粟門 (20)
人	卷之三	開方各術門 (85) 題答 (6) 雜題 (2) 附啓蒙捷術 (假令盈不足 3, 開方釋鎖 25, 堆積還 源門 6+4, 盈不足術 2+1, 方程正負 2)

[구일집과 동산초] 『구일집』(사본)[36]과 『동산초』(사본)[37]는 서로 많이 닮았
다. 문제집 형식의 주산서籌算書일 뿐만 아니라 천지인天地人의 3편으로
구성되어 있는 점도 같다. 『구일집』은 천지인 9권, 목록은 〈표 3-3〉과
같고, 『동산초』는 천지인 4권, 목록은 〈표 3-4〉와 같다. 산문算門은 기

---

36) 분석에는 김용운 편, 『한국과학기술사자료대계─수학편』(여강출판사, 1985) 所收
本을 사용하였다.
37) 분석에는 김용운 편, 『한국과학기술사자료대계─수학편』(여강출판사, 1985) 所收
本을 사용하였다.

재 순서에 아주 소소한 차이가 있지만 명칭은 동일하고 분류 자체도 완전히 공통된다.

그러나 『구일집』의 경우 권수卷首마다 '남양홍정하저南陽洪正夏著'라고 되어 있어 저자가 홍정하인 점은 의심할 여지가 없지만, 『동산초』에는 저자명의 기재가 없다. 하지만 『동산초』의 저자가 홍정하일 가능성은 대단히 높다.

왜냐하면 위에서 서술한 분류상의 특징에 더해서 『동산초』의 문제 상당 부분이 『구일집』 속에 포함되어 있기 때문이다. 예를 들어 『구일집』의 부병퇴타문缶甁堆垛門의 경우 19문제 중에서 7문제는 『동산초』 같은 문門의 문제 전체와 동일하고, 나머지 문제도 『동산초』 부계몽첩술附啓蒙捷術의 퇴적환원문堆積還源門 즉 『산학계몽』 퇴적환원문의 문제와 동형同型이다. 또한 『동산초』 절변호차문切變互差門의 경우 6문제 중에서 5문제는 『구일집』의 같은 문과 동등하고 나머지 한 문제에 대해서도 유제類題를 『구일집』 속에서 찾을 수 있다.

두 책의 내용상의 포함 관계에서 보자면 같은 저자가 『산학계몽』의 첩술捷術을 수득修得한 후에 『동산초』에 가필·수정을 행하여 『구일집』을 편찬한 것임은 의심할 수 없다.

또한 『구일집』과 『동산초』에는 춘분·하지·추분·동지의 황혼에 남중하는 별을 보여 주는 동일한 중성도中星圖가 그려져 있지만 그 연도가 달라서 『동산초』([그림 3-10])에서는 '금무술今戊戌'년(1718), 『구일집』([그림 3-11])에서는 '금갑진今甲辰'년(1724)의 성상星象으로 되어 있다. 편집이 행해진 대략적인 시기를 1718년 및 1724년으로 특정할 수 있는 이

[그림 3-10] 『동산초』의 동지 중성도
中星이란 황혼시에 남중하는 별을 말한다.
세차현상 탓에 긴 시간 단위로 볼 때 변화한
다. 堯時의 昴 → 송 영종(재위 1194~1224)
시의 壁 → 戊戌년(1718)의 室이 그것이다.
중성도에는 동지의 태양의 위치(日躔)도 이
십팔수를 기준으로 보여 준다. 〈김용운 편,
『한국과학기술사자료대계─수학편』所收〉

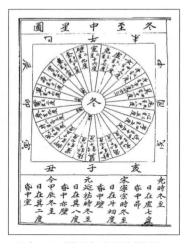

[그림 3-11] 『구일집』의 동지 중성도
"今……冬至"에서 ……部의 연호를 제외
하면 『구일집』의 중성도와 『동산초』의 중
성도는 변화가 없다. 甲辰년은 대략 서력
1724년에 해당한다. 〈김용운 편, 『한국과
학기술사자료대계─수학편』所收〉

유이다.

[두 책의 차이] 『구일집』과 『동산초』는 양자 모두 주산籌算의 문제집이
지만 산문算門마다 문제 수가 극단적으로 들쑥날쑥하며 구성이 뛰어
나다고는 결코 말할 수 없다. 문제 수의 전체적인 불균형은 홍정하의
산서 집필의 동기가 동산 전체에 있지 않고 개개의 해법을 해명하는
바에 있음을 여실히 보여 준다.

　　또한 홍정하가 다양한 동산의 해법 중에서 가장 중시하고 가장
해명하고자 한 것은 압도적인 문제 수로부터 추측건대 '개방각술開方

各術'에 있음도 의심할 수 없다. 『동산초』의 경우 개방각술문의 총 문제 수는 358문제 중 85문제로 전체의 24%에 가까우며, 『구일집』의 경우는 같은 문제 수가 약 500문제 중 166문제로 전체의 35%나 차지하고 있다.

그러나 개방 문제의 처리에 관해서는 『동산초』와 『구일집』 간에 커다란 차이가 존재한다. 즉 두 책은 천원술의 다용 여부, 혹은 천원술의 기법으로서의 가치에 대한 정확한 인식 여부에 의해 크게 다르다고 말하지 않을 수 없다.

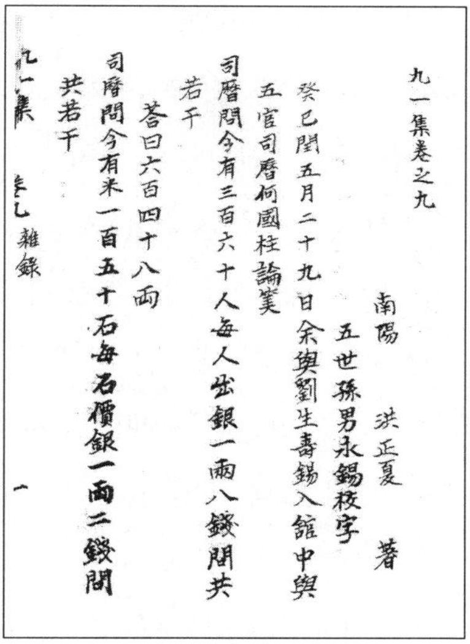
九一集巻之九
南陽 洪正夏 著
五世孫男永錫校字
癸巳閏五月二十九日余與劉生壽錫入館中與
五官司曆何國柱論筭
司曆問今有三百六十人每人出銀一兩八錢問共
若干
荅曰六百四十八兩
司曆問今有米一百五十石每石價銀一兩二錢問
共若干
九一集 巻九 雜錄 一

[그림 3-12] 『구일집』의 書影
일본 東北大學 부속도서관이 소장하는 '五世孫男永錫校字'本은 管見의 범위에서 오자·탈자가 가장 적은 寫本이다. 홍영석은 도광 8년(1828)의 籌學 합격자에 이름을 올렸다.([그림 3-9])

[구일집과 천원술] 구체적으로 말하면 개방 문제를 푸는 데 천원술을 이용한 것은 『동산초』가 불과 개방각술문의 제81문 한 문제에 한하는 것에 반해, 『구일집』은 상 2문제, 중 8문제, 하 23문제로 합쳐서 33문제나 된다. 『구일집』은 『동산초』와는 달리 개방 문제의 약 20%, 전 문제의 약 6~7%가 천원술에 근거해 고차방정식을 도출한 것이다.

그러나 『구일집』에서 천원술이 특별시된 점을 보여 주는 것은 단지 문제 수나 비율뿐만이 아니다. 『구일집』 개방각술문의 제1문은 484의 평방근을 구하는 문제로 천원술을 필요로 하지 않지만 그럼에도 불구하고 "천원일을 세워서 평방면平方面으로 삼는다"고 푼다. 하지만 제2문은 역으로 484보다 복잡한 2048의 제곱근을 구함에도 불구하고 천원술을 이용하지 않았다. 제1문이 산문算門 전체에 대해 갖는 상징적인 의미를 생각할 때 개방각술문에서 천원술이 얼마나 중시되었는지는 자명하다. 오해의 소지를 무릅쓰고 말하면 『구일집』은 천원술을 얻어 일대 비약을 이룬 것이다.

[논산과 천원술] 홍정하가 천원술의 중요성을 인식하고 대대적으로 활용하기 시작한 것은 '계사癸巳년(1713) 윤5월 29일'에 유수석劉壽錫과 함께 조선을 방문 중인 청의 흠천감欽天監 오관사력五官司曆 하국주何國柱를 찾아가 '논산論算' 즉 수학 문답38)을 주고받은 것이 혹은 계기가 되었을 것이다.39) 하국주는 강희 연간의 대산학자이고, 상사上使인 아키투(阿齊圖)도 "사력의 산산은 천하의 네 번째이다"라고 그 실력을 절찬하였다. 강희제 어제御製 『율력연원律曆淵源』(1723 「序」)의 「휘편彙編」은 하국주의 동생인 하국종何國宗이 담당하였는데, 하국주의 이름도 그 「교산校算」의 첫 번째에 보인다. 황윤석의 『이재난고』에 의하면, 이 논산

---

38) 황윤석, 『이재난고』 제3책(한국정신문화연구원, 1997)의 1770년 4월 13일조에도 李子敬의 이야기로서 이 수학 문답의 일이 기술되어 있다.

39) 강희 52년(1713) 4월 2일, 강희제 60壽辰의 詔書를 천하에 頒行하려는 의도로 사절이 파견되었다. '朝鮮國頒詔官員'의 正使는 阿齊圖, 副使는 穆克登이다. 하국주는 세 번째로 이름이 올라 있다.(『萬壽盛典初集』)

은 하국주가 "본국의 산算에 밝은 자와 대면할 것을 요구"할 정도로 양국의 위신을 걸고 행해졌던 것으로 보인다.

황윤석의 『이재난고』는 유수석이 하국주가 잘 이해하지 못하는 바조차도 변석辨析하지 못함이 없자 하국주가 경복驚服하며 "동국東國에 이 같은 인재가 있는가"라고 말한 것으로 기술하여 유수석을 논산의 제일 공로자로 묘사하고 있지만, 홍정하의 『구일집』은 이에 반해 홍정하 자신을 어디까지나 주인공으로 삼아 약간 뉘앙스를 달리한다.

『구일집』의 기술을 원 자료로 삼아 논산을 복원하면 다음과 같다. 이 논산은 기본적으로는 하국주가 산학 문제를 내어 조선의 산학자의 실력을 엿보고, 홍정하 등이 하국주에게 질문하여 중국의 새로운 산학 지식을 배우는 형식을 취하고 있다.

논산은 하국주의 출제로 시작하였다. 천칭의 원리에 대한 설명 등 흥미 깊은 산학 문제도 있지만 우선은 탐색전이다. 초보적인 몇 문제를 내고 답한 후에 홍정하는 임석臨席한 상사 아키투의 "사력의 질문은 이미 많지만 당신은 한 문제도 내지 않았다. 어찌 그 술術을 시험해 보지 않는가"[40]라는 말에 이끌려 고차방정식의 작성을 요하는 문제를 제출하였다. 그 문제는 이러하다.

한 덩어리의 구(鳥卵)형 박옥樸玉이 있고 그 안에 정육면체의 방옥方玉이 들어 있다. 방옥을 제외한 껍질 부분의 무게는 265근 15량 5전이다. 단 껍질의 두께는 4촌 5부라고 한다. 묻는다. 옥방玉方(방옥의 한

---

40) 司曆之問旣多而君無一問. 盍試其術.

변의 길이)과 석경石徑(박옥의 지름)은 각각 얼마인가?[41]

사력 하국주는 이를 풀지 못하고 "이 술術은 심히 어려워서 당장 풀 수가 없다. 내일이면 내가 마땅히 풀 것이다"[42]라고 씁쓸한 변명을 늘어놓았다고 한다.

『구일집』은 위의 '박옥용방옥樸玉容方玉' 문제의 해법을 기술하고 "옥방 5촌, 석경 14촌"이라고 답을 부여하고 있는데 이 '원법原法'에서 사용된 것이 "천원일을 세워 옥방으로 삼는"($x = $玉方) 주산籌算의 천원술에 다름 아니다.[43]

초기의 저작 『동산초』에 천원술이 거의 보이지 않는 것에 주목하면 홍정하가 당시의 중국에서 주산籌算이 사라지고 수학자조차 천원술을 알지 못하는 것을 깨달은 것은 이러한 중국수학자와 벌인 타 유파와의 시합을 매개로 해서였을 것이다.

왜냐하면 『구일집』에서 천원술을 다용하거나 중시한 사실은 홍정하가 중화 문명의 위대한 성과로 손꼽히는 천원술을 후세에 전하고자하는 결의를 새롭게 한 결과라고 생각할 수 있기 때문이다.

---

41) 今有樸玉一塊, 形如鳥卵, 內容方玉, 而空之殼重二百六十五斤一十五兩五錢. 只云, 殼厚四寸五分. 問玉方石徑各若干?

42) 此術甚難, 未可猝解. 明日吾當解之.

43) 원법에 보이는 천원술의 추론 자체는 정당하지만 구(立圓)의 체적을 구하는 데 여전히 『구장산술』이래의 잘못된 공식 球積 $= \frac{9}{16}$ (球徑)^{3}을 사용하고 있다. 또한 중량을 체적으로 환산하는 石率(밀도, 즉 단위 체적 1촌당 중량 3량)을 미리 알지 못하면 이 문제는 풀 수 없다.

[논산과 서구 근대수학] 그러나 논산이 가르쳐 준 것은 강희 연간의 중국에서 천원술이 잊혀 있었다는 점만은 아니다. 조선 최고의 산학자가 아직 삼각법 등 유럽 근대수학의 새로운 지식을 습득하지 못했다는 점 또한 틀림없는 사실이다.

하국주가 제출한 '원내용오변형圓內容五邊形'(원에 내접하는 정오각형)의 한 변의 길이와 면적을 구하는 문제를 둘러싼 문답이 바로 그것이다. 이 계산은 미리 sin36°의 값을 산출하지 않으면 안 된다. 유수석이 "동국에는 아직 이 법이 없다. 어떤 術술에 근거했는가?"[44]라고 물었던 것은 당연한 의문이라고 할 수 있다. 하국주는 이에 대해 "주천周天 360의 법이 그것이다. 원내용오변형의 경우 매 각주角周는 72도이고 반현半弦은 36도의 정현수正弦數(사인 값)에 해당한다"[45]라고 답하였다.

유수석은 하국주의 대답을 접한 후 재차 "정현수는 어떻게 계산해 얻을 수 있는가?"(正弦數若何而算得乎)라고 질문하였다. 하국주의 대답은 "팔선표八線表(삼각함수표)를 보면 된다. 팔선표에 의하지 않더라도 산법이 없지는 않다. 그러나 이치가 깊어서 일시에 산출하기 어렵다"[46]라고 하였다. 홍정하가 "그 깊은 이치를 배울 수 있는가?"(理深者 可得而學乎)라고 재차 질문하자 하국주가 『기하원본』과 『측량전의測量全 義』의 두 책을 소개했다고 한다.

이 문답은 조선산학자가 서산西算을 배우지 못한 사실을 잘 보여준다. 또한 홍정하의 조선산학 수준은 어떠한가 라는 질문에 대해 하

---

44) 東國未有此法. 出於何術?
45) 此卽周天三百六十之法. 每角周七十二度, 而半弦三十六度之正弦數.
46) 查八線表卽得. 而不用八線表亦有算法. 理深一時不能算.

국주가 아직 20~30%는 얻지 못했다(已曉者什七八而未得者二三)고 답한 것도 같은 사실을 염두에 두고 한 발언이라고 해야 할 것이다. 한편 조선에서의 서산西算과 동산東算의 관계는 큰 문제이기 때문에 장을 달리하여 다시 상세하게 분석할 생각이다.

(2) 동산의 확립

주산籌算 및 천원술은 17세기 중엽에서 18세기 초기에 있어서는 더 이상 중산中算의 범주에 속하지 않고, 몇 세대에 걸친 조선수학자의 진지한 학습과 계승의 결과, 조선수학의 중요한 구성 요소 중 하나로까지 승화하였다고 해야 할 것이다. 굳이 테제화한다면 홍정하의 『구일집』은 동국산학, 즉 동산의 확립을 보여 주는 지표(merkmal)이고 천원술과 주산籌算(유형 iii)이 동산의 주요한 내용을 구성하고 있었다 라는 사실이다.

홍정하는 자신이 포산할 때 사력 하국주가 산주算籌를 보고 이상하게 여기며 "중국에는 이러한 산자算子(算籌의 다른 이름)가 없다. 중국에 가져갈 선물로 줄 수는 없겠는가?"[47]라고 말했다고 기술하고 있다. 중국의 수학자는 산주算籌에 의한 재빠른 계산을 보고 놀랐던 듯한데, 조선의 수학자는 역으로 중국에서는 수학자가 산주가 무엇인지조차 모르고 산주가 완전히 과거의 물건이 된 것을 알고 똑같이 놀랐음에 틀림없다.

한편 당시의 수학사상에 대해서는 리수적理數的 경향이 강한 황윤

---

47) 中國無如此算子. 可得而誇中國乎.

석의 『리수신편理藪新編』이 박율의 『산학원본』을 수록한 것을 통해 유형 Ⅲ의 송명사상으로 논단할 수 있다. 황윤석의 수학사상에 관한 상세한 내용은 후술하겠다.

제4장 | 서산의 전래 ─ 최석정과 홍대용

　•

　•

　서양 학문이 동아시아에 전해진 것은 16세기 후반 예수회 선교사 마테오 리치(Matteo Ricci, 1552~1610, 1583 來華, 漢名 利瑪竇)의 중국 선교로부터 시작되었다.

　조선의 지식인들은 서양 학문의 수용에 대해서 배척론자를 제외하면 크게 두 방향으로 나뉘었다. 하나는 서양의 신지식을 동아시아의 지적 틀 속에 집어넣음으로써 유학 세계의 확대를 기도한 자이고, 다른 하나는 서양의 신지식으로 동아시아의 지적 세계를 수정 개편하여 구래舊來의 유학을 혁신하고자 한 자였다. 최석정은 전자를 대표하고 홍대용은 후자를 대표한다.

1. 서학의 전래

1) 중국서학사 Ⅰ

　서학西學(서구의 학술)이 중국에 본격적으로 전래된 것은 16세기 후반 예수회(1540~1773, 1814~현재) 선교사 마테오 리치 등에 의한 중국 선교로부터 시작되었다고 할 수 있다. 예수회 선교사는 성당을 짓고 중

제4장 서산의 전래 ─ 최석정과 홍대용　195

국어로 교리서를 편찬하여 가톨릭의 포교에 노력하며 선교적 성격이 강한 서양문화를 소개하였다. 마테오 리치의 『천주실의天主實義』(1595 刻) 등이 선교 초기를 대표하는 출판물이다.

그러나 예수회 선교사는 곧바로 중국의 정치 상황과 지적 환경을 감안하여 서구의 우수한 과학기술을 소개함으로써 중국의 지식인을 포섭한다는 포교의 기본 방침을 정했다. 당시의 중국 선교 총책임자인 마테오 리치가 1605년 로마의 예수회 본부에 천문수학의 지식이 뛰어난 선교사를 중국에 파견할 것을 요청하였기 때문이다. 이리하여 과학에 조예가 깊은 선교사 우르시스(Sabatino de Ursis, 1575~1620, 1606 來華, 漢名 熊三拔), 테렌즈(Johann Terrenz Schreck, 1576~1630, 1621 來華, 漢名 鄧玉函), 아담 샬(Johann Adam Schall von Bell, 1591~1666, 1622 來華, 漢名 湯若望) 등이 차례차례로 내화來華하였다. 또한 마테오 리치가 서광계徐光啓(1562~1633)와 공동으로 유클리드 『원론』의 전반부 6권을 『기하원본幾何原本』이란 이름으로 번역하고(1607), 우르시스가 서광계와 『태서수법泰西水法』을 번역한(1612) 것도 같은 목적에 근거한 것이다.

이지조李之藻(1565~1631)는 1629년에 가톨릭 선교의 편의를 도모하고자 천주교 사인士人이 한역漢譯한 서학서西學書를 모아서 『천학초함天學初函』을 편집하였다. 동 서는 크게 리편理編과 기편器編으로 나뉘었는데, 리편은 가톨릭 신학을 해설하고 있으며 기편은 수리과학서로 구성되어 있다.[1]

---

1) 리치는 과학서를 편찬함에 있어 코레지오 로마노 시절의 은사인 클라비우스의 사상을 이어받아 사유에서의 수학적 추론, 논리적 증명을 중요시하였다. 상세한 것은 安大玉, 『明末西洋科學東傳史』(東京: 知泉書店, 2007)를 참조.

중국에서 서양과학이 결정적으로 영향을 미치게 된 것은 숭정 2년(1629)에 서광계의 주재로 서양 천문학에 기초한 개력 사업을 개시한 즈음부터이다. 서광계는 신법역국新法曆局을 설립하여 서양 천문학서의 조직적인 번역을 행하고 천문의기天文儀器를 제조하여 천상天象의 관측에 종사하였다. 서광계와 협력하여 개력 사업을 추진한 선교사는 테렌츠, 아담 샬, 로(Giacomo Rho, 1593~1638, 1624 來華, 漢名 羅雅谷) 등이 있다. 신법역국은 5년의 세월을 들여 티코 브라헤의 천문학 체계에 근거한 대형 천문학 총서인『숭정역서崇禎曆書』137권을 완성하였다.(1634) 그러나 명은 개력을 행하지 못하고 곧 멸망하였다.

명청 교체 이후 아담 샬은 곧바로 흠천감을 통괄하여『숭정역서』를『서양신법역서西洋新法曆書』로 개편하고 역원曆元을 숭정 원년(1628)에 두는 역曆 계산을 실시하였다. 이리하여 순치 2년(1645)부터 반행된 역법이 '서양신법에 의한'(依西洋新法) 시헌력時憲曆이다. 시헌력은 서양의 주전원설周轉圓說에 근거하였지만 태양력이 아니라 태음태양력인 점은 종래의 역법과 다르지 않다.

중국사상사상 강희제 치세 중·후기가 극히 중요한 점은 같은 시기 중국의 독서인이 동점東漸한 지식을 거의 모든 영역에 걸쳐 소화·흡수하고 서광계 이래의 과학 연구의 이상인 '중서회통中西會通'(중국과 서양의 양 과학에 모두 정통하여 이를 고차원으로 통일한다는 주장)을 진정으로 실천함에 성공하였기 때문이다. 중서회통을 이룬 수리과학의 최고봉이라면 강희제의 흠정欽定인『율력연원律曆淵源』100권(1724 刊)을 들 수 있다.『율력연원』은 크게『역상고성曆象考成』42권과『율려정의律呂正義』5

권, 그리고 『수리정온數理精蘊』 53권으로 나뉘며, 서양의 천문학과 음악과 수학이론을 서술하는 등 상당히 고도한 학술적 내용을 담고 있다.

강희제 만년에 전례 논쟁(Rites Controversy), 즉 로마 교황이 예수회의 보유론補儒論적 교리 해석을 거부한 결과로 중국 황제와 로마 교황 사이에 알력이 생기자 옹정 원년 12월(1724. 1)에 옹정제는 기독교의 선교를 전면적으로 금지하고 조상숭배를 인정하지 않는 선교사를 마카오로 추방하였다. 중국은 이리하여 쇄국의 시대에 돌입한다.

그러나 궁정에 봉사하는 선교사의 입국은 허용되어 흠천감이 서양의 압도적인 영향하에 있었던 것은 금교 이전과 동일하였다. 청은 옹정 4년(1726) 이래로 『역상고성』의 역 계산법을 달력 제작에 사용하였다. 아담 샬(湯若望)의 주전원설을 얼마간 수정한 '강희갑자원법康熙甲子元法'이다.

건륭 7년(1742)에 흠천감감정欽天監監正인 쾨글러(Ignaz Kögler, 1680~1746, 1716 來華, 漢名 戴進賢)와 감부監副의 페레이라(André Pereira, 1690~1743, 1716 來華, 漢名 徐懋德) 등이 타원법에 근거한 『역상고성후편曆象考成後編』을 편찬하고 '옹정계묘원법雍正癸卯元法'에 의한 개력을 실시하였다. 타원법 자체는 케플러에 유래하지만 태양 중심이 아니라 지구 중심의 좌표계를 채용한 것이다.

2) 조선서학사

조선의 17~18세기에 있어서 서양과학(西學)의 수용은 (a) 재중국在

中國 예수회 선교사와 중국인 협력자가 편찬한, 학술문화의 선교적 혹은 강제 수출적 성격이 강한 한역 서학서의 해독과 (b) 매년 조선의 연행사燕行使가 북경의 예수회 선교사와 직접 접촉하는 것을 매개로 이루어졌다. 당시 예수회 선교사는 조선에 한 발짝도 발을 들이지 못하였고, 소수의 예외가 있기는 하지만 중국의 강렬한 문화적 여과를 거친 서학의 수입이 조선시대 서학 수용의 특징이었다.

조선의 지식인이 서양과학을 배우기 시작한 것은 마테오 리치가 중국에 온 시기에 크게 뒤쳐지지 않는다. 광해군 7년(1614) 이수광(1563~1628)은 『지봉유설』을 저술하여 서양 사정을 조선에 소개하였다. 이는 조선이 서학을 수용하였다는 확실한 증거를 보여 준다. 그러나 이수광 자신은 아직 서양과학을 본격적으로 연구하지 않았다.

서학 수용의 움직임이 본격화하는 것은 중국의 명청 교체기 즈음부터이다. 인조 9년(1631)에 연행사의 정두원은 산동반도의 등주에서 예수회 선교사인 로드리게스(João Rodrigues, 1561?~1633, 漢名 陸若漢)를 만나 국왕 앞으로 보내는 서양의 문물을 기탁받았다. '『치력연기治曆緣起』 1권, 『천문략天文略』(天問略) 1권, 자명종自鳴鐘 1부, 천리경千里鏡 1부, 일귀관日晷觀 1좌' 등이었다.(『증보문헌비고』, 「상위고」) 한역 서양과학서도 로드리게스의 선물에 포함되어 있었다.

조선의 통치자는 1645년 중국에서 시헌력이 반행된 전후부터 서양과학 연구에 다대한 관심을 기울여 이를 정책상의 중요 과제의 하나로 삼았다. 당시의 조선 정치를 지배하던 이데올로기인 주자학에 의하면 조선은 청의 조공국인 이상 정치적 의무로서 청의 역법을 받들지 않으면 안 되기 때문이었다.

이리하여 인조 23년(1645)에 "관상감제조 김육이 서양인 아담 샬(湯若望)의 시헌력을 쓸 것을 청하였고", 관상감관인 김상범 등의 10년의 노력을 거쳐 효종 4년(1653) 정월부터 시헌력(湯若望法)이 시행되었다. 그러나 당시 관상감은 상용력에 부수付隨해야 할 오성위치표五星位置表의 작성에는 이르지 못했다. '시헌력오성법'이 시행되는 것은 숙종 34년(1708)부터이다.

또한 영조 원년(1725)에 조선은 중국의 개력을 따라서 '신수시헌칠정법新修時憲七政法' 즉 『역상고성』의 강희갑자원법(梅瑴成法)을 고쳐 쓰고, 20년(1744)에는 재차 '전리교식躔離交食' 계산을 카시니(噶西尼)법 즉 『역상고성후편』의 옹정계묘원법으로 고쳤다.(『증보문헌비고』, 「상위고」)

조선 지식인의 서학 연구가 뛰어난 수준에 도달한 것은 이익(1681~1763)의 학술 연구와 적극적인 평가를 거친 이후라고 해야 할 것이다. 이익의 서학 연구에 대해서는 이미 서술하였다.(제3장 1. 3) 실학의 발달)

2. 최석정의 역학적 수학서

최석정의 『구수략』은 형이상학적 윤색이라는 점에서 산서算書로서 남다른 특징이 있다고 할 수 있다.

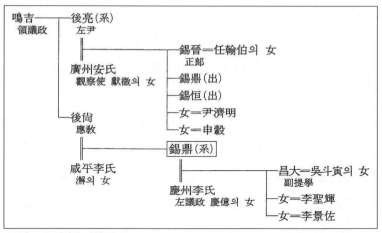

[그림 4-1] 최석정 가계도[2]
전주최씨는 서인 소론에 속하는 명문이다. 소론에는 算學에 흥미를 보인 자가 많다.

1) 최석정 소전

최석정崔錫鼎(1646~1715)은 초명初名을 석만錫萬, 자를 여화汝和, 호를 명곡明谷 혹은 존와存窩라고 한다. 전주 사람이다. 숙종 연간(1674~1725)의 대표적인 정치가 겸 고명한 경학자로, 인조 연간의 대정치가인 최명길(1586~1647)의 손자이다.([그림 4-1]) 어려서 서인 소론의 남구만(1629~1711)과 박세채(1631~1695)에게 배웠고 12살의 어린 나이에 『주역』에 능통하여 신동의 명성이 자자하였다.

현종 7년(1666, 21세)에 진사 시험에 수석으로 합격하고, 현종 12년 (1671, 26세) 정시庭試 문과에 병과로 급제하였다.

---

2) 민족문화추진회 편, 『한국문집총간해제』 4(경인문화사, 2000)에서 인용.

숙종 23년(1697, 52세)에 우의정이 되어 이후 요직을 역임하였으며, 숙종 27년(1701, 56세)에 최고위인 영의정에 올라 숙종의 권고眷顧를 받았지만 희빈장씨의 처형에 반대하여 진주晉州로 유배되었다. 이듬해 숙종 28년(1702, 57세)에 재차 영의정에 복귀한 이후 노론과 소론의 당쟁 중 소론의 영수로서 전후 여덟 차례나 영의정직을 수행하였다. 숙종 36년(1710, 65세)에는 내의원도제조를 겸무兼務하나 숙종이 병치레를 할 때 시약侍藥을 잘못 쓴 책임을 지고 삭직削職되었다. 이듬해 관에 복귀하였지만 이후 교외에 병거屛居하다 숙종 41년(1715, 70세)에 서거하였다. 향년 70세이다.

경종 2년(1722)에 문정文貞이라는 시호를 받고 숙종의 묘정廟庭에 배향되었다. 저작은 많아서 『명곡집明谷集』, 『좌씨집선左氏輯選』, 『운회전요韻會箋要』, 『전록통고典錄通考』, 『예기유편禮記類編』 등이 있다.

최석정은 박학다식한 것으로 유명하였다. 당시 "구경백가에는 통섭하지 못한 바가 없다"라고 칭해졌으며, "경술·문장·언론·풍유 모두에 걸쳐 일대 명류의 으뜸이면서, 산학과 자학도 잘했다. 은곡미밀한 바도 모두 힘들이지 않고 묘해를 얻었다"라고 하였다.[3] 최석정은 숙종 13년(1687, 42세)부터 14년에 걸쳐서 '선기옥형璿璣玉衡'의 개수改修에 관계하였다. 선기옥형이란 송이영宋以穎이 현종 10년(1669)에 제작한 중국의 수운혼천의水運渾天儀와 서양의 자명종의 두 원리를 결합한 조선의 독자적인 천문시계를 말한다.

---

3) 『숙종실록보궐정오』, 권56, 숙종 41년 11월 계묘, "九經百家, 靡不通涉.", "經術文章言論風猷, 爲一代名流之宗, 以至算數字學. 隱曲微密, 皆不勞而得妙解."

그러나 그 자신이 가장 자부한 것은 장년에 걸쳐 연찬硏鑽에 힘쓴 경학, 즉 주자학이었다. 『숙종실록』의 편찬자는 최석정의 사망에 즈음하여 "경술에 제일 자신이 있다고 자신한"(自謂最深於經術) 점을 특별히 강조하고 있다.(『숙종실록보궐정오』, 권56, 숙종 41년 11월 계묘)

사실 최석정은 숙종 26년(1700)에 교서관校書館으로서 스스로 교정한 『예기정문禮記正文』을 인쇄하여 고열考閱에 대비할 것을 숙종에 청원하였고,(『숙종실록보궐정오』, 권34, 숙종 26년) 또한 정확한 시기는 불명하지만 자신의 저작인 『예기유편』을 중신中宸에 간진刊進하고, 숙종 35년(1709)에 법연法筵에 참강參講하려고도 하였다. 다만 참강의 건은 사간司諫의 이관명이 논척論斥하며 대규모의 학생 운동으로 발전하여 결국에는 이듬해 36년 『예기유편』의 판목版木은 훼거毁去당하고 반서頒書는 소각되었다고 한다.(『숙종실록보궐정오』, 권47, 숙종 35년; 권48, 숙종 36년)

이관명 등이 『예기유편』을 비판한 이유는 최석정이 주자가 편한 경서의 구성을 멋대로 바꾼 점에 있지만, 『숙종실록』에 기재된 논쟁을 읽어 보면 최석정의 편찬은 단지 조선 주자학의 쌍벽 중 한 사람인 이이(1536~1584)의 교정校訂과 주희가 편한 『의례경전통해』의 예를 따른 것에 지나지 않는다.

2) 『구수략』의 내용

(1) 『구수략』의 구성

현존하는 최석정 찬撰 『구수략』(서울대학교 도서관 소장본)[4]은 21.5×16

<표 4-1> 『구수략』목록
『구수략』은 조선수학을 대표하는 籌算書이다. 刊本이기 때
문에 조선의 籌算 발전에 깊은 영향을 주었다. 四率法 등이
그 예이다.

數原第一	數法第六	附錄
數名第二	總論四法	文算
數位第三	加減二法	珠算
數象第四	乘除二法	籌算
數器第五	九九圖四	河洛變數
	九九口訣	
	總論八法	
	陰陽正數	
	陰陽變數	
	乘除源流	
	之分約法	
	統論四象	
	四象正數	
	四象變數	
	九章名義	
	九章分配四象	
	四象分配九章	
	古今算學	

㎝, 매 반엽半葉 9행 20자의 목판본이다. 갑을병정의 4편으로 구성되어
있으며, 갑을 2편을 건책乾冊으로 합하고 병정 2편을 곤책坤冊으로 하였
다. 갑을병편이 본편을 이루고 정편은 '부록'이지만, 4편 2책의 분류는
내용과는 거의 무관하며 장정裝幀상의 편의를 추구했음에 불과하다.

『구수략』의 구성은 크게 (1) 수원數原, (2) 수명數名, (3) 수위數位, (4)
수상數象, (5) 수기數器, (6) 수법數法과 부록으로 나뉘지만(〈표 4-1〉) '수법'
에 관한 기술이 갑을병편(본론)의 대부분(90%에 가깝다)을 차지한다. 이하

---

4) 분석에는 김용운 편, 『한국과학기술사자료대계—수학편』(여강출판사, 1985) 소수
   본을 사용.

최석정의 수학사상과 수학 기초론에 주목하면서 『구수략』의 내용에 대해 간단히 소개하고자 한다.

(2) 수원·수명·수위·수상·수기

[수원] 수원數原 제1장은 처음에 '하도'와 '낙서'를 도시圖示하고 『주역周易』 「계사전繫辭傳」의 "천일지이天一地二, 천삼지사天三地四, 천오지육天五地六, 천칠지팔天七地八, 천구지십天九地十"과 『상서尙書』 「홍범편洪範篇」의 "초일初一, 차이次二, 차삼次三, 차사次四, 차오次五, 차육次六, 차칠次七, 차팔次八, 차구次九"와 소옹邵雍의 『황극경세서皇極經世書』 「관물외편觀物外篇」 하도천지전수편河圖天地全數篇의 "대연의 수(50＝河圖 天數의 합)야말로 산법의 근원이로다"5)라는 구절을 인용하여 '수의 대원大原'이 하도와 낙서에 있음을 분명히 한다.

즉 1부터 10까지의 수군數群이 수의 '체'(본체)에 해당하는 하도의 수이고 1에서 9까지의 수군이 '용'(작용)을 가리키는 낙서의 수이다. 또 『주역』 「계사전」의 "역에 태극이 있어 양의를 낳고, 양의는 사상을 낳는다"6)와 『주역』 「설괘전說卦傳」의 "삼천양지하여 수를 의한다"(參天兩地而倚數), 그리고 소옹 『황극경세서』 「관물외편」 심학편心學篇의 "태일은 수의 시작이고 태극은 도의 극함이다"7)를 근거로 삼아 수가 태극(태일) → 二 → 三이라는 삼량參兩의 전개 속에서 성립하는 것을 설명하고 있다.

---

5) 大衍之數, 其算法之原乎.
6) 易有太極, 是生兩儀, 兩儀生四象.
7) 太一者數之始也, 太極者道之極也.

[수명] 수명數名 제2장은 『한서漢書』「율력지律曆志」를 인용하여 황종黃鐘으로부터 일·십·백·천·만의 '오수五數'가 생기는 것을 말한다. 또 도량형의 명수법命數法을 서술하고 대수법大數法과 소수법小數法에 대해서 언급한다.

[수위] 수위數位 제3장은 주산籌算의 십진기수법十進記數法에 대해서 설명한다. "무릇 수를 세는 자리는 왼쪽을 위로 하고 오른쪽을 아래로 삼고 왼쪽을 머리로 하고 오른쪽을 꼬리로 삼는다.…… 모두 만滿 십이 되는 것을 율率로 삼는다."[8]

[수상] 수상數象 제4장은 산주算籌를 늘어놓는 법을 설명하고 포산할 때 세로식(縱式) 산주와 가로식(橫式) 산주를 교대로 배치할 것을 논한다. 즉 1부터 9까지의 수에 대해 산주를 늘어놓아 세로식 기호와 가로식 기호를 정한다. 두 자리 이상의 다위수多位數는, 일 자릿수에는 세로식 산주를, 십 자릿수에는 가로식 산주를 사용하며 이하 10^{2n} 자리에는 세로식, 10^{2n+1} 자리에는 가로식을 사용한다고 한다.

최석정에 의하면 산주에 의한 기수법은 6 이상의 수를 표시할 경우에 산算의 가로세로를 불문하고 위의 산가지 하나가 5를 의미하는데 이는 1·2·3·4·5의 생수生數에 5를 더하여 6·7·8·9·10의 성수成數를 얻는 하도의 구조에 대응한 것이라고 주장한다. 또한 『음부경陰符經』의 "우주는 손에 있다"(宇宙在乎手)라는 구절을 인용하여 가로식 산

---

8) 凡算數之位, 左爲上而右爲下, 左爲首而右爲尾……皆以滿十爲率.

(縱算)이 '우'의 수, 세로식 산(橫算)이 '주'의 수에 해당한다고 서술한다.

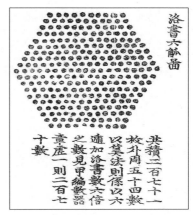

[그림 4-2] 낙서육고도
數器章은 算籌제도를 설명한 후에 "後世以珠代算, 左實右法, 而古制失矣, 近世竹算, 不以圓而以三稜"이라고 서술한다. 〈김용운 편, 『한국과학기술사자료대계─수학편』 소수〉

[수기] 수기數器 제5장은 산주算籌의 규격에 대한 설명이다. 처음에 『한서』「율력지」의 "원의 지름은 1부, 길이는 6촌, 271매로써 6고觚를 이룬다"는 전통적인 죽제 산주제도를 서술한 다음 당시 조선의 대나무 산가지의 단면이 삼릉

三稜(삼각형)으로 변화한 것을 설명한다. 정편丁篇의 「하낙변수河洛變數」절에 보이는 낙서육고도洛書六觚圖([그림 4-2])는 『한서』「율력지」의 271매의 산주제도에 대한 설명도이다.[9]

(3) 수법

수법數法 제6장은 '변變을 통해 수를 이루는 소이'의 산법(알고리즘)에 대해서 전문적으로 논한 곳이고 『구수략』 수론의 핵심 부분이다. 크게 (a) 총론사법總論四法, (b) 가감이법加減二法, (c) 승제이법乘除二法, (d) 구구도사九九圖四, (e) 구구구결九九口訣, (f) 총론팔법總論八法, (g) 음양

---

9) '낙서육고도'라고 명명한 이유는 算籌의 전체 숫자가 중심의 '虛一'과 6개의 낙서의 삼각형 즉 1+(1+2+3+4+5+6+7+8+9)×6=271로 이루어져 있기 때문이다.

정수陰陽正數, (h) 음양변수陰陽變數, (i) 승제원류乘除源流, (j) 지분약법之分約法, (k) 통론사상統論四象, (l) 사상정수四象正數, (m) 사상변수四象變數, (n) 구장명의九章名義, (o) 구장분배사상九章分配四象, (p) 사상분배구장四象分配九章, (q) 고금산학古今算學으로 구성되어 있다.

① 총론사법과 총론팔법

[총론사법] 최석정이 처음으로 논한 것은 수론의 제일 밑바탕에 있는 '사법四法' 즉 가감승제加減乘除이다. 뺄셈을 덧셈의 환원술, 나눗셈을 곱셈의 환원술로 삼아 "가감加減은 무법無法의 승제乘除로 산술의 권여權興이다. 승제는 유법有法한 가감으로 산술의 범형範型이다"[10]라고 하는 등 수학적으로 올바른 명제를 전개하면서도, 덧셈과 곱셈을 '양에,

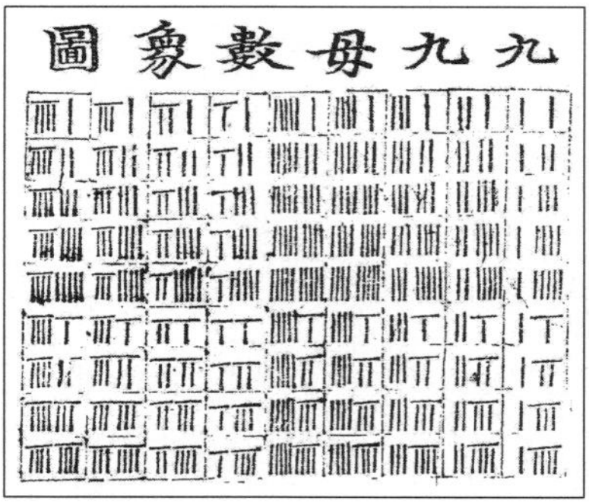

[그림 4-3] 구구모수상도
그림 밑에 "右爲目數, 左爲綱數, 夫綱而妻目也. ○此圖卽蔡氏範數方圖"라는 설명이 있다. 〈김용운 편, 『한국과학기술사자료대계─수학편』 소수〉

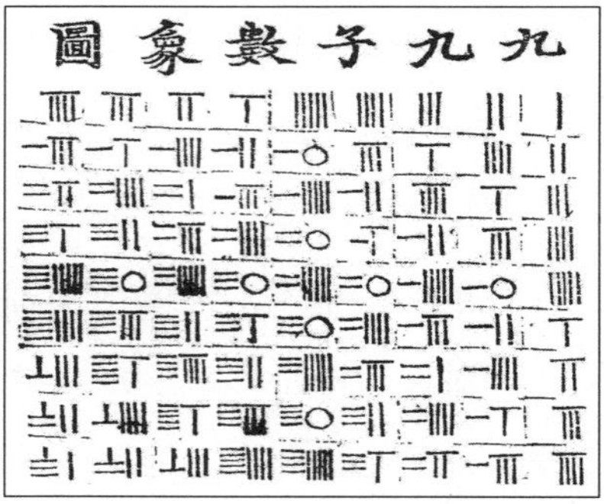

[그림 4-4] 구구자수상도
최석정에 의하면 "右爲單數, 左爲十數, 從一而衡十也"라고 한다. 각 난의 숫자는 구구의 결과(乘積)를 보여 준다. 〈김용운 편, 『한국과학기술사자료대계─수학편』 소수〉

---

10) 加減者, 無法之乘除, 算術之權興也. 乘除者, 有法之加減, 算術之型範也.

뺄셈과 나눗셈을 '음'에 배당하고 채침蔡沈의 『홍범황극내편洪範皇極內篇』
의 술수 체계를 전개한 범수방도範數方圖를 인용하여 곱셈의 구구를 설
명한다. 오른쪽 위에서 밑으로 '일일여일一一如一, 일이여이一二如二'로
이어져 '구구팔십일'로 끝나는 구구모수상도九九母數象圖([그림 4-3])와 구
구자수상도九九子數象圖([그림 4-4])가 그것이다.

이른바 모수母數란 승수乘數(곱하는 수)와 피승수被乘數를 가리키며 승
적乘積 즉 자수子數의 상대적 개념이지만 스스로 언급하고 있듯이 『한
서』 「율력지」의 "율이 려를 처로 삼아 려가 율의 아이를 나았다"(律娶
妻而呂生子)라는 구절에 근거한 명명법에 다름 아니다.

[총론팔법] 최석정은 가감승제에 이어서 곱셈나눗셈(乘除)의 연산법에
대해서 설명한다. 「총론팔법總論八法」이 그것이다.

> 곱셈나눗셈에는 여덟 법이 있다. 정수가 둘, 변수가 여섯이다. 곱셈
> 에는 인(九因)·가(身外加)·승(留頭乘)의 세 법이 있고 나눗셈에는 귀(九
> 歸)·감(身外減)·제(歸除)의 세 법이 있다. 즉 음양의 변수이다. 서로 곱
> 하는 보승步乘은 한 법으로 인·가·승 세 법을 겸하고 서로 나누는
> 상제商除는 한 법으로 귀·감·제의 세 법을 겸하는 것이 건곤乾坤이
> 육자六子(兌·離·震·巽·坎·艮)를 다스리는 것과 같다. 즉 음양의 정수
> 이다.[11]

---

11) 乘除有八法. 正數二, 變數六. 乘有因加乘三法, 除有歸減除三法. 卽陰陽之變數也. 步乘一
法, 兼因加乘三法, 商除一法, 兼歸減除三法, 如乾坤之統六子. 卽陰陽之正數也.

최석정은 음양소식설陰陽消息說에 근거하여 당시의 8종의 곱셈나눗셈 계산을 정리하여, 『구장산술』 이래의 전통적인 보승법步乘法과 상제법商除法을 '음양정수이법陰陽正數二法'(기초술)이라고 이름 붙여 "산가의 왕도"(任濬의 말)의 지위에 두고 나머지 6법을 기초술의 양의 일변一變(因法), 이변二變(加法), 삼변三變(乘法)과 음의 일변(歸法), 이변(減法), 삼변(除法)으로 위치 지었다. 보승법이란 "상하를 서로 곱하고 가운데에 실적實積을 배열"12)하는 3층의 곱셈 계산을 말한다. 상제법이란 "가운데에 실수實數(피제수)를 배열하고 아래에 법수法數(제수)를 배열"13)하고 "실여법이일實如法而一"하여 상위의 상商을 얻는 삼격산三格算(3층산)을 말한다.

'음양변수육법陰陽變數六法'은 이에 반해 곱셈나눗셈의 생략 계산법이고 산주算籌를 이용하는 '이격산二格算'을 의미한다. 생략 계산법은 어느 것도 '법수(제수나 곱하는 수)는 움직이지 않기' 때문에 법수를 기억해 두면 1층의 산격算格만을 사용하여 곱셈나눗셈을 행할 수 있다.14)

[승제원류와 지분약법] 「총론팔법」에 이어서 최석정은 「승제원류乘除源流」와 「지분약법之分約法」에 대하여 설명한다. 최석정에 의하면 "덧셈은 곱셈나눗셈의 근원이고" "곱셈은 누가累加에서 생기며" "나눗셈은 이일而一(累減)에서 생긴다"라고 하였다. 또한 '산술의 개요'에 해당하는

---

12) 上下上乘, 中列實積.
13) 中列實數, 下列法數.
14) 중국에서 因法 등은 한 자리 계산에 사용되는 것이 보통이다. 조선에는 거의 보급되지 않았지만 珠算은 한 자리 산법의 발전 단계에 다름없다.

[그림 4-5] 최석정 四率法의 계산도
최석정은 모든 산법의 상수와 변수를 4항으로 정리하여 계산을 실행하였다. 오른쪽에서 왼쪽으로 항목명을 日一率·月二率·星三率·辰四率이라고 한다. 각각 元數·法數·顯數(旣知數)·隱數(未知數)를 나타낸다.

辰	星	月	日
四	三	二	一
率	率	率	率
隱	顯	法	元
數	數	數	數
x	c	b	a

분수 계산(之分約法)에 대해서도 예제를 들어 상세하게 계산 과정을 설명하고 있다.

② 사상정수와 사상변수

[통론사상] 『구수략』은 갑편이 분수 계산의 소개로 끝나고 을편으로 넘어가는데, 을편의 모두冒頭에서 시작하여 병편의 대부분을 차지하는 「통론사상統論四象」은 실로 독특한 논고이다. 수학적 내용 자체는 전통의 실용 산술 수준을 넘지 않지만 형이상학적 '사상四象'에 근거하여 조선의 주산籌算 전체를 이론적으로 위치 짓고 있다.

최석정의 「통론사상」은 『춘추좌씨전』 희공 15년의 "사물이 생긴 후에 형상이 있고 형상이 있은 후에 불어남이 있으며 불어남이 있은 후에 수가 있다"15)라는 구절이나 『주역』「계사전」의 "역에 태극이 있어 이것이 양의兩儀를 낳고 양의가 사상을 낳는다"16)라는 구절에 의거

---

15) 物生而後有象, 象而後有滋, 滋而後有數.
16) 易有太極, 是生兩儀, 兩儀生四象.

하면서 독자적인 사상 해석을 전개하였다.

전傳에는 "사물이 생긴 후에 형상이 있고 형상이 있은 후에 불어남이 있으며 불어남이 있은 후에 수가 있다"라고 한다. 수는 일一에서 기원하는데 일이란 태극에 다름 아니다. 일은 이二를 낳으니 양의가 그것이다. 이는 사四를 낳으니 사상이 그것이다. 총괄해 말하면 가감승제는 산법의 사상四象이고 나누어서 말하면 사상은 각각 사수四數를 갖추고 있다. 양의 양이 태양이고, 음의 음이 태음, 음의 양이 소양, 양의 음이 소음이다. 태양은 해(日)이고 태음이 달(月), 소양이 성星, 소음이 신辰을 상징한다. 천지간에 있는 것은 단지 사상뿐이다. 수의 리 자체는 극히 심오하지만 이를 벗어남이 없다. 지금 사상의 신의新義를 밝히고 구장의 제법을 해석한다. 독자는 창설創說이라고 해서 본서를 가볍게 여기지 말라.[17]

최석정은 사상의 중요성을 서술하고 사상이 각각 사수四數를 갖추고 있음을 지적하였다.

[사상정수 정지정] 최석정은 사상四象의 중요성을 서술한 후 곧바로 「사상정수四象正數」 정지정正之正으로 분류한 가감승제 4법 즉 (1) 태양의 수의 '누가累加', (2) 태음의 수의 '누감累減', (3) 소양의 수의 '상승相乘',

---

17) 傳曰, 物生而後有象, 象而後有滋, 滋而後有數. 數原於一, 一爲太極. 一生二, 兩儀也. 二生四, 四象也. 總以言之, 加減乘除爲算法之四象, 分以言之, 四象各具四數. 陽之陽爲太陽, 陰之陰爲太陰, 陰之陽爲少陽, 陽之陰爲少陰. 太陽爲日, 太陰爲月, 少陽爲星, 少陰爲辰. 天地之間, 只有四象而已. 數之理, 雖至深至頤, 亦豈外於此哉. 今發四象新義, 以解九章諸法. 觀者毋謂創說而忽諸.

(4) 소음의 수의 '상제相除'에 대한 계산법을 설명한다. 가감승제의 4법은 3격산을 특징으로 한다.

알고리즘을 설명하면, 태양의 수에 해당하는 '누가법'은 (1) [그림 4-6]과 같이 기지수既知數와 미지수未知數를 4항으로 정리하고, 차산借算($a=1$)을 수율首率(日一率), 법수法數(b)를 차율次率(月二率), 실수實數(c)를 삼률三率(星三率)로 한다.[18] (2) 차율을 거듭 더한다. 즉 실수實數로부터 수율을 뺀 수($c-1$)에 준하여 차율을 거듭 더하고 사율(辰四率)의 적수積數 $x = b+\cdots+b$를 얻는다.[19]

태음의 수에 해당하는 '누감법'도 (1) [그림 4-7]과 같이 정리하고, 차산($a=1$)을 수율(日一率), 법수(b)

[그림 4-6] 누가법
최석정의 累加法은 각 수를 [그림 4-5]의 형식으로 정리한다. 〈김용운 편, 『한국과학기술사자료대계―수학편』 소수〉

[그림 4-7] 누감법
최석정의 累減法은 각 수를 [그림 4-5]의 형식으로 정리한다. 〈김용운 편, 『한국과학기술사자료대계―수학편』 소수〉

---

18) 借一算爲首率, 以法數爲次率, 以實數爲三率.
19) 以次率累加之, 輒以首率減實數, 準其數而止, 得四率積數.
　　四象算法에서 주의할 점의 하나는 4항의 정리가 그대로 布算을 의미하지 않는다는 것이다. 累加의 포산은 상하 4층을 사용하며 밑에서부터 日率・月率・辰率・星率에 해당하는 수치를 늘어놓는다. 또 서로 곱하고(相乘) 서로 나누는(相除) 포산은 최하층의 1을 제외하면 종래의 3격산과 별로 다르지 않다.

를 차율(月二率), 실적實積(c)을 삼률(星三率)로 한다.[20] (2) 차율로 실적實積을 거듭 뺀다. 즉 수율을 사율에 더하고 실적이 감해 없어질 때 $(c - b - \cdots - b = 0)$까지 거듭 빼서 바로 사율(辰四率)의 상수商數를 얻는다.[21] 거듭 빼기의 횟수가 곧 구하는 상수商數(x)이다.

소양의 수에 해당하는 '상승相乘'의 $bc = x$의 계산도 (1) 4항으로 정리하여, 차산($a = 1$)을 수율(日一率), 법수(b)를 이율(月二率), 실수(c)를 삼률(星三率)로 한다.[22] (2) 삼률을 이율에 곱해 사율(辰四率)의 적수積數 $x = bc$를 계산한다.[23]

또한 소음의 수에 해당하는 '상제相除'의 $\dfrac{c}{b} = x$의 계산도 (1) 차산 ($a = 1$)을 수율(日一率), 법수(b)를 차율(月二率), 실적(c)을 삼률(星三率)로 한다.[24] (2) 이율로 삼률을 나누어 사율(辰四率)의 상산商算 $x = \dfrac{c}{b}$를 얻는다.[25]

누가는 실질적으로 상승과 동등하며 누감은 상제와 다르지 않다.

[사상정수 정지변] 「사상정수四象正數」 정지정正之正 4법은 각각 태양의 수, 태음의 수, 소양의 수, 소음의 수에 대응하며, 모든 산법이 원元·법法·현顯·은隱의 '사수四數'를 갖추어 기지수(元數와 法數, 顯數)와 미지수(隱

---

20) 借一算爲首率, 法數爲二率, 實積爲三率.
21) 以次率累減之. 輒以首率加四率, 以減盡實積爲度, 方得四率商數.
22) 借一算爲首率, 以法數爲二率, 以實數爲三率.
23) 以三率乘二率, 得四率積數. 首率所以定所乘之位.
24) 借一算爲首率, 法數爲次率, 實數爲三率.
25) 以二率除三率, 得四率商算. 首率所以定商數之位.

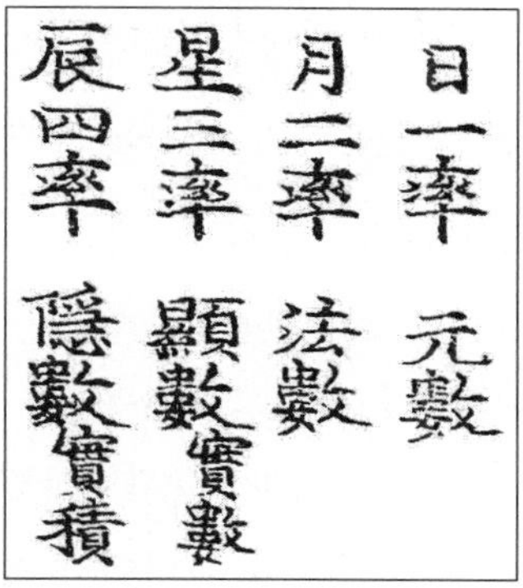

[그림 4-8] 총승법
최석정의 總乘(異乘同乘)法은 각 수를
[그림 4-5]의 형식으로 정리한다. 〈김
용운 편, 『한국과학기술사자료대계—
수학편』 소수〉

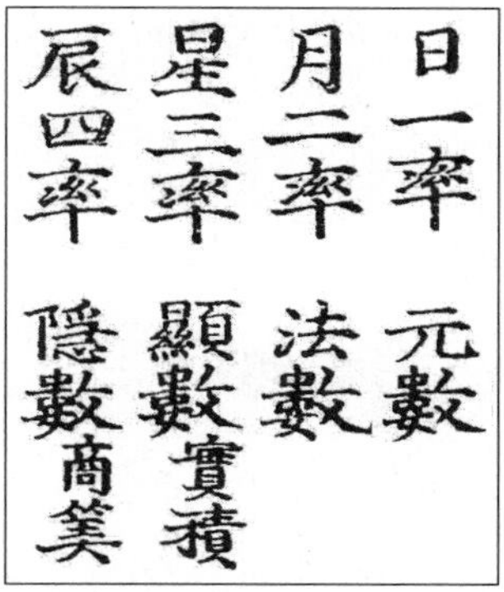

[그림 4-9] 총제법
최석정의 總除(同除異除)法은 각 수를
[그림 4-5]의 형식으로 정리한다. 〈김
용운 편, 『한국과학기술사자료대계—
수학편』 소수〉

數)를 동일한 도식圖式으로 정리하고 있다. 그러나 「사상정수」 정지변
正之變에 해당하는 '총승總乘', '총제總除', '준승準乘', '준제準除'의 4법 또한
사상四象의 이중의 통괄을 받고 있으며 이는 정지정의 가감승제의 4법
과 완전히 동등하다.

태양의 수에 해당하는 '총승'은 이승동승異乘同乘 즉 $abc = x$의 계
산을 의미하며 [그림 4-8]의 형식으로 기지수와 미지수를 정리하고 일
률(a)을 이율(b)에 곱한 후 다시 삼률(c)을 곱하여 사율 $x = abc$를 계
산한다.[26] 태음의 수에 해당하는 '총제'는 동제이제同除異除이고 [그림
4-9]의 각 수에 대해 우선 일률(a)을 이율(b)에 곱해 이 적수積數로 삼률
(c)을 나누어 사율 $x = \dfrac{c}{ab}$를 얻는다.[27]

---

26) 先以一率乘二率, 得數, 復以三率乘此數, 得四率.
27) 先以一率乘二率, 得數, 復以此數除三率, 得四率.

또한 소양의 수에 해당하는 '준승'은 삼률(c)을 차율(b)에 곱해 일률(a)로 승적乘積을 나누어 사율 $x = \dfrac{bc}{a}$ 를 얻는다.[28] 소음의 수에 해당하는 '준제'는 수율(a)을 차율(b)에 곱해 삼률(c)로 승적을 나누어 사율 $x = \dfrac{ab}{c}$ 를 얻는다.[29]

그러나 최석정은 준승의 계산법의 근거를 설명하며 "왜냐하면 현존見存의 삼률과 본연本然의 수율의 비는 미지의 사율과 이연已然의 차율의 비와 동등하기($c:a=x:b$) 때문"[30]이라고 서술하여 준승을 정비례의 연산법으로 파악하고, 또한 준제도 $ab = cx$ 즉 반비례의 관계로서의 알고리즘으로 설명한다.

[사상변수팔법] 「사상정수팔법四象正數八法」에 이어지는 것은 「사상변수팔법四象變數八法」이다. 「사상변수팔법」이란 「사상변수」 변지정變之正의 '방승方乘', '방제方除', '자모준승子母準乘', '구고준제句股準除'와 「사상변수」 변지변變之變의 '체승遞乘', '체제遞除', '영허교승盈虛較乘', '정부교제正負較除'를 말하며 정수팔법의 응용 내지는 승법乘法・제법除法・승겸제乘兼除・제겸승除兼乘의 일변一變・재변再變으로 위치 지어져 있다. 모든 산법이 기지수와 미지수를 사상에 분배하여 4항으로 정리해 두었다는 점 자체는 「사상정수」와 조금도 다르지 않다.

---

28) 先以三率乘次率, 後以一率除之, 得四率.
29) 先以首率乘次率, 後以三率除之, 得四率.
30) 蓋見存之三率與本然之首率相準, 未知之四率與已然之次率相準故也.

[사상변수 변지정] 「사상변수」 변지정變之正의 '방승'은 태양의 수에 해당하며 총승에 대해 일일률日一率 $a = 1$, 월이율月二率 b, 성삼률星三率 $c = b$, 신사율辰四率 x로 하여 월이율의 제곱 b^2을 계산하고, '방제'는 태음의 수에 해당하며 총제에 대해 일일률 $a = 1$, 월이율 $b = x$, 성삼률 c, 신사율 x로 하여 성삼률의 개방 값 $\sqrt{c}$를 계산한다. 또한 소양의 수 '자모준승'은 비례배분의 해법이고 계산 자체는 준승과 동일하며, 소음의 수인 '구고준제'는 직각삼각형의 닮은꼴(句股) 문제를 푸는데 계산 자체는 준제와 같다.

[사상변수 변지변] 한편 「사상변수」 변지변變之變의 태양의 수에 해당하는 '체승'은 급수의 합을 구하는 문제이고, 태음의 수에 해당하는 '체제'는 체승의 환원 계산이다. 또 소양의 수에 해당하는 '영허교승'은 과부족過不足 계산에 상당하고, 소음의 수에 해당하는 '정부교제'는 연립일차방정식의 해법에 상당한다. 「사상변수」 변지변의 4법의 경우 기지수와 미지수는 4값을 넘기 때문에 사상 각항에 분류되는 수치는 하나의 값에 한정되지 않는다.

③ 『구장산술』과 사상제법

[구장명의] 『구수략』은 「통론사상」에 이어서 「구장명의九章名義」를 논하는데, 구장이란 후한의 수학서 『구장산술』을 말하며 전통 수학의 9가지 기본 산법, 즉 방전, 속미, 소광, 상공, 쇠분, 영부족, 균수, 구고, 방정을 가리킨다.

<표 4-2> 사상제법
최석정에 의하면 산술은 모두 사상산법으로 易學의 통괄을 면할 수 없다. 九章諸法과 四象의
대응에 대해서는 "方田爲乘法, 故屬乎太陽. 粟米爲除法, 故屬乎太陰. 少廣最深幽, 故亦屬太陰.
與方田之最易明者對立也……"라고 설명한다.

	四象正數　　日一 正之正	四象正數　　月二 正之變	四象變數　　星三 變之正	四象變數　　辰四 變之變
太陽之數一	累加	總乘 (異乘同乘) 方田	方乘 (自乘) 方田	遞乘 (堆垛) 方田
太陰之數二	累減	總除 (同除異除) 粟米	方除 (開方) 少廣	遞除 (遞乘還原) 少廣
少陽之數三	相乘 (步乘) 方田	準乘 (異乘同除) 商功	子母準除 (衰分) 衰分	盈虛較乘 (盈朒) 盈不足
少陰之數四	相除 (商除) 粟米	準除 (同乘異除) 均輸	句股準除 (句股) 句股	正負較乘 (方程) 方程

　　최석정의 수에 대한 고찰에 의하면 구장의 제법은 방전이 태양에 속하고, 속미와 소광이 태음, 상공·쇠분·영부족이 소양, 균수·구고·방정이 소음에 속하며, 사상제법四象諸法과는 〈표 4-2〉와 같이 대응한다.[31]

3) 조선 술수학과 서양국 산법

(1) 『구수략』과 조선 술수학

　　최석정의 수학서는 수의 신비성을 강조하는 술수학적인 색채가 강렬하다.

---

31) 「四象諸法分配九章」에서는 少廣에 해당하는 相乘을 方田에, 少陰에 해당하는 相除를 粟米에 분배하고 있어 논술에 약간의 혼란이 보인다.

[사상산법]『구수략』이 주산서籌算書로서 갖는 최대의 특징은 독자적인 술수학적 원리에 근거하여『상명산법』,『양휘산법』,『산학계몽』,『산법통종』,『묵사집산법』,『동문산지同文算指』등에 보이는 전통 제 산법을 정리하여 체계화한 점에 있다. 독자적인 원리란 '사상四象'이다. 최석정은 동아시아의 전통 산술 전체를 사상을 암시하는 동일한 형식으로 정리하고, 사상에 유래하는 동일한 계산도를 그려, 일월성신日月星辰의 4항목으로 나누는 표기법으로써 그 알고리즘을 설명하였다.

이미 언급한 것처럼 정비례의 '준승술'은 정비례 $c:a=x:b$의 관계로부터 신辰의 미지수를 신사율辰四率＝월이율月二率×성삼률星三率÷일일률日一率로 계산한다. 또한 반비례의 '준제술'은 신사율辰四率＝일일률日一率×월이율月二率÷성삼률星三率로 하여 신辰의 미지수를 산출한다. 그러나 일월성신의 4항목으로 정리하여 연산을 설명하는 것은 비례 문제에만 국한된 것이 아니다. 기지수와 미지수의 총수가 4개보다 작은 가감승제의 연산에 대해서도 계산에는 불필요한 일일률日一率 $a=1$을 설정하여 4항목으로 확장해서 각 수의 관계를 해명한다. 또한 기지수와 미지수의 총수가 4개를 넘는 비례분배 문제나 급수의 합을 구하는 문제, 과부족 계산, 연립일차방정식의 해법 등에 대해서도 각항에 복수 배당함으로써 동일한 형식으로 정리하여 해법의 설명을 행한다.

『구수략』의 특징을 한마디로 말한다면 '사상산법四象算法'이라고 할 수 있는데 '사상'이란 원래 역학易學에서 유래한 개념이다.『구수략』의 내용 자체는 전통의 실용수학(九章諸法)의 수준을 넘지 않지만, 산학과는 직접적으로 무관한 형이상학적 개념을 이용함으로써 중국에서는 볼 수 없는 산학 체계를 만들어 내고 산주算籌에 의한 계산술과 실용 수학의 구조를 이론적으로 재구축하였다. 최석정은 사상에 대해서 이 렇게 말한다.(「통론사상」편)

수는 일一에서 기원하는데 일이란 태극에 다름 아니다. 일은 이二를 낳으니 양의가 그것이다. 이는 사四를 낳으니 사상이 그것이다.…… 사상은 각각 사수四數를 갖추고 있다.…… 천지간에 있는 것은 단지 사상뿐이다. 수의 리 자체는 극히 심오하지만 이를 벗어남이 없 다.[32]

사상이란 역易의 음양 전개에 나타나는 네 가지 형식을 말한다. 이른바 '양지양陽之陽'에 해당하는 '태양太陽'(日), '음지음陰之陰'에 해당하 는 '태음太陰'(月), '음지양陰之陽'에 해당하는 '소양少陽'(星), '양지음陽之陰' 에 해당하는 '소음少陰'(辰)이 그것이다. 최석정은 이 사상을 몇 겹이고 중복시키면서 모든 전통 산술을 정리하여 산술을 각각 그 어딘가에 배당시켰다.

[수의 대원] 최석정은 또한 전통 산학 전부를 사상四象으로 위치 지은 한 편, 수의 기원을 '하도'와 '낙서'에 두어 『주역』「계사전」이나 『상서』 「홍범편」, 『음부경』, 소옹邵雍(1011~1077)의 『황극경세서』, 채침蔡沈의 『홍 범황극내편』 등의 술수서로부터 많은 문장을 인용하여 자신의 논고의

---

32) 數原於一, 一爲太極. 一生二, 兩儀也. 二生四, 四象也.……四象各具四數.……天地之間, 只有四象而已. 數之理, 雖至深至賾, 亦豈外於此哉.

정당성을 주장하였다. 그러나 『구수략』의 성립에 가장 강한 영향력을 미친 술수학서로 말하자면 소옹의 『황극경세서』를 거론하지 않을 수 없다.

우선 『구수략』이 '수의 대원大原'을 하도와 낙서에서 나온 것으로 파악하는 점인데 최석정은 주희의 『역학계몽』에 근거하면서, 아울러 소옹의 『황극경세서』 「관물외편觀物外篇」 하도천지전수편河圖天地全數篇의 "대연의 수, 산법의 근원이로다"[33)에 근거하여 『주역』 「계사전」의 "천일지이天─地二, 천삼지사天三地四, 천오지육天五地六, 천칠지팔天七地八, 천구지십天九地十"을 해석하고 수의 도서기원설圖書起源說을 주장한다.

주희의 하도낙서설은 하도의 10수를 '수의 체'로, 낙서의 9수를 '수의 용'으로 위치 지었는데(「本圖書」篇) 이는 당시의 통설에 가깝다. 한편 소옹의 해석은 대단히 독창적이어서 '대연지수오십大衍之數五十'은 하도를 구성하는 천수天數 1, 3, 5, 7, 8과 지수地數 2, 4, 6, 8, 10 중에서 '천수 (의 합)이십오天數二十五'의 두 배 즉 하도천수河圖天數의 합수合數를 의미하며 서법筮法(易占)에 쓰이는 수인 시수蓍數(筮竹 즉 占筮에 쓰이는 죽제의 가늘고 긴 막대기 숫자)를 가리키기도 하는데, 서법筮法은 "삼오를 써서 변하고 그 수를 착종하여"(『주역』, 「계사전」)[34)] 수를 '생生'하게 하고 '소消'하게 하는 탓에 대연의 수는 산법의 기원이라고 하지 않을 수 없다는 것이다.

최석정의 논증은 주희의 도서설에 따르면서도 소옹의 역 해석을 약간 수정하여 대연의 수를 하도로 바꾸고 체용설을 근거로 하여 하

---

33) 大衍之數, 其算法之原乎.
34) 參伍以變, 錯綜其數.

도를 하도낙서로 확장하여 하도와 낙서 양자를 수의 대원으로 정한 것에 지나지 않는다. 또한 최석정이 『구수략』 「수법數法」장의 총론팔법절에서 소옹의 "곱함은 생수生數이다. 나눔은 소수消數이다"(河圖天地全數篇)[35])를 인용하여 곱셈나눗셈을 해석하는 것도 수원數原을 서법筮法과 관계 지운 논리적 귀결 내지는 필연적 결과라고 할 수 있다.

[일월성신과 소옹] 『구수략』의 가장 큰 특징은 사상四象의 새로운 뜻을 펼쳐서 구장의 제법을 풀이하는 것인데, 사상을 일월성신에 배당시키는 것은 직접적으로 소옹의 『황극경세서』 「관물내편觀物內篇」의 "태양을 일日로 하고 태음을 월月로 하고 소양을 성星으로 하고 소음을 신辰으로 하고 일월성신이 섞이어 천의 체가 여기에 다한다"[36])는 구절에 근거해 있다. 최석정 자신은 발상의 유래에 대해서 전혀 언급하지 않았지만 그 사상의 배당은 상당히 특수한 역 해석에 속하기 때문에 최석정의 사상설四象說이 소옹의 역 해석 내지는 술수이론에 근거한 것은 자명하다고 할 수 있다.

[구수략과 술수학] 『구수략』은 소옹의 하도설河圖說을 이용하여 '수학의 도서기원'설을 서술할 뿐만 아니라 소옹의 개성적인 사상설에 의거하여 음양태소陰陽太少로써 전통 수학을 분류하고 있어, 최석정의 사상산법을 지도하는 주요한 이념이 소옹의 술수학에 있음은 의심할 여지

---

35) 乘者生數也. 除者消數也.
36) 太陽爲日, 太陰爲月, 少陽爲星, 少陰爲辰, 日月星辰交而天之體盡之矣.

가 없다. 그러나 소옹의 술수학은 『구수략』의 산서로서의 기본적 색
조를 정함과 동시에 논술의 주변 부분에도 피할 수 없는 영향을 미쳤
다. 그중 하나가 술수학적 산학의 발전사관이고, 다른 하나가 변화자
재한 종횡도縱橫圖(마방진)에 관한 연구이다.

[고금산학] 최석정의 고금산학古今算學에 대한 술수학적 이해는 『구수략』
의 마지막에 위치하는 「고금산학」편에 현저하게 나타난다. 『구수략』
은 황제黃帝기의 대요大撓, 용성容成, 예수隸首, 영륜伶倫과, 요제堯帝기의
희화羲和 등의 '산수' 사업에 대한 기술에서 시작하여 주공에 의한 '구
장九章'의 제작, 공자에 의한 '육예六藝' 교육을 서술하고, 그 후 '학사學
士 유가의 산법에 밝은 자'로서 한대의 사마천司馬遷, 양웅揚雄, 정현鄭玄,
육조六朝의 조충지祖沖之, 유휘劉徽, 당대의 공영달孔穎達, 오계五季의 왕
박王朴, 송대의 호원胡瑗, 소옹, 주희, 채원정蔡元定, 채침 등의 이름을 열
거한다. 또한 중국의 유자에 이어 저명한 산학자를 거론하지만 이어
서 재차 최치원, 남재, 황희, 서경덕, 이황, 이이 등 조선의 이름난 유
자도 언급하였다.
　　최석정이 중국·조선의 고금산학에 대해 논하면서 오히려 경학이
나 유자 쪽에 언급의 중점을 둔 것은 형이상학적 수학관 즉 술수학에
근거하여 산학을 해석한 바에 원인이 있다고 이해하지 않을 수 없다.

[하낙변수] 최석정의 종횡도 연구도 극히 술수학적인 색채가 풍부하다.
『구수략』의 부록인 「하낙변수河洛變數」편에 보이는 마방진 40여 도가

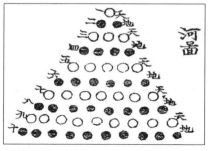

[그림 4-10] 하도
하도에 대해서는 "天數一三五七九, 地數二四六八
十, 積五十五, 化裁五格, 各得一十一數"라고 설
명한다. 〈김용운 편, 『한국과학기술사자료대계─
수학편』 소수〉

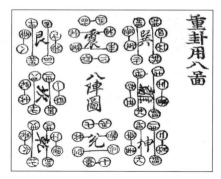

[그림 4-11] 중괘용팔도
최석정은 "六十四子, 總積二千八十. 以八子爲一
隊, 各得二百六十數. 一變則八隊化爲二十四隊, 再
變則爲二百五十六隊, 演積六萬六千五百六十, 合
於武侯陳圖"라고 설명한다. 〈김용운 편, 『한국과
학기술사자료대계─수학편』 소수〉

그것이다. 최석정의 종횡도는 기본적으로는 양휘의 『속고적기산법』
에 보이는 마방진을 인용하면서 자작도를 섞어 놓은 것에 지나지 않
지만[37] 주의해야 할 것은 독특한 명명법과 각 그림의 사상적인 위치
지음이다.

예를 들어 양휘의 취오도聚五圖는 천수용오도天數用五圖라고 개명되
었고, 취팔도聚八圖는 기책용팔도氣策用八圖로, 찬구도攢九圖는 중상용구
도重象用九圖로, 팔진도八陣圖는 중괘용팔도重卦用八圖로, 연환도連環圖는
후책용구도候策用九圖로 개칭되어 있는데,「하낙변수」편은 먼저 하도의
변형도([그림 4-10])와 낙서(3차 방진)를 그리고 사사도四四圖(4차 방진), 연수
도衍數圖(7차 방진), 역수도易數圖(8차 방진), 백자도百子圖(10차 방진) 등에 이어
서 스스로 작도한 하도사오도河圖四五圖, 하도칠오도, 낙서사구도洛書四

---

37) 양휘의 그림에서 적당치 않은 곳을 고친 것도 있다. 聚五圖 등이 그렇다.

九圖, 낙서오구도를 첨부하여 모든 종횡도가 역학易學이나 술수학적인 이념하에 하도와 낙서를 기초로 하여 위치 지어져 있다. 예컨대 중괘 용팔도([그림 4-11])는 "육십사자六十四子, 총적總積 이천팔십二千八十, 팔자八 子로써 한 대隊로 하고 각각 이백육십수二百六十數를 얻을" 뿐만 아니라 내측의 8개의 숫자의 합 또한 260이다.

(2) 『구수략』과 서양국 산법

『구수략』은 위의 분석에서 분명히 알 수 있듯이 사상산법四象算法 을 설하는 술수학적 성격이 극히 강한 산학서이다. 혹은 산학서라고 하기보다 '수數' 신비주의를 설하는 교의서敎義書라고 서술하는 편이 적 당할지도 모른다. 이러한 성격 탓인지 얼핏 보면 인용서적표에는 '서 사西士 이마두利瑪竇(마테오 리치) 수授, 명明 이지조李之藻 연연演'의 『천학초 함天學初函』이나 '서사西士 나아곡羅雅谷(자코모 로) 저著'의 『주산籌算』이 보 임에도 불구하고 '서양산술'의 총체로서의 영향은 그다지 크지 않다 는 인상을 받기 쉽다. 그러나 사실은 그 인상과 정반대로 '서양국 산 법'의 영향은 최석정의 수학의 근간에 달하여 서양수학과 술수학은 『구수략』 속에서 기묘한 혼효混淆를 이루었다.

[준승법과 준제법] 『구수략』에서의 동서 수학의 기묘한 혼효를 설명하려 면 사상산법에 기지수와 미지수를 네 개의 항목으로 정리해야 할 수 리적 필연성이 취약한 점 또한 포함되어 있는 것에서 이야기를 시작 하는 편이 알기 쉬울 것이다.

예를 들어 「사상변수四象變數」 변지변變之變의 '정부교제법正負較除法'
은 n원 일차방정식을 풀지만 $n(n+1)$개의 기지수와 n개의 미지수
를 4항목으로 분류하는 것에 수학적인 의미를 드러내는 것은 불가능
하다. 과부족 계산의 '영허교승법盈虛較乘法'이나 급수 계산의 '체승법遞
乘法'과 '체감법遞減法'도 마찬가지이다. 한편 「사상정수」 정지정正之正에
해당하는 '누가累加', '누감累減', '상승相乘', '상제相除'의 네 법은 기본형
의 일일률日一率의 값이 항상 1로 3항목만 있으면 계산에 부족함이 없
어 4항목으로 정리할 필요가 전혀 없다. 이 점은 '자승'(方乘)과 '개방'
(方除) 계산에 대해서도 동일하게 말할 수 있다.

수학적으로 볼 때 4항목으로 분해하는 것에 의미가 있는 것은 불
과 「사상정수」 정지변正之變의 '준승準乘'과 '준제準除' 및 「사상변수」 변
지정變之正의 '자모준승'과 '구고준제'뿐이다. 그러나 명명법에서 분명
히 드러나듯 자모준승은 준승법의 응용이고 구고준제는 준제법의 응
용에 지나지 않는다.

준승법과 준제법은 최석정의 사상산법의 핵심을 구성하며 기지수
와 미지수의 4항 분해에 수리상의 타당성을 부여하는데 연산법 자체
는 전통의 이승동제異乘同除나 동승이제同乘異除와 동등하지만 『구수략』
을 특징짓는 기지수와 미지수를 대등하게 취급하여 4항목으로 분해
하는 정리 형식은 동아시아의 전통 산술에는 존재하지 않는다. 또한
준승·준제의 두 법을 설명하는 14문제의 산제算題 중에 적어도 12문
제는 『천학초함』에 수록된 이마두 수授, 이지조李之藻 연演의 『동문산
지』 「통편通編」의 첫 3편, 즉 '삼률준측법三率準測法', '변측법變測法', '중

준측법重準測法'에서의 인용이다.[38]

[동문산지와 삼수법] 『동문산지』는 클라비우스의 『실용산술개론』(*Epitome arithemticae practicae*, 1585)을 번역한 수학서이지만, 서양의 신법을 연역하여 "중국의 이속俚俗에 통하게"(以通俚俗) 하는 한편 "구장의 제법을 때로 취하여 부족한 바를 보철補綴한"(間取九章補綴) 것(「李之藻序」)으로 서양의 산제算題뿐만 아니라 중국 전통 산학서로부터 인용된 문제도 포함하고 있다. 또한 『동문산지』에서 설명하는 삼률준측법은 정비례 내지는 순삼수법順三數法(direct rule of three)을 말하며, 변측법은 반비례 내지는 역삼수법逆三數法(inverse rule of three)을 의미하고, 중준측법은 삼수법을 중복시킨 것이다.

서양의 삼수법에 대해서는 예부터 여러 가지 표기법이 고안되었지만 『동문산지』가 소개하는 것은 [그림 4-12]의 형식이고, 『구수략』과는 일일률을 제1률로, 월이율을 제2율로, 성삼률을 제3률로, 신사율을 제4율로 표기하는 바가 약간 다른 것에

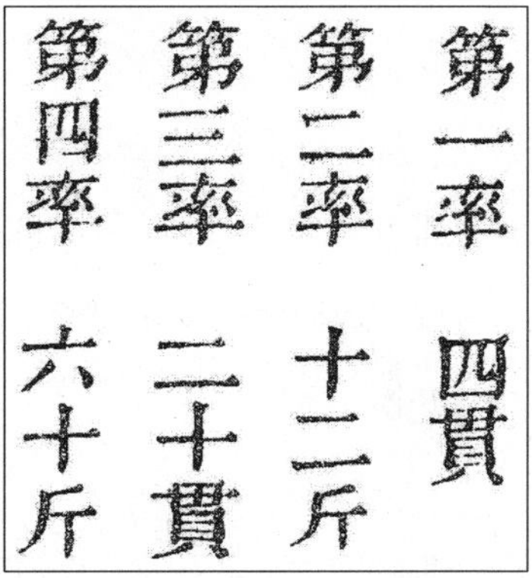
第一率 四貫
第二率 十二斤
第三率 二十貫
第四率 六十斤

[그림 4-12] 삼률준측법 제1문의 계산도
『동문산지』 제1문은 "假如錢四貫, 得貨十二斤. 今問錢二十貫, 當得貨幾斤"이다. 삼률준측법은 비례(相準) 관계 4관 : 12근 = 20관 : x로부터 $x=60$을 구한다.

---

38) 나머지 두 문제 중의 한 문제는 앞 문제의 辰率을 旣知數로 바꾸고 星率을 未知數로 한 것이고, 다른 한 문제도 간단한 응용문제에 지나지 않는다.

[그림 4-13] 준승(정비례) 계산도
『구수략』 준승 제1문은 "原有錢四貫, 得貨十二斤. 今有錢二十貫, 問得貨幾何"이며 [그림 4-12]의 『동문산지』 삼률준측법 제1문과 같다. 籌算式의 의미가 서로 같은 것은 당연하다. 〈김용운 편, 『한국과학기술사자료대계─수학편』소수〉

지나지 않는다.(『동문산지』 삼률준칙법의 [그림 4-12]와 『구수략』 준승법準乘法의 [그림 4-13]은 의미하는 바가 동일하다.) 또한 삼률준측법이나 변측법은 『구수략』의 준승이나 준제와 계산이 동일할 뿐만 아니라 비례를 의미하는 역어로 '상준相準'을 사용하고 '현顯', '은隱' 등의 용어도 쓴다.

최석정의 사상산법의 경우 사율표기법이 종래의 동아시아 산학서에는 없는 형식이고 유사한 표기법과 동일한 예제가 참조 서목의 하나인 『동문산지』에 존재하는 이상 사상적인 윤색은 차치하더라도 적어도 4항목의 정리나 [그림 4-5]의 형식에 대해서는 '서양 산술'의 삼수법에 기원한다고 단정하지 않을 수 없다.

[구수략과 삼수법] 그러나 『구수략』이 전통의 구장 제법과 서양 전래의 신산법의 혼효 내지 융합으로 이루어진 것은 「사상변수」 변지정의 소음少陰의 수 즉 '구고준제' 항목에서 가장 현저하다. 구고준제는 직각삼각형의 닮은꼴(相似) 문제로서, 중국·조선의 측량 계산에서 중심적인 산법인데 그 구성은 (1) 총론으로서 구고준제의 알고리즘을 설명

하고, (2) 양휘의 『속고적기산법』으로부터 두 개의 산례算例 「간부지고
竿不知高」와 「격해망산隔海望山」을 인용하여 해법을 예시하고, (3) 『동문
산지』 통편의 측량삼률법에서부터 각종의 서양 측량법, 즉 「이평경측
고以平鏡測高」, 「이표측지평원以表測地坪遠」, 「이중구겸측무광지심무심지
광以重矩兼測無廣之深無深之廣」, 「이표측고以表測高」, 「이구도측원도고以矩度測
遠度高」, 「양영측고量影測高」, 「종고측영從高測影」, 「이목측고以目測高」, 「지
평측원地坪測遠」, 「측심測深」을 인용하여 측량 대상에 대응한 측량 기술
과 계산법을 설명하고, (4) 마지막으로 안어按語를 두어 구고측량이 서
양의 준승(정비례)이 아니라 전통의 준제(반비례)에 근거해야 할 이유에
대해서 서술한다.

특히 주의해야 할 점은 최석정이 『동문산지』로부터 구고측량법을
인용하면서 서양산학이 구고법을 준승으로 해석하는 것을 비판하고
준제로써 산법을 전개한 점이다. 그 자신도 구고측량법에 대한 복수
의 해석이 가능함을 인정하여 "준승으로써 이를 구함도 또한 통한
다"(以準乘求之亦通)라고 서술하였지만, 준제는 '본연本然의 수'에, 준승은
'역통亦通의 수'에 해당한다고 분석하여 본연의 수를 버리고 역통의 수
를 따라서는 안 된다고 서술한 후, "『천학초함』 즉 『동문산지』에서
논하는 바의 구고 제법은 모두 율을 바꾸어 기산起算하지 않으면 안
된다"[39]라고 결론 내리고 있다.

최석정이 준제를 본연의 수라고 파악한 이유는 간단히 말하면 중
국·조선의 전통 산술은 구고측량법을 닮은꼴 $c : b = a : x$이 아니라

---

39) 天學所論句股諸法, 皆當換率起算.

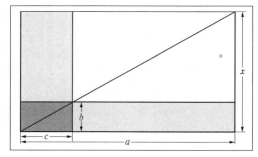

[그림 4-14] 구고준제도(추정도)
이는 句股測量 계산에서 準除法에 근거하여 "先測橫直之積, 後以小句除之, 恰得竪直之長, 是爲大股之數"라고 계산하는 이유를 설명한 것이다.

"안으로 눕고 밖으로 선"(內橫外竪) 두 개의 직사각형이 "면을 달리하면서 積을 같이하는 것"(異面而同積) 즉 $ab = cx$로써 해석하고([그림 4-14]) 그것을 기본술로 삼았기 때문이다.[40]

[예교주의적 수학관] 『구수략』의 사상산법은 서양의 신수학을 적극적으로 받아들이면서도 또한 어디까지나 전통의 구장 제법을 고집하는데, 최석정 자신도 경서인 『예기』「교특생郊特牲」편의 일문을 인용하면서 스스로의 경학적 혹은 예교주의적 수학관을 서술하고 전통 산학에 따라야 할 이유를 설명한다. "『예기』에는 '그 수는 늘어놓기 쉽고 그 뜻은 알기 어렵다. 그 뜻을 잃고 그 수를 늘어놓는 것은 축사祝史의 일'이라고 했는데 나는 산법에 대해서도 그렇게 말하고 싶다"[41]라고 한 것이 그것이다.[42]

최석정이 믿는 바에 의하면, 축사와 같이 수에 내재하는 철리를

---

40) 사실 『周髀算經』日高圖의 趙注는 '出入相補原理'로써 그 정리를 설명한다.
41) 記曰, 其數易陳也, 其義難知也. 失其義陳其數, 祝史之事也, 余於算法亦云.
42) 『禮記』「郊特牲」의 인용문은 원문과 약간 다른 곳이 있다. 원문은 다음과 같다. "禮之所尊, 尊其義也. 失其義, 陳其數, 祝史之事也. 故其數可陳也, 其義難知也."

고려하지 않고 계산에만 신경 쓰는 것은 충분치 않고, 경학에 근거한 수의 오의奧義에 대해 총체적으로 이해하는 것이야말로 가장 고려해야 할 것이고 산술 자체의 해명은 제2의적인 가치밖에 없다. 다시 말하면 최석정이 『구수략』의 전체에 걸쳐서 형이상학적 역학사상을 전개하여 소옹의 술수학을 대대적으로 전개한 이유는 수신비주의적 분석을 통하여 '수'의 숨어 있는 본질을 분명히 밝히고자 한 바에 있었던 것이다.

4) 사상산법과 유럽

유럽에서 발생한 근대과학은 대해를 넘어 동아시아에 이르러 심대한 문화적 영향을 초래하였다. 동아시아 원유原有의 과학과 사상은 기본적으로 이질적인 과학 지식을 수용하면서 다종다양한 반응을 보였다. 그러나 당시의 동아시아적 반응에는 어느 것에도 양가적兩價的인 성격이 있어 서양과학에 대해 존경과 반감이 착종하는 감정을 품고 수용과 거절의 상반된 경향을 동시에 취하였던 점도 의심할 여지가 없다.[43]

『구수략』의 사상산법은 서구의 삼수법을 배우고 서학西學에서 촉발된 것이면서도 논리를 전개할 즈음에는 하도낙서를 인용하고 소옹의 학설을 다용하여 수신비주의적 색채를 강하게 띠고 있다. 서학이

---

43) 『律曆淵源』에 보이는 西學의 중국 기원설(西學中源說)도 그 현저한 예의 하나로 볼 수 있다.

면서 동시에 동아시아적인 역학易學과 술수학의 뛰어난 사상적 전개이기도 하며, 정통을 지키고자 하는 역방향의 사상적 벡터 또한 겸비하였다. 『구수략』이 갖는 이 양가적 성격은 서구의 신지식을 동아시아의 지적 틀에 집어넣음으로써 유학 세계의 확대를 기도한 것에 기인한다고 보아야 할 것이다. 다른 유사한 예를 찾을 수 없는 역학적 수학서가 탄생한 것은 최석정의 넓고 깊은 동아시아적 학문(경학) 소양을 통해서 비로소 가능한 것이었다.

3. 홍대용의 가치상대주의

홍대용은 뛰어난 실학자이며 특히 형해화形骸化한 조선 주자학의 비판자로 매우 유명하다.

1) 홍대용 소전

홍대용(1731~1783)은 자가 덕보德保, 호는 담헌湛軒이다. 본관은 경기도 남양, 노론 가계 출신이다.([그림 4-15]) 홍대용은 영조 7년(1731) 3월 1일, 사간원대사간 홍용조洪龍祚(1686~1741)의 손자, 나주목사 홍력洪櫟(1708~1767)의 아들로 태어났다. 어머니는 청풍김씨, 군수 김방金枋의 딸이다. 영조 18년(1742, 12세), '고육예古六藝의 학'(순수학문)에 뜻을 두고, 석실서원石室書院 김원행金元行(노론 낙론계 학자, 1702~1772)의 문하에 들어

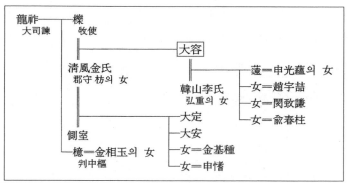

[그림 4-15] 홍대용 가계도[44]
남양홍씨는 노론에 속한다. 홍대용 자신도 노론을 대표하는 석학의 한 사람이다. 宋時烈을 기
리는 華陽書院에 자주 참배하였다고 한다.(『桂坊日記』, 甲午年 12월 25일) 조선 실학의 일파인 북학
파는 홍대용을 시조로 하지만 북학파가 노론(낙론)에 기원하는 것은 실로 흥미롭다.

갔다. 김원행은 조부 홍용조의 셋째 형인 홍구조洪龜祚의 딸을 아내로
맞이하였으니 남양홍씨와는 연이 깊다.(『南陽洪氏三派略譜』)

영조 31년경(1755, 25세)에 연암燕巖 박지원朴趾源(1737~1805)을 처음 만
나고, 영조 32년경(1756, 26세)부터는 이재頤齋 황윤석黃胤錫과의 교류가
시작된다. 박지원도 황윤석도 18세기 후반의 신사조를 대표하는 석학
이다. 영조 35년(1759, 29세)~38년(1762, 32세)에는 혼천의를 제작하였다.
유명한 농수각籠水閣의 '통천의統天儀'이다.

홍대용은 영조 41년(1765, 35세) 11월, 서장관 홍억洪檍(막내 숙부)의 자
제군관으로서 동지사절冬至使節에 수행하여 중국 청의 수도 북경(燕都)
으로 향했다. 영조 42년(1766, 36세), 남천주당을 방문하여 예수회 선교사
와 회담하고, 항주 출신의 선비 엄성嚴誠, 반정균潘庭筠, 육비陸飛 등과

___

44) 민족문화추진회 편, 『한국문집총간해제』 5(경인문화사, 2001)에서 인용.

교류한 것이 북경에서의 중요한 활동이었다. 그간의 행적은 『연기燕記』 「유포문답劉鮑問答」과 『건정동필담乾淨衕筆談』(交友錄) 등에 상세히 기록되어 있다. 같은 해 5월에 귀국하였다. 영조 43년(1767, 37세), 노론 주류파의 한 북벌론자가 홍대용이 청나라 학자들과 교류한 것을 가치상대주의價値相對主義적인 교우도交友道라고 비난하여 큰 문제로 발전하였다. 그러나 같은 시기에 박지원, 이서구李書九, 이덕무李德懋, 박제가朴齊家, 유득공柳得恭 등이 "중국에서 배워야 한다"는 홍대용의 북학北學 이념에 동조하여 깊은 교류가 시작된다. 북학파의 성립이다.

홍대용의 만년은 내외관內外官을 역임한 시기라고 할 수 있다. 영조 50년(1774년, 44세) 12월, 음보蔭補로 세손익위사시직世孫翊衛司侍直에 임명되어 동궁(훗날의 정조)의 교육을 담당하였고, 정조 원년(1777, 47세) 태인현감, 정조 3년(1780, 50세)에는 영주군수를 역임하였다. 정조 7년(1783, 53세) 5월 사직하였고, 같은 해 10월 23일 사거하였다. 향년 53세였다.

2) 홍대용의 과학 지식

(1) 『주해수용』 ― 홍대용의 수리과학서

홍대용의 저작은 오늘날까지 전하는 것이 많지 않은데, 주된 저작으로는 한문 저작집인 『담헌서湛軒書』와 한글로 쓰인 중국 여행기 『을병연행록乙丙燕行錄』이 있다. 그러나 『을병연행록』은 여행기라는 책의 성격상 홍대용의 과학 지식을 분석하는 데에는 거의 쓸모가 없다.

[담헌서의 내용] 『담헌서』(鉛活字本, 1939
년 간행)[45]는 내집 4권, 외집 10권으로
이루어지며, 내집은 문집의 형식을
띤다. 권1은 「심성문心性問」, 「대학문
의大學問疑」 등 경학에 관한 논고이며,
권2에는 「사론史論」, 「계방일기桂坊日
記」가 수록되어 있다. 권3은 서書 14
편·서序 6편·기記 2편·발跋 4편·
설說 2편·시詩 24제로 구성되며, 권4
는 묘문墓文 1편·제문祭文 7편·애사
哀辭 1편·보유補遺 6편이 수록되어
있다. 보유에는 홍대용의 대표작으
로 일컬어지는 「임하경륜林下經綸」과
「의산문답毉山問答」이 있다.

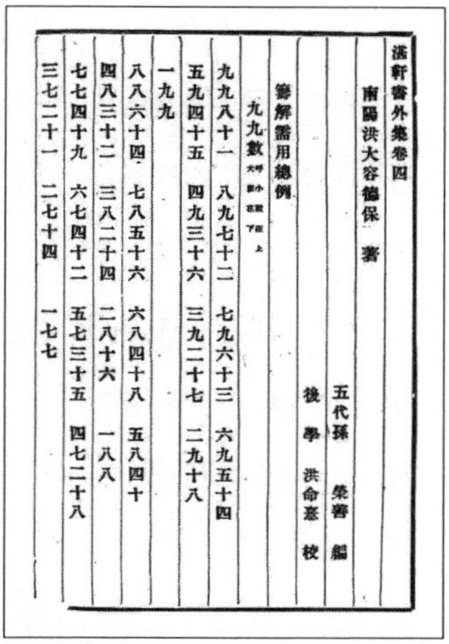

[그림 4-16] 『담헌서』 書影
『담헌서』(납활자본, 1939년 간행)의 외집
권4 「주해수용」의 卷首 부분. 홍대용의
籌算書는 구구셈에서 시작하여 天測으
로 끝나며, 현저하게 역산학계 수학적
전통에 기초해 있다.

한편, 외집은 잡저雜著를 모은 것이다. 권1에서 권3까지는 제명을
「항전척독杭傳尺牘」이라고 하며, 항주의 문인 엄성, 반정균, 육비와의
조봉시말遭逢始末, 왕복서찰, 필담기록 등으로 이루어져 있다. 권1은 왕
복서찰이고, 권2와 권3은 「건정동필담」이다. 권4, 권5, 권6은 수리과학
서인 「주해수용」을 수록, 권7에서 권10까지는 중국 여행기인 「연기」
를 수록했다.

---

45) 분석에는 『湛軒書』(경인문화사, 1989)를 사용했다.

[주해수용과 의산문답] 현존하는 자료에 근거하는 한 홍대용의 과학 지식은 주로『주해수용』과『의산문답』에 보이며 두 저작을 통해 그 내용을 분석할 수 있지만,『주해수용』이 계산을 동반한 순수 수리과학서인 데 반해『의산문답』은 실학사상을 집대성한 책이다.『의산문답』에는 자연과학적 주제에 관한 언급도 적지 않지만, 논술 형식의 제약 탓인지 엄밀한 증명이나 상세한 설명이 생략되어 있으며, 전체적으로 볼 때 과학 지식에 대해서는 계몽서 내지 개설서의 범위를 넘지 않는다. 홍대용의 과학 지식에 관한 상세한 내용을 분석하기에는 정보가 부족하다고 해야 할 것이다.

[주해수용의 구성]『주해수용』은 그 구성이 크게 주해수용총례籌解需用總例, 주해수용내편상, 주해수용내편하, 주해수용외편, 농수각의기지籠水閣儀器志, 율관해律管解로 이루어져 있다. 각 항목의 명칭은 다음과 같다.

籌解需用總例: 九九數, 九歸歌, 斤下留數, 石下留數, 匹下留數, 石斗率, 斤兩率, 匹尺率, 田結率, 乘除訣, 法實訣, 定位訣, 撞歸訣, 方圓乘除率, 引用書目

籌解需用內編上: 乘法, 因法, 加法, 商除法, 歸除法, 九歸法, 定身除法, 四率法, 之分法, 量田法, 衰分法, 盈朒法, 面積法, 體積法, 開方法, 軍營開方法, 雜法

籌解需用內編下: 天元解, 期閏解, 天儀分度, 句股總率, 三角總率, 八線總率, 圓儀率, 矩儀率, 平句股, 比例句股, 重比例句股, 圓儀, 方儀, 矩儀

籌解需用外編: 測量說, 辨方, 定尺, 定率, 製器, 量地, 測北極, 測地球,

天地經緯度, 地平經差, 地測, 天測

籠水閣儀器志: 統天儀, 渾象儀, 測管儀, 句股儀, 圭儀銘

律管解: (正律), 變律, 黃鐘古今異同之疑, 羽調界面調之異

홍대용은 주해수용총례에서 구구표나 환산율 등 계산에 필요한 최소한의 약속 사항을 기술한 후, 언어로써 각 산법의 알고리즘을 설명한다. 동아시아 수학서의 예에 따라 문제와 해법을 병기한 예제집 형식을 채용한 것이다.

[승법제] 홍대용은 구체적인 수치를 갖는 예제에 대하여 예시하는 방법으로 각 산법의 알고리즘을 설명해 간다. 최초에 나오는 것(乘法 第1題)은 단순한 곱셈 계산 문제(35×2두 5승=87두 5승)에 불과하다.

전 35량으로 교환율 매 1량에 2두 5승의 쌀을 샀다. 묻는다. 쌀은 얼마큼인가?[46]

답, 87두 5승.

術術에 이르기를, 전 35를 상격上格에 배열하여 실實로 하고, 쌀 25를 하격下格에 늘어놓고 법法으로 한다. 법의 각 자릿수를 실의 첫째 자릿수와 곱한다. 중격中格에 얻은 수는 75두이다. 곧 실의 첫째 자릿수를 없애고, 법을 한 자리 뒤로 밀어 실의 나머지 자리에 맞춘다. 다시 법의 각 자릿수를 실의 다음 자릿수와 곱한다. 얻은 수는 12두 5승이다. 각각의 자리에 맞추어 더하면 87두 5승을 얻는다.[47]

---

46) 錢三十五兩, 每兩貿米二斗五升. 問米幾何?

47) 列錢三五於上格爲實, 列米二五於下格爲法. 以法之諸位乘實之頭位. 中格得數爲七十五斗.

[천측제] 그러나 외편 마지막에 있는 '천측' 문제는 내용이 꽤 어렵다. 예를 들어 천측 제12제의 경우, 태양의 근지점近地點(最卑)의 지심地心 거리를 계산한다.

하지 때 태양은 지심으로부터 16644200리 떨어져 있다. 묻는다. 동지 때 태양의 지심거리는 얼마인가?[48)]
    답, 1605만 8148리약里弱[49)].
술에 이르기를, 최고정률最高定率 10179208을 제1률, 하지의 태양의 지심거리를 제2율, 최비정률最卑定率 9820792를 제3률로 한다.[50)]

홍대용은 난해한 천문이론을 해설함에도 곱셈 등 초보적인 산술과 마찬가지로 예제 형식을 이용하기는 했지만, 천문 계산의 경우에는 해법의 기초 이론(周轉圓法 등)의 제시와 같은 순차적인 해설 없이 급작스럽게 전문적인 문제를 제시하고 있다. 알기 쉬운 기술법이라고 하기는 어렵다.[51)]

[인용 서목] 천측제天測題는 서양 기원의 천문학에 근거해 있으며 홍대

乃去經乘, 法退一位, 與實余位相照. 又以法之諸位乘實之次位. 得數爲一十二斗五升. 各照位加之, 合爲八十七斗五升.
48) 夏至日距地心遠一千六百六十四萬四千二百里. 問冬至日距地心遠幾何?
49) 역주: 강약은 기준이 되는 숫자보다 약간 많거나 적은 것을 말한다.
50) 最高定率一○一七九二○八爲一率, 夏至日距地心遠爲二率, 最卑定率九八二○七九二爲三率.
51) 필자의 추정에 의하면, 홍대용의 '最高定率'과 '最卑定率' 값은 『曆象考成』의 수치에 의거해 있다.
最高定率 10179208= 太陽本天半徑 10000000+ 太陽本輪半徑 268812- 太陽均輪半徑 89604
最卑定率 9820792= 太陽本天半徑 10000000- 太陽本輪半徑 268812+ 太陽均輪半徑 89604

용의 수학 지식은 중산中算이나 동산東算뿐만 아니라 서산西算에도 미치고 있었다. 홍대용이 서양의 학문에도 조예가 깊었다는 점은 주해수용총례의 마지막을 장식한 인용 서목을 통해서도 분명하다. 인용서목에 적혀 있는 책 이름을 정확한 표기로 고치면 다음과 같이 정리할 수 있다.

東算(籌算)書: 元 朱世傑 『算學啓蒙』, 宋 楊輝 『續古摘奇算法』, 本朝 慶
    善徵 『詳明數訣』, 本朝 朴繘 『數原(別名 算學原本)』
中算(珠算)書: 明 程大位 『算法統宗』, 清 蔣守誠 『算法全書』
西算(筆算)書: 西洋 利瑪竇 口授·明 李之藻 演 『渾蓋通憲圖說』, 清 康熙
    御製 『律曆淵源』(정확하게는 『曆象考成』), 同 『數理精蘊』

『주해수용』에는 조선의 산주算籌를 사용한 수학(籌算)뿐만 아니라, 중국의 주산서珠算書와 서양의 필산서筆算書의 영향도 있다고 해야 할 것이다.

(2) 홍대용과 서산

① 남양홍씨와 관상감

홍대용이 활약한 시대는 바로 조선이 서학을 적극적으로 수용하려고 한 시기였고 따라서 서학에 조예가 깊은 학자들이 배출되었다. 당시를 대표하는 서학자로는 이익李瀷(1681~1763)과 홍대용을 꼽아야 할 것이다. 그런데 흥미로운 것은 양자가 서로 당색을 달리하는 것처

[그림 4-17] 남양홍씨세보

『남양홍씨세보』(1779) 권3의 권수 부분. '二十世'의 홍인조에게는 봉조, 귀조, 용조, 덕조 등의 동생이 있고, 용조의 손자가 홍대용이다. 또 세보에 의하면 홍대용의 스승 김원행이 귀조의 딸을 처로 맞이한 것을 알 수 있다.

럼 서학 수용도 성격을 크게 달리한다는 점이다. 남인인 이익이 흥미를 보인 것은 천주교를 포함한 철학 쪽이었고, 노론인 홍대용이 시간을 들여 연구한 것은 과학 지식, 그중에서도 역산학과 관련된 내용이었다.

남양홍씨에는 조선왕조의 천문 행정을 담당한 관상감觀象監과 깊은 관계를 가진 자가 많았다. 홍대용의 10대조인 홍언광洪彦光(1484~1537)의 둘째 형 홍언필洪彦弼(1476~1549)은 영의

정이 되어 관상감사觀象監事를 겸령兼領했다. 또 홍언필의 아들 홍섬洪暹(1504~1585)도 영의정이 되어 관상감사를 겸령했고, 서자 홍원洪遠은 관상감정觀象監正, 그 동생 홍조洪造는 관상감첨정觀象監僉正을 배수하였다. 홍섬의 서자 홍기수洪耆壽와 홍기향洪耆享도 관직이 관상감정에 이르렀다.(『南陽洪氏世譜』) 세보에 의하면, 홍대용이 역산학 연구에 매진한 것은 가학의 영향이 컸을 것이다.

② 홍대용의 서산 연구

　홍대용의 서산 연구에 대한 상세한 내용은 『주해수용』 내편에 수록된 사율법四率法, 삼각三角과 팔선八線 및 외편의 기술 등을 통해 추측할 수 있다.

[사율법] 홍대용의 서산 연구의 중요한 성과로서 제일 먼저 거론해야 할 것은 사율법이다. 사율법이란 서양수학사에서 유명한 삼수법을 가리킨다. 홍대용은 "사율법은 서학의 비례이다"라고 서술하고, 그 알고리즘을 다음과 같이 설명했다.

　　2율과 3률을 곱해서 실로 한다. 1률을 법으로 실을 나누어 4율을 얻는다.[52]

[삼각법] 두 번째로 주목해야 할 것은 삼각법이다. 삼각팔선[53]의 정확한 정의는 기술하지 않았지만 삼각함수의 종종의 잡다한 공식을 제시했다. 주요한 공식을 들자면 '육종법六宗法', '삼요법三要法', '이간법二簡法'이 있다.

　육종법이란 원에 내접하는 정육각형, 정사각형, 정삼각형, 정십각형, 정오각형, 정십오각형의 한 변의 길이를 구하는 계산법을 말한다.

---

52) 二率與三率相乘爲實, 一率爲法除之, 得四率.
53) 삼각팔선이란 正弦sin, 餘弦cos, 正切tan, 餘切cot, 正割sec, 餘割cosec, 正矢vers, 餘矢covers를 말한다.

즉, 직경을 주고 $\sin 30°$, $\sin 45°$, $\sin 60°$, $\sin 18°$, $\sin 36°$, $\sin 12°$의 값을 구한다. 삼요법이란 다음 공식을 말한다.

(1) $\sin^2\theta + \cos^2\theta = 1$

(2) $\sin 2\theta = 2\sin\theta\cos\theta$

(3) $\sin^2\dfrac{\theta}{2} = \dfrac{1-\cos\theta}{2}$

또 이간법의 공식은 아래와 같다.

(1) $\sin(A+B) = \sin A\cos B + \cos A\sin B$

(2) $\sin(A-B) = \sin A\cos B - \cos A\sin B$

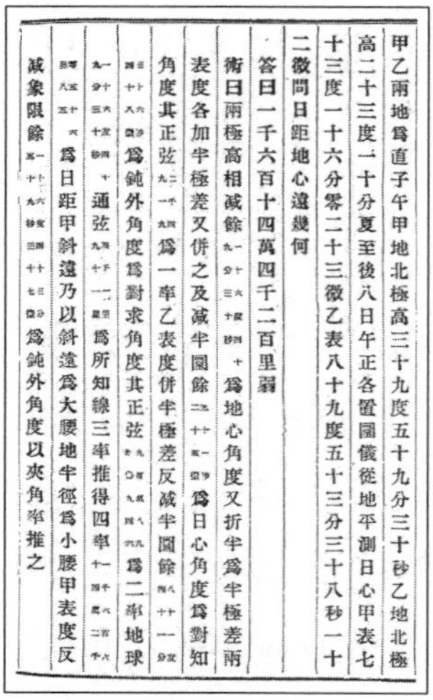

단 『주해수용』의 예제를 분석해 보면, 홍대용의 삼각법 이해는 『수리정온數理精蘊』의 내용 즉 평면삼각법의 영역에 머물러 있다고 하지 않을 수 없다.

[천측제] 세 번째로 언급해야 할 것은 지심시차地心視差를 고려하여 일월오성日月五星의 지심거리를 계산하는 '천측' 문제이다. 예를 들어 천측 제6문의 경우이다.

갑을 두 지점은 경도가 같고, 갑의

[그림 4-18] 천측 제6문
『담헌서』「주해수용」 외편 천측의 제6문이다. 태양의 최고(원지점)에서의 지심거리를 묻고 전통적인 문·답·술 형식을 취해 그것을 처리하였지만, '術曰'의 설명은 너무 간단하고 매우 불친절하다.

위도는 30도 59분 30초(φ_1), 을의 위도는 23도 10분(φ_2)이다. 하지 후 8일째 정오에 각각 원의圓儀로 태양의 고도를 측정했다. 갑의 태양 고도는 73도 16분 0초 23미(h_1), 을의 태양 고도는 89도 53분 38초 12미 (h_2)이다. 묻는다. 당일의 태양의 지심거리는 얼마인가?[54]

위의 문제에 대하여, 하지 후 8일째 날 태양의 지심거리, 즉 태양이 '최고最高'(遠地點)에 있을 때의 지심거리를 16644200리약里弱으로 계산했다.[55] 계산법(術)에는 이론적인 설명이 전무하며 산도算圖도 없고 표현도 쉽지 않다.

설명을 약간 보족해서 서술하자면, (1) 태양과 갑을甲乙 두 지점을 꼭짓점으로 하는 삼각형(甲角은 $h_1 + \dfrac{\varphi_1 - \varphi_2}{2}$, 乙角은 $h_2 + \dfrac{\varphi_1 - \varphi_2}{2}$)에서

일거갑사원日距甲斜遠 =

$$2\text{지반경}_{地半徑}\sin\frac{\varphi_1 - \varphi_2}{2} \times \frac{\sin\left(h_2 + \dfrac{\varphi_1 - \varphi_2}{2}\right)}{\sin\left\{\pi - \left(h_2 + \dfrac{\varphi_1 - \varphi_2}{2}\right) - \left(h_1 + \dfrac{\varphi_1 - \varphi_2}{2}\right)\right\}}$$

으로 계산하여 태양과 갑 지점의 거리(일거갑사원)를 구한다. 분모는 일심각도日心角度(180°－甲角－乙角)의 정현(사인)이며, 계산은 사인정리에 기초해 있다. (2) 다음으로 태양, 갑, 지심을 꼭짓점으로 하는 삼각형에

---

54) 甲乙兩地爲直子午, 甲地北極高三十九度五十九分三十秒, 乙地北極高二十三度一十分. 夏至後八日午正, 各置圜儀, 從地平測日心. 甲表七十三度一十六分零二十三微, 乙表八十九度五十三分三十八秒一十二微. 問日距地心遠幾何?

55) 원문은 "答曰一千六百十四萬四千二百里弱"으로 되어 있지만 이는 인쇄 시의 오식에 불과하다.

서 이미 알고 있는 두 변(일거갑사원과 지반경)과 협각夾角($\frac{\pi}{2}+h_1$)으로부터 코사인정리를 이용하여 태양과 지심 사이의 거리(日距地心遠)를 산출한다. 계산은 언뜻 보기에 어려운 듯하지만 실은 평면삼각법에 지나지 않는다.

[역상고성 문제의 원용] 그러나 천측 제6문에서 을의 북극고도 즉 위도에 주목하면, 그것이 북위 23도 10분으로 되어 있어 관측지점은 조선의 영토 안이 아니다. 또한 갑과 을의 경도는 서로 같지 않으면 안 되는데, 이런 문제의 조건에 합치하는 지점을 찾을 수 있는 것은 광대한 영토를 자랑하는 중국밖에 없다.

> 강희 54년(1715) 을미 5월 29일 갑자 정오(원주: 하지 후 8일째), 북경의 창춘원暢春園에서 태양의 고도를 측정한 결과 73도 16분 0초 23미를 얻고, 동시에 광동 광주부廣州府에서 측정한바 90도 6분 21초 48미를 측정하여 얻었다.…… 39도 59분 30초는 창춘원의 위도이며,…… 23도

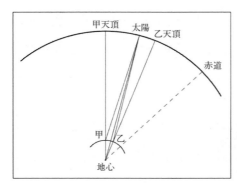

[그림 4-1] 천측 추정도
『역상고성』권4「日躔曆理」의 '地半徑差'에 보이는 算圖를 약간 수정한 것이다. 갑의 경위도는 북경의 暢春園의 수치이고 을의 경위도는 광동 광주부의 수치에 해당한다.

10분은 광주부의 위도이다.[56]

사실『역상고성』권4「일전역리」의 지반경차(즉 地心視差)는 위와 같이 관측치를 부여하고 계산 과정의 의미를 하나하나 밝히면서 '태양이 본천 최고의 위치에 있을 때 지심에서의 거리'(太陽在本天最高時距地心之遠)의 값을 계산한다.

『역상고성』과『주해수용』의 수치를 비교하면 분명하듯이, 관측지의 북극고도는 같은 수치이고, 북경의 창춘원이 갑, 광동 광주부가 을에 해당하는 것은 틀림없다. 또한 광동 광주부와 을의 태양고도는 각각 90도 6분 21초 48미와 89도 53분 38초 12미로 다르지만,

89도 53분 38초 12미＝180도—90도 6분 21초 48미

이므로 두 수치의 천문학적 의미는 전혀 다르지 않다.

[표기법의 차이]『주해수용』에서 주의해야 할 것은 천문거리의 표기법이『역상고성』과 다르다는 점이다.『역상고성』은 지반경을 10000000으로 하여 최고(원지점)의 지심거리를 11622642512로 정함으로써 비율로 원지점거리를 부여하였음에 반해,『주해수용』은 곧바로 지심거리를 리수里數로 표현하였다.

홍대용은 태양의 평균지심거리를 16366135리(＝9426894km), 태양의 직

56) 康熙五十四年乙未五月二十九日甲子午正, 在暢春園測得太陽高七十三度一十六分零二十三微, 同時於廣東廣州府測得太陽高九十度零六分二十一秒四十八微.……三十九度五十九分三十秒爲暢春園赤道距天頂之度,……二十三度一十分爲廣州府赤道距天頂之度.

경을 1452245리(=83661㎞)라고 했지만, 현행치에 의하면 각각 149600000
㎞와 1392000㎞로 홍대용의 수치는 매우 부정확한 수치이다. 물론 홍
대용의 수치가 현행치와 전혀 다른 것은 그 자신에게만 책임이 있는
것은 아니다. 『역상고성』에서 제시한 지구반경과 태양의 지심거리의
비가 정확하지 않았기 때문이기도 하다. 예컨대 태양의 평균 지심거
리의 경우는 지반경을 1로 해서 1142로 되어 있다.

　홍대용은 칠요七曜 즉 일월오성의 지심거리의 리수를 어떻게 계산
했을까? 아마도 『혼개통헌도설渾蓋通憲圖說』, 『간평의설簡平儀說』 등의
지상거리地上距離와 지심각地心角의 개략치인 '250리에 1도 차'57)에 의거
하여 지구의 크기를 지주地周가 90000리, 지반경이 14324리(=8250㎞)로
계산하고, 또 그 값을 이용하여 각종 천문거리를 산출했으리라 추측
할 수 있다.

(3) 지구자전설

[박지원에 의한 예찬] 홍대용의 지구자전설 주장은 박지원이 『열하일기熱
河日記』(1780)와 「홍덕보묘지명洪德保墓誌銘」(1783)에서 이를 언급한 이래
로, 칭송하는 이가 끊이지 않는다. 박지원이 부경사赴京使를 수행하여
열하를 방문했을 때, 청정淸廷의 지식인(奇公)에게 홍대용의 '지전'설을
설명하며 다음과 같이 말했다.

---

57) 二百五十里差一度. 단 이는 『역상고성』의 값이 아니다.(역주: 『역상고성』에서는 1
　도를 200리로 추정)

선배 김석문金錫文은 홍대용보다 먼저 해와 달과 지구가 하늘에 떠 있다고 주장했지만 제 친구 홍대용은 다만 이를 부연하여 스스로 즐거워했을 뿐입니다. 확실히 사실이 꼭 그러한 것도 아니고, 또 일찍이 남이 자설自說을 사실로 믿어 주기를 바란 적도 없었습니다.[58]

또 홍대용의 죽음을 안타까워하면서 다음과 같이 말했다.

덕보는 통민겸아通敏謙雅하고 식원해정識遠解精해서 율력律曆에 특히 조예가 깊었다.…… 처음 서양인이 대지가 구체球體임을 논했지만 지구가 자전하는 것은 말하지 않았다. 덕보는 일찍이 대지가 한 바퀴 돌아서 하루가 된다고 논했다. 그 설은 묘미현오妙微玄奧하지만 책으로 저술하지는 않았다. 그러나 만년에는 점점 지전을 자신하여 의심치 않았다.[59]

[지전설의 내용] 그러나 홍대용의 지전설 자체는 단순한 주장에 불과하고 그 이론적 근거에 대해서는 거의 설명이 없다.

지구는 회전하여 하루에 일주한다. 지구의 둘레는 9만 리, 하루는 12시이니 지전은 9만 리의 거대한 물체를 12시에 한해 회전시키는 것이다.[60]

---

58) 『熱河日記』, 「太學留館錄」, 十三日己未, "先輩金錫文先有三丸浮空之說, 敝友特演說以自滑稽. 亦非見得委實如是, 又不曾要人委實信他."
59) 「洪德保墓誌銘」, "德保通敏謙雅, 識遠解精, 尤長於律曆.……始泰西人論地球, 而不言地轉. 德保嘗論地一轉爲一日. 其說妙微玄奧, 顧未及著書. 然其晩歲, 益自信地轉無疑."
60) 地塊旋轉, 一日一周. 地周九萬里, 一日十二時, 以九萬里之闊, 趨十二之限.

『의산문답』에 위와 같이 언급되어 있지만, 현존하는 지구자전설에 관한 홍대용 자필의 설명은 이것이 거의 전부이다. 지구의 공전은 당연히 전혀 인정되지 않았다.[61] 평가할 만한 사상상의 논리가 있다고 해도, 정밀한 과학적 논리라고는 할 수 없는 이유이다.[62]

[김석문의 지전설] 선행 연구[63]에 의하면, 조선에서 처음으로 지구의 자전을 주장한 것은 홍대용이 최초는 아니다. 창설創說의 영광은 『역학이십사도해易學二十四圖解』의 저자 김석문金錫文(1658~1735)에게 돌려야 할 것이다.

김석문은 지구의 자전을 '1년에 366 회전'(一年而三百六十有六轉)이라 설명하고 그 자주自注에 『신법역서新法曆書』「오위역지五緯曆指」를 인용하였다.

지금 천상에서는 뭇 별들이 (동에서 서로) 좌행左行하고 있는 것처럼

---

61) 홍대용은 티코 브라헤의 우주체계에 근거해서 "五緯(행성)는 태양을 둘러싸고 있으며, 태양을 중심으로 하며, 태양과 달은 지구를 둘러싸고 있으며, 지구를 중심으로 한다"라고 서술하였다. 그에 의하면 지구는 우주의 중심에 위치해 움직이지 않는 존재이다.

62) 藪內淸는 「李朝學者의 地轉說」에서 "홍대용으로부터 시작되어 박지원에 의해 그 창시가 강조된 지전설은 단지 지구의 자전만 언급할 뿐 코페르니쿠스의 지동설에 비하면 극히 단순한 것이었다. 이와 같은 학설이 18세기가 되어 비로소 주장되었다는 것은 조선이 중국을 거쳐 간접적으로 서양을 알 수밖에 없었다는 것에 기인하는 것으로, 오히려 조선으로서는 불행한 일이었다고 생각한다"라고 했다.(『中國の科學と日本』, 東京: 朝日新聞社, 1978) 한편 코페르니쿠스가 지전공전설을 발표한 것은 1543년의 일이다.

63) 閔泳珪, 「十七世紀 李朝學人의 地動說─金錫文의 易學二十四圖解」(『東方學志』 제16집, 1975)나 小川晴久, 「地轉[動]說から宇宙無限論へ─金錫文と洪大容の世界」(『東京女子大學論集』 제30권, 1980)를 참조.

보이지만 이는 별 자체의 운동(本行)이 아니다. 무릇 항성에는 주야 일주하는 운행은 없고, 대지와 기화氣火가 통해서 일구一球를 이루어 서에서 동으로 나아가 날마다 일주하고 있기 때문에 그렇게 보이는 것에 불과하다.[64]

『신법역서』가 인용된 이상 김석문의 지구자전설이 서양 천문학에 근거한 것은 확실하다. 그러나 『신법역서』에 의하면 지구자전설은 천동天動의 '종동천좌선설宗動天左旋說'[65]보다 열등한 것으로 여겨져 지구 자전을 천天의 운동에서 '정답'으로 고려하지 않았다.

[홍대용의 지전설] 홍대용의 지구자전설은 서양 기원인 것이 틀림없지만, 김석문의 논리를 그대로 받아들인 것에 불과하다고는 생각되지 않는다. 왜냐하면 『연기燕記』「유포문답劉鮑問答」[66]에 1766년 정월 19일 예수회 선교사 고가이슬과의 필담 기록이 보이는데, 고가이슬이 홍대용에게 오성경위五星經緯의 최신 이론이 신수新修되지 않아서 『역상고성후편曆象考成後編』(1742年完成)에는 오성론五星論이 생략된 것을 설명하고 있기 때문이다. 홍대용은 또한 "이때 수도제법宿度諸法을 약론"했다

---

64) 今在地面以上, 見諸星左行, 亦非星之本行. 蓋星無晝夜一周之行, 而地及氣火通爲一球, 自西徂東, 日一周耳.

65) 역주: 종동천은 primum mobile의 역어로 천동설에서 지구의 자전을 설명하기 위해 설정된 천구.

66) '劉鮑'란 예수회 선교사 劉松齡 즉 할러슈타인(Augustin de Hallerstein, 1703~1774)과 鮑友管 즉 고가이슬(Antoine Gogeisl, 1701~1771)을 말한다. 할러슈타인은 오스트리아인으로 당시 欽天監正(三品), 고가이슬은 독일인으로 당시 欽天監副(六品)의 지위에 있었다.

고 한다.

『연기』「유포문답」에 의하면 홍대용과 고가이슬의 의론議論은 오성의 보법步法(운동론)에까지 미칠 정도였고 당시 지구자전설이 논해진 것은 이 오성론의 맥락에서였다. 사실, 『신법역서』가 지구자전설을 언급한 것은 「오위역지」에서였고, 『역상고성』의 경우는 「오성역리五星曆理」의 '오성의 본천은 모두 지구를 중심으로 한다'(五星本天皆以地爲心)라는 항목에서이다.

이 『역상고성』「오성역리」의 '오성의 본천은 모두 지구를 중심으로 한다'에는 다음과 같은 구절이 있다.

> 『신법역서』는 또 "구설舊說에는 (지구의 자전을 설하여) 칠정七政의 좌선左旋은 칠정 자체의 운행이 아니고 지구가 서에서 동으로 움직여 하루에 일주하기 때문이라고 하는 것(지구자전설)이 있지만, 고금의 천문학자는 이치에 어긋난다고 여겨서 본서에는 그 설을 채용하지 않았다"라고 서술하였다. 그러나 근래에 또 같은 설을 주장하는 자가 있어 지구의 동행東行(자전)으로 제요諸曜의 각각의 운행을 일치시키려고 한다. 하지만 생각해 보면 제요의 운행은 그것으로는 일치시키는 것이 불가능하다. 그러므로 일정一靜(지구)으로 여러 운동의 쉽고 분명함(易明)을 증험하는 편이 낫지 않은가?[67]

이 서술에서 주목해야 할 것은 『역상고성』이 최종적으로는 지구

---

67) 新法曆書又言, 舊說有謂七政之左旋, 非七政之行, 乃地自西徂東, 日行一周, 治曆之家, 以爲非理, 故無取焉. 而近日又有復理其說者, 殆欲以地之東行, 而齊諸曜之各行耳. 究之諸曜之行終不能齊, 何若以一靜而驗諸動之易明乎.

자전설을 부정하면서도 유럽에서 근래 다시 지구의 동행, 즉 자전을 주장하는 자가 세력을 늘려 온 사실을 병기한 점이다. 그것은 『신법역서』「오위역지」가 지구자전설을 전면적으로 부정한 것과는 논술의 자세가 크게 다르다.

필자는 홍대용이 고가이슬로부터 자전설 지지자가 최근에 증가했다는 것을 들었던지 혹은 『역상고성』의 윗부분의 인용문을 읽고 자신의 자전설에 자신을 가졌던 것은 아닐까 하고 추정한다. 확증은 없지만 박지원으로 하여금 「홍덕보묘지명」에 "만년에는 점점 지전을 자신하여 의심치 않았다"라고 적게 한 그 확신의 근거는 선교사 내지 한역 서학서를 매개로 알게 된 유럽 천문학계의 최신 정세에 있었으리라 생각한다.

(4) 홍대용의 과학 지식

홍대용의 과학 지식이 당시의 양반 지식인의 수준을 훨씬 뛰어넘는 것은 위에서 언급한 사례들을 일별一瞥하는 것만으로도 분명히 알 수 있다. 그중에서 그의 서산 지식에는 괄목할 만한 부분이 존재한다.

[동산과 천원술] 하지만 홍대용 자신이 조선을 대표하는 과학자였는가 하면 그렇다고만은 할 수 없다. 그의 동산 지식이 너무나 소략했기 때문이다.

『주해수용』 내편하의 천원해天元解는 『산학계몽算學啓蒙』 개방석쇄문開方釋鎖門의 천원술天元術에 대해서 해설한 것이다. 예를 들어 『산학

계몽』개방석쇄문 제14문의 경우

지금 직전直田(직사각형의 밭)이 있고 면적은 9.8무이다. 단지 말하길 장
長의 5/8와 평平의 2/3의 합은 63보이다. 묻는다. 장평은 각각 얼마인
가?[68]

에 대해 주세걸은 천원술로써 평=42보, 장=56보를 도출했다. 주산
식籌算式이나 천원식天元式을 대수代數화하여 '술術'을 기술하면 다음과
같다.

〈계산법〉 그림(생략)처럼 포산布算하고 분모를 서로 분자에 곱한다. 분
모끼리 곱해서 24를 얻는다. 그것을 63에 곱해서 1512를 얻는다. 천원
일天元一 x를 세워 평으로 한다. 그것(평의 천원식)에 16을 곱해 운수云
數에서 뺀다. 나머지는 15장 $-16x+1512$이다. 평을 곱해서 15단의
면적 $-16x^2+1512x$를 얻는다. 좌식左式으로 한다. 무수畝數를 두어
보로 환산하고 15를 곱해 좌식과 상소相消하여 개방식 $-16x^2+$
$1512x-35280=0$을 얻는다. 개평방開平方하여 평을 얻는다. 면적을
평으로 나누어 장을 얻는다. 합문合問.[69]

그러나 홍대용은 천원술을 풀이하여 다음과 같이 설명한다.

---

68) 今有直田九畝八分. 只云長取八分之五, 平取三分之二, 相倂得六十三步. 問長平各幾何.
69) 術曰, 依圖布算. 母互乘子. 分母相乘, 得二十四. 以乘六十三, 得一千五百一十二. 立天元
一爲平. 以十六乘之, 減云數. 餘爲一十五長. 用平乘之, 爲一十五段積. 寄左. 列畝通步,
以一十五乘之, 與寄左相消, 得開方式. 平方開之, 得平. 以平除積, 得長. 合問.

무수를 두고 15로 통通하여 35280을 얻고 실로 한다. 1512를 종방從方, −16을 우隅로 한다. 진위進位는 원칙대로 한다. 상상上商 40을 얻는다. 우를 상에 곱해서 −640을 얻어 종에 더한다. 나머지는 8720이다. 상에 곱해 실을 나눈다. 나머지는 400이다. 또 우를 상에 곱해 종방에서 뺀다. 나머지는 2320이다. 종은 한 자리, 우는 두 자리 뒤로 물린다. 속상續商 2를 얻는다. 우를 상에 곱해서 종에 더하면 나머지는 200이다. 속상에 곱해 실에서 뺀다. 실이 딱 떨어진다. 평 42보를 얻는다. 면적을 평으로 나누면 곧 장이다.[70]

홍대용이 설명한 것은 개방식의 개방 과정(增乘開方法)에 불과하다. 『주해수용』에는 개방법의 항목이 따로 있으니 굳이 중복해서 개방법을 부연 설명할 필요가 없고, 또 그 항목명을 '천원해'라고 붙인 점에서 보더라도 홍대용은 천원술이 무엇인지 이해하지 못한 것이 확실하다.

홍대용이 천원술을 제대로 이해하지 못한 이상, 동산에 있어서는 중인 산학자의 지식수준에도 달하지 못한 것이 분명하다.

[서산과 구면삼각법] 홍대용의 서산 지식은 양반 지식인으로서는 제1급이었고 타의 추종을 불허하는 수준이었다고 할 수 있다. 그러나 그의 서산 지식이 전문가적 영역에 도달했는가의 여부는 또 다른 문제이

---

70) 列畝通以十五乘, 得三萬五千二百八十, 爲實. 以一千五百十二爲從方, 以十六爲隅. 進位如法. 上商四十, 以隅因商得六百四十, 減從, 餘八千七百二十. 因商, 除實. 餘四百. 又以隅因商, 減從方. 餘二千三百二十. 從退一隅退二. 續商二步. 以隅因商, 減從, 餘二百. 因上商除實. 恰盡. 得平四十二步. 以平除積, 卽長也.

다. 동산의 문제도 있는 탓에 신중하게 고찰해야 할 것이다.

이 문제를 고려하는 데 첫째로 주의해야 할 것은 홍대용의 역산 즉 수리천문학의 지식수준이다. 당시에도 서산에 근거해 천문 계산을 하려면 구면삼각법球面三角法의 지식이 필수불가결했다. 『역상고성』이 구면천문학서의 성격이 강한 것도 이 점을 잘 보여 준다. 하지만 홍대용의 산제算題는 평면삼각법뿐으로 구면삼각법의 내용이 나오지 않는다. 홍대용은 구면삼각법을 배우지 않았을 가능성이 높은 듯하다. 사실 작력제作曆題에 이용된 것은 사분력四分曆이었다.

둘째로 문제 삼아야 할 것은 과학이론에 독창적인 견해가 거의 없으며71) 이론적 근거가 박약하다는 점이다. 지구자전설 등이 그 현저한 예일 것이다. 홍대용의 논술 방식에는 논증에 뛰어난 서양의 연역적 방법의 영향이 전혀 보이지 않는데, 그 자신에게 중요한 것은 논증 과정이 아니라 단지 그 결과뿐이었을 것이다. 과학이론에 설명이 거의 없고 표현이 난해한 이유이다.

셋째로 문제 삼아야 할 것은 홍대용이 천문 관측이나 수치 계산 등 과학적 실무에 관여했는가의 여부이다. 자택의 농수각에 혼천의를 갖춘 것으로 볼 때 그 혼천의로써 천문 관측을 행하였다고 추측하고 싶지만, 관측 기록이 남아 있지 않을 뿐만 아니라 관측 사실도 확인할 수 없다.

---

71) 박성래도 「洪大容 『湛軒書』의 西洋科學 발견」에서 "엄격하게 말하자면 그의 독창적 주장은 거의 없었다고 생각할 수 있다"라고 하였다.(『震壇學報』 79, 1995)

[홍대용의 과학 지식] 이상으로 과학사적 분석을 총괄해 홍대용의 과학 지식이 갖는 사회사적 의미를 정리하면 다음과 같다. 즉 홍대용은 조선 최초의 본격적인 서양과학의 '발견'자이고[72] 그 선전 보급에는 큰 역할을 담당했지만, 그의 과학 지식에는 불충분한 바가 많고 명청시대 한역 서학서의 오의奧義에 달하지 못했을 뿐만 아니라 동산의 이해도 충분하지 못하여 조선을 대표하는 과학자 중 한 사람으로 꼽을 수는 없을 것이다.

3) 홍대용의 사회사상

(1) 가치상대주의적 사상

① 홍대용의 과학사상

[홍대용과 서학] 홍대용의 과학 지식은 유럽 전래의 삼각법을 이해하고 수리천문학적 지식을 갖는 등 당시의 양반 지식인의 수준을 훨씬 뛰어넘는 것이었지만 보다 중요한 것은 수학사상을 내포한 그의 과학사상일 것이다. 거기에는 서양의 신지식으로써 동아시아의 지적 세계를 수정 개편하고 구래의 유학을 혁신하고자 하는 의도가 엿보이기 때문이다.

[홍대용의 기본 사상] 유학 변혁파라고 부를 만한 홍대용의 기본 사상을

---

72) 박성래는 「洪大容 『湛軒書』의 西洋科學 발견」에서 "洪大容은 한국 역사상 최초의 서양과학 발견자로 꼽아도 좋을 것이다"라고 하였다.

정리하면 다음과 같다.

첫째로, 형해화한 조선 주자학을 비판하여 조선의 현실에 입각한 실용적이고 실제적인 학문(실학)의 필요성을 주장하고,

둘째로, 중국 청조의 선린대외개방정책을 지지하여 청의 선진적인 문물 및 학문을 적극적으로 흡수할 것(북학)을 주장하고,

셋째로, "하늘로써 만물을 본다"(以天視物)라는 가치상대주의적 관점을 제시하였다.

② 실학

[김원행의 영향] 하지만 첫 번째의 '실학'관은 노론을 대표하는 사상가 김원행의 사상적 영향을 받았을 가능성이 높다. 『담헌서』 내집 권4의 「제미호김선생문祭渼湖金先生文」(1772)에 의하면 홍대용은 김원행으로부터 "학문 연구의 요체는 '실심實心'에 있고 행동의 지침은 '실사實事'에 있다. '실심'으로써 '실사'를 이루면, 과오는 적고 사업은 완성될 것이다"[73]라고 가르침을 받았다고 하기 때문이다.

[도학과 실학] 또 『담헌서』 외집 권1의 「답주랑재문조서答朱朗齋文藻書」(1779)에 다음과 같은 내용이 있다.

동국 유학의 '실학'은 원래 이러했다. 근세 도학의 구도矩度 즉 학파

---

73) 問學在實心, 施爲在實事, 以實心做實事, 過可寡而業可成.

를 수립하고 이설異說을 배척하여 오만한 유아독존의 사정私情으로써 승심勝心을 제멋대로 부리는 것은 참으로 심히 짜증스런 일이다. 단지 '실심'과 '실사'로써 날마다 실지實地에 발을 디딜 뿐이다. 그렇게 하면 먼저 그 진실본령을 얻어 그런 연후에 '주경치지主敬致知'와 '수기치인修己治人'의 술術도 비로소 둘 바가 있으며 허영虛影에 귀결되지 않을 것이다.[74]

위의 내용을 보면, 홍대용의 실학은 주자학의 부정이나 극복이 아니라 참된 주자학을 추구하였던 것임이 틀림없을 것이다.

③ 북학

두 번째 '북학' 즉 청의 선진적인 문물 및 학술을 적극적으로 배워야한다는 청조문화중시의 주장은 홍대용 자신이 연행燕行을 통해 몸소 실천한 바이다. 이렇게 실천으로 옮길 수 있었던 것은 어쩌면 홍대용 개인의 자질과 관련된 바가 클지도 모른다.

홍대용은 제한적이지만 중국어(북경어) 회화를 배우고 또 주자학(명분론)에서 보면 수치스러워해야 할 변발을 한 한인漢人 지식인과도 마음에서 우러난 교류를 하였다.

홍대용이 추구한 이민족과의 유화有和는 결국 청의 선린대외개방정책에 호응한 것이고, 조선 노론의 주자학(華夷論)에 바탕한 비현실적

---

74) 吾儒實學, 自來如此. 若必開門授徒, 排關異己, 陰逞勝心, 傲然有惟我獨存之意者, 近世道學矩度, 誠甚可厭. 惟其實心實事日踏實地. 先有此眞實本領, 然後凡主敬致知修己治人之術, 方有所措置, 而不歸於虛影.

인 북벌론北伐論에 대한 비판, 나아가 송시열宋時烈이 제창했던 고루한 자존정책의 실패를 의미한다. 귀국 후 노론 주류파 북벌론자(金鐘厚 등) 등이 홍대용의 청인과의 교류를 주자학에 반하는 가치상대주의적 교우도라고 비난한 것도 당시 양국의 외교 문맥에서 보자면 당연한 반응이라고 해야 할 것이다.

④ 하늘로써 사물을 보다

[인물균론] 세 번째 가치상대주의적 시점은 주로 「의산문답」이나 「임하경륜」에서 전개되었다. 홍대용은 스스로 기본 시점을 다음과 같이 서술하여 인간 중심의 가치관에 입각하지 말 것을 주장했다.(「毉山問答」)

> 사람의 시점에 서서 사물(금수초목)을 보면 사람은 귀하고 사물은 귀하지 않지만, 사물의 시점에서 인간을 보면 사물은 귀하고 사람은 귀하지 않을 것이다. 그러나 하늘의 시점에서 보면, 사람과 사물은 귀천이 없고 완전히 동일하다.75)

그의 '인물균론人物均論'의 근간에 있는 것이 "하늘로써 사물을 보는"(以天視物) 시점에 다름없다. 인물균론은 자가自家가 속한 노론 낙론의 인물성동론人物性同論과 기본 주장을 같이한다. 따라서 자각적인지의 여부를 막론하고 선행 연구가 지적하듯 그 영향을 받았다고 보아야 할 것이다.

---

75) 以人視物, 人貴而物賤, 以物視人, 物貴而人賤. 自天而視之, 人與物均也.

[역외춘추설] 홍대용은 단지 "하늘로써 사물을 보아" 사람과 금수초목의 본질에 차별을 두지 않았을 뿐만 아니다. 이 가치상대주의적 시점을 인간사회의 제 이론에 응용하였다. "하늘에서 이를 보자면 어찌 내외의 분별이 있으리오"76)라고 생각했기 때문이다. 그 대표적인 이론은 다음과 같다.

공자는 주나라 사람이다. 당시 주 왕실은 힘이 쇠하고 제후들도 약해져서 오초吳楚는 중하中夏를 어지럽히고 구적寇賊은 멈출 바를 몰랐다. 『춘추』는 주나라의 책이다. 내외의 분별을 엄격하게 한 것은 오히려 당연하였다. 하지만 공자가 해외에 진출하여 구이九夷에 거주해 하夏의 문화로써 이夷를 바꾸고 주나라 도를 역외域外에 일으켰다면 내외의 분별과 존양尊攘의 의리에 대해서는 (새로운 리에 바탕한) '역외춘추'를 저술하였음에 틀림없다. 이것이 곧 공자가 성인인 까닭이다.77)

즉 화이론적 사고로부터의 해방, 이민족 멸시 비판의 주장이다. '역외춘추설'이라고 한다. 홍대용은 또 같은 시점에 근거하여 능력에 기초해 신분제를 철폐한 '만민개로萬民皆勞'의 사회를 몽상하기도 했다.(「林下經綸」)

---

76) 自天視之, 豈有內外之分哉.
77) 孔子周人也. 王室日卑, 諸侯衰弱, 吳楚滑夏, 寇賊無厭. 春秋者周書也. 內外之嚴, 不亦宜乎. 雖然, 使孔子浮于海, 居九夷, 用夏變夷, 興周道於域外, 則內外之分, 尊攘之義, 自當有域外春秋. 此孔子之所以爲聖人也.

(2) 연행과 사상혁명

① 홍대용과 주자학

[연행 전의 홍대용] 홍대용의 연행 후의 사상은 조선 양반과는 달리 가치 상대주의적이며 비판정신이 풍부하였지만, 연행 전에는 노론의 영수 송시열과 혼동될 만큼 고루하고 꽉 막힌 논리에 빠져 있는 듯 보인다.

예를 들어 『담헌서』 외집 권3 「건정동필담乾淨衕筆談」 1766년 2월 23일에 의하면, 홍대용은 왕양명王陽明과 동향의 중국 지식인을 향해서 단언하였다.

> 나는 아직 육구연의 문장을 읽지 않았고 그의 학문의 심천深淺도 알지 못하기 때문에 육학陸學에 대해서는 감히 망론妄論하지 않겠다. 다만 주자학에 대해서는 개인적으로 중정무편中正無偏하여 실로 공맹의 정맥正脈을 얻었다고 확신한다. 육구연이 주자와 다른 설을 주장했다면 후학의 공론이 이를 배척한 것은 당연한 것이 아닌가?[78]

육학과 양명학 등은 들으려고도 하지 않은 듯하다.

[연행 후의 홍대용] 하지만 연행 후에는 그의 고루한 사고법이 모습을 감추었다. 『담헌서』 내집 권2 「계방일기」 1775년 2월 18일은 동궁(훗날의 정조)이 홍대용의 학통에 얽매이지 않는 유연한 리기理氣 이해에 대해 칭찬한 것을 다음과 같이 기록하고 있다.

---

78) 愚未見陸集, 未知其學之淺深, 不敢妄論. 惟朱子之學, 則竊以爲中正無偏, 眞是孔孟正脈. 子靜如眞有差異, 則後學之公論, 無怪其擯斥.

계방(홍대용)의 말은 심히 지당하다. 이 말을 보니 계방은 고체固滯의 논을 하지는 않는 것 같다.[79]

연행을 매개로 하여 홍대용은 그의 사상과 신조를 크게 변화시킨 듯하다.

② 연행과 사상혁명

[절강 학자와의 필담] 홍대용의 연행 전후를 통한 사상과 신조의 변화는 어떤 의미에서는 대단히 현저하지만, 무엇이 어떻게 변화하였는가를 구체적으로 지적하는 것은 자료의 제약도 있어 생각만큼 간단하지는 않다. 그래서 본 항목에서는 분석의 초점을 모아 『시경』 소서小序와 주자 『시집전詩集傳』의 해석 간의 관계에 대한 홍대용의 이해가 항주 독서인과의 의론을 거쳐 어떻게 변화해 갔는지를 보고자 한다.

분석의 목적은 사상과 신조를 달리하는 절강 학자와의 필담이 홍대용 사상의 근간을 구성하는 주자학에 대해 부분적인 회의를 초래한 사실을 분명하게 하는 데 있다.

[필담 I] 『담헌서』 외집 권2와 권3 「건정동필담」에 의하면, 주자 『시집전』의 평가에 관한 홍대용과 절강 학자와의 의론은 엄성嚴誠(字는 力闇)의 2월 8일의 다음과 같은 발언에서 시작된 듯하다.

---

79) 桂坊之言甚當. 觀此言, 則桂坊似不爲固滯之論.

엄성이 말했다. 주자는 기꺼이 소서(詩序)의 설에 반대지만 지금에서 보자면 『시경』 소서에는 따를 만한 바가 많다. 그 때문에 학자라면 주자설을 전면적으로 신용할 수 없다. 청의 주이존朱彝尊은 『경의고 經義考』 200권을 지어서 주자의 오류를 바로잡았다. 그 이후의 논의는, 주자가 소서를 고친 바는 거의가 문인의 손에서 나왔다고 주장한다.[80]

엄성은 당시 청대 지식인의 주자학 비판을 흡수하여 『시경』 소서 (詩序)를 중시할 것을 주장하고, 주자가 『시집전』(수정본=금본)을 편찬할 때 정초鄭樵의 설을 이용해 소서를 난경亂經의 원흉으로 지목하여 삭제한 것을 비판한다. 『시집전』에만 매달리는 공서파攻序派에 대한 비판이다.

[필담 II] 홍대용은 이에 대해 2월 10일 다음과 같이 엄성에게 반론의 편지(與力闇書)를 쓴다.

『시집전』은 소서의 구금拘禁의 견해를 바로잡았으며 문에 의하고 리에 따라 생생하게 해석한다.…… 즉 깊이 시인의 뜻을 얻어 앞사람이 아직 밝히지 못한 바를 밝혔다.…… 소서의 설에 대해서도 나는 거의 다 읽었지만…… 전혀 문리를 이루지 못했다. 이는 주자의 변설辨說에 잘 갖추어져 있다. 대개 소서는 답습표절踏襲剽竊·강의입언 强意立言해서 한 번 그 말에 의거해 읽어 보아도 나무를 씹는 것처럼

---

80) 力闇曰. 朱子好背小序, 今觀小序甚是可遵. 故學者不能無疑於朱子. 本朝朱竹垞著經義考二百卷, 亦關朱子之非是. 而自來之論, 亦謂朱子好改小序, 殆出於門人之手.

전혀 여운이 없다. 스스로를 속이고 남을 속이는 것 또한 실로 심하다.……『시집전』은 주자의 수필手筆이 아니라 문인의 손에서 나왔다는 설 따위는 현재 주자의 시대로부터 그리 멀지 않다. 선배의 시대에 의리의 강명講明에는 한 점의 흐릿함도 없었다. 이러한 주장을 하는 자들도 주자의 친적親蹟임을 알고 있었음에 틀림없다. 단지 세상을 들어 이를 높이고 승부를 걸어도 이길 수 없기 때문에 겉으로 돕고 속으로 누르는 술수를 쓴 것이다.[81]

그러나 엄성이 2월 10일의 「여역암서與力闇書」에 응한 것은 2월 23일의 일이다. 엄성은 홍대용의 반론에 대해 "소서는 단연코 폐해서는 안 된다. 주자의 시주詩註에는 불필요한 반대 의견이 많아 따를 수 없다"[82]라고 차갑게 단언했을 뿐만 아니라 반정균도 엄성에 찬성하여 "주자가 소서를 폐한 것은 대부분 정초에 바탕을 둔 것"[83]이라고 했다. 또한 육비도 "당신이 주자를 존숭함은 대단히 좋지만, 주자가 소서를 폐한 것에 대해서는 절대로 강변해서는 안 된다"[84]라고 하고, 마단림馬端臨의 설을 소개하면서 주자 『시집전』의 결함을 지적하고 "내가 생각하는 바 주자의 주서注書는 대단히 많다. 그중에는 문인의

---

81) 其破小序拘係之見, 因文順理, 活潑釋去.……乃其深得乎詩人之意, 發前人所未發也.……至若小序之說, 則愚亦略見之矣,……全不成文理. 此則朱子辨說備矣. 蓋其踏襲剽竊, 强意立言, 試依其言而讀之, 如嚼木頭, 全無餘韻. 其自欺而欺人也, 亦太甚矣.……若以集註謂非朱子手筆而出於門人之手, 則去朱子之世, 若此其未遠也. 先輩之世, 講明若燭照. 雖爲此說者, 豈不知其爲朱子親蹟. 而特以擧世尊之, 彊弱不敵, 乃遊辭僞尊, 軟地揷木, 爲陽扶陰抑之術也.

82) 小序決不可廢. 朱子於詩註實多踏駁, 不敢從同也.

83) 朱子廢小序, 多本鄭漁仲.

84) 老弟宗朱, 極是, 然廢小序, 必不能强解也.

수작手作도 없지는 않을 것"85)이라고 결론지었다.

　세 사람의 주장은 당시 새롭게 일어난 청대 고증학의 성과에 근거한 것으로 과격한 점이라고는 조금도 없지만 홍대용은 "이는 구설口舌로써 싸워서는 안 된다. 돌아가서 가르침을 상세히 검토하겠다. 망견妄見이 있으면 봉복奉復하겠다"86)라고 응하면서 그 주장에 동의하려 하지 않았다.

　[필담 Ⅲ] 또 2월 26일에는, 홍대용은 미리 준비해 온 문장으로써 자설自說을 전개하고 이전처럼 "주자가 소서를 없앤 것은 그의 가장 득의得意한 바이고 성문聖門에 유익한 바가 많다. 선생들의 의론을 들음에 이르러도 상연爽然함을 못 느끼고 망연자실한 감이 깊다"87)라며 주장을 굽히지 않았다. 세 사람은 홍대용의 반론에 재반론하여 "응대보답應對報答은 꽤 많았다"(酬酢頗多)라고 했다.

　그러나 논전의 결과 홍대용은 자신의 이론적 패배를 인정하여 세 사람에게 자신의 심경의 변화를 기술한다.

　　동국東國은 단지 주자 주가 있음만 알고 다른 것은 알지 못했다. 내
　　가 누누이 말해 온 바는 당연히 스스로 불역不易의 논을 전개하려
　　한 것이 아니다. 소서에 대해서는 일독하고 그것을 버려 재차 꼼꼼
　　하게 연구하지 않았는데 귀국하면 상세하게 검토해 보려고 생각한

---

85) 鄙意朱子注書甚多. 或不無門人手作.
86) 此不可以口舌爭. 請歸而詳覽諸敎, 或有妄見, 當以奉復也.
87) 詩之掃去小序, 爲其最得意處, 而大有功於聖門矣. 及聞兄輩之論, 不覺爽然, 而自失矣.

다.[88]

「건정동필담」은 논전이 원만히 끝난 것에 대해 "모두 희색이 되었다"(諸人皆有喜色)라고 전한다.

③ 연행 후의 주자학 비판

홍대용은 청조 지식인들과의 필담을 통해 새로운 학문의 일단을 접하여, 스스로 사상혁명을 이루고 부분적이나마 자신의 사상 기반을 이루는 주자학에도 비판의 화살을 돌리기 시작했다.

이것이 바로 주자학을 받들면서 주자학 말류의 폐해와 대결하고 그것을 개혁하려는 연행 후의 홍대용의 사상적 입장이다. 또한 자기 주장에 주자학자에게 자주 있는 도학적 고루함이나 강인함을 결한 까닭이다.

환언하면 가치상대주의적인 홍대용의 사상은 주자신봉(宗朱)과 주자비판(攻朱)의 미묘한 균형 위에서 성립했다고 보아야 한다.

(3) 가치상대주의와 과학 지식

① 노론적 처세와 북학적 사고

[북학적 사고] 홍대용의 혁신적인 사상은 (a) 서양 역산(가학)과 조선 주

---

88) 東國知止有朱註, 未知其他. 弟之所陳, 亦豈敢自以爲不易之論耶. 至於小序, 一讀而棄之, 不復精究, 當於歸後, 更熟看之.

자학(김원행의 노론적 실학)의 깊은 교양하에서, (b) 연행 시 청조 지식인과 벌인 경학 의론이나 예수회 선교사와의 천문 문답을 통해, 동서의 새로운 학문의 일단을 접해 스스로 사상혁명을 이루어 부분적이나마 자신의 사상 기반을 이루는 주자학에도 비판의 화살을 돌리게 된 데에서 시작되었다고 할 수 있다. 이것이 김원행의 노론적 주자학을 받들면서도 주자학 말류의 폐해와 대결하고 그것을 개혁하려고 한 연행 후의 홍대용의 사상적 입장이다.

홍대용은 연행에 의한 사상혁명을 거쳐 가치상대주의적 사고법을 몸에 익혔다. 학파에 근거해서 논의 시비를 판단하지 않는 태도가 그것이다. 홍억洪檍의 장남 홍대응洪大應의 「종형담헌선생유사從兄湛軒先生遺事」에 다음과 같이 전한다.

> 선생은 동인東人의 저작 중에서 『성학집요聖學輯要』와 『반계수록磻溪
> 隨錄』을 경세유용의 학으로 여겼다. 항주 학자 엄성이 동유東儒의 성
> 리학서를 구했을 때, 『성학집요』를 선물했다.[89]

『성학집요』는 노론의 원류 이이李珥의 대표작이지만 『반계수록』은 남인 유형원柳馨遠의 저작이다.

[노론적 처세] 하지만 홍대용은 실제적 처세에 관한 한 여전히 노론에 속했고 그 인맥을 이용하여 생활한 듯하다. 영조 50년(1774) 음보蔭補로

---

89) 東人著作中, 以聖學輯要·磻溪隨錄爲經世有用之學. 杭州學者嚴誠求東儒性理書. 先生贈以聖學輯要.

세손익위사시직의 관직에 부임한 것이 그 알기 쉬운 증거이다. 음보
란 부조父祖의 공적에 근거하여 보관補官하는 것이고 가문을 근거로 한
인사에 다름 아니기 때문이다.

또『담헌서』 내집 권2 「계방일기」 1774년 12월 25일자에는 화제가
노론의 영수 송시열에 미쳤을 때 송시열을 모신 화양서원華陽書院을 자
주 왕래했던 사실을 동궁에게 스스로 보고한 것을 기록하였다. 홍대
용은 연행 후에도 노론과의 관계를 유지하고 있었다고 생각해야 할
것이다.

② 가치상대주의와 과학 지식

[가치상대주의의 이론적 근거] 연행 후의 홍대용은 현실과 사상 혹은 주자
학과 반주자학의 모순·갈등 속에서 생을 영위했고 그러한 이방향異方
向 벡터를 가진 양자의 미묘한 균형이 홍대용의 가치상대주의의 온상
이 되었다고 추정할 수 있을 것이다. 하지만『의산문답』에서 주장한
가치상대주의는 소극적이고 취약한 성질이 아니다. 실학을 제창한 강
한 사상성과 허학을 전면 부정하는 부동의 자신감이 넘쳐난다. 그렇
게 자신감을 가졌던 까닭은 주장을 지탱하는 강고한 이론적 근거의
존재에 있었을 것이다.

[지구설과 티코 브라헤의 우주체계] 홍대용의『의산문답』에 의하면, 인간사
회의 당위와 가치상대주의를 성립시키는 이론적 근거는 다름 아닌 유
럽 기원의 과학 지식 즉 (a) 지원설地圓說과 (b) 티코 브라헤의 우주체계

이다. 왜냐하면 "사람과 사물(人物)의 생은 천지에 근거"하기 때문이다. 홍대용은 대지가 구형이라는 사실에서 다음과 같이 주장한다.

> 중국은 서양과 경도차가 180도이다. 그래서 중국인은 중국을 정계正界로 하고 서양을 도계倒界로 한다. 서양인은 서양을 정계라 하고 중국을 도계라 한다. 기실 하늘을 이고 땅을 밟는 것은 어느 계界도 다 옆으로 누운 것도 뒤집힌 것도 없이 동등하게 모두 정계인 것이다.[90]

또한 티코 브라헤의 우주체계에 근거하여 다음과 같이 말했다.

> 만천滿天의 성수星宿는 각각이 하나의 계이다. 다른 성계星界로부터 보면 지구(地界)도 하나의 별에 불과하다. 수없는 세계가 우주(空界)에 산재해 있음에도 단지 이 지구만이 때마침 그 정중의 위치에 있다고 하나, 그럴 리가 있을 턱이 없다.[91]

즉 지구를 우주의 중심(空界之正中)으로 보지 말아야 할 것을 주장한 것이다.

[가치상대주의적 사회이상과 천지의 상대성] 홍대용은 서양과학 지식을 이용하여 천지의 상대성을 분명히 한 후 '사람과 사물의 근원'(人物之本), '고

---

90) 中國之於西洋, 經度之差, 至于一百八十. 中國之人, 以中國爲正界, 以西洋爲倒界. 西洋之人, 以西洋爲正界, 以中國爲倒界. 其實戴天履地, 隨界皆然, 無橫無倒, 均是正界.

91) 滿天星宿, 無非界也. 自星界觀之, 地界亦星也. 無量之界, 散處空界, 惟此地界, 巧居正中, 無有是理.

금의 변화'(古今之變), '화이의 분별'(華夷之分)까지 언급한다. 중국이 천하의 중심이 아니고 지구가 우주의 중심이 아니라고 인식했을 때, 사람이 중화를 존숭할 필요도 없고, 화이 질서에 따를 필요도 없음은 자명하였을 것이다.

먼 미래의 자국의 전도前途를 믿고 가치상대주의적 사회 이상을 주장한 홍대용의 뜨거운 마음은 시대를 넘어 독자들에게 전해져 갈 것이 틀림없다.

[서양 역산이론에 기초한 가치상대주의] 명제화해서 말하면 홍대용을 가치상대주의적 사회사상으로 이끈 것은 중국 지식인과의 우정 어린 교류였지만, 이론적으로 뒷받침한 것은 동아시아에 새롭게 전래된 유럽의 수리과학 지식이었다고 결론지을 수 있다.

제5장

순수 성리학적 수학서의 출현 — 황윤석과 배상열

조선의 18세기 중·후반기에는 서학의 발전과 병행하여 전통 이념을 심화시킨 순수 성리학적 학문이 꽃피었다. 수학 연구에 있어서는 황윤석黃胤錫이 '리수理數'를 강조하고 배상열裵相說이 '서수書數'를 강조한 것이 그 경향을 잘 드러낸다.

1. 황윤석과 리수

황윤석이 편찬한 『리수신편理藪新編』 전23권은 그중 권21에서 권23까지가 전적으로 산학을 주제로 삼는데 총괄하자면 독자적인 '리수理數'관에 근거하여 『성리대전性理大全』을 확장한 것으로 파악할 수 있다. 또한 책의 구성상의 특징은 『성리대전』의 조례를 본뜨면서도 군서群書를 인용함으로써 논술의 부족을 보완하여 '리수'학의 완벽을 기한 바에 있다.

1) 황윤석 소전

황윤석黃胤錫(1729~1791)은 자를 영수永叟라고 하고, 호를 이재頤齋, 서

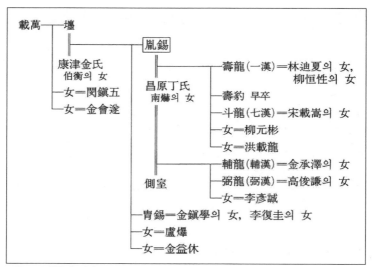

[그림 5-1] 황윤석 가계도[1]
평해황씨는 노론의 명문이다. 황윤석은 김원행에 사사하고 홍대용과 교류하였다. 조선을 대표
하는 실학자일 뿐만 아니라 동아시아를 대표하는 술수학자라고 할 수 있다.

명산인西溟散人, 운포주인雲浦主人, 월송외사越松外史라고 한다. 본관은 평

해平海이다.

　　황윤석은 영조 5년(1729) 4월 28일 호남의 명문가에서 태어났다. 조

부는 황재만黃載萬, 부친은 황전黃壥, 모친은 김백형金伯衡의 딸이다.([그

림 5-1] 참조) 특히 조부의 동생인 황재중黃載重은 김창협(1651~1708)의 문

인으로서 석학으로 명성이 높았다.

　　황윤석은 문행文行을 상전相傳하는 명문자제 교육의 관례에 따라

"5세에 취학하였다(五歲就學)." 그는 "7~8세에 한문을 쓸 줄 알았고, 10

세에 문장은 이미 성숙하였으며, 13세에 경전經傳을 전부 독파하였

---

1) 민족문화추진회 편, 『한국문집총간해제』 5(경인문화사, 2001)에서 인용.

다"2)라고 한다. 그러나 영조 18년(1742, 14세)에 "처음으로 성현의 학(理數)에 유의하게 되고"(始留意於聖賢之學), 영조 20년(1744, 16세)에 『리수신편』의 편찬에 착수하였다. 스스로 '일생 정력의 소재'(一生精力之所在)라고 서술한 것이 바로 이 책이다.

황윤석은 "어릴 때부터 독서를 좋아하였고, 성장 후에는 유술儒術로써 가업을 잇고자 결심하고 널리 당세의 선생·장자長者를 배알하였다."3) 28세에 김원행(1702~1772)을 찾아가고 30세에 윤봉구(1683~1767)에게 인사한 것이 그것이다. 그리고 영조 35년(1759, 31세)에는 동생 황주석黃冑錫과 함께 김원행을 배알하고 "예물을 들이고 비로소 사제의 의를 정했다."4) 김원행은 김창협의 손자이며 노론 낙론계를 대표하는 학자 중 한 사람이다.

영조 35년 춘2월에 진사 복시覆試에 합격하였지만 문과 응시에는 매번 실패하여 영조 42년(1766, 38세)에 은일隱逸로 장릉참봉莊陵參奉에 제수되었다. 이후 "관이 있으면 나아가고 없으면 물러나"5) 몸을 바르게 하면서 한미한 관직을 전전하였다. 영조 대에는 장릉참봉을 시작으로 의영고봉사義盈庫奉事(1768), 종부시직장宗簿寺直長(1769), 사포서별제司圃署別提(1771), 세손익위사익찬世孫翊衛司翊贊(1776)을 역임하였다. 정조 대에는 사복시주부司僕寺主簿(1778), 동부도사東部都事(1778), 장릉령長陵令(1778)에 임명되고, 그 후 목천현감木川縣監(1779), 장악원주부掌樂院主簿, 창릉령昌陵令

---

2) 「行錄」, "七八歲知屬文, 十歲文章已就, 十三歲畢讀經傳."
3) 「墓誌銘」, "公自幼好讀書, 旣長思以儒術繼其家, 徧謁當世先生長者."
4) 「年譜」, "與弟冑錫謁渼湖先生納贄, 始定師生之義."
5) 有官則進, 無官則退.

(1784), 전생서주부典牲署主簿(1786)를 거쳐 마지막으로 전의현감全義縣監 (1786)이 되었다. 이것이 관력의 전부이다.

황윤석의 본령은 학문에 있고 "예악서수, 홍범구주태현, 성력병 진, 삼식필획, 의약풍수, 농형선불에서 조선의 도량권형, 방언보계, 천 하산천, 군국인물에 이르기까지 꿰뚫지 못하는 바가 없었다"6)라고 한 다. 방대한 저작을 남겼는데 대표적인 것을 들면 『이재유고頤齋遺稿』, 『이재속고頤齋續稿』, 『이재난고頤齋亂藁』, 『리수신편理藪新編』 등이다.

정조 11년(1787, 59세)에 황윤석은 관도官途를 사직하고 고향에 돌아 가 후학의 양성에 전념하였다. 정조 15년(1791) 4월 17일에 만은재晚隱齋 서별실에서 세상을 떠났다. 향년 63세이다.

2) 『리수신편』

황윤석의 학문상의 대표작을 들자면 스스로 '일생 정력의 소재'(「理 藪新編自序」)로 칭한 『리수신편理藪新編』7)을 뽑을 수 있다. 『리수신편』은 전23권으로 구성되어 있으며 책 이름과 권수로부터 분명히 알 수 있 듯이 '리수'의 해명을 목적으로 한 호한浩瀚의 편찬물이다. 그러나 편 찬 의도나 스스로의 '리수'관에 대해서는 설명이 거의 없고 책의 구성 이나 인용문, 저자 자신의 안문案文 등에 의해 이를 추측해 볼 수밖에 없다.

---

6) 「行錄」, "自禮樂書數範疇太玄星曆兵陣三式筆劃醫藥風水農刑仙佛之書, 以至我國衡尺方 言譜系及天下山川郡國人物等說, 靡不貫穿."
7) 분석에는 『이재전서』(경인문화사, 1976) 소수본을 사용하였다.

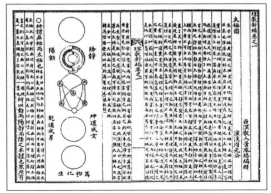

[그림 5-2] 『리수신편』 권1의 書影
황윤석이 편집한 『리수신편』은 기묘한 책이다. 권1에 대해서 보자면 『성리대전』 권1에 보이는 송원 儒者의 태극도설 중 중요 부분을 전사하고 거기에 보유를 붙인 것이라고 할 수 있다. 태극도란 송 周敦頤의 작으로 서영 왼쪽의 그림을 말한다. 〈『이재전서』 소수〉

(1) 『리수신편』의 구성

[리수신편과 성리대전] 우선 책의 구성과 편찬의 특징에 대해서 『리수신편』 권2를 예로써 설명해 보자. 『리수신편』 권지이卷之二의 「서명산인 황윤석편집西溟散人黃胤錫編輯」은 권명을 「리기理氣」라고 한다. 모두冒頭는 리기총론理氣總論에 해당하고 『성리대전』 권26 「리기일理氣一」의 '총론'조의 대반을 인용하고 있다. 정자程子, 주자, 면재황씨勉齋黃氏, 북계 진씨北溪眞氏가 논하는 바가 그것이다.

한편 『성리대전』이란 명의 호광胡廣 등이 영락제의 명을 받고 편찬한 송원의 성리학설을 집대성한 책을 말한다. 70권으로 구성되어 있다. 『오경대전』 154권, 『사서대전』 36권과 함께 영락 13년(1415) 9월에 완성되었다. 조선 주자학의 기초를 정한 것이 바로 이 세 책이라고 해도 좋을 정도로, 그 의미에서 대단히 중요하다.

[리기권의 태극] 총론에 이어서는 「태극」이 보이고 『성리대전』 권26 「리

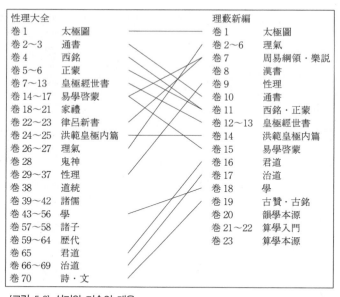

性理大全			理藪新編	
卷 1	太極圖		卷 1	太極圖
卷 2~3	通書		卷 2~6	理氣
卷 4	西銘		卷 7	周易綱領・樂説
卷 5~6	正蒙		卷 8	漢書
卷 7~13	皇極經世書		卷 9	性理
卷 14~17	易學啓蒙		卷 10	通書
卷 18~21	家禮		卷 11	西銘・正蒙
卷 22~23	律呂新書		卷 12~13	皇極經世書
卷 24~25	洪範皇極内篇		卷 14	洪範皇極内篇
卷 26~27	理氣		卷 15	易學啓蒙
卷 28	鬼神		卷 16	君道
卷 29~37	性理		卷 17	治道
卷 38	道統		卷 18	學
卷 39~42	諸儒		卷 19	古贊・古銘
卷 43~56	學		卷 20	韻學本源
卷 57~58	諸子		卷 21~22	算學入門
卷 59~64	歴代		卷 23	算學本源
卷 65	君道			
卷 66~69	治道			
卷 70	詩・文			

[그림 5-3] 성리와 리수의 대응
그림은 『성리대전』과 『리수신편』의 대응 관계를 보여 준다. 대응 관계를 보면,
황윤석이 송원의 성리학설(리기설)에 근거하면서 자기의 理數學(술수학)의 체계를 구
축한 것이 분명하다. 황윤석에 의하면 산학뿐만 아니라 韻學도 리수학의 중요한
구성 요소이다.

기일理氣一의 '태극'조의 인용이 줄을 잇는다. 그러나 주자, 절재채씨
節齋蔡氏, 서산진씨西山眞氏의 인용은 전문이지만, 북계진씨와 임천오씨
臨川吳氏의 인용은 절록節錄이다.

[리기권의 천지] 「태극」에 이어서는 「천지부기天地附氣」가 보이고 같은
『성리대전』 권26 「리기일」의 '천지'조를 인용한다. 그러나 『성리대전』
은 노재허씨魯齋許氏의 인용으로 끝나지만 『리수신편』은 노재허씨의
인용에 덧붙여 『오진편주소悟眞篇注疏』와 『소문입식운기론오素問入式運氣

論奧』로부터 한 조씩 인용하였다. 이상은 모두 인용문으로 구성되어 있으며 자설自說은 전혀 제시되어 있지 않다.

그러나『리수신편』의「천지부기」이하는「초사천문주답해楚辭天問注答解」,「지성신급일사유설地星辰及日四遊說」,「남북고저설南北高低說」,「선기옥형璿璣玉衡」의 각론이 전개된다. 모두『성리대전』에는 보이지 않는 논설이고 황윤석의 독창에 의한 것으로 보아야 할 것이다.「초사천문주답해」는 주자가 유종원柳宗元의「천대天對」에 대해 변론한 것으로 전문이 주자의 인용으로 구성되어 있지만,「지성신급일사유설」,「남북고저설」,「선기옥형」은 황윤석 자신의 고증에 근거해 있다. 예를 들면「선기옥형」은 조우흠趙友欽의『혁상신서革象新書』와『서경집전書經集傳』「순전舜典」의 채침의 주를 인용한 후 안문案文을 실어 조선에 이르는 혼천의의 역사를 복원하고 마지막으로 기형도璣衡圖 두 그림을 그려 놓았다.

[리기권의 천도]「천지」의 항목을 잇는 것은「천도天度」이다.『성리대전』권26「리기일」의 '천도天度'조 등을 인용하고, 인용 후 곧바로 소강절경세일원소장지도邵康節經世一元消長之圖와「총론원회운세總論元會運世」를 두어 논술의 부족함을 보완하고 있다.

[성리대전의 증보]『리수신편』권2의 구성은 대체로 위와 같고『성리대전』에 전면적으로 의거하는데, 이러한 사정은 권2에만 한정되지 않는다.

『리수신편』전 23권 중에서 권8의 한서漢書, 권20의 운학韻學, 권21 부터 권23까지의 산학을 제외한 18권은 권2와 구조가 동일하고 『성리대전』의 증보라는 체제를 취하고 있다. 역으로 말하면 『성리대전』전 70권 중에서 가례家禮 · 귀신鬼神 · 도통道統 · 제유諸儒 · 제자諸子 · 역대歷代 를 제외한 52권은 절록節錄이기는 하지만 대체로 『리수신편』에 인용 되어 있다고 할 수 있다.

[수리학] 한편 『리수신편』권8의 한서의 구성은 율력지律曆志에서 다루 어진 유흠劉歆의 삼통력三統曆 체계를 설명한 후 천문지나 오행지에 보 이는 성점星占 관련의 문장을 인용한다. 또한 권20의 운학은 등운等韻 을 설명하는 이세택李世澤의 운법횡도韻法橫圖와 매응조梅膺祚의 운법직 도韻法直圖를 그리고 다음으로 훈민정음의 음운 체계를 설명하고 잡록 으로 끝맺는다.

권21부터 권23까지의 산학은 권21, 권22가 「산학입문算學入門」이고 전통 산술의 내용을 설명함에 대해 권23은 「산학본원算學本源」으로 명 명되어 있다. 권23이 박율의 『산학원본』에 기초한 것에 대해서는 이 미 서술한 대로이다.[8]

총괄해 보자면 권8의 한서와 권20의 운학 그리고 권21에서 권23까 지의 산학 부분은 성리학의 이론이라고 하기보다는 실학적 성격이 강 하고 수리학數理學적이라고 해야 할 것이다.

---

8) 『理藪新編』권23과 박율의 『算學原本』의 상세에 대해서는 제3장 3 1) (2) 박율의 『산학원본』을 참조할 것.

[성리학 원론과 술수학 각론] 『리수신편』의 구조는 성리학 원론과 수리학 (술수학) 각론으로 구성되어 있다고 할 수 있지만, 전체 중 적어도 절반 이상은 『성리대전』에서의 인용으로, 『성리대전』의 이론적 영향은 심대하다고 하지 않을 수 없다.

그러나 『리수신편』은 『성리대전』에 보이는 『태극도설太極圖說』, 『역학계몽易學啓蒙』, 『황극경세서』, 『홍범황극내편』, 『율려신서律呂新書』 등을 인용하여 리기理氣·성리性理·학學·군도君道·치도治道 등에 언급하고 있기는 하지만, '리수'의 성격이 빈약한 가례·귀신·도통·제유·제자·역대에 대해서는 전혀 수록하지 않았다.

황윤석은 성리학의 사회사상적 측면을 중시하지 않았으며 사변적이고 술수적인 경향을 현저하게 보여 준다고 할 수 있다.

(2) 『리수신편』과 리수

[성리학과 술수학의 변론] 황윤석은 『태극도설』, 『역학계몽』, 『황극경세서』, 『홍범황극내편』 등의 성리학서를 술수학(수리학)서와 같은 범주에 속하는 것으로 이해하였다고 보이는데, 이 점은 황윤석 자신이 성리학과 술수학에 대해 가치의 높고 낮음을 두지 않고 병론倂論하여 『리수신편』을 완성시켰다는 사실에서만 추정 가능한 것은 아니다. 이는 황윤석이 「리수신편자서理藪新編自序」에서 "리수총약간문목은 내 일생 정력의 소재이다"[9]라고 서술하고, '태극리기의 설'을 '천지만리를 총괄' (總天地之萬里)하는 것으로, '홍범경세의 학'을 '하도낙서의 묘한 기운機運

---

9) 理藪總若干門目, 是余一生精力之所在也.

을 포괄'(括河洛之妙機)하는 것으로, '계몽역윤啓蒙曆閏의 법'을 '옛사람의 미래를 아는 학문'(古人知來之學)으로 위치 지었던 사실로부터도 미루어 짐작할 수 있다.

[성리학 즉 술수학의 시점] 『리수신편』의 내용을 보면 '태극리기의 설'을 펼친 부분은 권1의 「태극도설」과 권2에서 권6까지의 「리기」이다. 마찬가지로 '홍범경세의 학'을 서술한 부분은 권12와 권13의 「황극경세서」, 권14의 「홍범황극내편」이다. 또한 '계몽역윤의 법'이란 권15의 「역학계몽」과 권8의 「한서」 등을 가리킨다.

황윤석은 그 『태극도설』, 『역학계몽』, 『황극경세서』, 『홍범황극내편』 즉 성리학 원론 내지 리기철학의 부분으로써 '하도낙서의 묘한 기운을 포괄'하는 것으로 파악하고 '옛사람의 미래를 아는 학문'으로 단정한 것이다. 황윤석에게 성리학과 술수학의 학문적 거리는 매우 가까웠다고 할 수 있을 것이다.

황윤석은 또 「리수신편자서」에서 주자의 "역易의 상수象數는 처음에는 무척 간이하였다. 지금 사람들은 그 의미하는 바를 깨닫지 못하고 거꾸로 음무고사淫巫瞽史의 학문이라고 비방하지만 그 또한 잘못이다"[10]라는 구절을 인용하여 자신이 성리학서에 근거하여 '리수'학서를 편찬한 이유를 설명하지만, 이 점도 성리학을 술수학으로서 이해하려 한 황윤석의 시점을 매우 분명하게 보여 준다. 성리학은 '역의 상수'를 근간에 두는데 술수학이란 역외별전易外別傳을 말하고, '역의

---

10) 『朱熹別集』, 권6, "易之象數, 初甚簡易. 今人不得其說, 反邃託以爲淫巫瞽史之學, 其亦誤矣."

상수'는 동시에 술수학의 기초이기도 하기 때문이다.

[성리학의 광범한 외연] 총괄해 보자면 황윤석의 '리수'학은 '상수'나 '술수'뿐만 아니라 '성리'나 '리기'도 내포하고 있어 그 학문 영역은 상당히 넓다고 하지 않을 수 없다.

　황윤석의 리학理學 정신은 중국 청대의 강희제 어제『성리정의性理精義』,『율력연원律曆淵源』의 정신에 가깝다. 예를 들어 강희제의 「어제성리정의서」에는 "도상 · 율력 · 성명 · 리기의 근원에 있어 앞사람이 아직 창발하지 못한 바에 대해서는 짐은 또한 때로 자기 해석으로써 그 사이를 절충했다"[11])라는 언급이 보인다. 18세기에 이르면 동아시아 성리학의 내용은 더 이상 '성명리기性命理氣'의 해명에 그치지 않게 된 것이다.

2. 배상열과 서수

　황윤석의『리수신편』이 '리수'에 초점을 둔 성리학서라면, 배상열의『서계쇄록書計瑣錄』은 주자학적 소학 교과서라고 서술할 수 있다. '서수書數'를 중시하여 국어와 수학을 합쳐서 강론한 점에 그 특징이 있다.

---

11)　至於圖象律曆性命理氣之源, 前人所未暢發者, 朕亦時以己意折中其間.

1) 배상열 소전

『서계쇄록』의 저자인 배상열裵相說(1759~1789)은 자를 군필君弼, 호를 괴담槐潭이라고 한다. 본관은 흥해興海이다. 가계는 황해관찰사 배삼익 裵三益(1534~1588)의 동생 장사랑將仕郞 삼근三近(1537~1600)의 7대손이다. 배삼익 형제는 모두 이황의 문인으로 배삼근은 이황의 조카사위였다 고 한다.[12] 그러나 배삼익 형제 이후로 관도官途에 나간 자는 없다. 전형적인 몰락 양반이다.

배상열은 영조 35년(1759) 12월 25일 안동부 내성현 유로리에서 배 집裵緝의 둘째 아들로 태어났다. 모친은 안동의 권경여權慶余의 딸이다. 형제는 셋으로, 첫째는 상현相賢이라고 하고 막내는 요절하였다. 조부 배행목裵行睦은 "불과 27살에 죽었는데" 그때 "가군家君(배집)은 겨우 5 세"였다고 한다.[13]

"성동(15세)하자 『역학계몽』, 『율려신서』 등을 탐독하고 나아가 상 수학에 빠져 힘써 필생의 노력을 다하고 거의 침식을 잊었다."[14] "지 학志學의 첫 안목은 우선 음양가에 열렸다. 밤에는 천문 관측을 행하 고 낮에는 수학을 연구하여 그로써 성신을 분별하고 산천을 측량하였 다. 혼천의를 만들고 일영대를 세워 만화萬化를 탐구하고 지리에 정통 하였다."[15] 배상열의 술수학에로의 경도는 대략 20세 무렵까지 지속

---

12) 『퇴계전서』, 「陶山及門諸賢錄」, 권5, 續錄.
13) 「裵相賢祭文」, "王考年才二十七而損背", "於時家君才五歲".
14) 「行狀」, "甫成童, 耽看易學啓蒙律呂新書等書, 遂汎濫於象數之學, 屹屹窮年, 殆忘寢食."
15) 「行狀」, "志學之初眼目, 先開於陰陽家. 夜觀乾象, 晝布句股, 以弁星辰而測山川. 造渾天儀 作日影台, 以探萬化而窮牝門."

되었다고 한다.

그러나 경자년庚子年(1780, 22세)에 "사우土友로부터 위기지학(성리학)이 있음을 듣고 또한 강개慷慨히 구도의 뜻을 세워 호상湖上의 이상정 선생을 배알하였다. 이 선생은 대단히 칭찬하시고『대학』의 정독을 권했다. 군君은 곧바로 태백산 속에 들어가 몇 번이고 독취하고 감히 한 글자도 놓치지 않았다. 몇 달 지나지 않아 이 선생이 돌아가셨지만"16), "심사추구尋思推究하고 밤에도 자지 않아 그 탓에 이췌贏悴의 병을 얻었다."17) 이상정李象靖(1710~1781)은 당시를 대표하는 퇴계학파의 한 사람이다.

배상열은 이상정에게 배운 후에 성리학에 매진하였지만 기유년己酉年(1789) 4월 14일 그 뜻을 펴지 못하고 죽었다. 향년 31세이다.

저서에는『괴담유고槐潭遺稿』6권(1809 刊),『학용찬요學庸纂要』2책(1882 刊),『서계쇄록』2권 등이 있다. "그중『도학육도道學六圖』(『괴담유고』소수)는 가장 찬연히 갖추어져 있다"18)라고 한다.

2)『서계쇄록』

(1)『서계쇄록』의 구성

분석의 저본으로 삼은 것은 김용운 편,『한국과학기술사자료대계—

---

16) 「行狀」, "從士友聞有所謂爲己之學, 又慨然有求道之志, 遂納拜於湖上李先生. 先生頗加獎許, 因勸讀大學. 君乃就太白山中, 讀取幾遍, 不敢一字放過. 不數月, 先生歿."
17) 「行狀」, "尋思推究, 夜分不寐, 因得贏悴之症."
18) 鄭宗魯, 「墓誌銘」, "其中, 道學六圖尤燦然具備."

수학편』(여강출판사, 1985) 제4권에 수록된 서울대학교 규장각 소장의 『서
계쇄록』이다. 규장각본은 초본抄本으로 상하 2편으로 구성되어 있다.
유창용柳昌用의 서문(丁卯年, 아마도 1867)에 의하면 규장각본은 유창용의
교정본 혹은 그 계통을 잇는 텍스트라고 할 수 있다.

　　『서계쇄록』 상하 2편은 "자학(문자학과 음운학)과 수학의 대요를 취
하여 강목을 세워 분류하고 번잡함을 없애 간략하게 한"19) 서수書數의
지남서指南書이다. 현대적으로 말하면 국어학과 수학에 관한 초학자를
위한 교과서라고 할 수 있다. 그런데 이 책 상하편의 모두冒頭에는 '서
계쇄록상' 또는 '서계쇄록하'에 이어서 '홍해배상열군필집興海裵相說君弼
輯'이라고 되어 있다. 따라서 『서계쇄록』이 선행 서적을 편집해서 만
든 편찬물임은 틀림없다.

　　초학 교과서인 탓에 편찬물이라고는 해도 출전이나 인용 개소가
거의 기재되어 있지 않다. 출전을 완전히 특정할 수 없는 곳이 존재하
는 이유이다.

　　『서계쇄록』 전2편의 구성은 대체로 다음과 같다. 처음에는 서문
이 있다. 유창용의 서문(丁卯年)과 배상열의 자서(1786)가 보인다. 이어
진 『서계쇄록』 상편은 국어학의 초보를 설명한 개설서이다. 항목명을
들자면 (a) 육서총괄六書總括, (b) 사성四聲 · 자오음법字五音法 · 십사성법
十四聲法 · 정성방위定聲方位 · 변성요결辨聲要訣 · 절운자결切韻字訣 · 조성장
결調聲掌訣 · 자모절운법字母切韻法, (c) 홍무운자모지도洪武韻字母之圖 · 언자
초중종성지도諺字初中終聲之圖 · 자모字母 · 자자변字子辨 · 자모류동子母類同

---

19)「柳昌用序」, "撮字數學之大要, 立綱分目, 簡而御繁."

등이다. 『서계쇄록』 하편의 주제는 산학(수학)이다. 크게 (1) 구수총괄
九數總括, (2) 수본數本·수구數具·수이數頤·수용數用·산록散錄으로 나누
어 산학의 정신과 알고리즘을 설명한다.

(2) 국어(자학) ─ 『서계쇄록』 상편

『서계쇄록』 상편은 크게 (a) 육서총괄(字學總論), (b) 중국 음운학 개
론, (c) 조선 음운학 개론으로 구성되어 있다.

① 자학총론

[장현광 자학의 영향] 우선 육서총괄은 곧 자학字學의 총론으로, 주로 조
선 후기 장현광張顯光(1554~1637)의 『역학도설易學圖說』 권6 「유구類究」의
서계편書契篇 및 『성리대전』(1415) 권55 자학편字學篇에서의 인용을 통해
중국의 문자학과 음운학의 역사와 개략을 설명한 것이다.

인용문은 후한 허신許愼의 『설문해자說文解字』, 북송 소옹의 『황극
경세서』 등에 근거하면서 북송의 『대광익회옥편大廣益會玉篇』(1013) 서문
이나 원의 마단림馬端臨의 『문헌통고文獻通考』(1317) 「경적고經籍考」 소학
小學 등에서 인용되어 있으며, 일견 다채롭지만 자세하게 살펴보면 대
다수는 『역학도설』과 『성리대전』에서의 재인용에 지나지 않는다. 또
한 그 두 책의 인용 비율과 인용 관계로부터 볼 때 배상열의 자학字學
의 틀을 정한 것은 장현광의 『역학도설』에 보이는 역학적 언어사상이
라고 하지 않을 수 없다.

장현광은 퇴계학맥을 이으면서 이이의 리기설理氣說에 찬동한 것

으로 유명한 성리학자이다.

[육서설] 배상열은 『서계쇄록』 상편의 자학총론을 서술함에 있어 허신의 『설문해자』에 유래하는 육서六書(象形, 會議, 轉注, 處事, 假借, 諧聲)의 설명으로부터 시작한다. 육서로부터 자학 개론을 개시한 것이 갖는 의미는 대단히 크다. 이는 육서가 조선 국어학에서 가장 근간을 이룬다고 선언한 것을 의미하기 때문이다.

출전은 장현광의 『역학도설』 권6의 서계편으로, 원문은 "첫째는 상형이다. 물物의 모양을 본떠 글자를 만들었다. 일월日月의 글자가 그렇다"20) 등등이지만 『설문해자』의 "둘째는 상형이다. 상형이란 그려서 그 물物을 이루는 것으로 형체의 곡선을 따른다. 일월이 그렇다"21)와는 자구가 제법 다르다. 육서 자체의 설명은 주희 등 성리학자의 해석에 근거한 바가 많다.

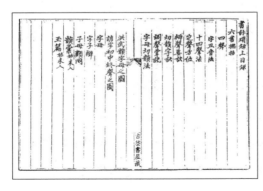

[그림 5-4] 『서계쇄록』 상편 목록 『서계쇄록』은 자학과 수학의 지남서이고, 상편의 주제는 자학이다. 자학이란 문자학과 음운학을 의미한다. 〈김용운 편, 『한국과학기술사자료대계—수학편』 소수〉

20) 一曰象形. 象物之形作字. 日月之字是也.
21) 二曰象形. 象形者, 畵成其物, 隨體詰詘. 日月是也.

[소옹의 음성이론] 배상열은 육서를 설명한 후 소옹의 『황극경세서』에 보이는 음성(음운학)이론에 대하여 논한다. 출전은 장현광의 『역학도설』 권7의 황극경세서편이다. 소옹의 음성이론은 112의 천성天聲(韻母)과 152의 지음地音(聲母)에 근거하여 이론적으로 가능한 모든 한자음을 표시한다. '천지용성일백십이天之用聲一百十二'(112의 운모)는 (1) 운두韻頭의 벽闢(開口呼)·흡翕(合口呼)과 (2) 평상거입平上去入의 성조(四聲)의 원리에 기초한다. 또한 '지지용음일백오십이地之用音一百五十二'(152의 성모)는 (1) 성모의 청淸(無聲)·탁濁(有聲)과 (2) 개발수폐開發收閉(等韻의 1등·2등·3등·4등에 가깝다)의 원리에 기초한다.

그러나 소옹의 음성이론에 의하면 천성이 112성으로 구성되고 지음이 152음으로 구성되는 것에는 필연적인 이유가 있고, 용수用數는 "모두 태소太少의 강양剛陽 각 10과 태소의 음유陰柔 각 12의 숫자에서부터 서로 얽히어 완전宛轉하면서 교대로 창화唱和하여 생긴 것"에 지나지 않는다.

즉 양수와 강수剛數는 본래 10이고 음수와 유수柔數는 12이기 때문에, 동류同類의 합인 '태양소양태강소강의 본수本數'와 '태음소음태유소유의 본수'는 각각 40(10+10+10+10)과 48(12+12+12+12)이 되고, 본수의 4배에 해당하는 '태양소양태강소강의 체수體數'와 '태음소음태유소유의 체수'는 각각 160(40×4=160)과 192(48×4=192)가 된다. 또한 음양강유陰陽剛柔가 서로 진퇴하여 태양소양태강소강의 체수(無聲無字를 포함하는 天聲의 총수, 10聲×16類)에서 태음소음태유소유의 본수(무성무자의 수)를 제했을 때 '태양소양태강소강지용수일백십이太陽少陽太剛少剛之用數一百十二'가 생기고(160-48=112), 태음소음태유소유의 체수(無音無字를 포함하는 地音의 총수, 12音×16類)에서 태양소양태강소강의 본수(무음무자의 수)를 제했을 때 '태음소음태유소유지용수일백오십이太陰少陰太柔少柔之用數一百五十二'가 생긴다(192-40=152). 그 때문에 '태양소양태강소강의 용수'가 '천지용성天之用聲'을 상징하고 '태음소음태유소유의 용수'가 '지지용음地之用音'을 상징하는 것은 당연하다, 운운한다.(「관물편」 61) 소옹의 음성이론은 새삼스럽게 언급할 것도 없이 극히 술수적이다.

[서계통어역] 배상열은 육서와 소옹의 음성학 원리를 서술한 후 곧바로 『역학도설』 권6 서계편의 서계통어역지도書契通於易之圖를 인용하여 조선의 국어학이 근거해야 할 기본 정신 내지 개념을 서술한다. 서계의 "획劃과 자字는 역의 획과 괘에 기초한다. 자에는 또 리·수·상·성음이 있다"[22]라는 것이 그것이다. 이 문장은 일면 배상열의 국어관을 잘 보여 준다. 성리학적인 역 개념하에서 조선의 국어학을 구축해야 한다는 것이 그 의미하는 바이다.

또한 "성聲(韻母)은 천에서 나오고 청탁은 음양에서 생긴다. 평상거입은 일월성신에 대응하고 건태리진에 속한다. 음音(聲母)은 지에서 나오고 벽흡은 강유에서 생긴다. 개발수폐는 수화토석에 대응하고 곤간감손에 속한다"[23] 등은 소옹의 음성이론을 총결한 것으로 배상열이 생각하는 성리학적 역학의 내용을 간결하게 서술한 것에 불과하다.

---

22) 劃字本於易之劃卦. 字亦有理數象聲音.
23) 聲出於天, 淸濁生於陰陽. 平上去入應於日月星辰, 而屬於乾兌離震. 音出於地, 闢翕生於剛柔. 開發收閉應於水火土石, 而屬於坤艮坎巽.

[자학총론] 배상열은 이하 문자학과 음운학의 대표적인 언설을 열거하고 한자 작성이나 문자 표기, 문자학이나 음운이론의 역사나 개관을 설명해 간다. 인용은 대반이 장현광의 『역학도설』 권6 서계편에서 이루어졌지만 장현광이 생략한 『성리대전』 권55 자학편字學篇의 문장을 인용한 경우도 있다. 원의 오징吳澄의 음운설(三十六字母)과 문자설(古文, 篆書, 隸書 등), 주희의 문자 철학, 송 정초鄭樵의 『통지通志』「육서략六書略」의 개설(한자작성이론), 『문헌통고』「경적고」 소학편의 문자학, 『대광익회옥편』 서序의 자서학字序學 개설 등이 그 주요한 내용이다.

배상열은 육서총괄을 맺으면서 명 매응조의 자서字書 『자휘字彙』의 등운설과 반절명의反切名義를 인용한다. 그러나 인용된 것은 음운학 원리뿐으로 구체적인 이론은 설명되어 있지 않다.

② 중국 음운학 개론

육서총괄 항목에 이어서 사성四聲 · 자오음법字五音法 · 십사성법十四聲法 · 정성방위定聲方位 · 변성요결辨聲要訣 · 절운자결切韻字訣 · 조성장결調聲掌訣 · 자모절운법字母切韻法 등 제2부분은 중국 음운학, 보다 구체적으로는 금음학今音學과 등운학等韻學의 개요를 서술한다.

[옥편의 안내] 그러나 중국 음운학 개론이라고 해도 음운학의 2대 요소인 운모(모음)와 성모(자음) 중 운모에 대해서는 사성과 조성장결의 두 항목이 전문적으로 그 성조(평 · 상 · 거 · 입)를 논함을 제하면 운모의 음운학적 의미를 설명한 항목이 별도로 세워져 있지 않다. 운모에 관한

전문적인 설명이 없는 것은 상편 제2부분의 저술 목적이 중국 음운학의 전면적인 해명에 있지 않음을 잘 보여 준다.

『서계쇄록』상편 제2부분의 집필 목적은 그렇다면 어디에 있는 것일까? 필자가 보기에는, (1) 설명문의 대부분이 원본元本『대광익회옥편』의 '신편정오족법옥편광운지남新編正誤足法玉篇廣韻指南'으로부터 인용되어 있는 것과 (2) 상편 목차의 최후에 '옥편玉篇 고미입姑未入'이라고 적혀 있는 것에서 볼 때, 제2부분은 동아시아에서 널리 사용된 한자 자전『옥편』을 이용하기 위해 필요한 기초 지식을 제공하는 안내서로서 편찬되었다고 말할 수 있다.

『옥편』은 양梁의 고야왕顧野王이 찬한 자서字書로, 전 30권이다.『원본옥편』은 수록 자수가 16917자로, 매 글자 하단에 우선 반절反切을 주注하고 이어서 군서群書에서 훈고를 인용하여 해설은 대단히 상세하지만 완본完本은 오늘날에 전하지 않는다. 배상열이 사용한『대광익회옥편』(현본)은 당의 손강孫强과 송의 진팽년陳彭年 등의 개수改修를 거친 것이고, 수록 자수는 늘었지만 역으로 주는 간략화되었다.

[사성]『서계쇄록』상편 제2부분에 수록된 항목의 내용은 대체로 이하와 같다. 우선 최초의 항목인 사성은 운모의 성조(평·상·거·입)에 대한 해설이고, "일평성, 서글프고 편안하다. 이상성, 격하고 상승한다. 삼거성, 맑고 멀다. 사입성, 곧고 촉급하다"[24] 등이다. 위 문장의 출전은『대광익회옥편』이지만 그 설명인 '가왈歌曰'은 출전을 알지 못한다.

---

24) 一平聲, 哀而安. 二上聲, 厲而擧. 三去聲, 淸而遠. 四入聲, 直而促.

이어지는 자오음법은 성모의 조음調音 부위를 분석한 것이고 성모를 순성脣聲 · 설성舌聲 · 치성齒聲 · 아성牙聲 · 후성喉聲의 다섯으로 나누었다. 출전은 역시 『대광익회옥편』이다.

[십사성법과 변성요결] 십사성법과 변성요결은 운모 · 성모를 일률적으로 14음 혹은 16음으로 구별한다. 십사성법(14음)은 개구開口 · 합구合口 · 축구蹴口(蹴舌) · 촬순撮脣 · 개순開脣 · 수비隨鼻 · 설근舌根 · 축설하권蹴舌下卷 · 중설重舌 · 치齒 · 아牙 · 악齶 · 후喉 · 아치牙齒로 나누고, 변성요결은 순상脣上 · 설두舌頭 · 촬순撮脣 · 권설捲舌 · 개순開脣 · 제치齊齒 · 정치正齒 · 천아穿牙 · 인후引喉 · 수비隨鼻 · 상악上齶 · 평아平牙 · 종순縱脣 · 송기送氣 · 합구合口 · 구개口開의 16음으로 나눈다. 십사성법의 출전은 『대광익회옥편』이지만 변성요결의 출전은 아직 미상이다.

[절운자결과 자모절운법] 절운자결과 자모절운법은 중국음의 성모의 구조를 설명하는 것으로 모두 『대광익회옥편』에서의 인용이다. 절운자결은 중국식 자음의 음성 기호인 삼십육자모三十六字母의 전신前身을 설명하고, 자모절운법은 그 삼십육자모의 체계를 설명한다. 예를 들어 견모見母는 k-의 자음을 나타낸다. 삼십육자모는 송대의 등운학이 처음 사용한 것이라고 알려져 있다.

③ 조선 음운학 개론

[삼운성휘의 안내] 『서계쇄록』 상편 제3부분은 (a) 상편 목차에 '운휘韻彙

(三韻聲彙) 고미입姑未入'이라고 한 것과, (b) 자서自序에 송학의 "약간의 조저條著는 전적으로 『삼운성휘』를 근거로 삼았다"(若干條著專以此篇爲據) 라고 보이는 것 등에서 볼 때, 조선에서 사용된 한한자전漢韓字典인『삼운성휘三韻聲彙』를 이용하기 위한 안내서이고 그 증보·수정 내지 보완을 기도한 것임에 틀림없다.

[삼운성휘] 『삼운성휘』는 홍계희洪啓禧(1703~1771)가 편찬(1751)한 운서韻書이다. 예를 들어 '동운東韻'에 속하는 '공'에는 '公', '工', '功' 등이 열거되고 마찬가지로 '동'에는 '東', '凍' 등이 열거되어 있다. 이는 평수운平水韻(一〇六韻) 순으로 한자의 한국음을 보여 준 것이고, '동운'의 '公'자는 '공'으로 읽을 것 등을 나타낸다. 『삼운성휘』는 운서이지만 조선한자음을 보여 준 것에 덧붙여 특기할 만한 특징이 또 하나 있다. 운서에 더해 『옥편』도 보록補錄하여 자서字書로서도 사용 가능하게 되어 있는 점이다.

[홍무운자모지도] 『서계쇄록』 상편 제3부분 첫머리에 인용된 것은 홍무운자모지도洪武韻字母之圖와 언자초중종성지도諺字初中終聲之圖이다. 출전은 『삼운성휘』이다. 홍무운자모지도는 한글로 삼십육자모의 조선음을 보여 준 것이다. 조음調音 부위(牙·舌·脣·齒·喉)와 조음 방법(淸·濁)을 보여 주면서 조선음(훈민정음)의 성모의 발음을 나타낸다. 설명 부분에는 "見자(삼십육자모의 하나)의 음인 견으로써 ㄱ(k)음의 표준으로 삼고"(以見字音견可爲ㄱ音之標準), "글자 아래 오른쪽에 있는 한글은 본주의

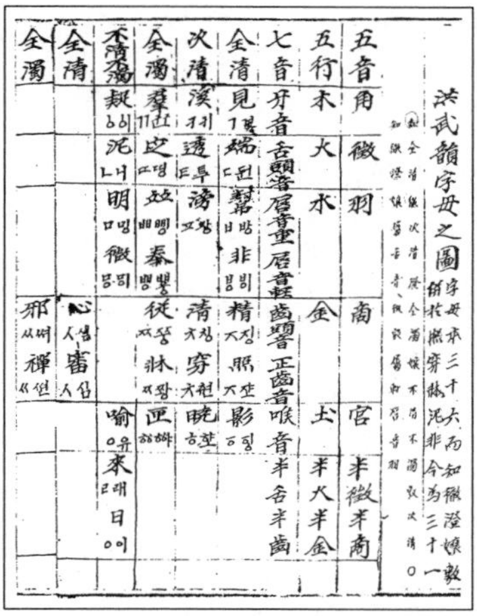

[그림 5-5] 홍무운자모지도
홍계희의 『삼운성휘』에 수록된 子音表이
다. 자모는 원래 36(三十六字母)이지만 조선
음을 감안하여 知·徹·澄·娘·敷의 5음
을 생략하고 照·穿·牀·泥·非에 맞추
었다. 〈김용운 편, 『한국과학기술사자료대
계—수학편』 소수〉

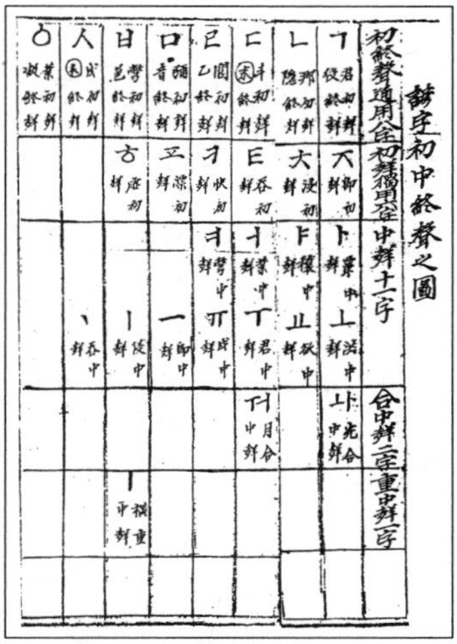

[그림 5-6] 언자초중종성지도
諺字란 훈민정음을 말한다. 조선음의 초
성+중성+종성 체계를 圖示한 것이다.
原圖는 홍계희의 『삼운성휘』로부터 인
용하였다. 〈김용운 편, 『한국과학기술사
자료대계—수학편』 소수〉

음(見)을 표시하고 왼쪽에 있는 한글은 즉 자모(ㄱ)를 표시한다"[25] 등
으로 이루어져 있다.

[언자초중종성지도] 한편 언자초중종성지도는 조선음의 초성·중성·종
성의 체계를 도시圖示한다. 예를 들어 公자의 발음 공은 초성의 ㄱ(k)과
중성의 ㅗ(o)와 종성의 ㅇ(ng)을 합하여 발음한다 라는 식으로 설명한
다. 그림 속의 중성 11자가 모음이고, 이른바 초성·종성 통용 8자,
초성 독용獨用 6자 등이 자음이다.

---

25) 字下諺注在右者, 本注之音也. 在左者卽母也.

[자모와 자자변] 홍무운자모지도와 언자초중종성지도에 이어지는 자모字母의 항목은 형태가 매우 흡사한 음부音符의 한자(易과 昜, 束과 柬, 未와 末 등)를 대비하고 구체적인 발음을 분석한다. 예를 들어 '錫'자는 셕으로 읽고 말 이마 장식물인 '鍚'자는 양으로 읽는 것 등을 보여 준다.

또한 자자변字子辨은 형태가 유사한 의부意符의 한자(亻와 彳, 曰과 目과 日 등)를 대비하고 자모의 경우와 유사한 분석을 행한다.

④ 초등국어 교과서

이상이 『서계쇄록』 상편 내용의 개략이다. 『서계쇄록』 상편은 총괄하면 『삼운성휘』(옥편을 포함)의 효율적인 이용을 목적으로 한 조선 국어학(字學) 개론의 성격이 대단히 강하고, 국어학의 기초를 초학자(와 중급자)에게 가르치는 국어 교과서로서 많은 영역에 걸쳐 필요불가결한 기초 지식을 제공하고 있음을 높게 평가할 수 있다.

그러나 음운학이론의 전모를 제시하지 않은 채 개별적인 논의에 시종일관하는 바도 많아 음운학 개론으로서는 충분치 않다. 또한 논하는 내용 중 일부는 지나치게 수준이 높아 교사의 지도 없이 초학자가 내용을 정확하게 이해하기가 쉽지 않아서, 초등 교과서로서는 이도저도 아닌 감도 없지 않다.

(3) 산학 ― 『서계쇄록』 하편

『서계쇄록』 하편은 크게 (a) 동아시아 수학 총설(九數總括), (b) 각종 알고리즘의 소개(數本 · 數具 · 數頤 · 數用 · 散錄)로 구성되어 있다.

① 구수총괄

[구수총괄] 구수총설은 주로 장현광의 『역학도설』 권6의 산수편과 최석정의 수학서 『구수략』에 기초해서 동아시아 수학의 정신 및 개관을 설명한 것이다. 항목명을 구수총괄이라고 한다.

[구수] 구수총괄은 글자 뜻대로 육예六藝의 구수(方田·粟布·衰分·少廣·商功·均輸·盈朒·方程·句股)의 설명에서 시작한다.

『주례』에 의하면 지관地官의 보씨保氏는 국자國子의 교육을 장관하고 '육예'를 가르쳤다. 육예란 (1) 오례五禮, (2) 육악六樂, (3) 오사五射, (4) 오어五馭, (5) 육서六書, (6) 구수九數를 말한다. 그러나 육예의 구수가 무엇을 가리키는가에 관해서는 예부터 여러 가지 해석이 있어 일치하지 않았는데, 『구장산술』 이후는 구장의 장 이름으로써 구수를 정의하는 것, 즉 '구수'란 장 이름 겸 알고리즘 이름인 방전·속포(속미)·쇠분(차분)·소광·상공·균수·영뉵(영부족)·방정·구고를 일컫는 것이 일반적이 되었다. 이는 곧 『구장산술』 유휘劉徽 주注의 해석인 "주공이 예를 만들어 구수가 있고 구수의 흐름이 곧 구장이다"[26]를 따른 것이다. 배상열의 구수설九數說은 장현광의 『역학도설』 권6의 산수편에 근거하지만 장현광이나 배상열의 해석도 물론 유휘와 기본적으로 동일하다.

배상열은 장현광의 구수 해석을 인용한 다음 최석정의 『구수략』

---

26) 周公制禮而有九數. 九數之流, 則九章是也.

에 기초하여 구수와 제반 알고리즘의 대응 관계를 서술한다. 즉 '방전'은 이승동승異乘同乘 · 총승總乘을 말하며, '속포'는 이제동제異除同除 · 총제總除, '쇠분'은 차분差分 · 자모준승子母準乘, '소광'은 개방開方 · 방제方除, '상공'은 이승동제異乘同除 · 준승準乘, '균수'는 동승이제同乘異除 · 준제準除, '영뉵'은 영부족盈不足 · 영허교승盈虛較乘, '방정'은 방정정부方程正負 · 정부교제正負較除, '구고'는 망해도술望海島術 · 구고준제句股準除와 동등하다, 등등이다.

[산학의 근원과 괘수도] 배상열은 구수에 대한 서술이 끝나자 바로 산학의 근원은 무엇인가를 문제 삼아 장현광의 학설을 인용하여 "역은 수의 근원이고"(易者數之原), "산법은 많지만 곱셈 · 나눗셈의 범위를 넘지 않는다. 곱셈 · 나눗셈은 즉 역의 생수소수生數消數를 말한다"[27]라고 단정한다. 또한 『주역』 「계사상전」의 "역에 태극이 있다. 여기서 양의가 생긴다. 양의는 사상을 낳고 사상은 팔괘를 낳는다"[28]와 「설괘전」의 "천을 셋으로 하고 지를 둘로 하여 수를 의지한다"(參天兩地而倚數) 및 소옹의 『황극경세서』 「관물외편」의 "태일은 수의 시작이고 태극은 도의 다함이다"[29], "대연의 수(50)는 산법의 근원인가"[30]에 근거하여 괘수도卦數圖(그림 5-7)를 그리고 역이 수학의 근원임을 분명히 하고 있다. 배상열의 논리는 극히 술수적이다.

---

27) 算法雖多, 不出乘除兩端. 乘除者卽易之生消數也.
28) 易有太極. 是生兩儀. 兩儀生四象, 四象生八卦.
29) 太一者數之始也, 太極者道之極也.
30) 大衍之數, 其算法之原乎.

그리고 괘수도에서는 보승步乘의 건괘乾卦에 1을 배당하고 제除의 태괘兌卦에 9를 배당하였는데 이는 필사 시의 오류이며 정확하게는 건구乾九, 태일兌一로 고쳐야 한다. 사실 『괴담유고』 권4의 칙하도화팔괘지도則河圖畵八卦之圖는 괘수도와 구조가 동등하지만 거기서는 건구, 태일로 배당되어 있다.

[수생어율] 또한 『한서』 「율력지」에 보이는 유흠의 삼통설三統說에 기초한 최석정 『구수략』의 수명數名과 수기數器를 인용하여 "수는 율(황종의 율)에서 생긴다"(數生於律)라고도 하였다.

[그림 5-7] 괘수도
괘수도는 기본 산법인 步乘·除·減·因·歸·加·乘·商除를 팔괘에 배당하는데, 이는 (1) 易이 太極 → 兩儀 → 四象 → 八卦로 전개되는 것과 (2) 易의 奇偶(陽爻와 陰爻)에 의해 加法과 減法을 나눌 수 있는 것에 근거한다. 〈김용운 편, 『한국과학기술사자료대계—수학편』 소수〉

② 초등산술 일람

구수총괄에 이어서 수본數本·수구數具·수이數頤·수용數用·산록散錄 등의 항목이 보이는데, 다루는 것은 고차원의 알고리즘이 아니라 동아시아 전통 산학(산수 수준) 정도에 지나지 않는다.

[수본] 우선 첫 항목인 수본은 소수기수법小數記數法과 대수기수법大數記數法에서 시작한다. 일·십·백·천·만의 정수에 대하여 일 이하를 분分·리釐·호毫·사絲·홀忽·미微·섬纖이라고 하고, 만 이상을 억億·조兆·경京·해垓·정正·재載라고 한다. 단 주의해야 할 것은 억은 만만(10⁸), 조는 만만억(10¹⁶)으로 자리가 올라가기 때문에 현행의 용법과 같지 않다는 점이다.

기수법에 이어서 도량형 등의 단위가 기술되고 산주算籌의 포산법을 소개한다. 배상열 당시(18세기 말)는 중국과 일본의 경우 더 이상 주산籌算이 행해지지 않았으니, 주산서籌算書의 집필은 동아시아 전체에서 보자면 오히려 특이한 시도에 속하는, 조선문화의 독자성을 보여주는 사상事象의 하나라고 해야 할 것이다. 한편 출전은 기수법을 포함하여 대체로 『산학계몽』 총괄에서 취했다.

[수구] 두 번째 항목은 수구數具라고 한다. 수구는 크게 명승제개방明乘除開方과 치자모영분治子母零分의 두 항목으로 나뉘며, 명승제개방은 또 승(곱셈)과 제(나눗셈)와 개방으로 나뉜다. 명승제개방은 승·제·개방에 분속分屬한 제 알고리즘의 특징과 상호 관계를 분명히 하고, 치자모영분은 분수 계산을 해설한다.

명승제개방의 승에서의 배상열의 결론은 명확하여, 곱셈의 제 알고리즘 중에서 '보승步乘'은 '인因', '가加', '승乘'의 세 법을 겸한다고 주장한다. 보승이란 삼격산三格算을 말한다. 계산법은 "위에 원수元數를 늘어놓고 밑에 법수法數를 늘어놓는다. 원수와 법수를 서로 곱하고 가

운데에 적積의 실수實數를 얻
는다. 먼저 끝자리부터 계산
을 행한다."31) [그림 5-8]은
보승법에 의해 300×16＝4800
을 계산한 것이다.

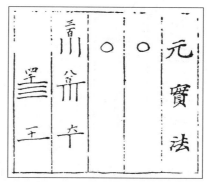

[그림 5-8] 보승
상층의 元數(被乘數) 300에 하층의 法數(乘數) 16
을 곱해 중층의 實數(積) 4800을 얻는다. 〈김용
운 편, 『한국과학기술사자료대계―수학편』 소
수〉

한편 인이란 인법을 말한
다. 법수가 한 자릿수일 때
사용한다. 한 자리의 생략산
이다. 가란 신외가법을 말한
다. 법수의 첫자리가 1일 때
이용한다. 이것도 한 자리 산법이다. 승이란 유두승법을 말한다. 처음
으로 법수의 둘째 자리 이하의 수를 곱하여 이어서 첫 자릿수를 곱한
다. 이것도 또한 한 자리 산법이다. 보승법은 가장 기본적인 곱셈이기
때문에 인법과 신외가법, 유두승법의 세 법을 겸하는 것이 가능하다
는 것이다.

한편 배상열은 곱셈을 논할 때 덧붙여서 구구구결(구구표)도 소개
하였지만, 구구팔십일로부터 시작하여 일일일로 끝나서 원 이후(『산학
계몽』 등)의 일일여일, 일이여이, ……, 팔구칠십이, 구구팔십일과는 순
서를 정반대로 채용하였다.

명승제개방의 제에서는, 배상열은 곱셈과 마찬가지로 '보제步除'가
'상제商除', '귀歸', '감減' 세 법을 겸한다고 주장한다. 보제란 귀제법을

---

31) 上列元數, 下列法數. 元法相乘, 中積實數. 先從末位起籌.

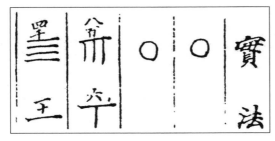

[그림 5-9] 보제
보제란 歸除法을 말한다. 상층에 實(피제수) 四八○○, 하층에 法(제수) 一六을 둔다. "逢三進三十"이라고 외우며 상층의 四八○○ → 3─八○○으로 하고 "三六十八"이라고 외우며 3─八○○ → 300으로 한다. 〈김용운 편, 『한국과학기술사자료대계─수학편』 소수〉

말한다. 귀제법은 본래 한 자리 산법이지만 약간 수정하여 두 자리(二格)로 계산한다. 계산법은 "위에 실수實數를 늘어놓고 밑에 법수法數를 늘어놓는다. 법과 실을 서로 준하여 왼쪽에서부터 귀수歸數(商)를 낸다."[32] 구귀구결을 이용하는 점에 특징이 있다. 계산도를 이용하여 4800÷16=300의 보제법을 설명하면, 우선 구귀구결인 "봉삼진삼십逢三進三十"을 외우며 실수實首의 삼십 즉 3을 만 자리로 옮기고 3일팔○○으로 한다. 가상假商의 3을 법미法尾의 육에 대해서 구구구결의 '삼육일십팔'을 외우며 과위過位(천 자리)에서 일을 빼고 당위當位(백 자리)로부터 팔을 제한다. 실은 다하고 상商 300이 정해진다.

한편 상제는 보제법과 달리 삼격산이다. 가운데에 실수, 밑에 법수를 늘어놓고 상상上商을 구한다. 보승의 환원술로 『구장산술』 이래 면면히 이어지는 나눗셈의 정술正術(기본 산법)을 의미한다. 귀란 구귀법을 의미한다. 인법의 환원술이다. 감이란 신외감법을 말한다. 신외가법의 환원술이다.

『구수략』은 "상제의 한 법은 귀감제 세 법을 겸한다"[33]라고 하였

32) 上列實數, 下列法數. 法實相準, 左出歸數.

는데 이것이 동아시아 전통 산학의 일반적인 이해이다. 귀제법은 생략 계산에 지나지 않고 귀제법을 행하려면 미리 구귀구결을 기억해 두어야 한다. "보제가 상제귀감 세 법을 겸한다"(步除兼商除歸減三法)라고 한 것은 배상열의 독자적 견해이다.

명승제개방의 개방에서는 배상열은 개평방·개립방(출전 미상)과 개대종방開帶從方(양휘의 『전무비류승제첩법』 권하에서 인용한 유익의 『의고근원』) 각 1문제를 인용한다. 중승개방법은 언급하지 않고 논술은 초보적인 수준에 그친다.

배상열은 승·제·개방의 세 알고리즘을 서술한 후 종종의 잡다한 분수 계산을 예시한다. 출전은 『구수략』의 지분약법이다. 처음에 분수 호칭법인 명분命分을 설명하고 이하로 약분·통분·과분課分(많고 적음의 비교)·합분·석분析分·가분·감분·승분·제분의 순서로 예제를 들면서 설명한다. 약분에는 유클리드 호제법에 대한 언급도 있다.

제분諸分에 이어서는 통문通問의 1항목이 있는데, 분수 계산의 응용 문제를 다룬다. 통문의 수학 문제는 "최석정의 『구수략』에서 인용한 것이다"(出崔明谷九數略)라고 하는데, 『구수략』의 산제에는 『동문산지』 전편을 인용한 곳도 있기에 서양수학의 영향을 엿볼 수 있다.

사실상 『서계쇄록』에 보이는 "■국계일이구십육각■國計日以九十六刻"이란 구절은 『구수략』 통문의 "서양계일이구십육각"의 자구를 고친 것에 지나지 않는다. ■는 먹으로 덧칠해 지운 곳이다.[34]

---

33) 總論八法, "商除一法, 兼歸減除三法."
34) 역주: 서양에 대한 언급을 위험시하여 지운 것이다.

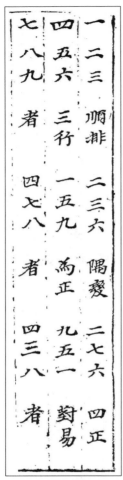

[그림 5-10] 3×3 방진
洛書를 만들기 위해서는, 수 1~9를 "순서대로 3행에 배열한다" → "陽을 바꾸어 正으로 한다" → "四正을 對易한다"의 순서로 하면 된다. 〈김용운 편, 『한국과학기술사자료대계─수학편』 소수〉

[수이] 세 번째 항목은 수이數頤라고 하여 주로 등차수열(超遞)과 등비수열(加倍)을 다룬다. 초n체가법超n遞加法이란 공차가 n인 등차수열을 의미하고, 가n배법加n倍法이란 공비가 $n+1$인 등비수열을 의미한다.

그러나 최초의 논의는 마방진에서 출발한다. 주지하듯이 낙서는 3×3의 마방진으로, 배상열은 우선 낙서에 나타난 1에서 9까지의 수열을 분석하고 1과 9, 2와 8, 3과 7, 4와 6의 합이 각각 10이 됨을 지적한다. 다음으로 [그림 5-10]의 맨 위 그림처럼 1부터 9까지를 3×3으로 늘어놓는다(順排三行). 이때 위에서 언급한 성질에 의해 제2행, 제2열, 그리고 양 대각선의 합이 모두 15이다. 반시계 방향으로 45도 회전(陽變爲正)하여 중간 그림을 얻는다. 재차 중간 그림의 사정四正 즉 1과 9, 3과 7을 교환(四正對易)하여 아래 그림 즉 '종횡십오縱橫十五'의 3차 방진이 완성된다.

배상열은 낙서에 이어서 낙서사사도洛書四四圖·하도사오도河圖四五圖·범수용오도範數用五圖·중의용육도重儀用六圖·낙서오구도洛書五九圖·후책용구도候策用九圖 등을 양휘의 『속고적기산법』 상권에서 인용하지만, 낙서사사도가 4×4의 방진인 것을 제외하면 나머지는 광의의 마방진에 속하는 산도이다.

배상열은 수열을 논하기 이전에 방진 이외에도 『구수략』 승제별법과 『속고적기산법』 상권의 대연술을 인용하고 있다. 승제별법은 승법과 제법의 첩술捷術을 말하며 식 $ab = (10 - a)(10 - b) + 10(a + b - 10)$이나 $ab = 10a - (10 - b)a$를 이용하여 계산의 간략화를 꾀한 것이라고 할 수 있다. 한편 대연술은 연립일차합동식 $x \equiv r_1 \pmod 3$ $\equiv r_2 \pmod 5 \equiv r_3 \pmod 7$ 등의 해법을 말하지만, 주어진 것은 용수用數 $70 \cdot 21 \cdot 15$, 즉 해답 $x \equiv 70 r_1 + 21 r_2 + 15 r_3 \pmod{105}$뿐으로 이론에 대해서는 전혀 언급이 없다.

등차수열(遞加術)에 대해서는, 배상열은 상당한 양(14페이지)에 걸쳐 그 이론을 설명한다. 출전은 『구수략』 체승遞乘과 『속고적기산법』이다. 해설은 주로 『구수략』 체승에 기초하면서 계산 문제는 『구수략』에 더하여 『속고적기산법』에서도 인용한다. 주어진 공식에는 초항 a, 공차 d에 대해서 제n항의 $a_n = a + (n - 1)d$, 수열의 합(共積)의 $S_n = \frac{1}{2}(a + a_n)n$ 등이 있다. 유사 문제로 삼각과일타三角果一垛의

$$1 + 3 + 6 + 10 + \cdots + \frac{1}{2}n(n + 1) = \frac{1}{6}n(n + 1)(n + 2)$$

와 사각과일타四角果一垛의

$$1^2 + 2^2 + 3^2 + \cdots + n^2 = \frac{1}{3}n(n + 1)\left(n + \frac{1}{2}\right)$$

도 고찰한다.

등비수열(加倍術)에 대해서도 배상열은 체가술만큼 중시하였다. 가배술에서 주의할 점은 가이배加二倍의 경우, 공비가 2가 아니라 이二+1=3으로 삼인三因과 같다는 것이다. 즉 가이배의 수열이란 초항 n에 대해 a, $3a$, $9a$, $27a$,…… 을 의미한다. 주요한 출전은 『구수략』 체승과 『속고적기산법』이다. 사용된 공식에는 초항 a, 공비 r에 대해서 제n항 $a_n = ar^{n-1}$, 수열의 합 $S_n = \dfrac{a(1-r^n)}{1-r}$ 등이 있다.

[수용] 수용數用은 크게 측고원광심測高遠廣深(측량)과 양방원첨직量方圓尖直 (평면과 입체의 求積)과 어비류호환御比類互換으로 나뉜다.

측고원광심은 항목명이 보여 주는 대로 주제는 삼각측량이다. 출전은 최석정의 『구수략』 구고준제이다. 그러나 『구수략』은 동아시아 전통의 『해도산경』, 『속고적기산법』의 방법에 덧붙여 『동문산지』에서도 측량 문제를 인용하고 있어, 수학사상 극히 흥미로운 양상을 보여 준다. 『동문산지』의 측량 문제는, 기법이나 수준은 전통 구고술이나 중차술과 큰 차가 없지만 서구 기원의 독특한 풍격을 갖고 있기 때문이다. 예를 들어 [그림 5-11]

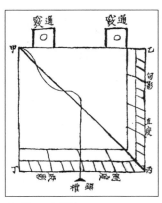

[그림 5-11] 구도
측량에는 구도를 이용하는데 구도는 실은 유럽 전래의 의기이다. 〈김용운 편, 『한국과학기술사자료대계—수학 편』 소수〉

의 의기儀器는 구도矩度라고 불리지만 실은 유럽 전래의 상한의象限儀(quadrant)이다.

양방원첨직은 출전 미상이다. 양방(평방·입방)·양원(원·입원)·양첨(삼각형·사다리꼴·기둥꼴·원뿔꼴)·양직(직사각형·기둥꼴)으로 나누어 구적법을 설명한다. 배상열은 양원의 경우 "고법의 원율은 주삼경일"[35]만을 이용하는데, 당시의 산학서가 고율에 덧붙여 휘율徽率과 밀률密率에 의한 계산을 병기하는 것이 일반적이었다고 해서 그가 정밀한 원율 계산을 싫어하였다고 생각해서는 안 된다. 배상열의 목적은 초등수학 문제에 대한 알고리즘을 제시하는 것에 있었고 따라서 일부러 원주율 $\pi = 3$을 채용한 것으로 이해해야 할 것이다.

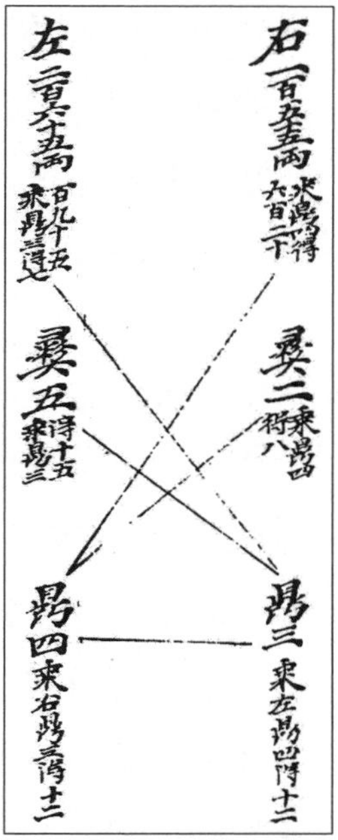

[그림 5-12] 방정
위의 籌算式은 오른쪽 식이 $3x + 2y = 155$를 의미하고 왼쪽 식이 $4x + 5y = 265$를 의미한다. 주산식의 빗금은 각각 오른쪽 식을 4배하고 왼쪽 식을 3배해야 할 것을 보여 준다. 〈김용운 편, 『한국과학기술사자료대계―수학편』 소수〉

어비류호환은 상승相乘(방전)·상제相除(속포)·이승동승異乘同乘(총승)·이제동제異除同除(총제)·이승동제異乘同除(준승)·동승이제同乘異除(준제)·차분差分(비례분배)·개방開方·영부족盈不足·정부교제正負較除(방정)를 다룬다. 『구수략』에서의 인용이 많다. 이 중 정부교제에서 한 문제를 예시하면 다음과 같다.

"정鼎 3 이彝 2는 무게의 합이 155량이고 또 정 4 이 5는 무게의

---

35) 古法圓率, 周三徑一.

합이 265량이다. 정과 이의 무게는 각각 얼마인가?"[36] 배상열은 『구
장산술』 이래의 방정술에 근거하여 주어진 수치를 행렬로 늘어놓고
현행의 행렬 계산과 흡사한 방식으로 정의 무게 35량과 이의 무게 25
량을 도출한다.

[산록] 산록散錄은 위에서 서술한 이외의 산법을 모아놓은 것이고 크게
양전量田, 양퇴적量堆積과 조력법造曆法에 관련된 것이다. 양전은 평면의
면적을 구하는 문제로 구성되며, 양퇴적은 입체의 체적을 구하는 문
제이다. 출전은 미상이다.

　　조력법은 『칠정수내편七政數內篇』(칠정산내편)의 1회귀년=365.2425일
의 정확한 상수를 설명하면서도 거산距算(연표)의 '요갑진堯甲辰, 거삼천
육백삼십칠년距三千六百三十七年'(B.C.2357) 등은 『황극경세서』에 의거하였
다. 단 『황극경세서』의 연표는 1회귀년의 길이가 360일에 불과하다.

③ 초등수학 교과서

　　『서계쇄록』 하편은 동아시아 수학의 정신과 전통적인 알고리즘을
해설한 초학자 대상의 산학서이며 초등수학 교과서라고 할 수 있다.
집필의 목적은 초학자(혹은 중급자)의 교육에 있으며, 곧바로 사회적
실무활동을 노린 것은 아니다. 기본 계산 문제를 다방면에서 골라 착
실하게 처리하고 있고 난문기문難問奇問으로 구성된 전문서와는 스스

---

36) 問鼎三鬵二, 共重一百五十五兩. 又鼎四鬵五, 共重二百六十五兩. 鼎鬵各重幾何?

로 일선을 긋고 있다. 계산 문제는 다수를 최석정의『구수략』에 근거하면서도, 배상열의 교과서에는 과도히 사상四象을 강조하는 최석정의 치학治學 태도가 보이지 않는다. 그 점에 대해서는 높게 평가해야할 것이다.

그러나 배상열의 초등산학서는 장현광 등의 설에 따라 역이 수학의 근원이라고 주장하는 등 술수적 입장이 강하고, 수학 자체의 위상에는 진전이 없다. 또한 산학서다우려면, 예를 들어 초등수학을 다룬다고 해도 구성은 반드시 수(현대적 의미의 수학 내지 理數)의 논리가 자연스럽게 흘러나오지 않으면 안 되는데,『서계쇄록』하편은『구수략』을 개변시킨 것에 지나지 않고, 또『구수략』정도는 아니지만 여전히 수의 철리 분석에 치우치는 등 과도히 사변적이라는 점에서 너무나 동아시아적인 탓에 전체 구성에 대해서는 높은 평가를 내릴 수는 없다.

3) 주자학의 초등교육론과 배상열의 소학 교과서

배상열의『서계쇄록』은 이미 서술한 대로 상편은 초학자 대상의 국어 교과서로, 하편은 같은 의미의 수학 교과서로서 편찬된 것이다.『서계쇄록』이 초등 교과서라면, 배상열이 초등교육을 위해 서적을 편찬한 동기가 어디에 있고 또 그 초등교육관은 어떠한 것인가? 이하 그 점에 대해서 고찰하려고 한다.

(1) 경서에 보이는 초등교육 — 소학

[서계쇄록서] 배상열의 「서계쇄록서書計瑣錄序」는『예기』의 인용으로 시작된다. 이 서문은『서계쇄록』편찬의 동기와 그 배경을 구성하는 유학의 초등교육관을 잘 보여 주고 있어 그 의미에서 중요하다고 할 수 있다.

> 『예기』에 말하기를, "열 살이 되면 서와 계를 배운다"라고 한다. 서란 육서를 말하고 계란 구수를 말한다. 서는 심획(마음의 외부표현)을 보고 수는 물변을 다한다. 그 때문에 고인은 이처럼 일찍부터 이에 종사했던 것이다. 그러나 비재非才한 내가 나이는 그 두 배도 넘었음에도 불구하고 아직도 열 살의 학문을 배우지 못했다. 어렸을 때 배우지 못한 것(藝不少學)은 지금부터 뒤쫓아 가 되돌릴 수 있을 것인가.37)

「서계쇄록서」에 의하면 배상열의『서계쇄록』편찬 동기는 의외로 개인적이고 심각한 무학無學 의식과 강렬한 향학열에 있었다고 할 수 있다.

[십년학서계] 배상열의 자서에 따르면, 열 살의 학문도 만족스럽게 알지 못한다는 강렬한 자기반성에 이르게 만든 것은『예기』「내칙편」에 보이는 '십년학서계十年學書計'의 한 조항에 다름없다. 이 조항은 '교자지

---

37) 記曰, 十年學書計. 書卽六書也, 計卽九數也. 書以觀心劃, 數以盡物變. 故古人之早從事如此. 而如不俟年過倍十, 而猶未學十歲之學. 其過時之悔, 烏可以自追矣.

법敎子之法’ 즉 아동(小子)에 대한 초등교육38)에 관해 논한 것인데, 전후의 문장을 기재하면 대략 다음과 같다.

> 어린아이가 혼자 밥 먹는 것이 가능하게 되면 오른손으로 밥을 먹도록 가르친다. 말을 할 수 있게 되면 대답은 남자는 ‘유唯’, 여자는 ‘유兪’라고 하도록 시킨다.…… 여섯 살이 되면 일·십·백·천·만과 동·서·남·북을 가르친다. 일곱 살이 되면 남녀는 자리를 달리하고 식사도 같이하지 않는다.…… 아홉 살이 되면 삭망朔望과 간지干支를 가르친다. 열 살이 되면 기숙 생활을 하고 교사를 붙여 서와 계를 배운다.…… 열세 살이 되면 음악을 배우고,…… 활쏘기와 마차의 조작을 배운다. 스무 살에 관례冠禮를 행하고 처음으로 예를 배운다.39)

배상열은 『예기』 「내칙편」의 “열 살이 되면 서와 계를 배운다”라는 구절을 보고 충격을 받았던 듯하지만, 단 주의해야 할 것은 배상열의 해석이 ‘십년학서계’의 ‘서’와 ‘계’를 고주古注가 아니라 신주新注를 따른다는 점이다.

[계위구수] 사실 후한의 정현의 주(고주)에서는 이 조항에 특별한 주석을 더하지 않았고, 서계란 단지 문자를 쓰는 것과 계산하는 것에 불과했다. 그러나 원의 진호陳澔의 『예기집설禮記集說』(신주)에서는 “서위육서書

---

38) 동아시아에서는 ‘小子가 배우는 바의 학문’을 小學이라고 한다.
39) 子能食食, 敎以右手. 能言, 男唯女兪.……六年, 敎之數與方名. 七年, 男女不同席, 不共食.……九年, 敎之數日. 十年, 出就外傅, 居宿於外, 學書計.……十有三年, 學樂,……學射御. 二十而冠, 始學禮.

謂六書, 계위구수計謂九數"라고 주를 붙이고 육예 중의 육서·구수의 학문을 가리킨다고 하였으니, 「서계쇄록서」와 같다. 한편 『예기집설』의 저자 진호는 진대유陳大猷의 아들로 주희 → 황간黃幹 → 요로饒魯 → 진대유로 이어지는 주자학의 정통에 속한다.

육예 중 육서·구수의 학문이 무엇을 의미하는지에 대해서는 『주례』지관보씨地官保氏 이하의 문장을 그 전거로 삼고 있다.

> 보씨는 왕악王惡을 예의로 바르게 하는 것을 담당한다. 도로써 국자國子(공경대부의 자제)를 기르고 그러한 연후에 육예를 가르친다. 육예란 (1) 오례, (2) 육악, (3) 오사, (4) 오어, (5) 육서, (6) 구수를 말한다.[40]

보씨는 간관諫官이면서 동시에 소학(小子가 들어가는 학교)의 교사로서 국자의 교육에도 관여하며 국자에게 육예를 가르쳤다. 그 육예의 하나를 육서라고 하고 다른 하나를 구수라고 한다. 육서는 『설문해자』의 상형·회의·전주·처사·가차·해성을 말하고, 구수는 『구장산술』의 방전·속포·쇠분·소광·상공·균수·영뉵·방정·구고를 가리킨다.

그러나 배상열처럼 진호의 신주에 따라 엄밀하게 『예기』「내칙편」의 '서계'를 육예의 육서·구수로 해석하면, '서계'의 내용은 『설문해자』와 『구장산술』을 의미하게 되는 탓에 고주와 비교하면 일거에 수준이 올라가게 된다. 따라서 아동의 지적 수준을 뛰어넘는 바가 나오

---

40) 保氏掌諫王惡. 而養國子以道, 乃教之六芸. 一曰五禮, 二曰六樂, 三曰五射, 四曰五馭, 五曰六書, 六曰九數.

지 않을 수 없다. 배상열이 스스로 고인古人의 열 살의 학문에 못 미친다고 한탄한 것은 주자학적인 해석에 따른 결과이고, 열 살의 아동에게『설문해자』와『구장산술』의 이해를 구하는 것은 역시 무리한 요구라고 할 수 있다.

[소학] 고래로 소자의 교육에 대해서는 다종다양한 가르침이 있고 서로 모순되는 많은 기록이 남아 있다. 예를 들어 공경대부의 소자가 입학했다고 하는 소학(학교)의 입학 연령에는 여덟 살(『大戴禮記』·『白虎通德論』), 아홉 살(『賈誼新書』), 열세 살(『尙書大傳』) 등의 설이 있다. 『상서대전』 주전周傳의 예를 들면 다음과 같다.

> 옛 제왕은 (문교정책의 일환으로서) 반드시 대학과 소학을 세웠다. 왕태자왕자군후의 자식으로부터 공경대부원자의 적자에 이르기까지 열세 살이 되면 소학에 들어가 소절小節을 배우고 소의小義를 실천했다. 또한 스무 살이 되면 대학에 들어가 대절大節을 배우고 대의를 실천하였다. 고로 소자들은 소학에 들어가서 부자의 도리와 장유의 질서를 알고 대학에 들어가서 군신의 의리와 상하의 지위를 알았다.[41]

한편 소학 또는 대학의 입학 연령이 안정된 것은 주자학이 사회적 권위를 획득한 이후의 일이다.

---

41) 古之帝王者, 必立大學小學. 使王太子王子群后之子, 以至公卿大夫元子之適子, 十有三年, 始入小學, 見小節焉, 踐小義焉. 年二十, 入大學, 見大節焉, 踐大義焉. 故入小學, 知父子之道長幼之序, 入大學, 知君臣之義上下之位.

(2) 주자설의 영향

배상열의 「서계쇄록서」를 분석해 보면 주자학적인 견해가 그 속에 은견隱見됨을 알 수 있는데, 이것은 주자학자인 배상열이 주희의 초등교육론에서 깊은 영향을 받았음을 보여 준다.

[주자의 초등교육론 I] 주희(1130~1200)가 초등교육에 대해서 무수한 발언을 하고, 또한 그 초등교육론에 대해서도 많은 선행 연구가 있다는 사실은 잘 알려져 있다. 따라서 본 절에서는 배상열의 소학서 편찬에 관계된 두 점에만 한정하여 주희와 배상열의 초등교육론의 영향 관계에 대해서 논하고자 한다.

먼저 거론하고 싶은 것은 동아시아의 지식인이면 누구나 한 번은 본 적이 있는 주희의 『대학장구』의 자서에 보이는 한 구절이다. 배상열의 행장에 의하면, 배상열은 경자년庚子年(1780)에 태백산에 들어가 한 글자 한 구절도 소홀히 하지 않고 『대학』 연구에 매진하였다고 한다. 그렇다고 한다면 배상열이 이하 주희 「대학장구서」의 한 구절을 정독하지 않았을 리가 없다.

> 사람은 여덟 살이 되면 왕공 이하 서인庶人의 자제에 이르기까지 모두 소학에 들어가 쇄소(청소)응대진퇴의 예절과 예악사어서수의 글을 배운다. 열다섯 살이 되면 천자의 원자중자로부터 공경대부원사의 적자는 서민의 우수한 자와 함께 대학에 들어가 궁리정심수기치인의 도를 배운다. 이것이야말로 학교의 가르침과 대소의 예절이 나뉘는 바이다.[42]

배상열이 『대학장구』를 연구한 것이 확실한 이상 주희의 「대학장구서」의 정독을 통해서 소학의 2대 과목으로 (1) '쇄소응대진퇴의 예절', 즉 예의작법과 (2) '예악사어서수의 글', 즉 육예가 있음을 안 것은 틀림없다. 이것은 곧바로 배상열 자신이 스무 살 이전에 경도했던 술수학이 주자학 속에서는 소학으로 위치 지어짐을 깨달은 것을 의미한다. 주자학 이념의 수득修得에 의거해서 말하면 당시 즉『서계쇄록』(1786)을 집필하기 수년 전의 배상열의 단계를 가리켜『대학장구』의 연구를 통해 소학 교과서의 편찬이 가능한 수준에 도달하였거나 혹은 주자학적인 초등 교과서를 언제고 편찬할 수 있는 상태에 있었다고 서술할 수 있는 이유이다. 한편 주자학의 권위가 확립됨에 수반하여 여덟 살 소학 입학과 열다섯 살 대학 입학이 정해졌다고 말해지는데 그 중심적인 동인이 다름 아닌 이『대학장구』자서의 한 구절이다.

[주자의 초등교육론 Ⅱ] 배상열과의 관계에서 또 하나 거론하고 싶은 것은 주희의『의례경전통해』이다. 주희는 만년에 예제禮制의 통합 정비를 꾀하여, 예禮를 크게 (1) 가례家禮, (2) 향례鄕禮, (3) 학례學禮, (4) 방국례邦國禮, (5) 왕조례王朝禮, (6) 장례葬禮, (7) 제례祭禮로 분류하고 그 7례의 체제하에서 고래의 예禮 문헌을 정리하였다. 또한 세 번째 학례에 대해서는 학제學制·학의學義·제자직弟子職·소의少儀·곡례曲禮·신례臣禮·종률鐘律·종률의鐘律義·시악詩樂·예악기禮樂記·서수書數·학기學

---

42) 人生八歲, 則自王公以下, 至於庶人之子弟, 皆入小學, 而教之以灑掃應對進退之節, 禮樂射御書數之文. 及其十有五年, 則自天子之元子衆子, 以至公卿大夫元士之適子, 與凡民之俊秀皆入大學, 而教之以窮理正心修己治人之道. 此又學校之教, 大小之節所以分也.

[그림 5-13] 『의례경전통해』 목록
長澤規矩也·戶川芳郎 편, 『和刻本儀禮經典通解』(汲古書院, 1980) 소수본 목록의 일부분이다. 주자는 七禮의 체계를 채용하고 고래의 예 문헌을 정리하였는데 그때 「學禮」에 '書'와 '數'를 분류하고 『설문해자』와 『구장산술』의 기재로써 서수편을 편찬하고자 하였다.

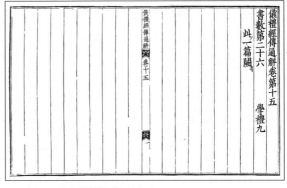

[그림 5-14] 『의례경전통해』 서수편
長澤規矩也·戶川芳郎 편, 『和刻本儀禮經典通解』(汲古書院, 1980) 소수본의 서수편이다. 백지 페이지는 주자가 서수를 禮學으로 분류하려고 했음에도 그 이론 구축에는 실패한 것을 보여 준다.

記·대학大學·중용中庸·보부전保傅傳·천조踐阼·오학五學의 순서로 관련 문헌을 수집, 전사하고 그 내용을 해설하였다.

우리는 편명으로 볼 때, 이 중에서도 『의례경전통해』 권제15 「학례 9」의 서수書數 제26의 한 편에 주의할 필요가 있다. 목록([그림 5-13])에 보이듯 그 서수편은 "지금 결한다"(今缺)라고 서술되어 있고 그 내용을 아래와 같이 소개한다.

옛날에는 서수書數로 이름 붙여진 편은 없었다. 지금 살피기를 육예의 사射에 대해서는 이미 상의 향사편鄕射篇과 하의 대사편大射篇에 대략을 볼 수 있고 어법御法에 대해서는 없어져서 고증할 수도 없다.

그러나 서수에 대해서는 일용의 필요한 바가 있어 논하지 않을 수 없다. 고로 허신의『설문해자』서설과『구장산경』으로써 이 편을 만들어 그 부족함을 보완하였다. 그러나 또한 내용을 완전히 밝히지는 못하였다.[43]

『의례경전통해』서수편의 경우 현본은 아무런 기술이 없고 백지의 공백이 허무하게 남아 있을 뿐이다.([그림 5-14]) 주희나 그 제자들이 제목과 내용만 구상하였을 뿐 서수에 대한 구체적인 집필에는 이르지 못하였다고 해석할 수밖에 없다.

한편 배상열은 실제로 주희의『의례경전통해』를 읽었을까? 이 점에 대해서는 아쉽게도 정확한 고증이 불가능하다. 오히려 전혀 보지 못했을 가능성이 더 높다. 그러나 배상열이 정독한 최석정의『구수략』의 「구장명의」조에는 "주문공의『의례(경전)통해』서수편의 서序에 또한 '『구장산경』에서 채취하였다'고 한다"라고 하여『의례경전통해』서수편의 구성에 대한 언급이 있기 때문에, 배상열은 서수편을『설문해자』와『구장산술』로써 편찬하려고 한 점에 대해 일정 정도 이해하고 있었다고 추정할 수 있다.

배상열은『예기』「내칙편」의 '서계'에서 계발되어『서계쇄록』이라고 명명한, '서계' 두 글자를 사용한 초학자 대상 국어·수학 교과서를 집필하였는데, 그때 주희의『대학장구』자서에 보이는 '소학'관과『의례경전통해』서수편의 서수합론의 구성 또한 배상열에게 주자학적인

---

43) 古無此篇. 今按六芸之射, 已略見上射及下大射篇, 御法則廢不可考矣. 唯書數日用所須, 不可不講. 故取許氏說文序說及九章算經爲此篇, 以補其欠. 然亦不能詳也.

국어와 수학을 병론하는 초등 교과서 즉 소학(국어·수학) 교과서를 편찬하려는 착상 내지 용기를 부여하였고, 이로써『설문해자』와『구장산술』에 근거한 자기 기획에 더욱 자신감을 가졌을 것이라는 것이 필자의 견해이다. 확실한 증거는 없지만『대학장구』연구에 의한 소학적 육예관의 획득과『구수략』연구에 의한『의례경전통해』서수편에 대한 지식이 이를 가능하게 하였다고 생각된다.

(3) 배상열의 소학(국어·수학) 교과서

배상열의『서계쇄록』은 극히 주자학적인 색채가 농후한 소학(국어·수학) 교과서이다. 마지막으로『서계쇄록』중에서 명백하게 주자학적 영향하에 있다고 보이는 내용을 지적하고 그것이 어떻게 주자학과 관련되는가를 서술하는 것으로써 배상열의 소학 교과서에 대한 분석을 마치고자 한다.

우선 자서의 경우인데, 자서의 모두冒頭 부분은 짧으면서도 주자학에 근거한 것을 천하에 명언한 문장으로서, 그 가치는 적지 않다. 번잡함을 무릅쓰고 다시 인용하자면 다음과 같다.

『예기』에 말하기를 "열 살이 되면 서와 계를 배운다"라고 한다. 서란 육서를 말하고 계란 구수를 말한다. 서는 심획(마음의 외부표현)을 보고 수는 물변을 다한다.

「서계쇄록자서」는『예기』「내칙편」에 보이는 '서계'를 육예 중의 육서·구수로 해석한 것이지만, 이러한 해석은 주자학에서 시작한 것이다. 진호의 『예기집설』에 "서는 육서를 말하고 계는 구수를 말한다"라고 한 것이 그 명백한 증거를 제공한다.

또한 "서는 심획(마음의 외부표현)을 보고 수는 물변을 다한다"[44]는 유사한 문장이 배상열의 『도학육도道學六圖』 제육위학용력지도第六爲學用力之圖에도 보이는데 "서자지체書字之體, 가견심획可見心劃", "주수지법籌數之法, 가진물변可盡物變"이라고 쓰여 있다. 『도학육도』는 배상열이 스스로 생각하는 성리학 체계를 도시圖示한 것이고 주자학을 현장하는 저작이다. 그렇다면 이 부분도 주자학에 근거하는 스스로의 집필 의도를 분명히 밝힌 것으로 봐야 할 것이다.

또한 『서계쇄록』처럼 상편의 국어와 하편의 수학을 합질合帙하는 유례없는 소학 교과서의 구성도 극히 주자학적이다. 주희는 『의례경전통해』 서수편을 편찬하려다 실패하였지만 그 서수편의 구성은 한 편 안에 육서와 구수를 함께 논하는 형식을 채용하였고 기획이 뜻대로 실현되었다면 만듦새는 달랐겠지만 구성 자체는 배상열의 소학(국어·수학) 교과서와 유사한 것이 되었을 것이라는 점은 의심할 여지가 없다.

배상열의 소학서의 특징인 역학과 황극경세학에 대한 중시 또한 주자학의 특징 중 하나이다. 이러한 사변적이고 술수학적인 경향은 장현광의 『역학도설』에 근거한 상편의 육서총괄과 하편의 구수총괄에 잘 드러난다. 주자학 연구자 중에는 주자철학의 엄격한 사변성에

---

44) 書以觀心劃, 數以盡物變.

만 주목하여 주희에 이르러 술수학은 그 영향력을 급속하게 상실하였다고 생각하는 사람도 많지만, 오해도 이만저만한 오해가 없다. 오히려 주희가 『역학계몽』에서 황극경세학을 스스로의 학문 지도 속에 위치 짓고 술수학을 높게 평가하고나서부터 술수학(상수학)이 사회적인 영향력을 보다 강하게 갖기 시작하였다. 주자학이 술수학을 배제하지 않고 필수 학문으로 놓은 것은 동아시아 후세에 정부正負 양 면의 영향을 미쳤는데, 배상열의 소학 교과서 『서계쇄록』에도 역시 그 주자학적 술수학의 깊은 영향을 인정할 필요가 있을 것이다.

조선시대 말기(18세기 말에서 20세기 초)에는 동산東算의 마지막을 장식
하는 개성적인 수학자가 배출되었다. 서명응徐命膺·서호수徐浩修·서
유구徐有榘·홍길주洪吉周 및 남병철南秉哲·남상길南相吉·이상혁李尙赫·
조희순趙義純 등이다. 조선수학의 세 번째 절정기라고 할 수 있다.

조선 말의 수학은, 기본 형식은 유형 iii의 주산籌算(약호대수)에 근
거한 자가 압도적으로 많지만, 소수이긴 해도 유형 v의 필산(西算)을
선호한 자도 나타나기 시작하고 수학사상도 유형 III의 송학과 유형
IV의 청학의 영향을 동시에 볼 수 있어 현저한 과도기적 양상을 띤다.

본 장의 과제는 위에서 거론한 수학자 중에서 서명응·서호수·서
유구·홍길주의 수학을 분석하는 것이다. 서씨 삼대와 홍길주의 수학
은 서산西算 중시의 태도가 현저하고 이는 당시의 경향 중 하나를 잘
드러내기 때문이다.

1. 조선 말 산학 융성의 사상적 배경

조선 근세사상의 특징 중의 하나는 제3장 제1절에서 개론한 바와

같이 주자학과 실학·서학西學의 공존 혹은 갈등에 있다고 할 수 있다. 정조(재위 1776~1800) 대가 실학의 융성기라면, 순조(재위 1800~1834) 대 이후로는 주자학적 보수주의가 이문화異文化인 서학을 배제하고 개혁주의적인 실학을 억제하였다.

1) 탕평책과 실학의 융성

[정조의 탕평책] 정조는 조부인 영조에 이어서 당쟁을 완화하고자 각 붕당을 균등하게 등용하는 탕평책을 실시하였다. 즉 노론·소론·남인의 청류淸流를 등용하고 문치주의에 의한 왕권의 확립을 시도하였다.

[실학의 융성] 정조는 규장각을 설치하고 주자학을 정학正學으로 삼아 학문을 권장했다. 당시 서명응(1716~1787)·홍양호洪良浩(1724~1802)·홍대용[1](1731~1783)·박지원(1737~1805)·이덕무李德懋(1741~1793)·유득공柳得恭(1749~?)·박제가(1750~1805)·성해응成海應(1760~1839)·신작申綽(1760~1828)·정약용(1762~1836) 등 이름 높은 실학자가 배출된 것은 그 때문이다.

---

1) 홍대용에 관한 상세한 내용은 제4장을 참조 바란다. 그리고 시대적으로 큰 차가 없는 홍대용과 서명응을 구별해서 논한 것은 서술상의 편의에 따랐음에 지나지 않는다.
다시 말하면 홍대용을 조선 후기의 수학자로 파악한 이유는 (1) 그의 수학이 아직 말기 수준에 달하지 않았으며, (2) 사상혁명의 계기가 된 연행이 영조 41년(1765)에 행해졌기 때문이다. 역으로 서명응을 말기의 수학자로 분류한 이유는 서명응·서호수·서유구 삼대의 수학적 업적이 긴밀하게 연결되어 있기 때문이다.

[서교 신자의 출현] 실학과 서학 연구의 심화는 정조 대에 서교西敎에 대한 관심을 불러일으켜서 신자를 출현시켰다. 예수회 선교의 기본 방침은 서구의 우수한 과학기술을 소개함으로써 지식인을 포섭하려고 하는 것이었고, 서학이 곧 서교라고 선전하여 서학과 서교를 서로 무관한 것으로 여기지 않았기 때문이다. 조선의 지식인에게 과학적이자 종교적인 영향을 미친 것은 리편理編과 기편器編을 합질한 『천학초함』 (1629)이라고 해야 할 것이다.

정조 8년(1784)에 이승훈李承薰(1756~1801)[2]은 북경에서 프랑스인 예수회 선교사인 그라몽(Jean-Joseph de Grammont, 1736~1812, 1768 來華, 漢名 梁棟材)에게 세례를 받았다. 조선 최초의 영세자이다. 이후 서교 신자는 급속하게 확대되고 교조화한 주자학과 빈번히 충돌하였다.

2) 세도정치와 사상통제

[세도정치] 영조와 정조의 탕평책은 붕당 간의 세력 균형을 무너뜨려 최종적으로는 노론 일존一尊의 상황을 초래하였다. 순조가 11살에 즉위하자 외척에 해당하는 노론의 특정 가문이 권력을 독점하였다. 이 것이 세도정치이다. 세도정치는 고종(재위 1863~1907)이 즉위하고 흥선대원군(1820~1898)이 정치적 실권을 장악하기까지 이어졌다.

---

2) 이승훈은 정재원의 딸을 아내로 맞았으니, 정약용에게는 매부에 해당한다. 또한 이승훈의 부친인 이동욱은 이익의 조카 이용휴의 딸과 결혼하였다.

[서교의 탄압] 집권 세력은 정치적 대립자(남인 시파)를 배제하는 데 서교를 이용하였다. 서교 신자는 로마 교황의 교령에 따라 주자학적 윤리에 반하는 종교적 행위를 엄숙히 실행했기 때문이다.[3] 사실 공자의 사당을 훼손하고 제사를 폐하거나(毀祠廢祀) 신주를 소각하는 등 양반 보수층을 격노하게 한 행위가 적지 않다.

[사상 통제] 집권 세력은 서교에 집요한 탄압을 가하면서 쇄국을 강화하였으며, 과학서를 포함한 한역 서학서를 소각하고 이에 대한 수입을 금지하였다. 사상 통제의 결과 서학 연구는 제한되고 실학 연구도 저해되었다. 이리하여 교조적인 주자학의 시대가 재차 도래한 것이다.

3) 쇄국 조선

[사상의 보수화와 열강의 간섭] 사상의 보수화를 결정지은 것은 열강에 의한 집요한 외압이었다. 서구 열강의 간섭은 19세기 중엽부터 시작되었다. 고종 3년(1866)에 프랑스 군대가 군함 7척을 투입하여 강화도의 강화부를 점령하였다. 병인양요이다. 고종 8년(1871)에는 미국 군대가

---

3) 조선 지식인들이 한역 서학서를 통해서 배운 것은 조상숭배를 용인한 마테오 리치의 보유론적인 서교 해석이었던 점은 틀림없다. 그러나 교황 클레멘스 11세는 1704년 중국적 의식에 대해 신자의 참가를 금지하고 1715년에는 교황령 '엑스 일라 디에'(Ex illa die)를 발포하여 금령에 따르지 않는 선교사를 엄벌에 처할 것을 선언하였다. 또한 1773년 교황 클레멘스 14세는 소칙서 '도미누스 아크 레뎀프토르'(Dominus ac Redemptor)를 공포하고 예수회의 해산을 명령하였다. 조선의 서교 신자는 중국 선교에서의 서교 해석의 변화를 받아들여 처음부터 조상숭배를 부인한 것 같다.

군함 5척을 파견하여 강화도의 광성진을 점령하고 통상을 강요하였
다. 신미양요이다.

[양이와 척사] 홍선대원군(집권 1863~1873)은 내정에는 '위정衛正'(정통주의)
을 내걸어 내정 개혁을 실시하고 재정 기반을 강화하였지만, 외압에
는 '척사斥邪'(배외주의)를 내걸고 일관되게 통상을 거절하며 양이攘夷정
책을 관철하였다. 척화비의 "서양 오랑캐가 침범함에 싸우지 않으면
화합하는 것이고 화합을 주장하는 것은 나라를 파는 것이다"[4]라는
문구가 이를 여실히 보여 준다. 사상의 보수화는 대원군에 이르러 극
대화되었다고 하지 않을 수 없다.

　　또한 조선 정부는 강화도조약(조일수호조규)의 체결(1876) 후 적극적
인 개화정책을 추진하였다. 고종의 친정親政으로 시대는 근대로 이행
한 것이다.

2. 서명응 · 서호수 · 서유구의 수학

1) 서명응 · 서호수 · 서유구 합전合傳

[서명응 소전] 서명응徐命膺(1716~1787)은 자는 군수君受, 호는 보만재保晩齋
라고 한다. 가계는 대구(달성)에서 나왔다.([그림 6-1]) 중조부는 남원부사

---

　4) 洋夷侵犯, 非戰則和, 主和賣國.

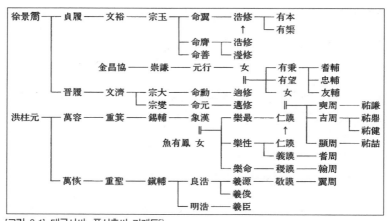

[그림 6-1] 대구서씨, 풍산홍씨 가계도5)
대구서씨 가계도와 풍산홍씨 가계도를 합친 것이다. 홍석주·길주 형제의 어머니는 서형수의 딸이고 그녀를 통해서 산학을 중시한 서씨 가학이 풍산홍씨에게 전해졌다. 산학자 홍길주의 탄생이 그 증거이다.

서정리徐貞履, 조부는 예조판서 서문유徐文裕, 부친은 이조판서 서종옥徐宗玉이고, 대구서씨는 소론의 명문으로 헤아린다. 동생인 충문공 서명선徐命善(1728~1791)은 영의정을 배명拜命한 정조시대의 대정치가이다.

서명응은 영조 30년(1754)에 증광문과에 병과 3위로 급제하였다. 영조 대에 대사간·성균관대사성·대사헌·홍문관제학·동지춘추관사 등의 요직을 역임하였고, 정조 원년(1777)에 규장각이 설립되자 초대 규장각제학을 배명하고 같은 해 홍문관대제학에 올랐다. 정조 2년(1778)에 판중추부사判中樞府事, 정조 3년에 수어사守禦使를 거쳐, 정조 4년(1780) 봉조하奉朝賀에 이르렀다.

서명응은 또한 중국에 사신으로서 두 번 파견되었다. 첫 연행은

5) 서씨와 홍씨 가계도는 김문식, 『朝鮮後期 經學思想硏究: 正祖와 京畿學人을 중심으로』(일조각, 1996) 소수.

영조 31년(1755)이고(進賀兼謝恩行·書狀官), 두 번째는 영조 45년(1769)이다(三
節年貢行·正使).

서명응은 박람강기博覽强記를 자랑하여 왕조 간행 서적 편찬 사업
등을 통해 학문적으로 큰 족적을 남겼다. 편찬을 주도한 서적으로는
『악고편집樂考編輯』, 『강목신편綱目新編』, 『규장각지奎章閣志』, 『규장운서奎
章韻瑞』, 『방언류석方言類釋』, 『국조시악國朝詩樂』, 『시악화성詩樂和聲』, 『국
조보감國朝寶鑑』, 『천세력千歲曆』, 『역학계몽집전易學啓蒙集箋』, 『황극일원
도皇極一元圖』, 『계몽도설啓蒙圖說』, 『열성지상통기列聖誌狀通記』, 『기사경
회력耆社慶會曆』, 『기자외기箕子外紀』, 『대구서씨세보大邱徐氏世譜』, 『어평
양한사명御評兩漢詞命』, 『고사신서攷事新書』 등이 있고 개인 저작으로는
『인서仁書』, 『가례집해家禮集解』, 『대학상설大學詳說』, 『중용미언中庸微言』,
『보만재집保晩齋集』, 『보만재총서保晩齋叢書』, 『보만재잉간保晩齋剩簡』 등
이 있다. 서명응은 후기 '북학'파의 비조라고도 불린다.6)

[서호수 소전] 서호수徐浩修(1736~1799)는 자를 양직養直, 호를 학산초부鶴山
樵夫라고 한다. 생부는 판중추부사 서명응이고 생모는 전주 이정섭李廷
燮의 딸이다. 백부인 이조판서 서명익徐命翼에게 입양되었다. 서명익의
처는 청송 심공沈珙의 딸이다.

서호수는 영조 12년(1736) 9월 25일에 태어났다. 영조 32년(1756)에
진사시에 합격하여 생원이 되었고, 영조 40년(1764) 칠석반제七夕泮製에

---

6) 서명응에 대해서는 박권수, 「徐命膺(1716~1787)의 易學的 天文觀」(『한국과학사학
회지』 제20권 제1호, 1998)을 참조.

수석으로 합격하였으며, 이듬해 41년 식년전시에도 갑과 제1로 탁제擢第하였다. 영정조 양조兩朝 30여 년에 거쳐 계階는 정헌正憲에 이르고 관官은 이조판서에 이르렀다.

서호수는 영정조 대의 문화 사업에 크게 공헌하였다. 영조 46년 (1770)에는 『동국문헌비고』의 편찬에 참여하였고, 정조 5년(1781)에는 『규장총목奎章總目』을 찬수撰修하였다. 『동국문헌비고』는 마단림馬端臨의 『문헌통고』를 본떠 조선 고금의 문물제도를 널리 기록한 것이다. 『규장총목』은 규장각에 소장된 한적의 목록으로, 그 특징은 사부 분류에 근거한 바에 있다. 또한 정조는 22년(1798) 가을에 서호수 등에게 자신의 문집의 '선사繕寫'를 명하였는데 서호수는 작업 도중에 사거하였다. 서영보徐榮輔에게 속편교사續編校寫를 명하여 정조 23년 12월에 완성하였다.(『정조실록』, 23년 12월 갑진) 『홍재전서弘齋全書』가 바로 그것이다.

서호수는 또한 중국에 사신으로서 두 번 파견되었다. 첫 번째 연행은 정조가 즉위한 1776년이고(進賀兼謝恩行 · 副使), 두 번째 연행은 정조 14년인 1790년이다(進賀兼謝恩行 · 副使).

서호수는 정조 23년(1799) 정월 10일에 사망하였다. 향년 64세이다. 시호諡號는 문민文敏이다. 서유구에 의하면 서호수는 '역상지학曆象之學'에 숙달하였고 『혼개통헌집전渾蓋通憲集箋』, 『수리정온보해數理精蘊補解』, 『율려통의律呂通義』 등을 저술하였다. 논자는 전문절예專門絶藝라고 평하였지만 그뿐만 아니라 조정에서도 성력星曆의 술작述作이 있으면 서호수의 재정裁定을 기다렸다고 한다.[7] 실제 관상감제조觀象監提調 시에

---

7) 『楓石全集』, 「本生先考文敏公墓表」.

감수한 『국조역상고國朝曆象考』(1796)나 『칠정보법七政步法』(1798)은 뛰어난 역산서로서 칭찬이 자자하였다. 이 외에 저서로는 『해동농서海東農書』, 『연행기燕行記』가 있다.

[서유구 소전] 서유구徐有榘(1764~1845)는 자는 준평準平, 호는 풍석楓石이라고 한다. 영조 40년(1764)에 아버지 서호수, 어머니 한산 이이장李彝章의 딸 사이에서 태어났다. 서호수는 네 아들을 두었는데 순서대로 유본有本·유구·유악有樂·유비有棐라고 한다. 서호수는 생부인 명응의 사자嗣子 철수澈修(1749~1829)에게 아들이 없었기 때문에 둘째인 유구를 그에게 양자로 보냈다.

서유구는 정조 10년(1786) 식년시에 3등 69위로 합격하고 정조 14년(1790)에 증광문과에 병과로 급제하였다. 순조 2년(1802)에 의주부윤義州府尹이 되고 순조 5년(1805)에 성균관대사성의 직책에 올랐다. 양주목사楊州牧使·강화부유수江華府留守를 거쳐 순조 31년(1831)에 형조판서가 되고 이듬해 32년(1832)에 예문관제학·대사헌·예조판서를 배명하였다. 순조 34년(1834)에 호남순찰사로서 남쪽을 순찰하고 헌종 원년(1835)에 규장각제학·이조판서 등을 역임한 이후에 퇴관하였다. 헌종 11년(1845) 11월 1일에 82세로 세상을 떠났다.

서유구는 북학파의 실학자로서 이름 높다. 농정책을 자주 상소하여 경영 개선과 기술혁신에 의해 왕조의 농업 생산력을 향상시키고자 하였다. 또한 같은 목적으로 호한浩瀚의 농업서를 편찬하였다. 『임원십육지林園十六志』(별칭 『林園經濟志』) 113권이 그것이다. 서유구는 대표작

인『임원십육지』외에『풍석고협집楓石鼓篋集』,『금화지비집金華知非集』,
『행포지杏浦志』,『누판고鏤板考』등 많은 저작을 남겼다.

2) 서명응의 책산·필산과 서호수의 차근방비례

서명응·서호수·서유구 3대는 농학[8])에 더하여 산학에 대한 공헌
도 크다. 서명응은『고사신서攷事新書』권8「문예문文藝門」의 산수요략算
數要略 및『고사십이집攷事十二集』권7「문예」의 수예數藝, 서호수는『수
리정온보해』, 서유구는『임원십육지』권94「산법算法」구수개략九數槪
略을 저술하고 동산東算을 새로운 단계로 이끌었다.

(1) 서명응의 책산과 필산

① 『고사신서』의 산수요략

서명응의『고사신서』15권[9])(1771 刊行)의 권8「문예문」의 산수요략
은 범례에서 스스로 밝힌 것처럼 (達官·大人에서 窮儒·농민·逸士에
이르는) 사람들이 알아야 할 수학의 '대체大體'를 기술한 것이다. 그러
나 내용적으로는 (1) 인도 기원의 격자산格子算(鋪地錦)과 (2) 존 네이피
어(John Napier, 1550~1617)의 '책산策算'의 개량법(籌算梅法)의 설명이 대부분
을 점하고 있어 다른 동산서와 양상이 크게 다르다.

---

8) 세 사람은 모두 이름 높은 농서를 저술하였다. 그중에서도 서명응의『攷事新書』
「農圃門」과 서호수의『海東農書』그리고 서유구의『林園十六志』는 평가가 높다.
9) 분석에는 東京大學 文學部 小倉文庫本(활자본)을 사용하였다.

[고사신서] 『고사신서』는 명종(재위 1545~1567) 대 이래 관리들이 반드시 읽어야 할 어숙권魚叔權의 행정 지침서인 『고사촬요攷事撮要』(1554)를 개정한 것이다. 서명응 자신의 서문에 의하면 스스로 "번용繁冗을 피하고 긴요緊要를 보완하는" 것에 의해 구본舊本의 조략粗略을 바로잡았다고 서술한다.

사실상 『고사신서』도 역시 관리의 행정 지침서이지만, 그 편찬 원칙은 『고사촬요』가 '사대교린事大交隣' 즉 대중국 외교를 중심으로 한 것임에 반해 '인사人事에 절요切要한 것'을 다할 것을 목표로 하고 있다. 크게 12부문으로 구성되어 있는데 (1) 천도문天道門, (2) 지리문地理門, (3) 기년문紀年門, (4) 전장문典章門, (5) 의례문儀禮門, (6) 행인문行人門, (7) 문예문文藝門, (8) 무비문武備門, (9) 농포문農圃門, (10) 목양문牧養門, (11) 일용문日用門, (12) 의약문醫藥門을 다룬다.

[고사신서 문예문] 서명응은 「문예문」을 세운 이유를 "문예는 실로 인사의 불가결한 것이고 공문의 교육도 육예의 범위를 넘는 것이 없기"[10] 때문에 "그 대체를 알지 않으면 안 된다"(不可不知其大體)라고 설명하고, (범례) 크게 독서차제讀書次第 · 문체원류文體源流 · 시도품격詩道品格 · 악률요략樂律要略 · 서법요략書法要略 · 산수요략算數要略의 항목을 설정하고 내용을 서술하였다.

[산수요략] 산수요략은 (a) 동산東算의 구구수(구구표) · 보승법 · 상제법에

---

10) 六藝實人事之不可闕者, 而孔門敎人亦不出於此六藝.

더하여 (b) 서산西算의 주산법籌算法(策算), (c) 인도수학에서 유래하는 문산법文算法(格子算), (d) 부록의 해결법으로 구성되어 있는데, 저술의 분량이나 내용의 신선함에서 볼 때 그 최대 목적은 주산법과 문산법의 소개와 보급에 있다고 해도 과언이 아니다.

[산수요략의 문산법] '문산법'은 필산의 일종이고 수학사에서는 흔히 이탈리아 어법 Gelosia에서 연유하여 격자산이라고 부른다. 인도 기원으로 알려져, 후에 인도에서 아라비아로, 다시 아라비아에서 유럽 및 중국으로 전해졌다. 유럽에 전해진 것은 14~15세기경의 일이다. 중국에서는 오경吳敬의 『구장산법비류대전九章算法比類大全』(1450) 승제개방기례乘除開方起例에 '사산寫算'이라고 보이는 것이 가장 빠르다. 정대위程大位의 『산법통종算法統宗』(1592)은 이를 '포지금鋪地錦'이라고 호칭하였다.

서명응의 격자산은 876명×1두4승＝1226두4승을 예로 든다. '법法'

[그림 6-2] 문산법
서명응은 '문산법'에 대해서 "一名斜算, 又曰鋪地錦"이라고 설명한다. 斜算이란 명칭이 처음 나온 예다. 단 斜算과 寫算은 발음이 같기 때문에 서명응의 斜算은 寫算의 오기일 가능성이 크다. 〈『攷事新書』 소수. 東京大學 文學部 漢籍코너 소장〉

은 다음과 같다. 즉 (1) 원수元數(괴승수)를 격자의 위에, 영수影數(승수)를 격자의 오른쪽에 쓴다. (2) 원수의 첫 자릿수에 영수의 첫 자릿수를 곱해 '십수十數를 만나면' 사선의 위에, '홑수(單)를 만나면' 아래에 쓴다. (3) 이하 같은 식으로 영수의 각 숫자와 원수의 각 숫자를 곱해 승적乘積을 사선의 위아래에 쓴다. (4) 우변 아래쪽의 격하格下부터 사선으로 해당하는 수를 더해 좌변의 맨 위에 이르면 "실수實數가 스스로 나타난다"라고 설명한다.([그림 6-2]) 계산은 기계적으로 가능하고 구구만 외우고 있으면 어려울 것이 없다.

격자산의 출전은 산수요략의 경우 최석정의 『구수략』부록의 문산일 가능성이 크다. 문산이란 명칭 자체가 독특하여 최석정의 명명에 유래하는 것 이외에는 거의 달리 생각할 수 없기 때문이다.

[산수요략 주산법] '주산법籌算法'은 매문정梅文鼎의 주산籌算(책산)을 소개한 것이다. 서명응은 출전을 밝히지 않았지만 매문정의 『역산전서曆算全書』(1723) 「주산籌算」 7권 혹은 『매씨총서집요梅氏叢書輯要』(1759) 「주산」 2권에 횡주橫籌(가로로 된 계산 막대)를 만드는 법과 사용법에 대한 상세한 설명이 보이기 때문에 두 책 중 어느 하나인 것으로 추정해야 할 것이다. 그러나 매문정의 주산籌算([그림 6-3])도 결국은 『신법역서』(1644)에 수록된 예수회 선교사(極西耶穌會士) 로(羅雅谷)가 편찬한 『주산籌算』의 수주竪籌(세로로 된 계산 막대, [그림 6-4])를 횡주로 고친 것에 지나지 않는다. 또한 로의 주산籌算도 그 기원을 추적하면 존 네이피어가 고안(1614)한 네이피어의 뼈(Napier's Bones)에 의한 책산策算에까지 거슬러 올라갈 수 있다.

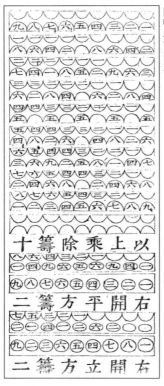

[그림 6-3] 주산(매문정법)
매문정은 세로 방향의 네이피어의 뼈를 가로로 고쳐 橫籌에 의한 계산을 籌算이라고 이름 지었다. 籌算은 算籌(算木)에 의한 계산을 의미하기 때문에 뒷날 戴震은 이를 策算이라고 고쳤다. 본 그림은『攷事新書』에 실린 매문정의 횡주이다. 〈東京大學 文學部 漢籍코너 소장〉

[그림 6-4] 로(羅雅谷)의 수주
『新法曆書』에 수록된 로의『籌算』 1권에 보이는 竪籌이다. 제1주와 제2주를 圖示하였다. [그림 6-6]의 네이피어의 뼈와 비교하길 바란다.

매문정의 횡주([그림 6-3])는 (1) 제1주식籌式, (2) 제2주식, (3) 제3주식, (4) 제4주식, (5) 제5주식, (6) 제6주식, (7) 제7주식, (8) 제8주식, (9) 제9주식, (10) 공위주식空位籌式 및 (11) 평방주식, (12) 입방주식으로 구성된다. 수열을 얼핏 보아도 그 수학적 의미는 명백하다.

서명응은 곱셈과 나눗셈과 개평방법 그리고 개립방법에 대하여 예제를 골라 매문정의 횡주에 의한 계산의 각 단계를 예시한다. 예를 들면 곱셈의 36×12＝432의 경우([그림 6-5]) (a) 법수法數(승수) 12에 맞춰

[그림 6-6] 네이피어의 곱셈 계산
그림처럼 막대를 늘어놓고 계산한다. 계산의 단계와 막대의 사선이 방향에 주의하면 네이피어의 籌算이 格子算의 발전 형태인 것은 자명하다.

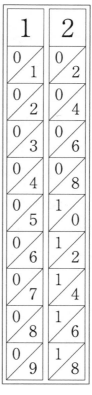

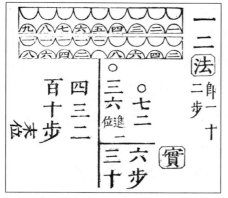

[그림 6-5] 주산의 곱셈
문제는 "假如有直田, 長三十六步, 闊一十二步, 該積步幾何"이다. "法曰, 以三十六步爲實, 以一十二步爲法, 如圖乘之"라고 계산한다. (『攷事新書』 소수. 東京大學 文學部 漢籍코너 소장)

제1주식(1의 배수)과 제2주식(2의 배수)을 취하고 세로 방향으로 겹쳐놓는다. (b) 종이 또는 칠판 위에 실수實數(피승수) 36을 2열로 적는다. (c) 실의 끝자리 6으로부터 계산을 행하여 자리마다 결과를 적는다. 실의 어떤 수(값 m)를 곱할 때는 막대의 어떤 행(제 m행)을 보고 거기에 보이는 숫자를 옮겨 적는다. 즉 [승육乘六] 6번째 행의 06과 12를 취해 072로 적고, [승삼십乘三十] 3번째 행의 036을 취해 한 자리 올려서 적는다. (d) 얻은 수를 합하여 360+72=432를 얻는다. 이것이 곱셈의 계산이다.

곱셈 계산을 보면 분명한 것처럼 책산 최대의 특징은 구구九九의
결과가 미리 주식籌式에 쓰여 있기 때문에 격자산의 필산 단계를 생략
하며 구구를 외우지 않아도 기계적으로 계산을 전개할 수 있다는 점
에 있다. 네이피어의 뼈에 의한 곱셈 계산은 12곱의 경우 [그림 6-6]과
같이 계산 막대를 늘어놓는데, 계산 막대의 사선 방향은 격자산과 동
등하며 사선이 의미하는 바도 바로 마찬가지이다. 이러한 구조상의
대응은 책산이 격자산에서부터 발전해 온 것을 여실히 보여 준다.

한편 최석정의 『구수략』 부록에도 주산籌算의 항목이 있지만 이는
결국 부록에 지나지 않으며 저술의 목적은 흥미로운 계산법으로서
로의 수주豎籌를 소개하는 것 이상은 아니다. 서명응이 관리의 필독서
에 포함시켜 책산의 보급을 꾀한 것과는 목적을 달리한다. 책산의 가
치는 매문정이나 서명응의 현창顯彰에 의해 크게 상승하였다고 할 수
있다.

② 『고사십이집』의 수예

서명응의 『고사십이집』[11] 권7 「문예」의 수예數藝는, 『고사신서』의
산수요략이 '책산'을 소개한 수학서임에 반해, 유럽 기원의 '필산'의
기법을 친절히 그리고 자세히 설명한 수학서이다. 조선 최초로 필산

---

11) 분석에는 고려대학교 도서관 소장 『保晩齋叢書』(사본) 소수본을 사용하였다. 『보
만재총서』 전60권(1783)은 서명응 개인의 문집이고, 크게 經翼(5종 8권), 史別(3종
26권), 子餘(4종 14권), 集類(1종 12권)로 나누어져 있다. 『攷事十二集』은 집류에 분
속된 책이다.

을 본격적으로 소개한 영예는 서명응에게 돌아가야 한다.

[고사십이집] 『고사십이집』 12권은 『고사신서』의 개정판이다. 관리의 행정 지침서인 점에는 터럭만큼의 변화도 없지만 『고사신서』를 점철개찬點綴改竄하여 얼핏 보기에 새 책으로 혼동할 정도로 『고사십이집』을 휘성彙成하였으니 이러한 '조고操觚'의 역량은 놀랄 만하다. 스스로도 『고사촬요』에서 『고사신서』로의 개정을 '환골'로 칭하고, 『고사신서』에서 『고사십이집』로의 개정을 '탈태'로 비유하고 있다.(「攷事十二集後序」)

　　『고사십이집』은 『고사신서』 12문 중의 「농포문」과 「목양문」을 삭제한 점이 최대의 개정점이다. 십이집의 집명集名과 삼백육십제의 문제 수를 적으면 다음과 같다. (1) 자집협기子集協紀(천문) 16문제, (2) 축집반장丑集販章(지리) 12문제, (3) 인집계고寅集稽古(역사) 9문제, (4) 묘집건관卯集建官 15문제, (5) 진집성헌辰集成憲(관제) 55문제, (6) 사집아교巳集訝交(외교) 32문제, (7) 오집문예午集文藝 24문제, (8) 미집경례未集經禮(의례) 24문제, (9) 신집입예申集立豫(武備) 10문제, (10) 유집다능酉集多能(일용) 45문제, (11) 술집오륙戌集五六(음식) 28문제, (12) 해집천일亥集千一(의약) 90문제이다.

[오집문예] 오집문예는 공문孔門의 육예 중에서 악樂과 서書와 수數에 대해서 그 요지를 서술한 것이다. 크게 3부로 구성되어 있는데 항목명은 각각 (1) 악예樂藝: 율려총서律呂總敍, 악기형제樂器形制, 당상하악堂上下

樂, 성률첩가聲律貼歌, 영신성수迎神成數, 나헌합성裸獻合聲, 간우행철干羽行綴, 율약진결律籥眞訣, (2) 서예書藝: 육서총서六書總敍, 독서차제讀書次第, 문체원류文體源流, 시도품격詩道品格, 전례변체篆隷變體, 해서격법楷書格法, (3) 수예數藝: 승제총서乘除總敍, 방전수법方田數法, 속포수법粟布數法, 쇠분수법衰分數法, 소광수법少廣數法, 상공수법商功數法, 균수수법均輸數法, 영뉵수법盈朒數法, 방정수법方程數法, 구고팔선句股八線으로 이름 붙여져 있다.

[수예] 서명응의 『고사십이집』 권7 「문예」의 수예는 승제총서로 시작하는데, 수는 포희씨包羲氏가 발명하고 황제씨黃帝氏가 이를 부연하여 구장수법九章數法을 만들었다고 설명한다. 구장수법이란 '구수'를 말한다. 총명總名이나 총서總序에서의 구수 중시는 지식인의 수학 연구의 목표가 구수 즉 방전·속포·쇠분·소광·상공·균수·영뉵·방정·구고의 습득에 있는 것을 보여 준다.

　　승제총서는 또한, 수예가 크게 두 부분으로 구성되어 있어, (1) 먼저 포산布算에 앞서 반드시 알아야 할 사항을 기술하고 (2) 이어서 최종적인 목표인 구장수법의 내용을 해설하는 점을 분명히 한다. 포산에 앞서 알아야 할 사항이란 즉 삼재수위三才數位·구구수목九九數目·가감승제加減乘除·평방입방平方立方·사율비례四率比例를 말한다.

[필산에 의한 가감승제] 서명응은 승제총서에 이어서 삼재수위, 즉 시간의 단위계, 도량형의 단위계, 전법리법田法里法의 단위계를 설명하고, 구구수목 즉 '구구팔십일'부터 '일일여일一一如一'까지의 구구표를 기술

한다. 또한 삼재수위·구구

수목에 이어서 "필주筆籌로

써 식을 세워" 가감승제·평

방입방·사율비례의 연산법

을 설명한다. 서명응에 따르

면, '필주'를 선택한 것은 "그

법이 자못 쉽고 빠르기"(其法

頗簡易直捷) 때문이다. 여기서

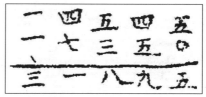

[그림 6-7] 필산의 덧셈
서명응에 의하면 "加者, 合衆數而成總也"라고
하고 영의 표기법에 대해서는 "加數內單數空,
故作○以存其位"라고 하였다. 모두 『數理精蘊』
하편 「首部」의 加法으로부터의 인용이다. 〈서유
구 찬, 『임원십육지』 소수〉

"필주로써 식을 세운다"(以筆籌爲式)라는 것은 서산西算에 기원하는 필산

을 말한다.

서명응은 필산의 덧셈에 대해서 원래의 수를 위에, 더하는 수를

아래에 가로로 늘어놓고 "우선 홀수(單數)부터 더하기 시작한다. 매 자

리마다 더한 합이 10을 넘을 때는 한 자리를 올려 1로 한다. 홀수를

본위本位의 아래에 쓴다. 순차적으로 이를 더해 가면 즉 총수를 얻는

다"[12]라고 설명하고 14545＋17350＝31895를 [그림 6-7]과 같이 계산한

다.[13]

연산법에서 주의해야 할 것은 천 자리의 4와 7을 서로 더할 때

10을 넘기 때문에 그 십을 만 자리로 올려 "1로 하고 이를 표지하는"

---

12) 先自單數加起. 成十則進一位而仍爲一焉. 以單數紀於本位之下. 挨次幷之, 卽得總數.

13) 계산식 내지 계산도에 대해서는 기본적으로 서울대학교 고전총서 제4집 徐有榘
纂, 『林園十六志』(서울대학교 고전간행회, 1966)에 수록된 것을 인용하였다. 후에
상술하겠지만 『임원십육지』본의 계산식이나 계산도는 『보만재총서』본에 실린 것
과 완전히 같다.

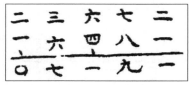

[그림 6-8] 필산의 뺄셈
서명응은 『수리정온』 하편 「수부」를 인용하여 "減者, 較衆數而得餘也"라고 설명한다. 〈서유구 찬, 『임원십육지』 소수〉

[그림 6-9] 필산의 곱셈
서명응은 『수리정온』 하편 「수부」를 인용하여 "因者, 一位相因而得焉", "乘者, 多位相乘而得焉"이라고 설명한다. 〈서유구 찬, 『임원십육지』 소수〉

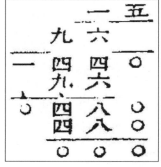

[그림 6-10] 필산의 나눗셈
서명응은 『수리정온』 하편 「수부」를 인용하여 "歸者, 一位歸之而得焉", "除者, 多位除之而得焉"이라고 설명한다.

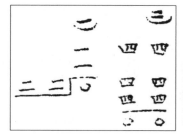

[그림 6-11] 필산의 개평방
서명응에 의하면 "(開)平方者, 以自乘之面積求得邊線也. 以線求面則自乘而得積, 以面求線則平方開之而得邊也"이라고 한다. 〈서유구 찬, 『임원십육지』 소수〉

(爲一誌之) 것, 즉 점 하나를 앞자리(進位)에 적어 표지하는 점이다. 이러한 '작점作點'의 기법은 대단히 보기 드물기 때문에 전거를 특정하기가 그다지 어렵지 않다. 바로 『수리정온數理精蘊』 하편 「수부首部」 1의 가법加法이다. 『고사십이집』 수예의 가법의 경우는 설명도 예제도 모두

『수리정온』에서 인용하였다.14)

서명응은 이하 감법減法 → 인승因乘 → 귀제歸除에 대하여 설명해 간다. 필산의 연산법 자체는 현행법과 크게 다르지 않기 때문에 설명은 생략하고 단지 계산 문제만을 예시하겠다. 예제

$$23672 - 16481 = 7191, \quad 24 \times 36 = 864, \quad 1440 \div 96 = 15$$

에 대해서 각각 [그림 6-8 · 6-9 · 6-10]과 같이 계산한다.

한편 귀제歸除에 대해서는 원 그림의 영인 상태가 확연하지 않아서 『수리정온』의 계산도([그림 6-10])를 인용하였지만, 원래 양식이나 숫자에는 변화가 없다.

서명응은 가감승제에 이어서 평방입방과 사율비례에 대해서 설명한다. 예를 들어 개평방 $\sqrt{144}$ 의 경우 [그림 6-11]처럼 계산하는데, 계산 자체는 오늘날의 방식과 큰 차이가 없다. 출전을 밝히자면 평방은 『수리정온』 하편 「면부面部」의 평방이고, 입방은 같은 하편 「체부體部」의 입방, 사율비례는 같은 하편 「선부線部」의 비례이다.

[구장수법] 『고사십이집』 수예의 제2부에 해당하는 구장수법九章數法은 동 권의 중심 부분이다. 동아시아의 수학적 전통과는 이질적인 '필주筆籌'에 의해 전통의 '구수' 즉 『구장산술』의 산법을 해명하고 있다. 크게 9장으로 나뉘며 장 이름은 각각 (1) 방전수법, (2) 속포수법, (3) 쇠분수법, (4) 소광수법, (5) 상공수법, (6) 균수수법, (7) 영뉵수법, (8)

---

14) 加法에 관한 『數理精蘊』의 원문을 적어 보면 "先自單數加起. 成十則進前一位而仍爲一, 以單數紀本位下. 挨次倂之, 卽得總數"이다. 문장 또한 거의 다르지 않다.

방정수법, (9) 구고팔선이라고 한다. 제9장의 명명법은 독특하다.

구장수법의 구성은 장별로 큰 차이는 없다. 기본적으로는 장의 모두冒頭에 서문이 있고 이하『구장산술』에 유래하는 계산 문제와 필산에 의한 그 해법을 기술한다. 예를 들면 제2장의 속포수법의 경우, '구수'의 두 번째로 알려진 '속포'에 대한 설명이 처음에 보인다. 장서章序이다.

> 권위 있는 경서의 주석(傳)에는 속포는 그로써 교역을 처리한다고 하였다. 대저 속粟은 또한 쌀이고 포는 또한 돈이다. 속도粟稻로써 쌀의 정조精粗를 구하고 곡두로써 양식의 다과多寡를 구하고 장척으로써 비단의 장단을 구하고 근량으로써 물건의 경중을 구하는 것 등은 모두 그 교역변천을 처리하는 바이다.[15]

전문傳文은 거슬러 올라가면『구장산술』유휘 주에 근거한 것이지만 직접적인 출전은 확실하지 않다.[16] 또한 전 외에는 대략 명 정대위의『산법통종』(1592) 권4의 속포이장粟布二章으로부터의 인용이다.

속포수법서에 이어서는 속포 문제 즉 역사적으로 속포로 분류되는 계산 문제 5문제이다. 속포의 제2문은 구색금九色金 50량을 팔색금八色金으로 바꾸면 얼마인가 라는 문제에 대하여 사율비례에 기초하여 "구색에 50량을 곱하여 적금赤金 45량을 얻고 팔색으로 나누어 팔색금

---

15) 傳曰, 粟布以御交貿變易. 蓋粟亦米也, 布亦錢也. 以粟稻求米之精粗, 以斛斗求糧之多寡, 以丈尺求帛之長短, 以斤兩求物之輕重, 皆所以御其交易變遷也.

16) 어구의 유사성에 비추어 최석정의『구수략』「구장명의」에서 인용되었을 가능성이 높다고 추측된다.

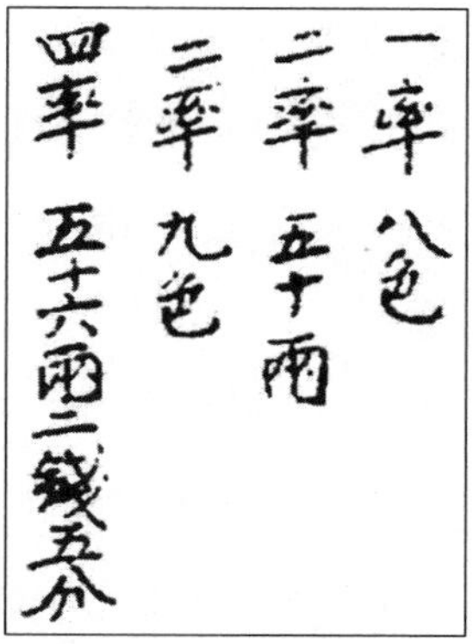

56량 2전 5부를 얻는다"[17]라고 계산한다. 첨부된 계산도([그림 6-12])가 보여 주는 것은 서산西算에 속하는 사율비례 즉 필산이고 속포 문제는 예외 없이 모두 필산에 의해 풀려 있다.

[그림 6-12] 속포 제2문
문제는 "設有人借九色金五十兩, 今還八色金. 問該若干"이다. 사율비례에 기초하여 "五十六兩二錢五分"을 구한다. 〈서유구 찬, 『임원십육지』 소수〉

그러나 속포 문제란 『구장산술』 속포(粟米)장에 보이는 계산 문제(古問)만을 가리키는 것은 아니다. 고문古問에서 발전한 유사 문제(比類)도 합쳐서 그렇게 불린다. 따라서 속포 또는 속미라고 칭한다고 하여 단순하게 『구장산술』에서 인용한 것으로 판단할 수는 없다. 사실상 조선에는 『구장산술』이 전하지 않았고 실물을 본 사람도 없었다. 바로 최석정이 『구수략』에서 "『구장산술』은 동국에 전하지 않는다"(此書不傳於東國)라고 말한 대로이다. 따라서 수예의 속포 문제가 『구장산술』로부터 인용되었을 가능성은 전혀 없다.

속포 문제가 『구장산술』을 인용한 것이 아니라면 계산 문제의 유래는 어디일까? 계산 문제의 유래가 정해지면 책의 성격도 저절로 분명해질 것임에 틀림없다. 분석에 즈음하여 주목해야 할 것은 속포 수법서에 보이는 독특한 속포에 대한 정의이다. 특수한 정의를 갖는 산서算書를 찾아내는 것이 가능하다면 계산 문제도 같은 서적에서 인

---

17) 置九色, 以五十兩乘之, 得赤金四十五兩, 以八色除之, 得八色金五十六兩二錢五分.

용되었을 가능성이 높을 것이기 때문이다. 이상의 방침으로 찾아본 결과, 속포 문제에 대해서는 같은 정의가 정대위의 『산법통종』에 보이고, 같은 문제 5문제 모두 『산법통종』에 보이는 것을 확인할 수 있었다.

속포수법에 보이는 필산의 계산 문제는 놀랍게도 『산법통종』이라는 주산珠算의 대표서에서 인용한 것이다. 이 경우 필산 문제는 주산 문제를 환골탈태시켜 태어났다고 해야 할 것이다.

계산 문제를 인용함에 있어 『산법통종』에 전면적으로 의존한 것은 속포 문제와 더불어 방전 문제, 쇠분 문제, 소광 문제, 상공 문제, 균수 문제뿐이다. 영뉴 문제와 방정 문제, 구고 문제는 그렇지 않다. 영뉴수법이 인용한 것은 『수리정온』 하편 권8 「선부」의 영뉴 문제이고, 방정수법이 인용한 것은 같은 책 권10 「선부」의 방정 문제이다. 또한 구고팔선은 『산법통종』 권12 「구고구장句股九章」에서 구고 문제를 인용하고,[18] 『수리정온』 권16 「면부」의 할원팔선割圓八線을 인용하여 삼각함수를 설명한다. 구수의 범주에서 필산이 이미 존재할 때는 반드시 동아시아적인 주산珠算을 무시하고 서구 기원의 필산에 의거한 것이다. 거기에는 구수와 필산, 나아가 동양과 서양의 원리적인 상호 대립이 있다고 할 수 있다.

그러나 서명응은 마음속에서 원리적으로는 구수를 중시해야 한다고 생각하면서도 내용적으로는 서산西算이 중산中算이나 동산東算보다

---

18) 旣知의 句股形에서 中垂線을 묻는 문제 등에 대해서는 『수리정온』의 구고 문제에 근거하였다고 해석해야 할 것이다.

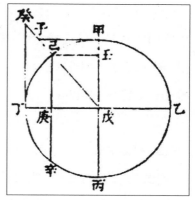

[그림 6-13] 할원팔선
正弦 등 삼각함수의 값은 그림 안의 8선으로 표시할 수 있다. 이것이 割圓八線이다. 〈서유구 찬, 『임원십육지』소수〉

뛰어나다고 믿었던 것 같다. 수예數藝가 서산에 속하는 필산서임과 더불어 구고팔선句股八線장의 존재가 이를 여실히 보여 준다. 구고팔선장에서는 구수의 범위를 넘어 서산의 삼각함수에 대한 정의가 기술되어 있기 때문이다. 양각 ∠ 기무경己戊庚 = θ 에 대해 할원팔선은 다음과 같이 주어져 있다.([그림 6-13])

기경己庚: 정현正弦 $\sin \theta$ 임기壬己: 여현餘弦 $\cos \theta$

정경丁庚: 정시正矢 $\text{vers} \, \theta$ 갑임甲壬: 여시餘矢 $\text{covers} \, \theta$

계정癸丁: 정절正切 $\tan \theta$ 무계戊癸: 정할正割 $\sec \theta$

갑자甲子: 여절餘切 $\cotan \theta$ 무자戊子: 여할餘割 $\csc \theta$

제9장의 장 이름을 구고수법이라고 하지 않고 구고팔선이라고 한 점에서 서명응의 고충을 이해할 수 있을 것이다.

서명응은 지식인이라면 알아야 할 지식의 하나로서 '산법'을 들고

산법의 기법으로서 '필주筆籌'를 제시한 셈이지만, 필산이 후세 수학의 기본 기법 중의 하나로 발전해 가는 점을 감안할 때 설령 논해진 수학적 내용이 초보적이라고는 해도 서명응의 뛰어난 통찰에 대해서 높게 평가하지 않을 수 없다.

(2) 서호수의 『수리정온보해』

서호수의 『수리정온보해』 1권[19](1787 「序」)은 문자 그대로 『수리정온』에 대한 보해補解이다. 그러나 정확하게는 호한浩瀚의 수학서인 『수리정온』에 대해 보해의 형식을 빌린 다이제스트라고 해야 할지도 모른다.

[수리정온과 수리정온보해] 『수리정온』 53권은 중국 청의 수학서이다. 옹정 원년(1723)에 간행되었다. 강희제 어제의 과학보전科學寶典인 『율력연원律曆淵源』 100권의 제2부분이다. 제1부분은 『역상고성曆象考成』 42권, 제3부분은 『율려정의律呂正義』 5권이다. 『율력연원』의 특징은 서력西曆·서산西算·서악西樂의 이론을 해설하는 서학서이면서 서구과학의 근원을 중국 고대에 두는 점에 있다. 편찬자에는 하국종何國宗·매각성梅瑴成·왕난생王蘭生·방포方苞 등이 연명連名되어 있다.

『수리정온』은 크게 상편의 「입강명체立綱明體」 5권, 하편의 「분조치용分條致用」 40권, 그리고 「수표數表」 8권으로 나뉘어 있다. 또한 상편

---

19) 분석의 저본으로는 규장각 소장본(刻本)을 이용하였다. 이 책은 일본 東北大學 부속도서관 소장본(사본)도 있는데 동 대학 和算 포털사이트에서 그 화상 데이터를 공개 중이다.

은 (1) 수리본원數理本原, (2) 기하원본幾何原本, (3) 산법원본算法原本으로 구성되어 있고 수학의 기초 이론을 기술하며, 하편은 (1) 수부首部, (2) 선부線部, (3) 면부面部, (4) 체부體部, (5) 말부末部로 구성되어 있고 중법中法의 비례 · 방정 · 개방과 서양의 대수對數(로가리즘) · 삼각함수 · 차근 방비례借根方比例 등 각종 산법을 설명한다.

한편 『수리정온보해』는 『수리정온』의 기본 산법에 대한 해설서이다. 각 부에서 중요한 산법을 골라, (1) 수부의 기령승법奇零乘法(通分 · 乘法) 1문제와 기령제법(通分 · 除法) 1문제, (2) 선부의 영뉵단투법盈朒單套法 1문제 · 영뉵쌍투법盈朒雙套法 1문제, 그리고 첩차호징疊借互徵 2문제, (3) 면부의 삼각법 2문제와 구원내용십팔변형익실귀제지리求圓內容十八邊形益實歸除之理 1문제, (4) 체부의 퇴타법堆垛法 2문제, (5) 말부의 차근방비례 가법加法 4문제 · 차근방비례 감법減法 6문제 · 차근방비례 승법乘法 1문제 · 차근방비례 제법除法 1문제 · 차근방비례 면류面類 2문제 · 비례 규정현선법比例規正弦線法 1문제, 비례규정접선법比例規正接線法 2문제, 비례규가수척법比例規假數尺法 4문제에 대하여 '보해'를 제시하였다.

서호수가 가장 정력을 들인 곳은 보해의 분량에서 볼 때 말부의 차근방비례와 비례규의 해명이라고 해도 틀림없을 것이다.

[말부 차근방비례의 보해] 『수리정온』은 하편 「말부」의 권31~36에서 '차근방비례借根方比例'를 전문적으로 소개한다. 차근방비례란 서구수학에 기원하는 근수根數(미지수)나 방수方數(근수의 거듭제곱累乘)를 빌려 실수實數를 구하는 필산의 방법을 말한다.[20] 기호법은 다르지만 실질적으로는

현행 기호대수학의 기본 방법과 동등하며, 동아시아 고래의 천원술과
도 큰 차이가 없다. 그러나 동산東算에서 차근방비례≒천원술인 사실
이 정확하게 인식되는 것은 서호수가 아니라 그 다음 세대에 속한다
고 하지 않을 수 없다.

차근방비례의 알고리즘에 대해서는 개략적으로 (1) 근수 즉 허수
(미지수)를 설정하고, (2) 문제 뜻에 따라 이를 가감승제하여 실수(眞數)
에 상당하는 근수와 방수(虛數)의 식을 구하고, (3) 근방根方의 식＝실수
로 하는 상당적등식相當適等式을 개방開方하여 허수의 값을 계산한다 라
고 말할 수 있다. 차근방비례의 기호는 양의 기호 ＋를 ⎯⎯⎯·⎯⎯⎯,
음의 기호 －를 ⎯⎯⎯⎯⎯⎯, 등호 ＝를 ＝＝＝＝＝로 적어, 오늘
날의 기호와는 약간 다르다.

서호수의 보해는 원 문제를 이용하거나 또는 보제補題를 작성하여
"설명을 부연하거나 그림을 덧붙이고 오류를 교정하여 그 소이연所以
然을 익강益講하고『수리정온』45편의 요지를 우익羽翼한 것"[21]이라고
할 수 있는데, 차근방비례에 대해서는 (a) 우선 그 다항식의 가감승제
법을 상세히 설명하고, (b) 이어서 차근방비례를 이용하여 면류의 문
제 2문제를 푼다.

차근방비례에 의한 다항식의 가감승제법은 덧셈에 대해서 사평방
다사근四平方多四根과 이평방소삼근二平方少三根[22]의 합, 즉 $(4x^2 + 4x) +$

---

20) '차근방비례'라는 이름의 유래는 '근수와 방수를 빌리는' 바에 있다.

21) 徐浩修,「數理精蘊補解序」, "衍說增圖校誤而益講其所以然之故, 羽翼四十五篇之旨."

22) 역주: 多는 ＋, 少는 －를 의미한다.

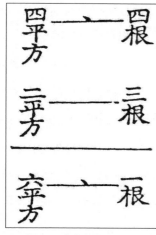

[그림 6-14] 수식의 덧셈
『數理精蘊』하편 권31「말부」1 借
根方比例의 加法 제2문을 인용하였
다. 음양의 부호의 표기가 정확하다.
〈규장각 소장〉

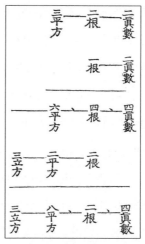

[그림 6-15] 차근방비례의 곱셈
곱셈의 예제는 서호수 자신이 만
든 "補題, 設如有三平方少二根少
二眞數, 以一根少二眞數乘之, 問
得幾何"에 기초해 있다. 〈규장각
소장〉

[그림 6-16] 차근방비례의 乘法圖
서호수는 곱셈이 성립하는 所以에 대
해서 "如圖以根爲三, 則一平方爲九,
一立方爲二十七, 甲丙戊庚己乙丁長方
體, 卽三立方之總積八十一" 등으로 설
명한다. 〈규장각 소장〉

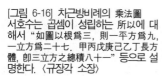

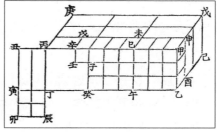

$(2x^2 - 3x) = 6x^2 + x$를 [그림 6-14]처럼 계산한다. 계산식은 혼동하

기 쉬운 양호와 음호를 정확하게 붙이고[23] 덧셈의 부호 법칙을 꼼꼼

---

23) 서호수가 표기한 양호 +의 윗부분은 斜點으로 되어 있는데, 『수리정온』은 인쇄가
나빠서 음양의 구별이 거의 불가능한 판본이 많다는 점을 생각할 때 보해의 표기
의 미묘한 차이를 문제시할 수는 없다.

하게 해설하고 있는데, 이는 뺄셈에 대해서도 조금도 변함이 없다. "차근방비례법의 경우 먼저 가감(의 음양 법칙)을 명확하게 하고 나서야 비로소 승제로 얻은 바의 다소호변多少互變의 수가 혼란을 초래하지 않는다"[24]라고 생각했기 때문이다. 또한 곱셈에 대해서는 삼평방소이근소이진수三平方少二根少二眞數와 일근소이진수一根少二眞數의 곱(乘積) 즉 $(3x^2 - 2x - 2) \times (x - 2) = 3x^3 - 8x^2 + 2x + 4$의 계산법을 설명함에 있어 비단 단계마다 계산식을 표기([그림 6-15])할 뿐만 아니라 근을 3으로 가정하여 보도補圖(설명도) [그림 6-16]을 그려 두었다. 보도補圖의 갑을계신임자甲乙癸辛壬子의 경절면磬折面은 $3x^2 - 2x - 2$를 가리키고 갑신甲申은 $x - 2$를 의미하는데, 보도의 설명 중 수정해야 할 곳이 없지는 않다.

서호수는 다항식의 가감승제법을 설명한 다음, 응용으로서 차근방비례를 이용하여 권35 면류의 문제를 푼다. 문제는 다음과 같다.

직사각형이 있는데 그 면적은 83232장丈이다. 또 정사각형이 있는데 면적은 직사각형의 길이와 같다. 정사각형의 면적의 자승은 양쪽의 면적의 합과 같다. 묻는다. 양쪽 변의 수는 각각 얼마인가?[25]

"법은 1근을 빌려 정사각형의 면적으로 삼고" 문제의 뜻에 따라 방정식 $x^2 = x + 83232$를 도출하여 '대종교수개평방법帶縱較數開平方法'

---

24) 借根方比例法, 先明加減, 然後乘除所得多少互變之數, 始不淆.
25) 有一長方, 其面積八萬三千二百三十二丈. 又有一正方其面積與長方之長等. 若以正方積自乘, 則與兩方之共積等. 問兩方邊數各幾何?

[그림 6-18] 『수리정온보해』의 계산식
원 문제는 거의 그대로 옮겼으면서도 계산식에 대해서는 숫자 표기를 세로쓰기로 고치고 단위 한자를 덧붙였다. 또한 숫자와 허수의 乘積인 각항(허수의 식)의 표기도 원본과 같지 않다. 〈규장각 소장〉

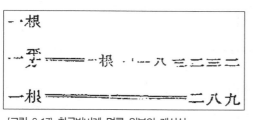

[그림 6-17] 차근방비례 면류 원본의 계산식
『수리정온』 하편 권35 「말부」 5 차근방비례의 면류 제17문의 해법식이다. 원 문제는 "設如有一長方, 其面積八萬三千二百三十二丈, 又有一正方, 其每邊與長方之闊等, 若以正方面積自乘, 則與兩方之共面積等. 問二方邊數各若干"이라고 한다.

에 의해 $x = 289$를 구해 정사각형의 변의 길이 17장과 직사각형의 변의 길이 288장과 289장을 얻는다. 한편 대종교수개평방법은 현행의 근의 공식을 이용하는 방법과 매우 유사하다.

주의해야 할 것은 『수리정온』([그림 6-17])과 『수리정온보해』([그림 6-18])에서 같은 문제를 풀 경우도 계산식의 표기에 차이가 있다는 점이다. 『수리정온』은 '팔삼이삼이', '이팔구'로 단위 표기를 생략하였음에 반해, 『수리정온보해』는 세로로 '팔만삼천이백삼십이', '이백팔십구'로 적어 하나하나 단위를 덧붙였다.([그림 6-18]) 약간의 차이에 불과하지만 필산을 전개함에 있어서는 『수리정온』 쪽이 훨씬 편리하다. 이는 서호수가 서산西算의 알고리즘을 중시하였음에도 불구하고 필산의 측면을 그다지 중시하지 않았다는 점을 보여 준다.

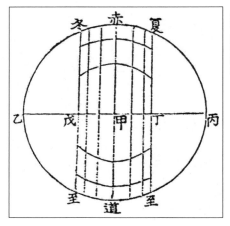

[그림 6-19] 비례규정현선법
『수리정온』 하편 권40 「말부」 10 比例
規解의 정현선에 보인다. 『수리정온』
은 "設如簡平儀下盤作節氣線, 問其法
若何"라고 자문하고 簡平儀의 구조에
대해서 설명한다. 〈규장각 소장〉

[말부 비례규의 보해] 『수리정온』 하편 「말부」 권39와 권40은 '비례규比例規'에 대한 소개이다. 비례규란 비례컴퍼스를 말하는데 컴퍼스에 눈금(平分線·分面線·更面線·分體線·更體線·五金線·分圓線·正弦線·正切線·正割線)을 새겨 다양한 근사계산에 사용한다. 원리는 '동식同式 삼각형의 비례' 즉 삼각형의 닮은꼴(相似)에 근거해 있다. 또한 비례규정현선법比例規正弦線法의 응용으로서의 간평의簡平儀, 비례규정절선법比例規正切線法의 응용으로서의 지평일귀地平日晷(지평식 해시계)·입면일귀立面日晷(입면식 해시계)에 대해서 설명하고, 덧붙여 대수對數 비례에 근거한 가수척假數尺에 대해서도 서술한다.

『수리정온보해』가 보해를 추가한 것은 단지 간평의와 지평일귀, 그리고 가수척에 대해서일 뿐인데, 그 보해도 실제로는 기초 이론의 요점을 기술한 것에 지나지 않는다. 예를 들면 정사투영법正射投影法에 기초한 간평의, 즉 서구의 데 로하스 아스트롤라브(De Rojas Astrolabe)[26]

의 경우 서호수는 중심을 세로로 통과하는 적도선(춘분추분선)의 좌우에 평행하게 이십사절기선을 그려 놓았다. 보도補圖([그림 6-19])는 원도를 꽤나 간략화시켰지만 중요한 곳을 생략하지는 않았다. 서호수에 의하면 적도선과 동지선 또는 적도선과 하지선의 간격(甲戊 혹은 甲丁)은 황적대거黃赤大距(황도의 적도에 대한 경사각) ε 에 대하여 $\sin \varepsilon$ 이고, 절기선은 $\sin \lambda \sin \varepsilon$ 의 위치에 그려진 수직선을 말한다($\lambda = 0°, 15°, 30°, \cdots\cdots$)고 하는데 설명이 지나치게 간략하긴 하지만 틀린 곳은 없다.

간평의를 이용하여 특정 시기의 황도와 적도의 각거리角距離 즉 태양의 적위 δ 를 구하는 경우는, 당일의 태양의 황경 λ 를 알아내 가로선(極線)의 값= λ 의 절기선을 정하고 그 절기선과 바깥 둘레(外周)의 주천권周天圈과의 교점의 도수 δ 를 보면 되는데, 이는 절기선이 $\sin \delta = \sin \lambda \sin \varepsilon$ 의 관계를 갖고 있기 때문이다.

한편 가수척假數尺이란 대수對數(로가리즘)의 원리를 응용한 계산 기구를 말한다. '가수假數'는 대수對數 즉 현행의 로가리즘을 의미하고 '진수眞數'와 짝을 이루는 개념이다.[27] 대수·진수의 용어는 현재 중국·일본에서 여전히 같은 의미로 사용된다. 대수 비례는 상용로그를 이용하여 더하기로 곱셈을 대신하고 빼기로 나눗셈을 대신하는데 가수척은 더하고 빼는 것 즉 척尺의 이동에 의해 곱셈나눗셈의 계산을 행한다.

서호수는 곱셈 계산 12×4.5＝54의 경우, "규기規器를 이용하여

---

26) 간평의에 대해서는 安大玉, 『明末西洋科學東傳史』(東京: 知泉書館, 2007)를 참조.
27) 역주: $m = \log_a M$에서 對數 m에 대해 M을 眞數라고 한다.

11/12의 양행도兩行度를 취하고 45분分의 앞에 더하여"[28] 54를 구하는데 그 보해로서 (1) 진수 12의 가수 1.0791812460과 진수 45의 가수 1.6532125138을 구하고, (2) 두 가수를 서로 더하여 2.7323937598을 얻고, (3) 첫자리로부터 1을 빼고, (4) 대對하는 곳의 진수를 조사하여 54를 얻는다 라고 설명한다. 이것은 당연히 $\log ab = \log a + \log b$로 계산하는 것에 다름 아니다. 나눗셈도 마찬가지여서 512÷32=16의 경우, "규에서 32분에서 51분2리까지의 도수를 취해"(規取起三十二分止五十一分二釐之度) 16을 얻는데 이는 $\log \dfrac{a}{b} = \log a - \log b$로 계산하는 것을 의미한다.

[선부 첩차호징의 보해] 『수리정온보해』 첩차호징疊借互徵의 '호승제분互乘齊分'법은 평이한 산법이기는 하지만, 후술할 홍길주의 쌍추억산雙推臆算과의 관련성을 미루어 짐작할 수 있다는 점에서 대단히 중요하다.

서호수 자신도 그 '선부의 호승제분'에 대하여 '통변어궁通變御窮의 관건'이라고 서술하고 높게 평가한다. 그 이유는 임의의 일차방정식의 해를 구함에 있어 방정식 $f(x)$를 세우지 않고서도 "먼저 한 수(一數, a_1)를 빌려 원래의 수와 서로 비교하고 또 한 수(a_2)를 빌려 원래의 수와 서로 비교"(『數理精蘊』·疊借互徵)하기만 하면 양 차借 a_1와 a_2 및 양 교較 $f(a_1)$와 $f(a_2)$로부터 호승제분법에 근거하여 기계적으로 진수

---

28) 用規器, 取一十一與一十二兩行度, 加於四十五分之前.

$x = \dfrac{a_2 f(a_1) - a_1 f(a_2)}{f(a_1) - f(a_2)}$ 를 도출할 수 있어 무한히 응용할 수 있기 때

문이다.

이러한 동아시아의 복가정법複假定法은 『구장산술』의 영부족술29)
에까지 거슬러 올라갈 수 있는데 서호수가 이 전통을 정확하게 인식
하고 있었는지의 여부에 대해서는 확실하지 않다.

(3) 서유구의 구수개략

서유구의 『임원십육지(임원경제지)』 113권30)의 권94 「산법」 구수개
략九數槪略은 조부 서명응의 『고사십이집』 전문을 인용하여 필산의 기
법을 설명한다.

[임원십육지] 서유구의 『임원십육지』는 기묘한 백과전서이다. 일반적으
로는 농서로 분류되지만 본리지本利志(권1~13)에 보이는 전제田制·수리
水利·지질地質·농업기술農業技術·곡명穀名·재해災害·전가력田家曆·농
구農具 등에 덧붙여 소채蔬菜(권14~17, 灌畦志)·원예園藝(권18~22, 藝苑志)·
과수果樹(권23~27, 晚學志)·의류衣類(권28~32, 展功志)·기상氣象(권33~36, 魏鮮
志)·목축어획牧畜漁獲(권37~40, 佃漁志)·식품食品(권41~47, 鼎俎志)·가옥家屋
(권48~51, 贍用志)·양생養生(권52~59, 葆養志)·의약醫藥(권60~87, 仁濟志)·향례

---

29) 『구장산술』의 영부족술에 대한 상세한 해설은 제1장 3.을 참조 바란다.
30) 저본으로는 서유구 찬, 『임원십육지』(서울대학교 고전총서 제4집, 서울대학교 고
전간행회, 1966)를 사용하였다. 해제에 의하면 이 책은 서울대학교 부속도서관에
소장된 사본의 영인이다.

郷禮(권88~92, 郷禮志)・기예技藝(권93~98, 遊藝志)・문방文房(권99~106, 怡雲志)・풍수風水(권107~108, 相宅志)・경제經濟(권109~113, 倪圭志) 등의 내용도 다룬다.

바로「임원십육지예언林園十六志例言」에서 서술한 대로 책의 목적은 사관仕官할 때의 '제세택민濟世澤民'에 있지 않다. 오히려 재야에서 '식력양지食力養志'함에 있어 '향거청수郷居淸修하는 선비'가 알아야 할 "향거사의郷居事宜를 약채略採하여 분부입목分部立目한" '향거양지郷居養志의 책'이라고 할 수 있다.

『임원십육지』는 명확한 목적을 갖는 편찬물일 뿐만 아니라 광범한 인용을 자랑한다. 인용한 책은 경사자집(과 부록)을 합쳐서 820여 종에나 이른다.

[유예지] 『임원십육지』권93~98은「유예지遊藝志」라고 이름붙여져 있다. 주제는 '예원사습藝苑肆習' 즉 사射(궁술)・산산(수학)・서書(서법)・화畵(회화)・악樂(음악)에 관한 것이다.「유예지」권제1(권93)은 독서법과 사결射訣에 대해서 논하며, 권제2(권94)는 산법, 권제3(권95)은 서벌書筏, 권제4(권96)와 권제5(권97)는 화전畵筌, 권제6(권98)은 방중악보房中樂譜를 다룬다. 지식인에게 불가결한 교양의 범위와 정신을 간결하게 정리하였기에 흥미가 다하지 않는다.

[구수개략] 『임원십육지』「유예지」의 권제2 산법은 총명總名을 '구수개략'이라고 한다. 구수개략은 전편이 조부 서명응의 『고사십이집』권7「문예」의 수예數藝로부터 인용(전사)한 것이다. 서유구 자신이 발안한

수학적 내용은 전혀 없다. 단 구수개략이라는 명칭만은 서유구가 붙인 것이다.

그럼에도 불구하고 서유구는 필산의 가치를 정확하게 이해하고 자신의 저서에 필산의 내용을 기술하여 이를 보급시키려고 했던 것이다. 조선수학사의 한 페이지를 점할 만큼의 가치를 갖는 중요한 인물이라고 하지 않을 수 없다.

3. 홍길주의 수학

1) 홍길주 소전

홍길주洪吉周(1786~1841)는 자가 헌중憲仲, 호는 항해沆瀣라고 한다. 본관은 풍산이다. 풍산홍씨는 노론의 명문으로 이름 높다.

홍길주는 정조 10년(1786)에 효안공孝安公 홍낙성洪樂性(1718~1798)의 손자인 승지 홍인모洪仁謨(1755~1812)의 둘째 아들로 태어났다. 모친은 위에서 언급한 서호수와 같은 항렬에 속하는 서형수徐迥修(1725~1779)의 딸이다. 모친을 통해서 대구서씨의 가학이 홍길주 등에게 영향을 미친 것은 선행 연구가 이미 지적한 대로이다.[31] 형인 홍석주洪奭周(1774~

---

31) 홍길주의 학문적 배경에 대해서는 전용훈, 「19세기 조선 수학의 지적 풍토: 홍길주(1786~1841)의 수학과 그 연원」(『한국과학사학회지』 제26권 제2호, 2004)에서 배운 바가 많다.

1842)는 『연천집淵泉集』을 저술한 명문장가이고 동생인 홍현주洪顯周는 정조의 딸인 숙선옹주淑善翁主를 부인으로 맞이한 부마이다.

홍길주는 순조 7년(1807, 22세) 정묘식년시에 진사 2등 7위로 합격하였다. 그러나 순조 11년(1811, 26세)에 과거를 포기하고 종신 과장科場에 발을 들이지 않았다. 순조 22년(1822, 37세)에 음보蔭補로써 휘릉참봉徽陵參奉의 관직에 올랐지만 곧 사직하였다. 만년에는 보은군주報恩郡主와 김포군주 등을 역임하고 선정을 베풀었지만 관직에 뜻이 없기에 거관居官한 지 얼마 되지 않아 귀향하였다.

홍길주는 많은 저작을 남겼다. 『현수갑고峴首甲稿』, 『표롱을첨縹礱乙幟』, 『항해병함沆瀣丙函』, 『숙수념孰遂念』 등이다. 또한 형제와 같이 펴낸 문집 『영가삼이집永嘉三怡集』도 이름 높다. 수학서로는 『기하신설幾何新說』, 『호각연례弧角演例』 등이 있다.[32]

2) 『기하신설』

홍길주의 대표적인 수학서의 하나는 『기하신설幾何新說』이다. 『숙수념』 제14관觀에 수록되어 있다. 『기하신설』은 문제집 형식의 주산서籌算書이고 크게 (1) 쌍추억산雙推臆算과 (2) 개방몽구開方蒙求와 (3) 잡쇄수초雜碎隨鈔의 3부로 구성되어 있다.[33]

---

32) 두 책 이외에도 『표롱을첨』「幾何雜碎補」에는 세 종류의 算題가 수록되어 있다. 이 문제는 『홍길주문집 5―표롱을첨(하)』(태학사, 2006)에서 손쉽게 볼 수 있다.
33) 저본으로는 규장각 소장본을 사용하였다. 규장각 소장본은 사본이다.

[쌍추억산] 제1부의 쌍추억산雙推臆算은 '쌍추법' 즉 복가정법을 이용하여 『수리정온』「선부」에 속하는 여러 종류의 일차방정식 문제를 푼 것이다.

『수리정온』은 앞에서 서술한 것처럼 상하편으로 구성되어 있으며, 하편은 다시 (1)「수부」, (2)「선부」, (3)「면부」, (4)「체부」, (5)「말부」의 5부로 나뉘어 있다. 제2의 「선부」의 주제는 '선의 비례'이고, 정비례正比例(異乘同除)·전비례轉比例(同乘異除)·합률비례合率比例(同乘同除)·정비례대분正比例帶分·전비례대분轉比例帶分·안분체석비례按分遞析比例·안수가감비례按數加減比例·화수비례和數比例·교수비례較數比例·화교비례和較比例·영뉵盈朒·차쇠호징借衰互徵·첩차호징疊借互徵·방정方程을 처리한다.

쌍추억산의 예제는 『수리정온』「선부」로부터 체석비례·가감비례·화수비례·교수비례·화교비례·영뉵의 영뉵쌍투盈朒雙套·첩차호징·방정 문제 12조條를 뽑고 출처 불명의 측량 문제 1조[34]를 덧붙인 것으로, 해법이 서로 다른 산법 문제를 같은 산법(쌍추법)을 이용하여 해답을 도출한다. 즉 산서로서의 특징은 이 무한히 응용이 가능한 산법을 제시한 점에 있다. 자주自注에 의하면 이 산법은 "허투영뉵虛套盈朒과 거의 같지만 유승維乘을 이용하지 않고 전적으로 약분으로써 계산하는"[35] 점에 신선미가 있다고 한다.

---

34) 『수리정온』「면부」에도 측량의 항목이 있지만 쌍추억산의 측량 문제와는 측량법을 약간 달리한다. 쌍추억산의 측량 문제는 혹은 홍길주 자신이 만든 문제일지도 모르겠다.

35) 此法與虛套盈朒略同, 而無維乘, 專用約分推之.

예를 들어 제5문의 경우 "지금 은 336량이 있어 명주(羅) 80필과 비단(絹) 120필을 샀다. 명주의 값은 비단의 배이다. 묻는다. 명주 값과 비단 값은 각각 얼마인가"36)에 대하여, 해법은 복가정법을 이용하여 비단 한 필당 가격을 1량(a_1)으로 가정하면 원수原數보다 56량(b_1) 적고, 비단 한 필당 가격을 2량(a_2)으로 가정하면 원수보다 224량(b_2) 많은 것을 도출한 후 그 가정과 결과의 4값을 이용하여 비단의 가격(x)을

$$x = a_1 + \frac{b_1}{b_1 + b_2}(a_2 - a_1)$$

로 계산한다.37) 이는 '허투영뉵' 즉 『수리정온』이나 『수리정온보해』의 첩차호징의 호승제분법互乘齊分法

$$x = \frac{a_2 b_1 + a_1 b_2}{b_1 + b_2} = \frac{a_2 f(a_1) - a_1 f(a_2)}{f(a_1) - f(a_2)}$$

과 수학적인 의미는 같지만, 포산의 단계를 달리하여 "유승(互乘)을 이용하지 않고 전적으로 약분으로써 계산하는" 점이 전통적인 방식과 다르다.

홍길주에 의한 쌍추억산의 발명에 관련해 서호수의 『수리정온보해』가 음으로 양으로 영향을 준 것은 아닐까 라는 것이 필자의 추정이지만 이는 (1) 풍산홍씨와 대구서씨의 친밀한 관계와 (2) 외가인 대

---

36) 今有銀三百三十六兩, 買羅八十四絹一百二十匹. 羅每匹價比絹每匹價加一倍. 問. 羅絹價各幾何.

37) 포산에 있어서는 借數(가정치)와 較數(결과)를 두 행으로 늘어놓고 두 행의 하층을 相約(약분)하는데, 이는 b_1과 b_2의 최대공약수를 구하여 두 값을 간략화하는 것을 의미한다.

구서씨의 가학의 성격을 전제로 한 것으로 확실한 증거가 있는 것은 아니다.

[개방몽구] 제2부의 개방몽구開方蒙求는 스스로 '새롭게 세운' '개방첩법 開方捷法'을 소개한 것이다. 개방첩법은 '타적술' 즉 급수의 합을 구하는 법을 뛰어나게 응용한 것으로 평방적平方積 · 입방적立方積 · 삼승방적三乘方積 · 사승방적四乘方積에 대해서 개방의 알고리즘을 서술한다.

개평방첩법은 평방적 441(n^2)에 대하여 (1) 평방적을 절반으로 하고 (2) 그 절반의 값($n^2/2$)에서 순차적으로 1, 2,…… 를 감해서 (3) '나머지가 마땅히 빼야 할 수보다 부족하면' 나머지를 두 배로 하고 한 변의 값(n)을 구하는 것으로, 이는

$$\frac{n}{2} = \frac{n^2}{2} - \{1 + 2 + \cdots + (n-1)\} = \frac{n^2}{2} - \sum_{k=1}^{n-1} k$$

를 의미한다.

또한 입방적 · 삼승방적 · 사승방적의 개방법은 각각

$$\frac{n}{6} = \frac{n^3}{6} - [1 + (1+2) + \cdots + (1 + 2 + \cdots + (n-1))] = \frac{n^3}{6} - \sum_{k=1}^{n-1} \frac{k(k+1)}{2}$$

$$\frac{n}{2} = \frac{n^4}{2} - \sum_{k=1}^{n-1} [k + 6(1^2 + 2^2 + \cdots + k^2)] = \frac{n^4}{2} - \sum_{k=1}^{n-1} \left[k + 6\frac{k(k+1)(2k+1)}{6} \right]$$

$$\frac{n}{2} = \frac{n^5}{2} - \sum_{k=1}^{n-1} 5(1 + 2 + \cdots + k)[1 + 2(1 + 2 + \cdots + k)]$$

로 계산한다. 홍길주는 "준아완동蠢兒頑童이라도 써먹을 수 있다"[38]라고 호언하였지만 복잡한 단계도 없지 않아 개평방을 제외하면 그다지

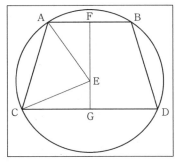

[그림 6-20] 圓內容梯形(추정도)
句股定理를 이용하는 것은 "甲己(AF)為
句, 己戊(EF)爲股, 求得弦, 卽半徑"이라
고 한 것에서 명백하다.

쉽다고 생각되지는 않는다.

[잡쇄수초] 제3부의 잡쇄수초雜碎隨
鈔는 제명題名처럼 잡다한 문제로
구성되어 있는데 대부분은 기하
문제이다.

예를 들어 "원 E가 등변사다
리꼴 ABCD를 내접시킨다. 위아래
변(闊) AB(2a)와 CD(2b), 그리고 높

이 FG(c)의 값은 알고 있다. 반경(r)은 얼마인가"[39]의 경우([그림 6-20])
구고정리를 이용하여

$$\text{고股 } EF = \frac{1}{2}\left(c + \frac{(b+a)(b-a)}{c}\right), \text{ 구句 } AF = a$$

로부터 현 AE 즉 반경을 계산한다. 한편 홍길주는 고股 EF가 왜 위의
식처럼 되는가에 대해서는 설명하지 않았지만 수식 자체는 틀리지 않
았다.

홍길주는 또한 『수리정온』「면부」에 보이는 '리분중말선理分中末線'
즉 황금 분할을 주제로 하여 기하 문제를 작성하였는데 이도 흥미 깊
은 바이다.

---

38) 雖蠢兒頑童, 皆可以與能.
39) 戊圓內容甲乙丙丁梯形. 知甲乙闊・丙丁闊・己庚中長. 求半徑.

3) 『호각연례』

홍길주의 또 다른 대표적인 수학서는 『항해병함』 권10에 수록된
『호각연례弧角演例』인데,[40] 『호각연례』는 『역상고성』(1724 刊)을 남본藍本
으로 하면서 호삼각법弧三角法(구면삼각법)의 공식의 부족을 보완하고자
한 것으로,[41] '정호삼각형正弧三角形'이란 구면의 직각삼각형, '사호삼각
형斜弧三角形'이란 구면의 일반삼각형을 의미한다.

『역상고성』 42권은 중국 청의 천문학서이다. 강희제 어제의 과학
보전科學寶典 『율력연원』 100권의 제1부분이다. 크게 (1) 상편의 「규천
찰기揆天察紀」 16권과 (2) 하편의 「명시정도明時正度」 10권, (3) 표 16권으
로 나누어져 있다. 상편은 먼저 「역리총론曆理總論」, 즉 역법을 이해하
기 위해 필요한 천문학의 기초 지식(天象·地體·曆元·黃赤道·經緯度·歲差)
을 설명하고, 이어서 구면삼각법을 소개한 후 태양·달·일월식·오
성·항성에 대한 이론을 설명한다. 하편은 구체적인 역曆 계산법을 기
술하였는데, 일전역법日躔曆法·월리역법月離曆法·월식역법·토성역법·
목성역법·화성역법·금성역법·수성역법·항성역법에 대해서 상세하
게 서술한다.

[호각법] '호각법弧角法'은 구면삼각법의 일반 법칙을 서술한 것이다. 홍
길주는 사호삼각형에 대해서 삼각형을 구성하는 3변 3각 중에서 셋을

---

40) 분석에는 『홍길주문집 7—항해병함(하)』(태학사, 2006) 수록본을 사용하였다.
41) 홍길주 자신은 "其已見(於曆象考成)者, 依其規範而約之, 未見者, 因其所立之例而擴之"
　　라고 서술한다.(序)

알면 그 나머지를 구할 수 있고, 정호삼각형에 대해서 직각 이외에 둘을 알면 그 나머지를 구할 수 있다고 하였는데 이는 집필의 동기가 '삼각형을 푸는' 것에 있음을 멋지게 설명한 것이다.

[정호] '정호正弧'는 구면삼각형 갑을병에서 병각을 직각으로 고정하여 직각삼각형의 공식을 순차적·망라적으로 기술하고, 필요에 따라서 공식에 설명을 부여한 것이다. 이하 표준적인 삼각법의 표기 원칙에 따라 갑각을 A, 을각을 B, 병각을 C, 을병변을 a, 갑병변을 b, 갑을 변을 c라고 표기한다.

제1강綱의 일지일은 정호삼각형 $ABC\,(C=\pi/2)$에서 A와 B를 이미 알고 있을 때 미지의 a를 구하는 공식이고, 일지이는 A와 B로부터 b, 일지삼은 A와 B로부터 c를 구하는 공식이다. 홍길주는 A와 B가 기지旣知인 경우에 대해서 전부 고찰한 이후, 다른 조건에 대한

〈표 6-1〉 正弧 10綱30目表
정호는 구면직각삼각형 ABC(C=π/2)에서 旣知의 두 값으로부터 未知의 한 값을 구하는 공식을 기술한 것으로 10강30목으로 나누어 모든 예를 빠짐없이 고찰하였다.

綱目	旣知→所求	綱目	旣知→所求	綱目	旣知→所求
一之一	$A, B \rightarrow a$	四之二	$A, b \rightarrow c$	七之三	$B, b \rightarrow A$
一之二	$A, B \rightarrow b$	四之三	$A, b \rightarrow B$	八之一	$c, a \rightarrow b$
一之三	$A, B \rightarrow c$	五之一	$B, c \rightarrow a$	八之二	$c, a \rightarrow A$
二之一	$A, c \rightarrow a$	五之二	$B, c \rightarrow b$	八之三	$c, a \rightarrow B$
二之二	$A, c \rightarrow b$	五之三	$B, c \rightarrow A$	九之一	$c, b \rightarrow a$
二之三	$A, c \rightarrow B$	六之一	$B, a \rightarrow b$	九之二	$c, b \rightarrow A$
三之一	$A, a \rightarrow c$	六之二	$B, a \rightarrow c$	九之三	$c, b \rightarrow B$
三之二	$A, a \rightarrow b$	六之三	$B, a \rightarrow A$	十之一	$a, b \rightarrow c$
三之三	$A, a \rightarrow B$	七之一	$B, b \rightarrow c$	十之二	$a, b \rightarrow A$
四之一	$A, b \rightarrow a$	七之二	$B, b \rightarrow a$	十之三	$a, b \rightarrow B$

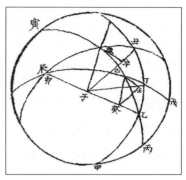

[그림 6-21] 정호일지일 부도
공식이 성립하는 소이는 "乙角正弦卽
庚辛, 甲角餘弦卽己壬, 乙丙邊餘弦卽己
癸. 己壬癸與庚辛子爲同式句股弦, 己壬
與己癸之比例, 與庚辛與半徑庚子之比
例同"이기 때문이다.〈『홍길주문집』7
소수〉

고찰을 하나하나 더해 간다. 제2강은 A와 c를 이미 알고 있을 때 미지의 a나 b 혹은 B를 구하는 공식이고, 제3강은 A와 a로부터 c나 b 혹은 B를 구하는 공식이다. 홍길주의 고찰이 정연하고 또한 망라적인 점은 정호 10강30목표(〈표 6-1〉)를 보면 일목요연하다.

[그림 6-21]은 제1강 일지일의 부도附圖인데 홍길주는 공식을

일률, 을각정현. 이율, 반경. 삼률, 갑각여현. 사율, 을병변여현.[42]

이라고 기술하고 첨부한 그림을 이용하여 기하학적으로 공식이 성립하는 소이를 설명한다. 공식은 '사율법'에 기초하여 a를 구하는 것으로

$$\sin B : 1 = \cos A : \cos a \ \text{또는} \ \cos a = \frac{\cos A}{\sin B}$$

를 의미한다. 원래 구면삼각법의 기본 공식은 열 개의 식으로 구성되어 있으니 홍길주의 공식에는 당연히 빠진 것이 없다. 예를 들어

---

42) 一率, 乙角正弦. 二率, 半徑. 三率, 甲角餘弦. 四率, 乙丙邊餘弦.

$\sin B = \dfrac{\cos A}{\cos a}$ 혹은 이를 변형한 식이 일지일과 삼지삼, 육지삼에

보이며, 기본식 $\tan B = \dfrac{\tan b}{\sin a}$ 혹은 그 변형식이 육지일과 칠지이,

십지삼에 보인다. 홍길주의 공식 수가 30목으로 구성되어 있는 것은 '삼각형을 푸는' 것을 목표로 하여 기본식과 그에 덧붙여 변형식까지 축차적으로 기술하였기 때문이다.

〈표 6-2〉 斜弧 20綱60目表
사호는 구면일반삼각형 ABC에서 旣知의 두 값으로부터 未知의 한 값을 구하는 공식을 기술한 것인데 20강60목으로 나누어 모든 예를 빠짐없이 고찰하였다.

綱目	旣知→所求	綱目	旣知→所求	綱目	旣知→所求
一之一	$A, B, C \to c$	七之三	$A, C, b \to B$	十四之二	$B, c, a \to A$
一之二	$A, B, C \to a$	八之一	$A, c, a \to b$	十四之三	$B, c, a \to C$
一之三	$A, B, C \to b$	八之二	$A, c, a \to B$	十五之一	$B, c, b \to a$
二之一	$A, B, c \to a$	八之三	$A, c, a \to C$	十五之二	$B, c, b \to A$
二之二	$A, B, c \to b$	九之一	$A, c, b \to a$	十五之三	$B, c, b \to C$
二之三	$A, B, c \to C$	九之二	$A, c, b \to B$	十六之一	$B, a, b \to c$
三之一	$A, B, a \to c$	九之三	$A, c, b \to C$	十六之二	$B, a, b \to A$
三之二	$A, B, a \to b$	十之一	$A, a, b \to c$	十六之三	$B, a, b \to C$
三之三	$A, B, a \to C$	十之二	$A, a, b \to B$	十七之一	$C, c, a \to b$
四之一	$A, B, b \to c$	十之三	$A, a, b \to C$	十七之二	$C, c, a \to A$
四之二	$A, B, b \to a$	十一之一	$B, C, b \to a$	十七之三	$C, c, a \to B$
四之三	$A, B, b \to C$	十一之二	$B, C, b \to b$	十八之一	$C, c, b \to a$
五之一	$A, C, c \to a$	十一之三	$B, C, b \to A$	十八之二	$C, c, b \to A$
五之二	$A, C, c \to b$	十二之一	$B, C, a \to c$	十八之三	$C, c, b \to B$
五之三	$A, C, c \to B$	十二之二	$B, C, a \to b$	十九之一	$C, a, b \to c$
六之一	$A, C, a \to c$	十二之三	$B, C, a \to A$	十九之二	$C, a, b \to A$
六之二	$A, C, a \to b$	十三之一	$B, C, b \to c$	十九之三	$C, a, b \to B$
六之三	$A, C, a \to B$	十三之二	$B, C, b \to a$	二十之一	$c, a, b \to A$
七之一	$A, C, b \to c$	十三之三	$B, C, b \to A$	二十之二	$c, a, b \to B$
七之二	$A, C, b \to a$	十四之一	$B, c, a \to b$	二十之三	$c, a, b \to C$

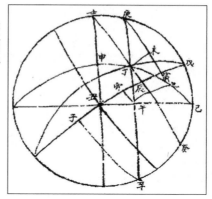

[그림 6-22] 사호일지일 부도
홍길주에 의하면 "斜弧六十目之內, 其推求
之法, 見於曆象考成者, 僅十有餘目. 是書之
述, 亶爲推廣其所未盡者. 然其求之之法, 寔
因考成中所立之式, 而衍之而已"라고 한다.
〈『홍길주문집』 7 소수〉

[사호] '사호斜弧'는 일반 구면삼각형의 공식집인데, 저술의 목적은 '정
호正弧'와 마찬가지로 '삼각형을 푸는' 것에 있다. 망라적인 성격은 '정
호'와 다르지 않다.(〈표 6-2〉)

제1강綱의 일지일은 [그림 6-22]를 그리고 구면삼각형 ABC에서 A,
B, C를 이미 알고 있을 때 미지의 c를 구한다. 그림에는 삼각형 ABC
즉 갑을병甲乙丙이 그려져 있지 않지만, 차형次形의 삼각형 정무기丁戊己
가 그려져 있고 이에 기초하여 갑을甲乙 즉 c의 값을 계산한다. 차형
은 본형本形과

$$무기戊己 = A, \ 정기丁己 = \pi - B, \ 정무丁戊 = C$$
$$각角 \ 정丁 = a, \ 각 \ 기己 = c, \ 각 \ 무戊 = \pi - b$$

의 관계에 있기 때문에 차형을 풂으로써 본형의 삼각형을 푸는 것이
가능하다.

홍길주는 일지일의 공식에 대해서 다음과 같이 기술한다.

일률, 갑각과 을외각을 합한 도수의 여현과 갑각과 을외각을 서로
　　　뺀 도수의 여현을 서로 더하여 반으로 한 값.

이율, 갑각과 을외각을 서로 뺀 도수의 정시와 병각의 정시를 서로
　　　뺀 값.

삼률, 반경.

사율, 갑을의 정시.[43]

정시正矢 $\mathrm{vers}\,\theta$ 란 $1 - \cos\theta$ 를 말하며 일지일의 공식은

$$\frac{1}{2}[\cos\{(\pi - B) + A\} + \cos\{(\pi - B) - A\}] : \mathrm{vers}\{(\pi - B) - A\} - \mathrm{vers}\,C$$

$$= 1 : \mathrm{vers}\,c$$

라고 쓸 수 있다. 위의 식을 변형하면

$$-\cos C = \cos A \cos B - \sin A \sin B \cos c$$

가 되는데 또한 쌍대원리雙對原理 즉 대요소對要素의 보각($A \to \pi - a, b \to \pi - B$ 등)으로 치환하는 것에 의해 구면삼각법의 여현공식

$$\cos c = \cos a \cos b + \sin a \sin b \cos C$$

를 도출할 수 있다.

　홍길주는 또한 삼지이의 경우 '변각비례법邊角比例法' 즉 정현공식
을 이용한다. 다시 말하면 "일률一率, 갑각정현甲角正弦. 이율二率, 을각

43) 一率, 甲角與乙外角相倂度之餘弦, 與甲角與乙外角相減度之餘弦, 相倂半之者.
　　二率, 甲角與乙外角相減度之正矢, 與丙角正矢相減者.
　　三率, 半徑.
　　四率, 甲乙正矢.

정현乙角正弦. 삼률三率, 을병정현乙丙正弦. 사율四率, 갑병정현甲丙正弦"이 그것이고 현대적으로는 다음과 같이 표기할 수 있다.

$$\sin A : \sin B = \sin a : \sin b, \text{ 또는 } \frac{\sin A}{\sin a} = \frac{\sin B}{\sin b}$$

홍길주는 차형법次形法이나 변각비례법에 덧붙여서 『역상고성』의 '수호법垂弧法'이나 '총교법總較法'을 이용하여 "구면삼각형을 풀고" 있다.

4) 홍길주의 삼각법 연구

홍길주의 산학 연구에서 평가할 만한 점은 (1) 서산西算의 삼각법을 수학적으로 연구한 점, (2) 뛰어난 응용수학의 알고리즘을 고안한 점일 것이다. 두 번째 점에 대해서는 후술하기로 하고 우선 첫 번째 점에 대해서 논하겠다.

[삼각법 연구와 홍길주] 서산西算 전래의 삼각함수는 조선 후기 이래로 산학자를 괴롭혀 온 난문難問 중의 하나라고 할 수 있다. 홍정하의『구일집』은 1713년 홍정하가 조선을 방문 중이었던 청의 오관사력 하국주를 찾아가 삼각법의 공부 방법을 물었던 것을 기술하고 있다. 원래 조선의 운과雲科 관원의 경우는 시헌력의 반행頒行이 중심 업무이고, 시헌력의 기초에는 삼각법이 있기 때문에 일정한 이해 수준에는 도달했으리라 추정되지만, 적어도 일반 수학자에게는 상당히 어려웠던 것 같다.

그 탓이겠지만, 산서에서 삼각법이 논해지는 것은 꽤 늦어서, 홍대용의 『주해수용』에 보이는 것이 아마도 처음일 것이다. 그러나 홍대용의 삼각법 이해는 『수리정온』의 내용 즉 평면삼각법의 범위를 넘지 않는다. 구면삼각법의 문제가 산서에 나타나는 것은 조선 말기를 기다리지 않으면 안 된다.

그러나 홍길주의 삼각법 연구는 난해한 구면삼각법을 주제로 한 것이지만 결국은 입문적인 '삼각형을 푸는' 것에만 시종일관하여 고도한 전개를 전혀 시도하지 않았다. 스스로가 "그 형적인즉 인신촉장하지만 그 뜻인즉 술이부작한다"[44]라고 말한 대로이다. 그러나 어떠한 일도 처음 한 발을 내딛는 것은 극히 어렵다. 홍길주를 높게 평가하는 이유가 바로 여기에 있다.

4. 서씨 가문과 홍길주의 응용수학

학통을 같이 한 서명응·서호수·서유구의 수학과 홍길주의 수학을 같이 고려할 때 확인할 수 있는 점은 (1) 서산 연구의 확실한 심화와 (2) 그 수학적 응용을 중시한 태도이다.

[광범한 서산 연구] 서씨 가문과 홍길주가 논한 수학적 내용을 열거하면

---

44) 其跡則引伸觸長也, 其義則述而不作也.

필산·책산策算(籌算梅法)에서 시작하여 차근방비례·구면삼각법·복가정법 등 광범한 범위에 미친다. 모두 유럽에서 기원한 것으로, 어느 것도 동아시아 수학에 속하지 않는다. 연구 수준도 한역 서양과학서의 수입 증대에 비례하여 초기 실학자의 수준을 크게 능가하게 된다.

조선수학사에서 서명응·서호수·서유구 세 사람과 홍길주의 수학을 위치 짓는다면 동산東算이 선택한 발전 궤도가 조선 말기에 이들에 이르러 서산西算 중시로 어느 정도 수정되었다고 할 수 있다. 혹은 조금 더 신랄하게 표현하자면, 조선 후기(1713)에 동산의 확립에 결정적 역할을 한 홍정하는『수리정온』(1723) 교산관校算官인 청의 대수학자 하국주와 논전할 기회를 얻었음에도 불구하고 서산의 참신한 의미를 이해하지 못하여 전통적인 천원술이 갖는 가치를 재평가함에 시종일관하였지만, 조선 말기에는 서명응 부자와 그 친척인 홍길주가 서산의 가치를 정확하게 이해하고『수리정온』의 내용을 상세하게 연구하는 것을 통해 동산을 새로운 단계로 진전시켰다고 할 수 있다.

[응용수학] 서씨 가문과 홍길주의 산학 연구는 실용에 역점을 두는 응용수학적인 성격이 강하다.

서명응·서유구가 계몽서를 저술하고 응용하기 쉬운 필산과 책산의 사회적 보급을 꾀하며, 서호수가 서산서西算書에 보해補解를 덧붙여 천하를 구제할 '실실유용實實有用의 수'를 추구(「수리정온보해서」)하였을 뿐만이 아니다. 홍길주의 삼각법 연구가 '삼각형을 푸는' 것에 수렴하고, 개방법 연구가 간이簡易를 중시하는 '첩법捷法'의 제시로 끝나며, 일차방정식 연구가 응용이 무한한 복가정법의 개량을 초래한 점도 그 응용수학적 성격을 분명하게 설명한다. 연구의 목적은 순수수학적 이론의 심화에 있지 않고 의식의 근저에 있는 것은 부단한 실용에 대한 지향이었다.

서씨 가문과 홍길주의 산학 연구에는 '실학'적 정신이 강하게 기능하였다고 할 수 있을 것이다.

제7장 서산의 심화와 전통의 재평가

  •

  •

이번 장은 전 장에 이어 남병철·남상길·이상혁·조희순 등의 수
학에 대해서 분석한다.

1. 남병철·남상길·이상혁의 수학

1) 남병철·남상길·이상혁 합전

[남병철 소전] 남병철南秉哲(1817~1863)은 조선의 문신이자 과학자이다. 자
는 자명子明 또는 원명原明, 호는 규재圭齋·강설絳雪·구당鷗堂·계당桂塘
이라고 하고 본관은 의령이다. 판관 남구순南久淳의 아들이다. 상세한
것은 [그림 7-1]을 참조 바란다.

  헌종 3년(1837)에 정시문과庭試文科에 병과丙科로 합격하고 내외관을
역임하였다. 안동김씨의 세도정치시기에는 영은부원군 김문근金汝根의
외조카로서 중용되어 철종 2년(1851)에 승정원승지가 되고 철종 7년
(1856)에 예조판서를 거쳐 마지막으로 이조판서·대제학에 이르렀다. 저
서는 문집인 『규재집圭齋集』 외에 『해경세초해海鏡細草解』(1861 「序」), 『추
보속해推步續解』(1862 「自序」), 『의기집설儀器輯說』(저술년 미상) 등이 있다.

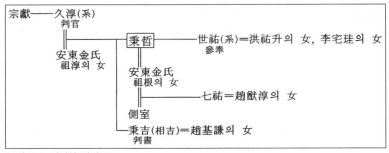

[그림 7-1] 남병철 가계도1)
의령남씨는 노론의 명문이다. 남병철의 선조인 龍翼은 宋時烈의 문인 중의 한 사람이다.(「華陽淵源錄」)

[남상길 소전] 남상길南相吉(1820~1869)은 조선의 문신이자 과학자이다. 초명初名은 병길秉吉, 자는 원상元裳이라고 하고, 호는 육일재六一齋 · 만향재晚香齋라고 한다. 남병철의 동생이다.

철종 원년(1850)에 증광문과增廣文科에 병과로 급제하고, 수찬 · 황해도관찰사 · 이조참판 · 형조판서를 거쳐 철종 13년(1862)에 좌참찬에 이르렀다. 저서는 『만향재시초晚香齋詩鈔』, 『연길귀감涓吉龜鑑』 외에 천문학에 관한 『양도의도설量度儀圖說』(1855 「序」), 『시헌기요時憲紀要』(1860 「序」), 『성경星鏡』(1861 「序」)과, 산학에 관한 『무이해無異解』(1855 「自序」), 『측량도해測量圖解』(1858 「序」), 『산학정의算學正義』(1867 「自序」), 『구장술해九章術解』(저술년 미상), 『유씨구고술요도해劉氏句股術要圖解』(저술년 미상), 『집고연단緝古演段』(저술년 미상), 『옥감세초상해玉鑑細草詳解』(저술년 미상) 등이 있다.

---

1) 민족문화추진회 편, 『한국문집총간해제』 6(경인문화사, 2005)에 수록된 도표를 인용.

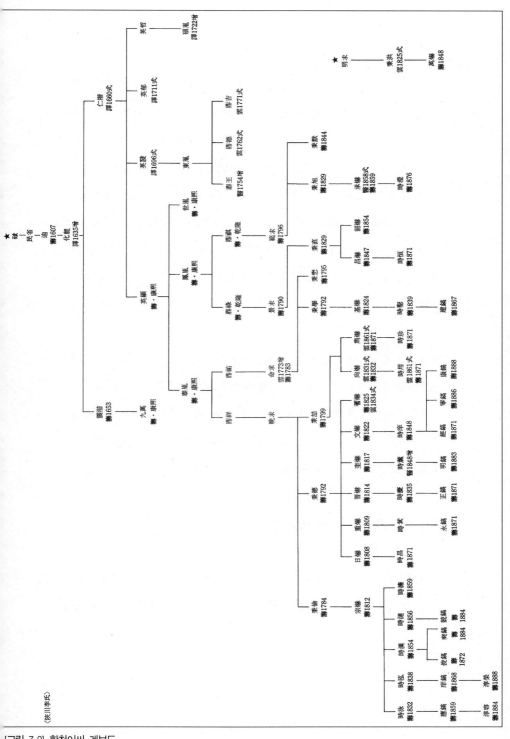

[그림 7-2] 합천이씨 계보도
이성무·최진옥·김희복 편, 『朝鮮時代雜科合格者總覽―雜科榜目의 電算化』에 수록된 도표를 인용하였다.
이상혁의 이름은 중앙에서 약간 밑에 보인다.

[이상혁 소전] 이상혁李尚赫(1810~?)은 중인 수학자이다. 초명初名은 상혁尚爀, 자는 지수志叟라고 하고, 본관은 합천이다. 아버지는 계사計士 이병철李秉喆, 조부는 계사 이만구李晩求, 증조부는 주학별제籌學別提 이정상李鼎祥으로, 전형적인 중인 가계인 합천이씨 출신이다.([그림 7-2])

상세한 경력은 미상이지만 순조 31년(1831)의 식년시式年試에서 운과雲科에 합격하고 다음 해 주학籌學에 합격하여 주학으로 이임移任한 후 별제·운과정雲科正에까지 이르렀다고 한다. 저서에는 『차근방몽구借根方蒙求』(1854 「自序」), 『산술관견算術管見』(1855 「序」), 『익산翼算』(1868 「序」) 등이 있다.

[남병철 학파] 세 사람은 서로 서문을 써 주고 신분의 차이를 넘어 절차탁마하였다. 학풍은 그 때문에 매우 흡사하며, 저서 여기저기에서 유사한 주장을 발견할 수 있다. 학파가 존재했다고 생각하는 이유이다.

학파의 호칭은, 수학적 수준에서 보자면 이상혁이 가장 뛰어났지만 당시의 엄격한 신분 의식을 감안하여 남병철 학파라고 부르겠다.

2) 우수한 서산 연구와 과도한 전통 중시

남병철·남상길·이상혁은 서산西算을 연구하여 뛰어난 업적을 남긴 반면, 동산東算 패러다임도 중시하여 천원술을 과도히 평가하였다.

(1) 할원팔선의 연구

서양 전래의 '할원팔선割圓八線' 즉 삼각함수는 조선 후기 이래로 산학자를 괴롭혀 온 난문 중 하나이다. 그중 '평삼각법平三角法' 즉 평면삼각법에 대해서는 홍대용이 이미 다루었지만, '호삼각법弧三角法' 즉 구면삼각법에 대해서는 조선 말기의 홍길주(1786~1841)나 남병철 학파의 연구가 선구적이라고 해야 할 것이다.

① 할원 연구

이상혁은 『산술관견』 「각등변형습유各等邊形拾遺」에서 『수리정온』 하편 권15 「면부」 할원割圓에 보이는 할원법의 불비함을 보완하고, 또 「원용삼방호구圓容三方互求」에서는 할원의 유사 문제를 고안하여 새로운 해법을 제시하였다. 『수리정온』에 의하면 할원팔선은 원주를 360도로 분할함으로써 생기는 것으로 결국은 할원의 응용에 지나지 않는다는 것이다.

[산술관견] 『산술관견』 1책[2]은 서산에 대한 연구서로, 크게 (1) 「각등변형습유」와 「원용삼방호구」, (2) 「호선구현시弧線求弦矢」와 「현시구호도弦示求弧度」, (3) 「불분선삼률법해不分線三率法解」로 구성되어 있다. 이 중 「각등변형습유」와 「원용삼방호구」의 주제는 할원이고, 「호선구현시」와 「현시구호도」는 삼각함수의 무한소 해석, 「불분선삼률법해」는 구

---

2) 분석에는 김용운 편, 『한국과학기술사자료대계―수학편』(여강출판사, 1985) 소수본을 사용.

면삼각법을 다룬다.

[산술관견 각등변형습유] 이상혁이 『산술관견』 「각등변형습유」를 저술한
것은, 스스로 서술한 바에 따르면 『수리정온』의 할원법이 "단지 정률
비례만을 이용하여 상세함을 결하는 듯하기"[3] 때문에 그 결함을 보
완하고자 함이다. 이 "단지 정률비례만을 이용함"이란 『수리정온』의
할원법이 중국 전통에 의거하여 원내용육변元內容六邊(원에 내접하는 정육
각형)과 원내용사변(원에 내접하는 정사각형)과 원외절육변圓外切六邊(원에 외접
하는 정육각형)과 원외절사변(원에 외접하는 정사각형)으로만 기산起算한 것을
의미한다. 원내용육변으로 기산한 것은 위魏의 유휘劉徽의 할원법이
고, 원내용사변으로 기산한 것은 원의 조우흠趙友欽의 할원술이다.

　　이상혁은 전통의 할원법을 확장하여 원에 내접하는 삼등변형(정삼
각형)으로부터 십등변형(정십각형)까지에 걸쳐 기지旣知의 변 길이로부터
면적과 내함외절원경內函外切圓徑을 구하고, 기지의 면적으로부터 변
길이를 계산하였다. 오등변형과 칠등변형, 팔등변형, 구등변형의 계
산법은 '연비례連比例'를 이용하는 점이 특징이다.

[칠등변형의 해법] 칠등변형七等邊形의 해법을 서술하면 다음과 같다. 변
의 길이가 a(12척)인 정칠각형 갑을병정무기경甲乙丙丁戊己庚에 대해서
　　(1) △갑정무甲丁戊∽△정무신丁戊辛(＝△甲壬子)∽△임자계壬子癸로부
터 연비례

---

3) 只用定率比例, 恐似欠詳.

3) 只用定率比例, 恐似欠詳.

376　　조선수학사 ― 주자학적 전개와 그 종언

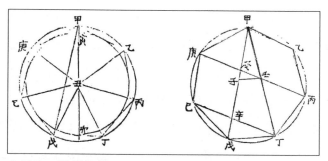

[그림 7-3] 할원칠등변형
원제는 "設七等邊形, 每邊十二尺, 問面積及內函外切圓徑各幾何"이다. 해법
의 요점은 "연비례 사율을 이용하는" 점에 있다. 〈김용운 편, 『한국과학기술
사자료대계―수학편』 소수〉

갑무일률甲戊一率 ar, 정무이율丁戊二率 a,

신무삼률辛戊三率 $\dfrac{a}{r}$, 계자사율癸子四率 $\dfrac{a}{r^2}$

를 얻는다. (2) 갑무일률=갑자계신양이율甲子癸辛兩二率+신무삼률−계
자사율이므로

$$ar = 2a + \frac{a}{r} - \frac{a}{r^2}$$

(3) 위의 식을 $x = a/r$로 정리하여 1을 음의 우법隅法으로 하고, 매
변을 양의 염법廉法으로 하고, 매 변의 자승을 배로 하여 양의 방법方法
으로 하고, 매 변의 자승재승득수自乘再乘得數를 입방적立方積으로 하는
주산식籌算式 $-x^3 + ax^2 + 2a^2x = a^3$을 얻는다. 대종입방법帶從立方法
에 의해 주산식을 개방한다. 삼률의 값이 얻어진다. (4) 삼률을 알면
삼률로 매 변의 자승적득수自乘積得數를 나눈다. 일률 즉 칠등변형의
대각선이다. (5) 구고형句股形 갑무묘甲戊卯에서 갑무일률을 현弦, 무묘戊

卯를 구句로 하여 갑묘甲卯 즉 대각지일변수선對角至一邊垂線을 얻는다. (6) 갑묘＝무축戊丑＋축묘丑卯이므로 갑묘는 구고형 축무묘丑戊卯의 고현화股弦和에 상당한다. 고현교股弦較는 고현화에서 구의 제곱을 고현화로 나누어 구할 수 있다. (7) 고현화에서 고현교를 빼면 축묘의 두 배 즉 내함원경內函圓徑을 얻고, 고현화에 고현교를 더하면 외절원경外切圓徑을 얻는다. (8) 내함원반경에 매 변을 곱해 반으로 나누고 7배 하면 면적을 얻는다.

이상혁의 할원법 연구는 수학 자체의 고유한 논리로써 동아시아의 서산에 은견隱見되는 자기 전통에 의한 속박을 극복하고 미래를 여는 신기축을 만들어 낸 점에서 높이 평가하지 않을 수 없다.

② 「불분선삼률법해」 — 네이피어 공식의 증명

이상혁은 『산술관견』 「불분선삼률법해不分線三率法解」에서 구면삼각법 중의 이른바 네이피어 공식을 증명하였다. 공식의 전반부(2식)는 호삼각형(구면삼각형) ABC의 각 각角 A, B, C와 각 변 a(＝BC), b(＝CA), c(＝AB)에 대해서

$$\begin{cases} \tan\dfrac{B-C}{2} = \dfrac{\sin\dfrac{b-c}{2}}{\sin\dfrac{b+c}{2}}\tan\dfrac{180^\circ-A}{2} \\[4ex] \tan\dfrac{B+C}{2} = \dfrac{\cos\dfrac{b-c}{2}}{\cos\dfrac{b+c}{2}}\tan\dfrac{180^\circ-A}{2} \end{cases}$$

라고 할 수 있다. 術術 이름은 '사호삼각형유양변협일각구우이각법斜弧三角形有兩邊夾一角求又二角法'이라고 한다.

[네이피어 공식의 동전] 원래 '불분선삼률법'은 폴란드인 예수회 선교사 스모굴레츠키(Jan Mikołaj Smogulecki, 1611~1656, 1646 來華, 漢名 穆尼閣)가 저술한 호로스코프 점성술서 『천보진원天步眞原』에 보이는 내용인데, 난해한 탓에 점성술사들이 공식을 답습할 뿐 누구도 "그 입법立法의 뿌리를 알지 못했다"(不能言其立法之根)고 한다.

　도광 을해년乙亥年(1839)에 전희조錢熙祚가 「천보진원발天步眞原跋」을 써서 그 증명의 골격을 제시하였다. 그러나 전희조의 증명도 결과적으로는 옳았지만 지나치게 간략해서 "초학자로서는 손을 써서 근원을 찾을 방도가 없다"(初學尙無以藉手而探原)는 점은 여전히 조금도 변하지 않았다.

[이상혁의 불분선삼률법해] 이상혁의 「불분선삼률법해」는 전희조의 불분선삼률법 증명에 대한 상세한 도해圖解를 시도한 것이라고 할 수 있다. 설명도 10도를 그려 불분선삼률법을 훌륭하게 증명하였다. 증명의 대체적인 수순을 서술하면 이하와 같다.
　(1) 먼저 "반화호정현과 반교호정현의 비는 반외각정절과 반교각정절의 비와 같다"[4] 즉

---

4) 半和弧正弦與半較弧正弦之比, 同於半外角正切與半較角正切之比.
　전희조는 같은 식을 "半和弧正弦爲弦, 則半外角正切爲股. 半較弧正弦爲弦, 半較角正切爲股"라고 하였다.

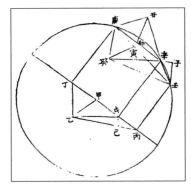

[그림 7-4] 「불분선삼률법해」제2도
이상혁은 "癸庚壬三角形與子辛壬三角形, 共用
一壬角而俯視則辛壬與庚壬合爲一線, 故必爲同式
形矣. 是以庚壬與辛壬之比, 同於癸庚與子辛之比"
라고 설명한다. 〈김용운 편, 『한국과학기술사자
료대계─수학편』 소수〉

$$\sin\frac{b+c}{2} : \sin\frac{b-c}{2} = \tan\frac{180°-A}{2} : \tan\frac{B-C}{2}$$

임을 분명히 한다. 이상혁에 의하면 위 비례식이 성립하는 것은 기준의 호삼각형 갑을병甲乙丙(ABC)에서 경임庚壬과 신임辛壬의 비가 계경癸庚과 자신子辛의 비와 동등하고, 경임은 화호통현和弧通弦($2\sin\frac{b+c}{2}$), 신임은 교호통현較弧通弦($2\sin\frac{b-c}{2}$), 계경은 반외각정절半外角正切($\tan\frac{180°-A}{2}$), 자신은 반교각정절半較角正切($\tan\frac{B-C}{2}$)에 해당하기 때문이다.([그림 7-4] 참조)

(2) "양호정현화와 양호정현교의 비는 반화각정절과 반교교정절의 비와 동등하다"[5]

---

5) 兩弧正弦和與兩弧正弦較之比, 同於半和角正切與半較較正切之比.
   전희조는 같은 식을 "兩弧之正弦和爲弦, 則半和角正切爲股. 兩弧之正弦較爲弦, 則半較較正切爲股"라고 하였다.

$$(\sin b + \sin c) : (\sin b - \sin c) = \tan\frac{B+C}{2} : \tan\frac{B-C}{2}$$

및 "양호정현화의 반과 반화호정현의 비는 반교호여현과 반경의 비와 동등하며, 양호정현교의 반과 반교호정현의 비는 반화호여현과 반경의 비와 동등하다"[6]

$$\begin{cases} \sin b + \sin c = 2\sin\dfrac{b+c}{2}\cos\dfrac{b-c}{2} \\[2mm] \sin b - \sin c = 2\sin\dfrac{b-c}{2}\cos\dfrac{b+c}{2} \end{cases}$$

로부터

$$\tan\frac{B+C}{2} : \tan\frac{B-C}{2} = \sin\frac{b+c}{2}\cos\frac{b-c}{2} : \sin\frac{b-c}{2}\cos\frac{b+c}{2}$$

를 구한다.

(3) 또한 위의 식과 첫 번째 식으로부터

$$\tan\frac{B+C}{2} : \tan\frac{180°-A}{2} = \cos\frac{b-c}{2} : \cos\frac{b+c}{2}$$

를 얻는다. 여기에 첫 번째 식을 덧붙인 것이 곧 '사호삼각형유양변협일각구우이각법'이다.

(4) 마지막으로 '차형법'을 이용하여 각을 변으로 바꾸고 변을 각으로 바꾸어 위의 식을 변형한다. 이상혁에 의하면 본형本形의 호삼각

---

6) 兩弧正弦和之半與半和弧正弦之比, 同於半較弧餘弦與半徑之比, 兩弧正弦較之半與半較弧正弦之比, 同於半和弧餘弦與半徑之比.
전희조는 같은 식을 "兩弧之正弦和卽半和正弦乘半較餘弦倍之之數, 兩弧之正弦較卽半較正弦乘半和餘弦倍之之數"라고 하였다.

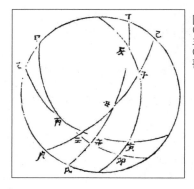

형 갑을병甲乙丙과 차형次形의 호삼각형 계자축癸子丑은 본형의 갑각甲角
A =차형의 자축변子丑邊 a', 본형의 병각丙角 C =차형의 계자변癸子邊
c', 본형의 을외각乙外角 $180° - B$=차형의 계축변癸丑邊 b', 본형의 갑
병변甲丙邊 b =차형의 자외각子外角 $180° - B'$, 본형의 을병변乙丙邊 a =
차형의 계각癸角 A', 본형의 갑을변甲乙邊 c =차형의 축각丑角 C'의 관
계에 있기 때문에, 본형의 갑각 A · 병각 C·갑병변 b로부터 갑을변
c와 을병변 a를 구하는 것은 차형의 자축변 a' ·계자변 c'·자외각
$180° - B'$으로부터 축각 C'와 계각 A'을 구하는 것과 동등하다고
한다.

이상혁에 의한 공식의 변형은 차형에 상기 네이피어 공식의 전前
2식을 적용하고 이를 정리하여 본형에 관한 새로운 공식을 구하는 것
을 의미한다. 현행의 수식으로 나타내자면, 부호에는 약간 통일되지
않은 점이 있기는 하지만 공식의 변형은 다음과 같이 표기할 수 있다.

$$\begin{cases} \tan\dfrac{C'-A'}{2} = \dfrac{\sin\dfrac{c'-a'}{2}}{\sin\dfrac{c'+a'}{2}} \tan\dfrac{180°-B'}{2} \\[4mm] \tan\dfrac{C'+A'}{2} = \dfrac{\cos\dfrac{c'-a'}{2}}{\cos\dfrac{c'+a'}{2}} \tan\dfrac{180°-B'}{2} \end{cases} \rightarrow \begin{cases} \tan\dfrac{c-a}{2} = \dfrac{\sin\dfrac{C-A}{2}}{\sin\dfrac{C+A}{2}} \tan\dfrac{b}{2} \\[4mm] \tan\dfrac{c+a}{2} = \dfrac{\cos\dfrac{C-A}{2}}{\cos\dfrac{C+A}{2}} \tan\dfrac{b}{2} \end{cases}$$

뒤의 2식이 네이피어 공식의 후반부이다. 이상혁은 이를 '사호삼
각형유양각협일변구우이변법斜弧三角形有兩角夾一邊求又二邊法'이라고 호칭
하였다.

이상혁의 「불분선삼률법해」는 발상 자체는 전희조에 기초해 있지
만 난해한 전희조의 증명을 오류 없이 복원한 뛰어난 세초細草라고 할
수 있다.

③ 동산과 삼각법

동산은 조선 말기에 이르러 서구 전래의 삼각법에 숙달하고 서산
西算을 흡수함으로써 새로운 단계에 진입하였다고 할 수 있다. 이렇게
판단할 수 있는 것은 홍길주와 이상혁 등 이름 있는 수학자가 구면삼
각법에 대해서 연구하였을 뿐만 아니라, 일반 초등 주산서籌算書에도
간단하긴 하지만 삼각함수에 관한 기재가 나타나기 시작하였기 때문
이다.

[주학실용] 서울대학교 도서관에는 현재 '원주후인변언정백휘소저原州後

人邊彦廷伯暉所著'『주학실용籌學實用』 4권 2책(사본)[7])이 소장되어 있다. 저자에 대해서는 아무것도 알려져 있지 않다. 이 변언정의 『주학실용』은 권말에 서명응의 『고사신서故事新書』(1771 「序」)의 주산법籌算法에 대한 인용이 있는 점에서 볼 때 조선 말기의 저작인 점은 틀림없다. 또한 전편을 통해서 천원술에 대한 언급이 없는 초등 주산서籌算書인 점도 의심할 여지가 없다.

[삼각법의 보급] 이러한 조선 말기의 초등 주산서籌算書가 외편상外編上에 「팔선총율八線總率」의 항목을 두고 평면삼각법의 공식인 '육종법六宗法'과 '삼요법三要法', '이간법二簡法' 등[8]) 삼각함수에 대한 초보적인 설명을 하고 있다. 조선 말기에는 '실용'을 지향하는 동산가東算家조차 서산西算의 삼각함수에 대한 학습의 필요성을 인정하였다고 판단하지 않을 수 없다.

한편 『주학실용』 인용 서목에는 서산의 『수리정온』과 『혼개통헌도설』이 보이는데, 이는 보수적인 일반 동산가라고 해도 시대의 흐름에는 거역할 수 없듯 서산을 도외시할 수 없었던 점을 잘 보여 준다.

---

7) 분석에는 김용운 편, 『한국과학기술사자료대계─수학편』(여강출판사, 1985) 소수본을 사용.

8) 세 법의 상세에 대해서는 제4장 3. 2) (2) 홍대용과 서산을 참조 바란다.

(2) 천원술과 차근방비례

① 차근방비례의 보급과 천원술

[동산과 천원술] 동국東國산학의 심오한 바는 천원술에 있고, 천원술은 중화의 전통을 계승하지 않은 청에는 전해지지 않았다. 소중화주의를 신봉하는 조선 후기의 지식인들이 이 사실을 알고 자신의 주장이 정당하다는 증거로 삼고 기뻐했을 것은 상상이 가고도 남는다.

[차근방비례의 보급] 그러나 시대는 급변하였다. 청의 강희제는 『수리정온』(1723 「序」)을 편찬하고 유럽 전래의 '차근방비례'를 동아시아에 소개하였다. 차근방비례의 보급이 황제의 권위를 배경으로 한 이상 대단한 성과를 올리고 동아시아 전역으로 널리 전파되었다는 것은 이치로 보아 당연하다. 조선의 고관인 서호수는 『수리정온』에 대해 정치精緻한 연구를 전개한 것(『數理精蘊補解』, 1787 「序」)으로 이름 높지만, 이는 청의 과학진흥활동에 즉각적으로 대응한 조선의 최첨단 연구라고 자리매김할 수 있을 것이다.

[천원일즉차근방] 그러나 조선의 산학계를 엄습한 것은 단순한 차근방비례의 보급 차원만이 아니었다. 강희제의 제자인 매각성梅穀成(1681~1763)이 「천원일즉차근방해天元一卽借根方解」를 저술하여 차근방비례가 중국 송원의 천원술, 즉 동산의 천원술과 기법적으로 동등한 점을 분명히 한 것도 잠재적이기는 하지만 동산계를 근저로부터 동요시킨 사건의 하나로 헤아릴 수 있다. 「천원일즉차근방해」는 『매씨총서집요梅

氏叢書輯要』(1759)에 부록으로 수록된 매각성의 논집 『적수유진赤水遺珍』
에 보이는 논문인데, 『매씨총서집요』가 수차례에 걸쳐 복각覆刻되고
널리 유통되어 장기적으로 동아시아의 산학관을 크게 전환시켰기 때
문이다.

　　매각성의 「천원일즉차근방해」 등에 의하면 (a) 내정內廷에 봉공奉供
했을 때 강희제는 매각성에게 직접 차근방법을 가르쳤을 뿐만 아니라
서양인이 이 책을 아이열팔달阿爾熱八達(algebra의 音譯)로 호칭하였는데
아이열팔달이란 동래법東來法을 의미한다고 상유上諭했다. (b) 매각성
은 차근방비례에 대해서 천원일天元一의 술術과 매우 흡사하다고 혼자
의심하였는데 후에 수시력초授時曆草를 읽을 기회를 얻으니 천원술과
차근방법이 "거의 이름만 다를 뿐 내실은 같은"(殆名異而實同) 점을 깨달
았다. (c) 천원술에 의한 『수시력』의 입천원일구시술立天元一求矢術, 『측
원해경』의 여구여고구용원경餘句餘股求容圓徑, 『사원옥감』의 삼각형용현
교구총구중수선三角形用弦較句總求中垂線이나 유현여적구구고有弦與積求句股
등을 차근방법으로 풀어 두 계산술이 실질적으로는 같은 사실을 분명
히 하였다.

[동산의 위기] 논문의 결론은 천원술과 차근방비례의 내실을 아는 자에
게는 지극히 당연한 명제이지만, 이 명제가 의미하는 바는 실로 크다.
18세기 후반기에서 19세기에 걸친 동아시아 수학을 총체적으로 보자
면, 천원술은 차근방비례의 보급의 결과로 널리 알려지게 되었고 더
이상 동산의 독점물이 아니게 되었기 때문이다. 이 상황을 객관적으

로 보자면 천원술에 근거를 둔 동산의 우월성이 사실상 사라진 것으로 볼 수밖에 없다.

② 차근방비례의 연구

그러나 조선의 수학자들이 동산의 위기에 직면하여 이를 곧바로 자각했던 것은 아니다. 초기에는 차근방비례를 정확하게 이해하려고 정력을 기울였다. 한편 서호수의 『수리정온보해』 등도 이 초기의 일례이기는 하지만, 서호수의 경우는 연구의 목적이 서산西算의 보급에 있었기 때문에 매각성의 명제를 전제로 하여 차근방비례를 연구한 것이라고 할 수는 없다.

[이상혁의 차근방몽구] 한편 이상혁의 『차근방몽구借根方蒙求』(1854) 2권9)은 책 이름에서 분명히 알 수 있듯이 초학자를 대상으로 한 차근방비례의 교과서이다. 자서自序에 매각성의 논문에서 유래한 '아이열팔달'이나 '동래법' 등의 용어가 보이는데, 이는 매각성 충격이 동기가 되어 본서가 집필되기 시작하였다는 점을 드러낸다.

『차근방몽구』의 구성은 우선 차근방비례의 기초인 가감승제에 대해서 해설하고 이어서 『수리정온』 「말부」의 차근방비례에 기초하여 「선부」, 「면부」, 「체부」의 순으로 해법을 예시한다.

이상혁의 해법은 『수리정온』에서 예제를 뽑아내거나 혹은 유사한

---

9) 분석에는 김용운 편, 『한국과학기술사자료대계─수학편』(여강출판사, 1985) 소수본을 사용.

문제를 작성한 후 차근방비례에 기초해 계산 과정을 일일이 설명하는 것으로, 이 자체는 『수리정온』과 전혀 다르지 않다. 그러나 기술법記述 法에 있어서는 『수리정온』과 근본적인 차이가 존재한다. 예를 들어 「선류線類」 제1문의 경우 이상혁은

> 지금 죽간이 있어 길이는 1장(=10척)이다. 대소로 나누어 대분大分을 소분小分보다 4척 길게 하려고 한다. 대소분의 길이는 각각 얼마인 가.[10]

에 대해 차근방비례를 이용하여

> 법. 1근을 빌려 소분으로 하면 1근다4척이 대분이다. 2근다4척과 1장 은 서로 같기 때문에 2근과 6척은 서로 같다. 따라서 1근은 반드시 3척과 서로 같다. 앞에서 이미 1근을 빌려서 소분으로 하였기 때문 에 3척은 곧 소분이다.[11]

라고 풀고 있다. 그러나 『수리정온』은 거의 동일한 해법을 기술하였 지만 법에 덧붙여 계산식이나 연산 과정을 보여 주는 계산도가 첨부 되어 있다. [그림 7-6]이 그것이다.

『수리정온』과 『차근방몽구』는 동일한 문제를 동일한 차근방법으 로 풀었지만 계산식의 있고 없음이 완전히 달라 산서算書의 성격을 크

---

10) 設如有一竹竿, 長一丈. 欲分爲大小兩分, 大分比小分多四尺. 問大小分各幾何.
11) 法. 借一根爲小分, 一根多四尺爲大分. 二根多四尺爲一丈相等, 二根與六尺相等. 一根必與 三尺相等. 前旣借一根爲小分, 故三尺卽小分.

게 달리 한다. 『차근방몽구』
의 특징은 계산식을 기술하
지 않고 단지 문자에 의한 설
명만이 부여되어 있는 점에
있다고 하지 않을 수 없다.

　이는 이상혁이 계산식 표
기에는 전혀 관심을 보이지
않았고 언어 표현에만 주의

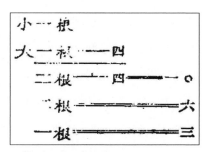

[그림 7-6] 『수리정온』의 차근방법
계산식은 『數理精蘊』 하편 권34 「말부」 4 차
근방비례의 線類 제1문에 대한 것이다.

를 기울였다는 사실을 보여 준다. 이상혁은 전통적인 산학이 갖는 언
어대수적 측면을 특히 중시하여 차근방비례가 필산인 점에는 전혀 관
심을 보이지 않았다.

[남상길의 무이해] 또한 남상길의 『무이해無異解』(1855)[12]는 "옛 입천원일
술이 곧 지금의 차근방법"[13]임을 증명하려고 한 논문이고 당시 동산
가의 관심 소재를 잘 보여 준다.

　남상길의 자서에 의하면, 집필의 동기는 청대 건륭가경연간의 대
수학자인 이예李鋭(1768~1817)가 찬撰한 『측원해경세초測圓海鏡細草』(1788
「自序」)나 이예가 산교算校한 『익고연단益古演段』(1786 提要)을 읽고 그 해
석에 위화감을 느껴, 이예와는 다른 안案을 세우고자 한 바에 있다고
한다. 즉 이예는 (1) "차근방은 입천원술立天元術에서 나왔다"라고 하

---

12) 분석에는 김용운 편, 『한국과학기술사자료대계―수학편』(여강출판사, 1985) 소수
　　본을 사용.
13) 古立天元一術, 卽今之借根方法也.

고, (2) 천원술과 차근방비례의 가감승제의 법은 둘 다 같지만, (3) 해법의 최종 단계에 해당하는 천원술의 상소법相消法과 차근방비례의 양변가감법兩邊加減法에는 다른 점이 있다고 하였다. 남상길은 이예의 (1), (2)에는 찬동하면서도 (3)에는 반대하여 『익고연단』에서 천원술 문제 4문제, 『측원해경』에서 천원술 문제 3문제를 골라 차근방법에 의한 해법과 비교 대조함으로써 천원술과 차근방법이 다르지 않다(無異)는 것을 증명하려고 하였다.

『무이해』의 제2문을 예로 들자면 천원술에 의한 해법은 상소相消하여 개방식 $11x^2 - 28x - 16480 = 0$을 얻고, 차근방비례에 의한 해법은 양변을 각각 더해서 $11x^2 - 28x = 16480$을 얻는데, 차근방비례의 서로 상등相等한 양변식은 결국 천원술의 음양 상당의 일행식一行式과 동일하며 이 사실은 천원술과 차근방비례의 '다르지 않음'을 분명히 하기에 충분한 증거라고 논정하였다. 남상길의 논문은 두 계산술이 동일함을 분명히 하기 위하여 그 연산의 각 단계의 같고 다름을 분석한 것이라고 할 수 있을 것이다.

또한 남상길은 천원술에서는 번쇄한 주산식籌算式을 일일이 기술하였지만 차근방비례에서는 계산식을 하나도 부기하지 않았다. 남상길이 필산으로서의 차근방비례에 주의를 기울이지 않았던 점은 이상혁과 완전히 같았다고 할 수 있다.

③ 천원술의 재평가

그러나 천원술과 차근방비례의 동등함 여부에 대해서는 이상혁도 남상길도 만년에 자신의 견해를 크게 바꾸었다. 양자의 알고리즘에는 다른 점이 있고 천원술의 연산법 쪽이 차근방비례보다 월등하게 뛰어나다는 것이다.

[이상혁의 정부론] 천원술 우위설에 대해서는 우선 이상혁의 『익산翼算』(1868)에 주목해야 할 것이다. 『익산』 2편[14]은 크게 (1) 상편의 정부론正負論과 (2) 하편의 퇴타론堆垛論으로 구성되어 있는데, 특히 상편의 정부론은 『구장산술』 방정장의 정부술正負術에서 시작하는 동아시아 정부(음양)기호 법칙에 대해 총체적으로 논한 후, 가감승제 · 방정 · 개방 · 천원 · 사원술 등의 전인부전前人不傳의 비秘를 분명히 한 점에서 중요성이 극히 높기 때문이다. 논문의 중요성에서 볼 때 꽤 널리 읽혔을 것으로 추측할 수 있다.

[차근방법과 정부의 리] 이상혁은 『익산』 정부론에서, 『구장산술』, 『측원해경』, 『익고연단』, 『수서구장』, 『산학계몽』, 『사원옥감』, 『수리정온』, 『산학정의』와 매문정의 「방정론」, 「소광습유少廣拾遺」, 매각성의 「천원일즉차근방해」 등으로부터 계산례나 학설을 다수 인용하면서 수의 음양이나 동명이명同名異名에 관한 일반적 기호 법칙을 분석하고 가감승제 · 방정 · 개방 · 천원 · 사원술 등에서의 그 중요성을 밝혔다. 멋진 추론이다. 그러나 논을 마침에 있어서는 '정부正負의 리'를 근거로 천

---

14) 분석에는 김용운 편, 『한국과학기술사자료대계—수학편』(여강출판사, 1985) 소수본을 사용.

원술과 차근방비례의 동등함 여부에 대해 이렇게 결론짓는다. 즉,

　　근자의 서양의 차근방법은 방정이나 천원의 술을 상세하게 설명하
　　고 이를 해명하는 점도 많다. 매각성이 차근방법이 곧 천원술이라고
　　한 것은 진실로 독론篤論이다. 그러나 정부의 리에 대해서는 아직 숙
　　달해 있지 않다. 그 탓에 다소多少로써 정부正負를 대신하고 양변을
　　가감함으로써 상소相消를 대신해 최종적으로는 일행一行 상당의 식
　　을 획득하는 데는 실패하였다. 특히 다원식을 다루는 것이 불가능하
　　고 그 개제開除의 법은 특히 번쇄하다. 상商을 우법隅法에 곱하고 동
　　부호를 더하여 이異 부호를 감하고 상실上實에 이르는 이 간요함, 자
　　연에서 나오는 천원의 기법과는 동일同日에 말하는 것이 불가하다.15)

　이상혁의 결론은 명쾌하다. 대동소이한 차근방비례와 천원술에
대해서 천원술 쪽이 뛰어나다는 주장이다.
　이상혁이 그렇게 판단한 근거는 차근방비례가 갖는 다음과 같은
결점에 존재한다.
　(1) 용어법의 불비不備: 차근방비례는 플러스(+)를 다多, 마이너스
(−)를 소少로 표기한다. 그러나 다소와 정부正負는 서로 비슷한 개념이
기는 해도, 본질적으로 다소는 영뉵盈朒의 실체이고 정부는 소식消息의
묘용妙用이어서 의미상의 간격이 크다. 바로 『구장산술』 정부술에서
유휘劉徽의 주에 "부負는 꼭 소보다 부하지 않고 정正은 꼭 다보다 정

---

15) 近者西人借根方術, 說之甚詳, 解之者多. 而梅文穆謂卽天元術, 誠篤論也. 然未諳正負之理.
　　故以多少代正負, 以兩邊加減代相消, 終未得一行相當之式. 尤不能相通於多元, 而其開除之
　　法, 殊甚煩瑣. 不可與以商乘隅, 同加異減, 上達於實之旣簡且要, 出於自然者, 同日而語也.

하지 않다"16)라고 한 대로이다.

(2) 전통산법과의 저어齟齬: 차근방비례는 두 식을 변변 가감하여 최종적인 개방식을 구한다. 그러나 그 서로 상등한 양변식은 법과 실이 등호를 사이에 두고 양변으로 나누어져 있고 1행으로 된 정부 상당식이 아니다.

(3) 해법의 한계: 차근방비례는 다원을 다루는 것이 불가능하다.

(4) 번쇄한 알고리즘: 차근방비례의 개방법은 번쇄하여 증승개방법의 확실하고 간결함에 미치지 못한다.

여러 겹으로 구성된 논거를 볼 때 이상혁이 천원술의 상대적 우위를 확신하였던 점은 틀림없다.

그러나 이상혁의 분석에는 타당한 점도 존재하지만, 기껏해야 한역 서학서에서 얻은 지식에 근거해서 서산西算과 동산東算의 불일치와 부정합만을 본 탓에 최종적으로는 올바른 결론에 도달하지 못했다. 특히 차근방비례가 갖는 필산이라는 혁신적인 성격에 대해서는 전혀 주의를 기울이지 않았다. 기호대수학으로 연결되는 서산의 속 깊은 철리哲理를 인식하지 못한 점도 확실하며, 정보 부족과 고찰 부족이라는 비난을 면하기 어렵다고 평하지 않을 수 없다.

[남상길의 산학정의] 또한 남상길은 고종 4년(1867)에 이상혁의 '이정편집釐正編集'을 거쳐 『산학정의』 상중하편17)을 완성하였다. 목록을 기술하

---

16) 負者未必負於少, 正者未必正於多.
17) 분석에는 김용운 편, 『한국과학기술사자료대계—수학편』(여강출판사, 1985) 소수본을 사용.

〈표 7-1〉『산학정의』목록
남상길은 자서에서 "算居六藝之一, 而學者之所不可忽也"라고 선언하고 "大學所謂格致之極功, 亦豈外於數哉"라고 수의 의의를 높게 평가하지만, 목록의 제 항목과 더불어 이런 짧은 문장조차 남병철 학파가 신봉한 주자학적인 산학관을 잘 보여 준다.

上編	度量衡　雜率　加法　減法　乘法　除法　命分法　約分法　通分法 開平方法　帶縱平方法　開立方法　帶縱立方法　諸乘方法　句股率 各面率　各體率　堆垛率
中編	異乘同除　同乘異除　同乘同除　按分遞析差分　按數加減差分　和數差分　較數差分　和較差分　盈朒　雙套盈朒　借徵　方程
下編	測量　天元一　多元　大衍

면 〈표 7-1〉과 같다.

『산학정의』 3권은 조선 말기를 대표하는 남병철 학파의 두 수학자가 도달한 산학 연구의 수준을 보여 주는 훌륭한 주산서籌算書이다. 동아시아 수학을 특징짓는 문·답·법으로 구성된 문제집 형식의 수학서이지만, 책의 구성은 상편이 "전적으로 입법을 논하여"(專論立法) 주산籌算의 기초 지식을 기술한 데 반해, "중하편은 전적으로 명리明理를 논하여"(中下編專論明理) 중편이 이승동제·차분·영뉴·방정 등을 다루고, 하편이 '산가産家의 극치'인 천원·대연 등을 논하고 있어(提綱), 내용은 기초에서부터 난해한 문제로 나아가며 전체적으로 동산東算의 기법을 빠짐없이 기술하고 있다. 남상길은 집필 목적에 대해서 "고인의 입법의 뜻을 분명히 하는"(曉古人立法之意) 바에 있다고 하였다.(「自序」) 책의 망라적인 성격은 이러한 목적의 소재를 잘 보여 준다. 또한 항목마다 간결한 설명이 있을 뿐만 아니라 '이정편집'도 골고루 잘 이루어져 있어 책자로서도 세련된 모습이다. 필산이나 삼각법 등 서산西算에는 언급이 없고 내용에 참신한 점이 없지만 조선의 전통적 산학인 주산籌算 체계를 잘 설명하고 있어 동산의 집대성이라고 해도 틀림없다.

『산학정의』에서 특히 주의해야 할 것은 '산가의 극치'로서 천원술과 사원술 등을 가장 중시한 점이다. 우선 천원술에 대해서 남상길은 하편에서 62문제에 이르는 산제算題를 푼다. 문제 수가 많다는 것은 그만큼 천원술을 중시한다는 의미일 것이다. 또한 천원술의 해설 중에 유사 기법인 서산의 차근방비례를 언급하기도 하지만 이는 단지 천원술의 차원 낮은 별법 정도로 거론함에 불과하다.

그러나 남상길에 의한 천원술의 표기는 독특하다. 제1문의 경우는 주산식籌算式을 병기해서 해법을 설명하고 있지만 나머지 61문제에 대해서는 '입천원일立天元一'이란 상투구만 보일 뿐 주산식籌算式의 기술이 없다. 단지 주산식을 대신하여 "삼만이백칠십육태정三萬二百七十六太正, 삼백사십팔원부三百四十八元負, 이평방정二平方正" 등이 보일 뿐이다. 주산식을 생략한 것18)은 아마도 남상길이 알고리즘의 제시를 산학의 제일 요건으로 여겼지만, 알고리즘의 제시에 대한 계산식의 중요성에 대해서는 그다지 인식하지 못했다는 점을 보여 준다고 볼 수 있다.

남상길은 천원술에 덧붙여 실용 기법으로서 사원술四元術을 중시하였다.19) 이는 놀랄 만한 일이다.

원래 사원술이란 연립사원고차방정식의 작성법과 그 해법을 말한다. 금말원초에 '천원'으로 미지수를 나타내는 개방식의 기계적 작성법인 천원술이 고안되었다. 천원술의 포산布算은 아래 방향으로 1층

---

18) 籌算式을 생략한 것에서 우리는 借根方比例의 언어 표기에서 받은 영향을 추측할 수 있다.

19) 四元術에 대해서 남상길은 일일이 籌算式을 제시하였다.

⋯	y^3w^3	y^2w^3	yw^3	w^3	zw^3	z^2w^3	z^3w^3 ⋯
⋯	y^3w^2	y^2w^2	yw^2	w^3	zw^2	z^2w^2	z^3w^2 ⋯
⋯	y^3w	y^2w	yw	w	zw	z^2w	z^3w ⋯
			yz				
⋯	y^3	y^2	y	太	z	z^2	z^3 ⋯
			xw				
⋯	xy^3	xy^2	xy	x	xz	xz^2	xz^3 ⋯
⋯	x^2y^3	x^2y^2	x^2y	x^2	x^2z	x^2z^2	x^2z^3 ⋯
⋯	x^3y^3	x^3y^2	x^3y	x^3	x^3z	x^3z^2	x^3z^2 ⋯

[그림 7-7] 사원술
사원술의 籌算式은 天元(x), 地元(y), 人元(z), 物元(w)의 冪積과 계수로 구성되는 단항식을 복수 덧붙인 것인데 그림은 籌算式의 각항의 계수(籌算)를 두는 위치를 표시한 것이다. '太'는 太極을 말하며 그 산학적인 의미는 천원술과 같다.

나아감에 따라 미지수의 차원이 1차 올라가는데, 아래 방향을 아래와 왼쪽 두 방향으로 확장하여 같은 규칙에 따라 왼쪽 방향으로도 산주 算籌를 늘어놓으면 하나의 주산식으로써 2개의 미지수의 관계식을 표시하여 한 번에 연립이원고차방정식을 풀 수 있다. 이것이 이원二元 즉 '천원天元'과 '지원地元'으로의 확장이다.

주세걸의 『사원옥감』(1303)은 마지막에 천원술을 사원四元으로 확장하고 아래 방향의 '천원'과 왼쪽 방향의 '지원', 오른쪽 방향의 '인원 人元', 위 방향의 '물원物元'으로써 미지수가 4인 관계식을 표시하고 처리하였다. 이를 '사원술'이라고 한다. 사원술은 천(x), 지(y), 인(z), 물(w)의 각 원에 대해서 각항의 계수치를 [그림 7-7]의 위치에 기록한다. '태太'의 위치에 포산하는 것은 물론 상수항의 값이다. 연립사원방정식을 만드는 법은 미지수의 수가 다른 점을 제외하면 천원술과 동등하다. 완원阮元(1764~1849)은 사원술에 대해서 "방정을 천원일술에 우寓

한 것이다"[20]라고 설명하였는데(「四元玉鑑細草序」) 진실로 명언이다.

그러나 명대에는 『사원옥감』은 망실되고 사원술을 아는 자도 없어졌다. 『사원옥감』이 재발견된 것은 가경연간(1796~1820)에 완원이 절강순무巡撫로 있을 때의 일이다.(阮元, 「四元玉鑑細草序」) 나사림羅士琳(1789~1853)은 10여 년의 세월을 바쳐 도광 14년(1834)에 『사원옥감세초』를 완성하였다.

남상길은 나사림의 『사원옥감세초』를 연구하고 『옥감세초상해玉鑑細草詳解』(저술년 미상)를 저술하였다. 『사원옥감』은 288문제를 다루는데, 천원은 232문제이고, 지원(2원)은 36문제, 인원(3원)은 13문제, 물원(4원)은 7문제에 지나지 않는다. 남상길의 『옥감세초상해』 1권[21]은 천원 문제를 모두 생략하고 지원 6문제, 인원 5문제, 물원 4문제를 골라 '상해詳解'를 덧붙였다. 다원을 처리하는 사원술의 좋은 교과서라고 할 수 있을 것이다. 『산학정의』(1867)의 다원은 이 『옥감세초상해』에 기초한 것인데, 나사림에 의해 세초가 완성된 때로부터 세월이 그다지 지나지 않은 시기에 집필되었다.

사원술이 재발견된 후 얼마 되지 않아 『산학정의』에 포함된 사실은 남상길이 '산학의 극치'로 평가함으로써 아직 평가가 정해지지 않은 사원술을 곧바로 실용에 적용하려 한 것을 의미한다. 그러나 사원술은 교묘한 산법이기는 해도 4개의 미지수가 착종하는 임의의 사원 고차방정식을 전부 포산하는 것이 가능하지는 않다.[22] 알고리즘에는

---

20) 若四元者, 是又寓方程於天元一術焉者也.

21) 분석에는 일본 東北大學 附屬圖書館 소장본(寫本)을 사용하였다.

22) 예를 들면 $xyzw$항의 경우는 포산할 수가 없다.

불비한 점이 많고 실용성도 그다지 높지 않다. 사원술은 결국 천원술과 동렬에 놓을 수 없는 시행적인 산법에 불과하다. 남상길의 시도를 높게 평가할 수 없는 이유이다.

남상길은 산학에 대해서 "『대학』에서 말하는 격물치지의 극공"(大學所謂格致之極功)으로 드높이 선언하였다.(「自序」) 이 점에서 보자면 산학 연구의 궁극적인 목적이 주자학적 원리의 추구에 있음은 의심할 여지가 없다. 조선의 산사算士들이 필요 이상으로 동아시아적인 천원술이나 사원술을 높게 평가할 수밖에 없었던 것은 자기 원리의 절대적 우월성을 주장한 주자학 탓이라고 해도 큰 잘못은 없을 것이다.

(3) 두덕미법의 평가

조선 말기에 조선 제일로 명성이 높던 이상혁은 그 혜안으로써 『산술관견』(1855) 「호선구현시弧線求弦矢」와 「현시구호도弦矢求弧度」에서 두덕미杜德美의 구현첩법求弦捷法과 구시첩법求矢捷法에 대한 논설을 덧붙였다. 두 법이 "심히 알기 어렵기"(不甚分曉) 때문이다.

[두덕미법] 청의 매각성은 『적수유진』에서 「역서사두덕미법譯西土杜德美法」을 기술하였다. 언어 대수학의 표기법을 현대식으로 고치면 다음과 같다.

$$2\pi = 2\left\{3 + \frac{3 \cdot 1^2}{4 \cdot 3!} + \frac{3 \cdot 1^2 \cdot 3^2}{4^2 \cdot 5!} + \frac{3 \cdot 1^2 \cdot 3^2 \cdot 5^2}{4^3 \cdot 7!} + \cdots\cdots\right\}$$

$$\sin x = x - \frac{1}{3!}x^3 + \frac{1}{5!}x^5 - \frac{1}{7!}x^7 + \frac{1}{9!}x^9 - \cdots\cdots$$

$$\text{vers}\, x = \frac{1}{2!}x^2 - \frac{1}{4!}x^4 + \frac{1}{6!}x^6 - \frac{1}{8!}x^8 + \frac{1}{10!}x^{10} - \cdots\cdots$$

각각 '구주경밀률첩법求周徑密率捷法'과 '구현첩법', '구시첩법'이라고 한다. 한편 시矢 vers θ 는 $1 - \cos\theta$ 를 의미한다.

두덕미란 프랑스인 예수회 선교사 자르투(Pierre Jartoux, 1668~1720)를 말한다. 1701년에 내화來華하여 1708년에 강희제의 명을 받아 부베 (Joachim Bouvet, 1656~1730, 1687 來華, 漢名 白晋)와 레지스(Jean-Baptiste Régis, 1663~ 1738, 1698 來華, 漢名 雷孝思) 등과 함께 기북요동冀北遼東 및 장성長城 일대의 측량에 종사하였다고 한다.(徐宗澤, 『明淸間耶穌會士譯著提要』)

두덕미법 즉 삼각함수의 급수전개는 중국에 전해진 후 청대 수학의 수준을 높이는 데 크게 기여하였다. 미적분으로 이어지는 중국의 무한소 해석이 그 성과이다.[23] 하지만 조선에서 두덕미법은 사실상 아무런 적극적 영향도 미치지 않았다.

[이상혁의 현시구호도] 『산술관견』의 「현시구호도」는 두덕미법의 구현첩법과 구시첩법의 환원술을 논한 것이다. 단 두덕미의 급수전개식에

---

23) 예를 들면 明安圖의 『割圜密率捷法』(1839 刊)에는 正弦求弧背式이 다음과 같이 구해 져 있다. $a = r\sin\dfrac{a}{r} + \dfrac{\left(r\sin\dfrac{a}{r}\right)^3}{3!r^2} + \dfrac{3^2\left(r\sin\dfrac{a}{r}\right)^5}{5!r^4} + \dfrac{3^2 5^2\left(r\sin\dfrac{a}{r}\right)^7}{7!r^6} + \cdots\cdots$

대해서는 완원의 『주인전疇人傳』 권46의 언급, 즉

　　몇 번이고 승제를 한 후에 그 가감되는 전개식의 각항은 평방이나
　　입방의 경우 곽수경의 타적초차법과 정말로 서로 닮았다.[24)]

의 시사示唆를 받아 기지旣知의 정현과 정시로부터 호선弧線의 값을 구
하는 개방 문제로서 이해하고 있다.
　　예를 들면 정현구호선의 경우 반경 r에 대해서 다음과 같이 말한다.

　　정현으로써 호선을 구하는 경우 $39916800(11!)r^{10}$을 제1렴(1차항의 계수)
　　으로 하고, $-6652800(11!/3!)r^8$을 제3렴(3차항의 계수)으로 하고, 332640
　　$(11!/5!)r^6$을 제5렴(5차항의 계수)으로 하고, $-7920(11!/7!)r^4$을 제7렴(7차항
　　의 계수)으로 하고, $110(11!/9!)r^2$을 제9렴(9차항의 계수)으로 하고, -1을
　　우(11차항의 계수)로 한다. 또한 제1렴을 정현에 곱하여 실로 한다. 십
　　승방법으로써 개방하면 호선의 값을 얻을 수 있다.[25)]

　　기술되어 있는 내용은 두덕미의 구현첩법을 11!(39916800)배한 전개
식을 개방하면 호선이 얻어진다는 것으로 그 이상의 의미는 없다. 정
시구호선도 마찬가지이다. 두덕미의 구시첩법을 12!(479001600)배한 전
개식을 개방하여 호선을 얻는다.

---

　24) 屢次乘除之後, 其加減之衰, 如平方立方, 與郭守敬垛積招差法正相類.
　25) 以正弦求弧線, 則三千九百九十一萬六千八百乘半徑九乘積, 爲第一廉正, 六百六十五萬二
　　　千八百乘半徑七乘積, 爲第三廉負, 三十三萬二千六百四十乘半徑五乘積, 爲第五廉正, 七千
　　　九百二十乘半徑三乘積, 爲第七廉負, 一百十乘半徑平方積, 爲第九廉正, 一爲隅負. 以第一
　　　廉乘正弦, 爲實. 用十乘方法開之, 得弧線.

이상혁의 계산 중시적 해석을 보면 주자학을 근거에 두는 동산 패러다임에 대한 필요 이상의 집착이 고등수학으로 발전할 수 있는 중요한 계기를 놓치게 만든 원인은 아닐까 하는 생각을 지울 수 없다. 동산이나 주자학에는 보편성을 기피하는 배타주의적 요소가 엄연히 존재하기 때문이다.

3) 청학의 영향

(1) 청학과 수학

[청학과 고증] 중국 청에서는 건륭가경연간(1736~1820)을 중심으로 독특한 풍격을 갖는 학문이 꽃피었다. 청학淸學이다. 청학은 특히 고증에 뛰어났고 그 때문에 청조 고증학 등으로 불리는 경우가 많다.[26]

[사고전서 수록 산서] 고증학의 영향은 역산학 분야에도 미쳐 고증풍의 뛰어난 연구 성과가 다수 발표되었다. 그중에서도 주목해야 할 성과는 문자의 교정 등을 거쳐 『사고전서四庫全書』 79018권(1782 完成) 안에 희구稀覯의 산서가 다수 수록된 것이다. 한당의 『구장산술』, 『손자산경』, 『술수기유(수술기유)』, 『해도산경』, 『오조산경』, 『하후양산경』, 『오경산술』, 『장구건산경』, 『집고산경』 및 송원의 『수학구장(수서구장)』, 『측원해경』, 『익고연단』이 새롭게 발견되어 『사고전서』에 수록되었다.

---

26) 거의 언급되지 않지만 청조의 순 수리과학(역산학)도 고증학에 비교될 만큼 뛰어난 성과를 배출하였다. 정확히 말하면, 淸學은 고증학과 수리과학을 두 기둥으로 하였다고 이해해야 할 것이다.

또한 완원阮元도 『사고전서』에 미수록된 『사원옥감』을 재발견하였다.(「四庫未收書目」)

[대진과 산학] 고산서의 복원에 결정적인 영향을 미친 것은 청학의 성립에 크게 공헌한 대진戴震(1723~1777)이다. 대진은 건륭 39년(1774) 명의 백과사전인 『영락대전』(1407) 안의 산학 관련 항목을 찬차纂次하고 상세한 교감을 덧붙여 망실된 책 『구장산술』을 재차 세상에 내놓았다. 당시의 학계는 복원 소식에 깜짝 놀라 고증의 학술적 가치를 재인식하였다고 한다. 대진의 산학 저작에는 『구고할원기句股割圜記』, 『책산策算』 등이 있다.

이황李潢(?~1812)은 또한 대진 교본校本을 저본으로 하여 오자를 교정하고 보도補圖 연산을 덧붙여 『구장산술세초도설九章算術細草圖說』(1820 刊)을 찬하였으며, 다른 저술로는 『해도산경세초도설海島算經細草圖說』, 『집고산경고주緝古算經考注』도 있다.

송원 산서에 대해서는 심흠배沈欽裴의 『사원옥감세초四元玉鑑細草』(1821)나 나사림羅士琳의 『사원옥감세초』(1834) 등이 중요하다. 특히 후자는 각본刻本으로 동아시아 전역에 영향을 미쳤다.

[주인전] 고전 수학 연구가 고조되었을 무렵 청학을 대표하는 완원과 유명한 수학자 이예李銳는 상고에서 당시에 이르기까지 역대 역산학자의 연구 성과를 정리 분석하고 전기의 형식으로 그 사적을 표창하였다. 『주인전疇人傳』 46권(1799)이다. 마땅히 중국수학사의 걸작이라고

해야 할 것이다.

또한 나사림은 『속주인전續疇人傳』 6권(1840 「序」)을 저술하여 당대 학자의 생평 사적과 연구 성과를 후대에 전했다.

(2) 청학과 동산

[수학사적 연구] 산학 부문에서의 청조 고증학의 중요한 성과로는 위에서 언급한 것 외에도 전술한 매각성의 「천원일즉차근방해」를 들 수 있다. 동산의 지위는 앞에서 서술한 것처럼 차근방의 보급과 매각성의 천원술에 관한 논문의 상승효과를 거쳐 크게 하락하였으며 이 점을 감안할 때 동산에 대한 청조 고증학의 영향을 가볍게 여길 수는 없을 것이다.

사실상 조선 말기의 남병철과 남상길, 이상혁의 주산서籌算書 속에도 청조 고증학의 현저한 영향을 확인할 수 있다. 재발견된 고산서에 대한 수학사적인 연구가 그렇다.

[해경세초해] 남병철의 『해경세초해海鏡細草解』 12권27)(1861)은 『사고전서』에 수록된 『측원해경』의 '해설'(남상길, 「서」)서인데 천원술의 계산 과정을 정확하게 복원하고 있다. 명의 고응상顧應祥의 『측원해경분류석술測圓海鏡分類釋術』이 천원일天元一이 무엇인지도 모른 채 원 세초를 제멋대로 삭제한 것과 비교할 때 천양지차天壤之差가 있다.

---

27) 분석에는 김용운 편, 『한국과학기술사자료대계—수학편』(여강출판사, 1985) 소수본을 사용.

[구장술해와 집고연단] 또한 남상길의『구장술해九章術解』9권[28]과『집고연단緝古演段』1권[29]도『사고전서』에 의해 재차 세상에 나온 고산서『구장산술』과『집고산경』에 관한 해설서이다.『구장술해』는 원술의 잘못된「개입원술開立圓術」에 대해서 원술의 오류를 정확하게 인식하고 정확한 구의 구적법求積法을 제시하였으며,『집고연단』은 이상혁의『차근방몽구』(1854)에 준해서 차근방비례로써『집고산경』의 번쇄한 문제를 푼다.

[측량도해] 남상길의『측량도해測量圖解』3권[30](1858)은 (1)『구장산술』구고장 끝부분의 망원도고측심望遠度高測深 8술과 (2) 유휘의『해도산경』측량 문제 9문과 (3) 진구소의『수서구장』측망류測望類의 측량 문제 9문에 대해서 '도해'를 제시한 것이다.『구장산술』,『해도산경』의 원도原圖를 복원하고『해도산경』제7문 우법又法의 알고리즘의 오류 등을 정확하게 지적하였다.

[사원옥감의 연구] 완원이 재발견한『사원옥감』에도 연구가 있다. 남상길의『옥감세초상해玉鑑細草詳解』(저술년 미상)에 대해서는 이미 서술하였고, 남상길의『산학정의』(1867)는「퇴타율」과「다원多元」의 항목을 세워

---

28) 분석에는 김용운 편,『한국과학기술사자료대계—수학편』(여강출판사, 1985) 소수본을 사용.
29) 분석에는 김용운 편,『한국과학기술사자료대계—수학편』(여강출판사, 1985) 소수본을 사용.
30) 분석에는 김용운 편,『한국과학기술사자료대계—수학편』(여강출판사, 1985) 소수본을 사용.

타적술과 사원술에 대해서 설명하였으며, 이상혁의 『익산翼算』(1868)은 '퇴타술'을 설명하는 한편 사원술을 언급하였다.

[유씨구고술요도해] 남상길은 유씨의 조선 고산서 『구고술요句股術要』에 도해를 덧붙였다. 『유씨구고술요도해劉氏句股術要圖解』 1권31)이 그것이다. 내용 자체에는 특기할 만한 것이 없지만 조선 고산서를 연구 대상으로 삼았다는 점은 평가할 가치가 있다. 한편 남상길은 자서에서 홍정하의 『구일집』에 보이는 강희 54년(1713)에 청의 하국주와 논전한 조선의 산사算士 유수석劉壽錫이 그 저자일지도 모른다고 추정하였다.

2. 조희순의 수학

1) 조희순 소전

조희순趙羲純은 조선 말기의 무신武臣이자 과학자이다. 생몰년은 미상이다. 자는 덕일德一이라고 하고 호는 학해당學海堂이라고 한다. 진사 조존영趙存榮의 아들로 본관은 평양이다.

고종 원년(1864)에 죽산竹山부사를 배명받고 후에 부녕富寧부사 · 제주목사 · 경상좌도병마절도사 · 도총부부총관 · 함경북도병마절도사

---

31) 분석에는 김용운 편, 『한국과학기술사자료대계—수학편』(여강출판사, 1985) 소수본을 사용.

등을 역임하였다. 고종 18년(1881)에 통리기무아문統理機務衙門이 설치되자 군무사당상경리사軍務司堂上經理事에 임명되어 근대식 군대의 개편에 참여하였다.

고종 19년(1882) 임오군란이 일어났을 때에는 흥선대원군에 의해 금위대장에 발탁되었으나 군란이 진압되자 좌변포도대장左邊捕盜大將에 임명되었다.

저서에는 『손자수孫子髓』, 『산학습유算學拾遺』 등이 있다.

2) 조희순의 『산학습유』

조희순의 『산학습유』 1책[32]은 남상길에 의하여 간행된 듯하지만 (남상길, 「산학습유서」) 간본刊本은 아직 발견되지 않았다. 두툼한 전문서가 아니라 책 이름 그대로 산학의 습유拾遺이다. 남상길 서序 · 구고보유句股補遺 · 정호약법正弧約法 · 사호지귀斜弧指歸 · 호삼각형용대수산弧三角形用對數算 · 팔선상당八線相當 · 호시첩법弧矢捷法 · 사지산략四之算略의 항목으로만 구성되어 있다. 그러나 저술된 내용은 평가할 만한 점이 적지 않다.

『산학습유』의 경우, 수학적 내용에 덧붙여 수학사상에도 주의가 필요하다. 수학 연구가 갖는 보편성을 추구하면서도 동시에 과도하게 동산을 중시하는 민족주의적 경향을 드러내고 있기 때문이다. 이러한

---

32) 분석에는 김용운 편, 『한국과학기술사자료대계―수학편』(여강출판사, 1985) 소수
 본(寫本)을 사용하였다. 이 책은 일본 東北大學 부속도서관의 和算 포털사이트(藤
 原集書)에서도 열람이 가능하다.

동산서東算書로서의 성격은 당시의 시대정신과 완벽하게 호응하고 있고 남병철 학파의 수학 연구가 갖는 양가兩價적 성격을 잘 구현하였다고 할 수 있다.

(1) 보편적인 서산 연구

[구고보유] 구고보유句股補遺의 첫 번째 주제는 구고 공식이다. 『수리정온』 하편 권12, 권13의 구고는 전문적으로 '구고상구법句股相求法'을 논한 곳이지만 조희순은 상구법의 유루遺漏를 지적하고 이를 보완하고자 새로운 구고 공식을 고안하고 공식이 성립하는 이치를 분명하게 하였다. 또한 옛 공식에 대해서도 새로운 증명법을 제시하였다. 증명법은 크게 (a) 도해에 의한 기하학적 방법과 (b) 연비례의 경리更理에 의한 대수적 방법으로 나눌 수 있다.

예를 들어 구고상구의 '삼방가감이개방三方加減而開方'법의 경우, △ABC의 각 각角 A, B, C와 각 변 $a(=BC)$, $b(=CA)$, $c(=AB)$에 대해서 『수리정온』은 두 법칙

$$c+a-b = \sqrt{(c+a)^2 + (c-b)^2 - (a+b)^2},$$
$$c+b-a = \sqrt{(c+b)^2 + (c-a)^2 - (a+b)^2}$$

을 제시할 뿐이지만(句股弦和較相求法의 제15문과 제14문), 조희순은 나아가 두 법칙

$$a+b+c = \sqrt{(b+c)^2 + (a+c)^2 - (b-a)^2},$$
$$a+b-c = \sqrt{(c-a)^2 - (b-a)^2 + (c-b)^2}$$

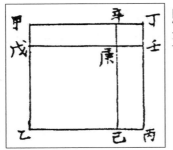

을 보완하고 계산도를 그려 공식이 성립하는 이치를 분명히 하였다.

위에서 언급한 뒤의 식에 대해 조희순은 다음과 같이 증명한다. 즉 (1) [그림 7-8]을 그린다. 그림 중 갑정甲丁은 구현교句弦較 $c-a$, 갑신甲辛은 구고교句股較 $b-a$, 신정辛丁은 고현교股弦較 $c-b$를 의미한다. (2) 위의 그림에서 분명하듯 구현교방句弦較方에서 구고교방句股較方을 빼고 고현교방股弦較方을 더하면 나머지는 $2(c-a)(c-b)$와 같다. (3) 그런데 『수리정온』 구고에 의하면 $(a+b-c)^2 = 2(c-a)(c-b)$이다. (4) 고로 뒤의 식은 성립한다. 구고 공식이나 증명 자체에 특기할 만한 점은 없지만 종래의 공식집에 새로운 공식을 덧붙인 것은 분명하다.

조희순은 또 같은 기하학적 방법을 써서 '상승배지개방相乘倍之開方'법이나 '반방위실종교개방半方爲實縱較開方'법을 확장하였다.

한편 『수리정온』은 구고현화교상구법句股弦和較相求法 45문제를 주고 일일이 기하학적으로 상구법이 성립하는 이치를 밝혔지만 조희순은 그 번곡煩曲함을 피하여 일부(제44 · 35 · 45 · 36 · 39 · 40 · 41 · 42문)에 대해서만 대수적 방법으로 공식이 타당한 이치를 증명하였다.

제44문을 예로 들자면 이 구고현화교상구법은 "구현교와 현교교弦較較를 서로 곱하여 실로 하고 구현교를 교수較數로서 개방하여 고와 현화교弦和較를 얻는다"[33]라고 한다. 즉 $x^2 + (c-a)x = (c-a)(c-b+a)$를 개방하여 $x = a+b-c$를 얻는다는 것이다.

『수리정온』은 계산도를 그려서 상구법을 증명하였지만 조희순은 명제

$$\alpha : \beta = \gamma : \delta \text{일 때,} \ \alpha : \beta = \gamma \pm \alpha : \delta \pm \beta$$

를 이용하여 연비례 $c-a:b=b:c+a$로부터 $c-a:b=a+b-c:c-b+a$를 도출한 후 위의 식을

$$x^2 + (c-a)x = b(a+b-c)$$

로 변형하여 근이 $x = a+b-c$가 되는 이치를 설명하였다. 보편적인 방법은 아니지만 흥미 깊은 증명법이라고 할 수 있다.

[정호약법] 『역상고성』은 정호삼각형正弧三角形(구면직각삼각형)의 공식을 10제題 30구求 실었는데 조희순은 이를 6제 16구로 정리하고, 또한 '삼비례三比例의 경호성율更互成率'로서 기초 비례 3식에서 6제 16구 전부를 도출한다. 항목명을 정호약법正弧約法이라고 지은 것은 그 때문이다.

조희순은 정호형正弧形을 내포하는 참도潬堵(塹堵)를 빌려 변각邊角의 관계를 설명한다. 즉 (1) 참도체를 잘라내어 전개도([그림 7-9])를 만든다. 정호형 갑을병甲乙丙 ABC의 경우, 각 각 A, B, C(= 직각)와 각 변

---

33) 句弦較弦較較相乘爲實, 仍以句弦較爲較數, 開方得股及弦和較.

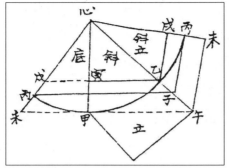

[그림 7-9] 참도의 전개식
구(渾圓)는 심(球心)을 정점으로 하고 正弧形 甲乙丙을 일면으로 하는 立三角體를 내포한다. 이 입삼각체에 있어 갑점에서 大圓 갑을과 대원 갑병에 접선을 늘려 塹堵(塹堵) 心未甲午를 만든다. 대원 갑병에의 접선과 심병의 연장선과의 교점이 미, 대원 갑을에의 접선과 심을의 연장선과의 교점이 오이다. 〈김용운 편, 『한국과학기술사자료대계─수학편』 소수〉

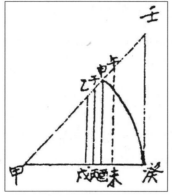

[그림 7-10] 참도의 사립면도
조희순은 "另圖全面而用視法移諸線於立面, 則寅丑二點必合於甲點, 各面諸線悉可以甲面取之"라고 설명한다. 〈김용운 편, 『한국과학기술사자료대계─수학편』 소수〉

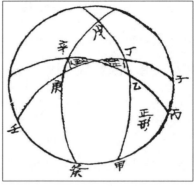

[그림 7-11] 본형과 차형
本形의 正弧形 甲乙丙에 대해서 次形一은 정호형 丁乙己, 次形二는 정호형 己辛庚이다. 〈김용운 편, 『한국과학기술사자료대계─수학편』 소수〉

$a(=BC)$, $b(=CA)$, $c(=AB)$에 대하여

사면斜面의 인을寅乙 $= \sin c$,	갑오甲午 $= \tan c$
밑면(底面)의 축병丑丙 $= \sin b$,	갑미甲未 $= \tan b$
사립면斜立面의 을술乙戌 $= \sin a$,	자병子丙 $= \tan a$

의 관계가 있다.

(2) "시법視法을 이용하여 제 선을 사립면斜立面으로 옮긴다."(用視法 移諸線於立面) 이때 삼각형의 닮은꼴 관계로부터 제1비례와 제2비례, 제3 비례를 정할 수 있다. 순서대로,

$$\sin a = \sin A \sin c, \ \tan a = \tan A \sin b, \ \tan b = \cos A \tan c$$

가 그것이다.([그림 7-10])

(3) 차형次形을 이용하여 기본 공식 3식을 확장한다.([그림 7-11]) 차형 이란 본형本形의 여변餘邊 여각餘角을 변각으로 하는 정호형을 말한다. 차형일次形一은 각角 기己 = $\pi/2 - b$, 각 정丁 = $\pi/2$, 각 을乙 = B, 기정己 丁 = $\pi/2 - A$, 정을丁乙 = $\pi/2 - c$, 을기乙己 = $\pi/2 - a$로 이루어졌으며, 차형이次形二는 각 기己 = $\pi/2 - b$, 각 신辛 = $\pi/2$, 각 경庚 = c, 경기庚己 = A, 경신庚辛 = $\pi/2 - B$, 신기辛己 = a로 이루어져 있다. 예를 들어 제3 비례를 차형이에 적용하면 $\tan B = \dfrac{\cot A}{\cos c}$ 를 구할 수 있다. 나머지 6 제 16구도 마찬가지이다.

[사호지귀] '사호지귀斜弧指歸'는 사호삼각형斜弧三角形 즉 일반 구면삼각 형을 푸는 방법으로서 『역상고성』의 변각비례법(對邊角法) · 수호법垂弧 法34) · 총교법總較法에 덧붙여 반화교법半和較法을 제시한 것이다. 반화 교법이란 스모굴레츠키(穆尼閣)의 불분선삼률법不分線三率法 즉 네이피어

---

34) 垂弧法이란 임의의 각에서 垂線을 내려 사호삼각형을 두 개의 정호삼각형으로 나 누어 正弧形을 풂으로써 斜弧形의 해를 구하는 방법을 말한다.

의 공식을 의미한다.

양변협일각兩邊夾一角을 예로 하면 구법舊法은 총교법을 이용하였지만 조희순은 반화교법으로써 입산入算할 것을 주장하였다. 총교법과 반화교법에 대해서 요점을 간결하게 살펴보면 다음과 같다.

우선 총교법은 기지既知의 두 변 b, c와 긴각(夾角) A에 대해서 (1) 총호總弧 $b+c$의 정시正矢와 교호較弧 $b-c$의 정시를 서로 감(相減)하고 절반折半하여 중수中數로 한다. (2) 교호의 정시와 긴각 대변對邊의 정시를 서로 감하여 시교矢較로 한다. (3) 단 중수와 시교의 비는 반경과 긴각의 정시의 비와 같다. 즉,

$$\frac{\mathrm{vers}(b+c)-\mathrm{vers}(b-c)}{2} : \mathrm{vers}\,a - \mathrm{vers}(b-c) = 1 : \mathrm{vers}\,A$$

(4) 곧바로 긴각 대변 a를 계산한다. 여기서 위의 식은 여현餘弦 공식

$$\cos a = \cos b \cos c + \sin b \sin c \cos A$$

와 동치同値이다. (5) 마지막으로 긴각과 세 변의 값으로부터 변각비례법(正弦 공식)

$$\frac{\sin A}{\sin a} = \frac{\sin B}{\sin b} = \frac{\sin C}{\sin c}$$

에 의해 각 B, C를 계산한다.

반화교법은 이에 반해 양변을 서로 더하고 절반하여 반화변半和邊으로 하고 서로 감하고 절반하여 반교변半較邊으로 하는 점에 산법의 특징이 있다. 스모굴레츠키의 불분선삼률법에 의거하여

$$\begin{cases} \tan\dfrac{B-C}{2} = \dfrac{\sin\dfrac{b-c}{2}}{\sin\dfrac{b+c}{2}}\tan\dfrac{180°-A}{2} \\[4ex] \tan\dfrac{B+C}{2} = \dfrac{\cos\dfrac{b-c}{2}}{\cos\dfrac{b+c}{2}}\tan\dfrac{180°-A}{2} \end{cases}$$

위의 식에서 반교각半較角과 반화각半和角을 구하고 또 반교각과 반화각을 서로 더하여 대각大角 B를, 서로 감하여 소각小角 C를 계산한다. 이를 반화교법이라고 한다.

[호삼각형용대수산] 조희순은 구면삼각형의 번쇄한 곱셈나눗셈 계산을 간략화하기 위해서 대수對數(로가리즘) 계산을 이용할 것을 제안하였다. 남상길의 서문에서도 이 팔선대수八線對數의 사용에 대해 "가장 쓰임이 절실하다"라고 절찬하였다.

조희순은 대수 계산의 편의를 제공하기 위해 총교법 등의 제 식을 변형하였다. 예를 들면 총교법의 시교矢較의 경우, 계산도를 그려

$$\mathrm{vers}\,a - \mathrm{vers}(b-c) = 2\sin\dfrac{b-c+a}{2}\sin\dfrac{c+a-b}{2}$$

를 증명하였다. 식을 변형한 것은

$$\log시교 = \log 2 + \log\sin\dfrac{b-c+a}{2} + \log\sin\dfrac{c+a-b}{2}$$

를 계산하여 시교의 가수假數를 정하기 위해서이다. 또한 시矢에서 호

도弧度를 구하고, 호도로부터 시를 구하기 위해서는

$$\log \sin \frac{\theta}{2} = \frac{1}{2} \log \frac{\mathrm{vers}\,\theta}{2}, \quad \log \frac{1}{2} \mathrm{vers}\,\theta = 2 \log \sin \frac{\theta}{2}$$

로 계산할 것도 서술하였다.

[팔선상당] 로(羅雅谷)가 편찬한『측량전의測量全義』10권(1631)은 정호삼각
형의 매 공식마다 동치인 12산법을 부기하였는데, 조희순에 의하면 기
본식을 변형하여 12가 아니라 18의 동치식을 얻을 수 있다고 하였다.

조희순은 정호형의 제1비례를 예로 들어 그 '십팔비례'를 순차적
으로 서술해 간다. 즉 18구고 공식이다.

$$\sin A = \frac{\sin a}{\sin c}, \quad \sin A = \operatorname{cosec} c \, \sin a, \quad \sin A = \frac{\operatorname{cosec} c}{\operatorname{cosec} a},$$

$$\operatorname{cosec} A = \frac{\operatorname{cosec} a}{\operatorname{cosec} c}, \quad \cdots\cdots$$

(2) 과도한 전통 중시

이상의 수학적 내용을 보는 한 조희순은 그의 뛰어난 재능을 수학
에 유감없이 발휘하였다고 할 수 있다. 난해한 서산西算을 잘 연구 소
화하여 조선의 서산을 훌륭하게 발전시켰기 때문이다. 남상길이 그의
저서를 한 번 보고 그 자리에서 출판을 결심(「算學拾遺序」)하였던 것은
당연한 귀결이었다.

그러나 남상길이 조희순을 평가한 것은 수학적 내용이 뛰어났기

때문만은 아니었다. 그의 수학사상이 타당하다고 판단했기 때문이기도 하였다. 남상길의 「산학습유서」에 "최근 조희순의 산학서를 읽을 기회가 있었는데 마음을 거스르는 것이 없었기에 곧 인쇄에 붙였다"[35]라고 보이는 것이 그 좋은 증거이다.

남상길의 수학사상은 보편과 이성보다 전통과 정통성에 무게를 두는 보수주의적인 성격이 강하고 서산 내지 차근방비례에 비해 동산 내지 천원술·사원술의 상대적 우위를 주장한 점에 특징이 있는데, 조희순의 수학사상도 후술하듯이 전적으로 동일한 경향을 보여 준다. 조희순도 남병철 학파의 중요한 구성원[36]이었고 남병철 학파의 수학사상은 실학파의 사상을 대체하여 지도사상으로서 당시의 조선산학계를 장악하고 있었다고 이해해야 할 것이다.

[호시첩법] 이상혁의 『산술관견算術管見』(1855)은 이미 서술하였듯이 자르투(杜德美)의 '구현첩법求弦捷法'과 '구시첩법求矢捷法'의 환원술을 개방법으로 논하였는데, 조희순은 이 '구현첩법'의 환원술을 약간 개량하고 정현을 정시로 환산하여 '구시첩법'을 이용하여 호도弧度를 구하였다.

조희순의 개량법은 이러하다. (1) 정현 $\sin x = 0.7071068$인 경우의 정시正矢의 값 $\text{vers}\,x = 0.2928932$를 구한다. (2) $x^2 = X$로 치환해 자르

---

35) 近得此書而讀之, 莫逆於心, 亟付剞劂.

36) 남상길에 의한 「算學拾遺序」의 존재에 주목해 보면 조희순을 남병철 학파의 찬동자 내지 동조자로 보기보다는 학파의 일원으로 여기는 편이 학파의 사상운동체로서의 사회적 기능을 이해하는 데 용이할 것이다.

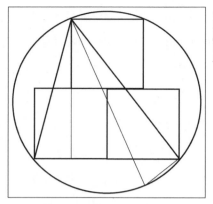

[그림 7-12] 圓內容品字形
문제는 "設圓徑一十, 求內容三小方形
(如品字)之一邊"이라고만 하였을 따름
이다. 본 그림은 조희순의 해법에 따라
추정한 것이다.

투의 구시첩법을 정리하여 $0.2928932 = \dfrac{1}{2!}X - \dfrac{1}{4!}X^2 + \dfrac{1}{6!}X^3 -$ $\dfrac{1}{8!}X^4 + \cdots\cdots$로 한다. (3) 식의 양변에 40320(8!)을 곱해 개방식 $-X^4 + 56X^3 - 1680X^2 + 20160X = 11809$를 정한다. (4) 대종삼승 방帶從三乘方으로써 개방하여 $X = 0.6168502$를 얻는다. (5) 개평방하여 $x = 0.7853981$을 얻는다. 이것이 호도의 값이다.

조희순이 개량법을 고안한 것은 원술대로 개방하면 "반드시 육팔십등방에 이르러 지계智計가 미치는 바가 아니기"[37] 때문이라고 하였는데 계산 자체에 대해서 보면 그의 지적은 전적으로 옳다. 그러나 자르투법이 특히 중요한 점은 미적분으로 발전할 수 있는 계기를 내포한 '무한소 해석'이라는 새로운 대수학적 발상에 있었다. 유럽은 무한소 해석을 추구하고 이를 매개로 하여 근대수학을 성공리에 완성시

---

37) 必至六八十等方, 非智計所及矣.

켰기 때문이다.

그러나 조희순은 수학적으로는 중요성이 대단히 높았음에도 불구하고 삼각함수의 급수전개가 갖는 혁신적인 의미에 대해서 전혀 의식하지 못했다. 이 점은 조선 말기 수학계의 또 다른 대수학자 이상혁의 경우도 마찬가지이다.

[사지산략] 조희순은 사원술의 알고리즘을 높게 평가하고 잡다한 응용례를 들어 그 실용화를 꾀하였다. '사지산략四之算略'이다. 주세걸 『사원옥감』의 사원술은 "설문設問이 늘 삼사오정구고기교상등三四五正句股其較相等을 취하여" 한정적인 산법에 지나지 않지만, '사지산략'은 그와 달리 널리 '부등지율不等之率'을 이용하여 사원술을 실용술로서 서술한다.

조희순에 의하면 "천원술은 이미 미오微奧에 도달한 산법이지만 또 미루어 사원술로 확장하면 기위형절奇偉敻絶하여 서양인의 차근방보다 훨씬 뛰어나다"[38]라고 하였다. 조희순이 사원술의 상대 우위를 주장한 소이는 다음과 같다.

(1) 양원兩元은 차근의 기법을 겸비하고 차근은 발전하여 양원으로 다함이 있다.[39]

(2) 사원술은 처음에는 구체적인 숫자를 갖추지 않아 두서없이 어지러운 듯 보이지만 무無에서 유有가 생겨 정연하고 조리가 있다.[40]

---

38) 立天之術, 旣臻微奧, 又推至四元, 奇偉敻絶, 遠勝於西人之借根.
39) 兩元兼該於借根, 而借根枝窮於兩元.
40) 不具數目, 頭緒棼如, 而無中生有, 并然有條.

(3) 능잡무륜凌雜無倫하여 이치에 가깝지는 않지만 계산에 따라 울림이 소리에 응하듯 정해正解가 얻어진다.[41]

동산東算의 우위를 설하는 일면적인 주장이라고 하지 않을 수 없다.

조희순의 설문設問은 14문제로 이루어져 있고 제1문은 지름이 10인 원에 3개의 정사각형(品字形)을 내접시킬 때 정사각형 한 변의 값을 묻는 것이다. 해법은 이해하기 쉽지 않지만[42] 현대식으로 설명하자면 대략 다음과 같을 것이다.

즉 (1) 천원일天元一을 세워 방변方邊(x)으로 하고, 지원일地元一을 세워 소요小腰(y)로 한다. 소요는 원의 내접 삼각형의 짧은 변, 다시 말해 좌변을 가리키고, 대요大腰는 우변, 밑(底)은 저변을 가리킨다. (2) 소구고형의 닮은꼴 즉 소요(y) : 2방($2x$)＝원의 지름(10) : 대요($2.5x$)로부터 금식今式 $5xy - 40x = 0$을 정한다. (3) 소요의 자승은 배방倍方의 자승과 반방半方의 자승의 합이므로 $17x^2 - 4y^2 = 0$. 이를 운식云式으로 한다. (4) 오운식사금식五云式四今式을 상소相消하여 좌식左式 $160y - 85x^2 = 0$을 얻는다. (5) 금식을 우식右式으로 한다. (6) 좌우 2식에서 지원을 소거하여 개방식 $17x^2 - 256 = 0$을 얻는다.

알고리즘 자체는 현행의 방식과 큰 차이가 없지만 계산은 주산식籌算式의 특성을 이용하여 행하는 점에 특징이 있다. 예를 들면 (6)의 좌우 2식에서 개방식을 구하는 경우, "좌우 대열對列하여 내이행內二行

---

41) 凌雜無倫, 不近於理, 而隨便得, 如響斯應.
42) 산법이 성립하는 이치에 대해서는 설명이 거의 없고 계산도도 없다. 기술되어 있는 것은 단지 알고리즘과 籌算式뿐이다.

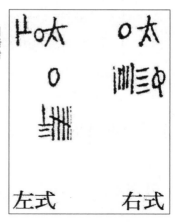

[그림 7-13] 내외상소도
좌식(세로)은 $160y - 85x^2 = 0$을 의미
하고 우식(세로)은 $5xy - 40x = 0$을
의미한다. 〈김용운 편, 『한국과학기술
사자료대계─수학편』 소수〉

左式   右式

을 서로 곱하고" 또한 "외이행外二行을 서로 곱하고", "내외內外를 상소
相消하여" 개방식을 정한다. "내이행을 서로 곱하는" 것은 좌식의
$-85x^2$과 우식(금식)의 $5xy$를 곱하는 것이고 "외이행을 서로 곱하는"
것은 좌식의 $160y$와 우식의 $-40x$를 곱하는 것을 말한다. 내외로
얻은 식을 상소하면 지원 y를 소거할 수 있다.

사원술을 선양宣揚함은 조희순이 남상길의 『산학정의』(1867)의 주
장을 받아들여 남병철 학파의 일원으로서 사원술의 보급을 꾀한 것으
로 논정할 수 있지만, 전술하였듯이 천원술이나 차근방비례가 완성도
가 지극히 높은 것에 반해 사원술은 시행試行적 산법에 불과하다. 실
용의 기법으로서 사원술의 보급을 꾀한 것은 무모한 시도라고 해야
할 것이다.

조선 말기 시대사조가 크게 보수적으로 전환된 점을 고려할 때
동아시아의 전통 산법을 높이 평가하고자 하는 마음은 이해 못할 바

아니지만 사원술에는 아쉽게도 실질이 동반되지 않았다. 남상길이나 조희순의 시도는 의도만이 앞선 감이 없지 않다.

3. 동산의 종언

1) 실용주산의 융성

(1) 실용주산서의 발견

[실용주산의 융성] 조선 말기에는 실용주산實用籌算이 융성하였다. 당시의 저작이 확실한 실용주산서가 여럿 발견되었기 때문이다.

[주산서의 특징] 이 시기의 일부 동산서는 주산籌算의 기초에 대해서는 상세하게 설명한 반면 동산계의 중심적 화두였던 천원술과 사원술에는 전혀 언급이 없다. 이 동산서를 실용서로 분류하는 것은 실용을 염두에 두어 전문적 산서와는 저술의 목적이나 성격을 달리하기 때문이다.

[융성의 원인] 조선 말기에 실용주산이 융성한 것에는 (a) 정조 대의 실학운동과 (b) 남병철 학파의 전통 산학에 대한 재평가, 구체적으로는 남상길에 의한 조선 고산서의 출판이 크게 영향을 미쳤다고 할 수 있다. 조선 고산서란 홍정하의 『구일집』과 유씨의 『구고술요』[43]를 말한

다.(남상길, 「산학습유서」)

(2) 실용주산서의 내용

이하 간단히 조선 말기의 실용주산서에 대해서 설명하고자 한
다.[44] 현재 발견된 실용주산서는 예외 없이 사본寫本이고 집필의 정확
한 시기를 특정할 수 없다. 따라서 설명의 순서는 편의적인 것에 지나
지 않는다.

[주학실용] 변언정邊彦廷의 『주학실용籌學實用』은 기본적으로는 홍대용의
『주해수용』의 절록본節錄本이라고 할 수 있다.[45] 크게 내편과 외편으
로 구성되어 있으며 전후로 총례總例와 부록을 두었다. 내편은 원의
주세걸의 『산학계몽』과 명의 정대위의 『산법통종』, 청의 장수성蔣守誠
의 『산법전서算法全書』, 송의 양휘의 『속고적기산법』에 기초하여 주산
籌算의 기본 알고리즘을 설명한 것이고, 외편은 이에 반해 강희제 어
제 『수리정온』과 마테오 리치가 구수口授한 『혼개통헌도설』에 기초하
여 삼각함수와 측량법을 소개한 것이다. 동서 절충의 산학서이지만
책 이름이 보여 주는 대로 최종 목적은 실용 산법을 서술하는 바에

---

43) 전술하였듯이 남상길의 「劉氏句股術要圖解序」에 의하면 숙종 39년(1713)에 何國柱
와 논전한 劉壽錫이 저자일 가능성이 높다고 한다. 한편 실제로 출판된 것은 남상
길이 도해를 덧붙인 『劉氏句股術要圖解』이다.
44) 조선 말기의 實用籌算書로 분류되는 수학서는 현재 그다지 많이 발견되지는 않았
다. 그러나 이런 종류의 수학서의 경우는 연구가 진전됨에 따라 다수가 발견될
가능성이 없지 않다.
45) 이 점에 대해서는 郭世榮, 『中國數學典籍在朝鮮半島的流傳與影響』 제1장 제4절 4.3에
서 배운 바가 많다.

있다.

『주학실용』 내편은 승제乘除의 설명에서 시작하여 사율법四率法 · 지분법之分法 · 양전법量田法 · 쇠분법 · 영뉵법 · 면적법 · 체적법 · 개방법 · 잡법雜法으로 이어진 후 율관해律管解 · 변율變律로 끝난다. 주산籌算의 기본 산법을 잘 정리한 주산籌算 교과서라고 할 수 있다. 외편상外編上에 대해서는 이미 서술하였다. 외편하外編下는 서산西算의 측량법을 설명하고 지측地測 · 천측天測 즉 천지의 계측에 이른다.

[동국산서] 『동국산서東國算書』46)(寫本)는 저자, 저술년 모두 미상이다. 문제집 형식의 조선 주산서籌算書이다. 책에서는 '문산법文算法'의 곱셈과 나눗셈을 소개하고 있는데 특수한 산법이기 때문에 출전을 서명응의 『고사신서攷事新書』(1771)로 특정하고,47) 저술년을 조선 말기로 판단할 수 있다.

『동국산서』는 구귀법가결九歸法歌訣 · 당귀법가결撞歸法歌訣에서 시작하여 양전법量田法을 거쳐 구인법九因法 · 유두승법留頭乘法 · 과분법課分法 · 차분법差分法 · 이승동제법異乘同除法 · 이승동승법異乘同乘法 · 이제동승법異除同乘法 · 등승이제법同乘異除法으로 이어진다. 기본 산법의 제시이다. 기본 산법에 이어지는 것은 기민진휼법飢民賑恤法 · 전세가승법田

---

46) 분석에는 일본 東北大學 부속도서관 소장본(東北大學 和算 포털사이트의 화상)을 사용하였다.

47) 『東國算書』文算法 도식의 곱셈은 徐命膺(1716~1787)의 『攷事新書』 문산법과 동일할 뿐만 아니라, 崔錫鼎(1646~1715)의 『九數略』 부록의 文算의 곱셈과도 동일하다. 그러나 문산법 도식의 나눗셈은 『고사신서』 籌算法의 나눗셈과는 동일하지만, 『구수략』 문산의 나눗셈이나 籌算의 나눗셈과는 동일하지 않다.

稅加升法 · 환상분급법還上分給法 · 각곡절미급절가법各穀折米及折價法 등이다. 이 산법명은 산서가 지향하는 바를 잘 보여 준다. 이 책이 하급 관리를 위한 교과서인 것은 확실하다.

[행용주결] 『행용주결行用籌訣』[48](寫本)은 저자, 저술년 모두 미상인 조선 주산서籌算書이다. 그러나 내용 중에 연대 계산에 즈음하여 '금건륭계축今乾隆癸丑'(1793)이라고 서술되어 있어 조선 말기의 주산서籌算書임에는 틀림없다.

『행용주결』은 구구수가결九九數歌訣로 시작하여 승법 · 제법 · 이승동제법을 설명하고 속미 · 포백布帛 · 근량斤兩 · 이식利息 · 은철銀鐵 · 차분법 · 영부족법 · 각가脚價 · 양전법 · 결복結卜 · 납세로 이어져 구귀법 · 근하류법斤下留法 · 대수지류 · 소수지류 · 곡두법斛斗法 · 근칭법斤稱法 · 단필법端匹法 · 전무법 · 원률 · 구장명수九章名數 · 명승제단明乘除段 · 명정부술明正負術 · 요전기삼백유육순유육일堯典朞三百有六旬有六日을 설명한다. 내용에 특기할 만한 점은 없다.

[수학절요] 『수학절요數學節要』(寫本)는 연세대학교 중앙도서관에 소장되어 있는 조선 주산서籌算書이다. 도서관은 저자를 남병길(남상길)로 판단하고 있다.[49] 실제로 『수학절요』에는 영산影算(文算)의 별칭을 '사산

---

48) 분석에는 일본 東北大學 부속도서관 소장본(東北大學 和算 포털사이트의 화상)을 사용하였다.

49) 내용 중에 저자를 특정할 만한 기술은 전혀 없다. 다만 책 앞에 '六一抄全'이라는 기재가 보인다. 남상길의 호가 六一齋이다.

斜算'이라고 하였는데, 사산이란 용어는 서명응의 『고사신서』(1771)가 처음으로 쓰기 시작한 것이므로 이 책이 조선 말기의 주산서籌算書임에는 틀림없다.

『수학절요』에는 천원술에 대한 언급은 없지만 주산籌算의 기본을 요령 있게 설명한다. (1) 모두冒頭에서 설명하는 것은 수학 구결口訣, 즉 산학을 배우는 자가 익혀야 할 소양이다. "수를 배우는 사람은 모름지기 노력하지 않으면 안 된다"(學數之人須努力)로 시작하여 구수·법실法實·정위定位·호여呼如·가감승제를 배우고 제의題意를 자세히 숙고하여 잘 조처해야 할 것을 주장하며 "수학은 모름지기 깊어야 하고 앎을 다함이 있어야 한다"(數學須深可盡識)로 맺고 있다. (2) 이어서 계산에 앞서 기억해야 할 점을 설명한다. 구장명수·대소수명·제물경중수諸物輕重數(비중)·하도낙서·구구합수(구구표)·구귀가결 등이다. (3) 승제법이 뒤에 이어진다. 인법·가법(신외가법)·승법·구귀법(一位除)·정신제법定身除法·귀제법(多位除)·당귀법·구일법·상제법이다.

사칙연산이 가능해지면 (4) 다음은 주산籌算의 기본 알고리즘을 학습한다. 약분의 예제가 처음에 보이고 이승동제 문제가 뒤를 잇는다. 이승동제 문제의 경우 일위제식一位除式·다위제식·절제법截除法(數次除)·이승동제식(2행 2열의 算式 계산)·서인삼률법西人三率法(서양 기원의 삼수법)·병승법倂乘法(數次乘)의 분목分目이 있다. 이하 취물추분就物抽分·화합차분和合差分·단필端匹·근칭斤稱·퇴타堆垛·반량창교盤量倉窖·장량전무丈量田畝·무전뉴량畝田紐粮·수축修築·망해도술望海島術·표간술表竿術·영뉵법盈朒法·구감시법九減試法·칠감시법七減試法의 예제를 처리한다. (5) 마지막으로 '아동소행지법我東所行之法'으로서 영산影算·양전규식量田規式·작석법作石法·행산법行算法·오행산법五行算法·백오제법百五除法·육순제법六旬除法·방원득수方圓得數를 거론함으로써 설명을 끝맺는다.

수학적 내용은 초보적이지만 구성은 정연하여 평가할 만한 점도 없지 않다.

2) 동산의 종언

조선 말기의 동국산학은 유익한 실용서나 정밀한 수학사 연구를 다수 세상에 내놓았지만 수학 자체에 대한 연구는 도리어 자신의 목표를 상실하고 마치 학문적 종언이 목전에 다다른 것처럼 발전을 위한 에너지를 급속하게 상실하였다. 남병철·남상길·이상혁·조희순에 이어 인재가 출현하지 않은 점도 이를 잘 보여 준다.

동산의 종언에 대해서는 한역 서학서를 매개로 한 서산西算이 동아시아 전역으로 보급됨에 따라 천원술=차근방비례가 동아시아의 일반 지식인들에게 널리 알려지게 되어 천원술을 오의奧義로 하는 동산의 존재 의의가 소멸된 것을 그 원인의 하나로 헤아릴 수 있을 것이다. 그러나 필자가 보는 바로는 보다 근본적인 원인은 당시의 시대사조에 있었던 것처럼 보인다.

본 장에서 논한 바와 같이 남병철 학파를 대표로 하는 조선 말기의 산학자들은 서산을 연구하여 과거의 동산가들이 상상도 할 수 없는 고도한 단계로 돌입하였지만, 반면에 시대사조가 급변함에 즉응하여 보수화하고, 동산 패러다임을 고집하여 천원술과 사원술을 과도하게 중시하였다. 그러나 산학계의 연구 자세의 보수화는 결국 보편적인 서산 연구를 저해하게 되었고, 그 결과 조선산학계는 서산에 기초한 새로운 발전의 계기를 놓치고 말았다. 당시의 수학사상과 그 연구의 전개에 대해서는 개략적으로 이렇게 단정 짓지 않을 수 없다. 조선 말기의 학문 정황에 따르면, 수학의 비약적인 발전은 서산의 흡수를 통한 동산의 혁신을 제외하고는 그 달성의 가능성이 있을 법하지 않았기 때문이다.

조선 말기의 양반 주도의 특수한 사상 공간에서는 대외 위기가 초래한 민족주의의 고양에 의해 신분사회의 유지 강화를 꾀하는 주자학이 재평가되고, 동산이 서산보다 뛰어난 것이 자명한 것으로 받아들여졌다. 현실과 유리된 산학 연구가 자학自學의 종언을 초래한 것은 어떤 의미로는 당연한 일이겠지만 이 역사적 사건이 갖는 함의는 단지 수학사의 영역에 머물지 않는다. 보다 넓게 보면 정치적 판단이 곧바로 사상 학문을 규정하는 '정학일체政學一體(正敎一致)의 양반사회의 위험성을 드러낸 것이라고 이해하지 않으면 안 될 것이다.

제8장

실학자의 산학 연구 – 정약용과 최한기

조선 말기에는 정약용丁若鏞과 최한기崔漢綺 등 이름 높은 철학자·
실학자들이 주산서籌算書를 저술하였다. 수학적 내용 자체로는 볼만한
점이 없지만 사상적 자리매김으로서는 흥미롭다.

1. 정약용의 수학 연구 – 실학과 과학

정약용丁若鏞(1762~1836)은 자가 미용美庸이고, 호는 다산茶山·사암俟
庵·여유당與猶堂·삼미三眉·열수洌水·열로洌老·철마산초鐵馬山樵·초계
苕溪 등이 있다. 조선 실학의 집대성자로서 명성이 높다.[1]

1) 정약용 소전

[가족] 정약용은 영조 38년(1762) 6월 16일 경기도 광주 마현馬峴에서 태
어났다. 본관은 나주羅州이다.([그림 8-1]) 나주정씨는 정윤종丁允宗을 시

---

1) 전기에 대해서는 주로 금장태, 『정약용』(성균관대학교 출판부, 1999)과 같은 책의
   중국어 역인 琴章泰 著·韓梅 譯, 『丁若鏞』(延邊大學出版社, 2007)에 의거하였다. 또
   한 權純哲의 일본 東京大學 박사학위 논문 「茶山丁若鏞の經學思想硏究」(미간)도 참
   조하였다.

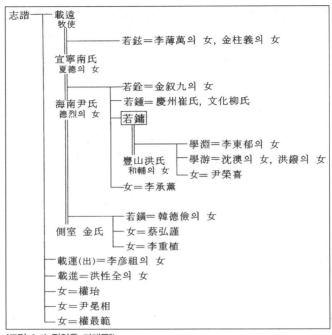

志譜 ── 載遠
            牧使
                        ┌── 若鉉＝李薄萬의 女, 金柱義의 女
            宜寧南氏
            夏德의 女
                        ┌── 若銓＝金叙九의 女
            海南尹氏   ├── 若鍾＝慶州崔氏, 文化柳氏
            德烈의 女   │   若鏞
                        │   ┌── 學淵＝李東郁의 女
                        │   豐山洪氏 ├── 學游＝沈澳의 女, 洪鑯의 女
                        │   和輔의 女 └── 女＝尹榮喜
                        └── 女＝李承薰
                        ┌── 若鑽＝韓德僴의 女
            側室 金氏   ├── 女＝蔡弘謹
                        └── 女＝李重植
    ├── 載運(出)＝李彦祖의 女
    ├── 載進＝洪性全의 女
    ├── 女＝權玿
    ├── 女＝尹晁相
    └── 女＝權最範

[그림 8-1] 정약용 가계도2)
나주정씨는 남인의 명문이다. 남인이란 조선시대 4대 당파(四色)의 하나이다. 선조
8년(1575)에 사림파가 정견의 차이로 인해 동인과 서인으로 분당하고 선조 24년
(1591)에 동인이 다시 남인과 북인으로 분열하였다.

조로 하여 수강壽崗·윤복胤福 등의 학자 관료를 배출하였다. 부친인

정재원丁載遠(1730~1792)은 음사陰仕하여 진주목사에 이르렀다. 모친은

해남윤씨로 노론의 송시열과 논쟁한 남인의 영수 윤선도尹善道(1587~

1671)의 후손이다.

나주정씨는 남인 시파에 속하고 일족 중에는 기독교 박해에 희생

---

2) 민족문화추진회 편, 『한국문집총간해제』 6(경인문화사, 2005) 소수의 가계도를
   인용하였다.

되어 형사刑死·옥사하거나 유형에 처해진 자가 많다. 둘째 형인 정약전丁若銓(1758~1816), 셋째 형인 정약종丁若鍾(1760~1801)을 비롯하여, 이승훈李承薰, 이벽李檗(1754~1786), 황사영黃嗣永(1775~1801), 윤지충尹持忠(1759~1791) 등이 그렇다. 이승훈은 정약용의 매제, 이벽은 큰형 정약현丁若鉉의 처남, 황사영은 정약현의 사위, 윤지충은 정약용의 외사촌이다.

[수학] 정약용은 "어려서부터 영오穎悟하였고 자라서는 학문을 좋아하였다."[3] 정조 원년(1777, 16세)에 성호학파의 후학으로 이익의 손녀사위인 이가환李家煥(1742~1801)과 이승훈 등을 따라 이익의 유서遺書를 열독하고 "흔연히 학문에 뜻을 두었다."(欣然以學問爲意)

정조 7년(1783, 22세)에 정약용은 증광시 생원에 합격하고 경의진사經義進士가 되어 성균관(太學)에 입학하였다. 정조 8년(1784, 23세)에 정조는『중용』에 관한 의문 70조목을 하하고 태학생에게 조대條對를 명하였다. 정약용은 답권을 제출하고 정조의 칭찬을 받았다. 『중용강의』가 그것이다. 같은 해 여름, 이벽으로부터 기독교 교의를 듣고 서교서西敎書 1권을 열독하였다. 「자찬묘지명」에 의하면 천주교에는 "정미(1787) 이후 4~5년 꽤 마음을 기울였지만 신해(1791) 이후 방금邦禁이 엄하여 결국 뜻을 꺾었다"[4]라고 한다.

[사관] 정조 13년(1789, 28세)에 식년문과에 갑과 제이명第二名으로 급제하

---

3) 「自撰墓誌銘」, "幼而穎悟, 長而好學."
4) 丁未以後四五年, 頗傾心焉. 辛亥以來邦禁嚴, 遂絶意.

고 곧바로 초계문신抄啓文臣으로 발탁되었다. 정약용은 이후 정조의 근신近臣으로서 정조의 깊은 총신寵信을 받았다.

한림에 들어서는 예문관검열藝文館檢閱이 되어 사헌부지평司憲府持平 · 사간원정언司諫院正言 · 홍문관수찬교리弘文館修撰校理 · 성균관직강 · 비변사낭관備邊司郎官에 올랐고 나아가 경기암행어사가 되었다. 정조 19년(1795, 34세)에는 사간원사간을 거쳐 통정대부 · 승정원동부승지를 탁배擢拜하였다. 또 승정원우부승지를 거쳐 다음 해 승정원좌부승지에 승임昇任하였다. 정조 21년(1797, 36세)에 나아가 황해도 곡산부사谷山府使가 되고 정조 23년(1799, 38세)에는 병조참지兵曹參知에 임명되어 내직에 복귀하였다. 또 같은 해 형조참의를 배명하고 원옥冤獄을 다스렸다.

[유배] 그러나 정조 24년(1800, 39세)에 정조가 붕가崩駕하자 정황은 일변한다. 남인 시파로서는 비호자를 잃었기 때문이다.

순조(재위 1800~1834)가 즉위하자 대왕대비 김씨(영조의 후비)가 섭정하고 노론 벽파가 정권을 장악하였다. 노론 벽파는 남인 시파를 사학邪學의 당으로 간주하고 사당邪黨을 제거하고자 천주교도를 철저하게 탄압하였다. 신유사옥辛酉邪獄(1801)이다. 이가환 · 권철신權哲身은 옥사하고, 이승훈 · 정약종 등은 형사刑死하고, 정약전은 신지도로 유배되고, 정약용은 경상도 장기로 유배되었다. 이리하여 남인 시파의 명사들은 정계에서 일소되었다.

그러나 사옥이 진전됨에 따라 치옥治獄의 대상은 사학邪學의 당黨에서 요언妖言의 무리로 변하여 종교 탄압의 양상을 띠게 된다. 그리하여 순조 원년(1801, 40세) 4월에 북경 천주교회가 파견한 중국인 신부 주문모周文謨가 효수형에 처해졌다. 또한 같은 해 9월 도주 중이던 사학邪學 죄인 황사영이 체포되었는데, 황사영은 북경 천주당 앞으로 보낼 무력 개교開敎를 요청하는 백서帛書를 휴대하고 있었고 이는 토사討邪, 즉 종교탄압정책을 단숨에 가속화시켰다. 정약전이 유배지를 흑산도로, 정약용이 강진으로 옮겨간 것은 황사영 백서사건의 여파 탓이었다.

정약용은 순조 18년(1818, 57세)에 유배가 풀려 귀향하였고, 헌종 2년(1836) 2월 22일에 서거하였다. 향년 75세이다.

[저작] 정약용은 유배 시에도 귀향 후에도 일야日夜로 저술에 전념하여 다수의 저작을 남겼다. 『여유당전서』154권 76책과 『여유당전서보유』4책에 수록된 수많은 저작이 그것이다. 대표작으로는 육경사서에 관한 『중용강의보中庸講義補』, 『대학강의大學講義』, 『논어고금주論語古今注』, 『맹자요의孟子要義』, 『시경강의詩經講義』, 『매씨서평梅氏書評』, 『주역사전周易四箋』, 『상례사전喪禮四箋』 등과 또 사회 개혁론적인 성격이 강한 『경세유표經世遺表』, 『목민심서牧民心書』, 『흠흠신서欽欽新書』 등이 유명하다.

정약용은 또 『마과회통麻科會通』, 『의령醫零』 등의 의서와 더불어 주산서籌算書도 저술하였다. 여기서 다룰 『구고원류句股源流』가 그것이다.

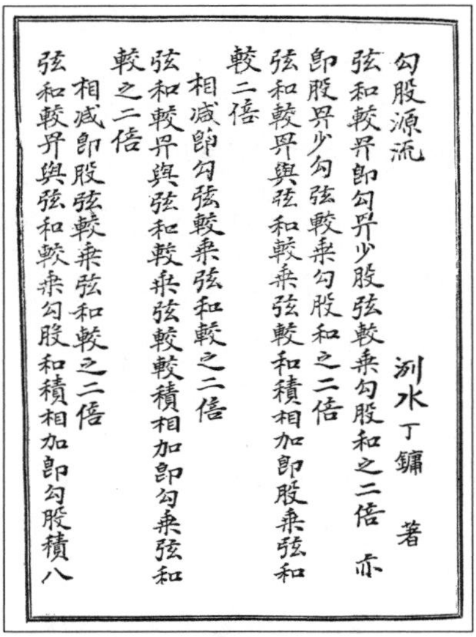

勾股源流

洌水丁鏞 著

弦和較異即勾股弦較乘勾股和之二倍亦
即股異少勾弦較乘勾股和之二倍
弦和較異與弦和較乘弦和之二倍
弦和較異與弦和較乘弦和積相加即股乘弦和
較二倍
相減即勾股弦較乘弦和較之二倍
弦和較異與弦和較乘弦和之二倍
較之二倍
相減即股弦較乘弦和較之二倍
弦和較異與弦和較乘弦和積相加即勾乘弦和
弦和較異與弦和較乘勾股和積相加即勾股積八

[그림 8-2] 『구고원류』의 書影
『與猶堂全書補遺』 소수본의 영인이다. 책머리에
"句股源流 洌水丁鏞著"라고 저자명이 보인다.

2) 『구고원류』

『구고원류』 3권은 정약용의 저작이다. 표지 및 권1과 권2의 권두에는 "구고원류 열수 정용 저"라고 되어 있고 권3의 권두에는 "구고원류 정용 저"라고 쓰여 있다.[5]

『구고원류』는 실로 기묘한 주산서簿算書이다.[6] 총 530페이지로 이루어져 있는 두터운 서적이지만, 서술되어 있는 것은 모두 구고 공식(평면삼각형의 공식)으로, 계산도도 없을 뿐만 아니라 증명도 없다.

『구고원류』는 크게 '구고현화교상구법句股弦和較相求法'(1~29페이지)과 '구고현멱적상구법句股弦冪積相求法'(30~530페이지)으로 나뉘어 각종 구고 공식을 저록하였다.

(1) 구고현화교상구법

구고현화교상구법은 구고형에서의 각종 용어의 의미와 그 화和·

---

5) 위작의 가능성을 제시하는 연구자도 있지만 위작으로 단정할 만한 근거는 심증뿐이다.
6) 분석에는 『與猶堂全書補遺』 소수본(寫本)을 사용하였다.

교較에 관한 기본 공식을 서술한 것이고, 구고술의 기초 이론을 설명한다. '구고형'이란 평면의 직각삼각형을 말한다. 이하 구고형 ABC에 대해서 각 각을 A, B, $C(=90°)$로 하고 구(BC)를 a, 고(CA)를 b, 현(AB)을 c로 하여 계산법을 기술한다. 언어대수학적 기술법 즉 수학기호 없이 알고리즘을 논하는 것은 생각 외로 무척 어렵기 때문이다.

구고현화교상구법은 우선 구고교와 구고화에 대해서 다음과 같이 설명한다.

구고를 상감相減하는 것을 구고교($b-a$)라고 하고, 구고를 서로 더하는 것을 구고화($a+b$)라고 한다.[7]

이어서 고현교股弦較($c-b$), 고현화股弦和($b+c$), 구현교句弦較($c-a$), 구현화句弦和($a+c$), 현화교弦和較($a+b-c$), 현교화弦較和($-a+b+c$), 현화화弦和和($a+b+c$), 현고교弦較較($a-b+c$)의 의미를 분명히 한다. 이어서 피타고라스 정리 $a^2+b^2=c^2$의 제 공식이 뒤따른다.

구고를 각자 자승하여 합하면 현멱弦冪이다. 개방하여 현을 얻는다.[8]
$$\sqrt{a^2+b^2}=c$$
구현을 각자 자승하여 상감相減하면 나머지가 고멱股冪이다. 개방하여 고를 얻는다.[9]
$$\sqrt{c^2-a^2}=b$$

---

7) 句股相減, 曰句股較, 句股相加, 曰句股和.
8) 句股各自乘, 併之爲弦冪. 開方得弦.
9) 句弦各自乘, 相減, 餘爲股冪. 開方得股.

고현을 각자 자승하여 상감相減하면 나머지가 구멱句冪이다. 개방하
여 구를 얻는다.[10]
$$\sqrt{c^2 - b^2} = a$$

정약용은 정의를 서술한 다음, 구, 고, 현, 구고화, 구고교, 구현화,
구현교, 고현화, 고현교, 현화화, 현화교, 현교화, 현교교, 오화병五和倂
(＝句股和＋股弦和＋句弦和＋弦和和＋弦和和), 오교병五較倂(＝句股較＋股弦較＋句弦較
＋弦和較＋弦較較)의 순서로 각 요소가 어느 요소의 가감에 의해 얻어지
는가를 밝힌다. 이것이 즉 구고현화교상구법이 의미하는 바이다. 예
를 들어 구句의 경우는 다음과 같이 기술되어 있다.

현감구현교弦減句弦較(句＝弦－句弦較). 구현화감현句弦和減弦(句＝句弦和－
弦). 고감구고교股減句股較(句＝股－句股較). 구고화감고句股和減股(句＝句股和
－股). 현화화감고현화弦和和減股弦和(句＝弦和和－股弦和). 현화교가고현교
弦和較加股弦較(句＝弦和較＋股弦較). 현교교감고현교弦較較減股弦較(句＝弦較較
－股弦較). 고현화감현교화股弦和減弦較和(句＝股弦和－弦較和). 구고화감구
고교句股和減句股較, 절반折半(2句＝句股和－句股較). 현화교가현교교弦和較加
弦較較, 절반折半(2句＝弦和較＋弦較較). 현화화감현교화弦和和減弦較和, 절반
折半(2句＝弦和和－弦較和). 구현화감구현교句弦和減句弦較, 절반折半(2句＝句
弦和－句弦較). 오화병내五和倂內, 감사개고현화減四箇股弦和, 절반折半(2句＝
句股和＋股弦和＋句弦和＋弦較和＋弦和和－4股弦和). 오교병내五較倂內, 감현
급구현교減弦及句弦較(句＝句股較＋股弦較＋句弦較＋弦和較＋弦較較－弦－句弦
較).

---

10) 股弦各自乘, 相減, 餘爲句冪. 開方得句.

(2) 구고현멱적상구법

한편 구고현멱적상구법은 구고현화교상구법과 달리 구고현의 멱
적을 다루고 덧셈뺄셈뿐만 아니라 곱셈나눗셈도 사용한다.

처음에 보이는 것은 구고적句股積($ab/2$) 즉 직각삼각형의 면적을 구
하는 방법이다.

구고적은 즉 구와 고를 서로 곱하여 절반한다.[11]

$$\frac{1}{2}ab$$

또한 즉 현교화와 현교교를 서로 곱하고 사귀四歸한다.[12]

$$= \frac{1}{4}\{c+(b-a)\}\{c-(b-a)\}$$

또한 즉 현화화와 현화교를 서로 곱하고 사귀한다.[13]

$$= \frac{1}{4}\{(b+a)+c\}\{(b+a)-c\}$$

또한 즉 구고화멱과 현멱을 상감相減하고 사귀한다.[14]

$$= \frac{1}{4}\{(a+b)^2-c^2\}$$

또한 즉 현멱과 구고교멱을 상감相減하고 사귀한다.[15]

$$= \frac{1}{4}\{c^2-(b-a)^2\}$$

이하 유사한 공식이 길게 이어진다. 예를 들어 권2 모두冒頭의 공

---

11) 句股積, 卽句股相乘, 折半.
12) 亦卽弦較和弦較較相乘, 四歸.
13) 亦卽弦和弦和較相乘, 四歸.
14) 亦卽句股和冪弦冪相減, 四歸.
15) 亦卽弦冪句股較冪相減, 四歸.

식은

현화교의 멱羃은 즉 구멱에서 고현교와 구고화의 곱(乘積)을 빼고 이를 두 배로 한다.[16] $(a+b-c)^2 = 2\{a^2 - (c-b)(a+b)\}$

또한 즉 고멱股羃에서 구현교와 구고화의 곱을 빼고 이를 두 배로 한다.[17] $= 2\{b^2 - (c-a)(a+b)\}$

이고, 권3의 첫 공식은

현교교의 멱은 즉 구현화와 고현교의 곱의 두 배이다.[18]

$$(a-b+c)^2 = 2(a+c)(c-b)$$

또한 즉 현과 현교교의 곱에서 구고의 곱을 빼고 이를 두 배로 한다.[19] $= 2\{c(a-b+c) - ab\}$

이고 권3의 마지막 공식은

현멱과 고현교멱[20]을 서로 더하면 즉 현과 고현교의 곱의 두 배보다 고멱이 많다.[21] $c^2 + (c-b)^2 = 2c(c-b) + b^2$

현멱에서 고현교멱을 상감相減하면 즉 고현의 곱의 두 배보다 고멱이 적다.[22] $c^2 - (c-b)^2 = 2bc - b^2$

---

16) 弦和較羃, 卽句羃少股弦較乘句股和之二倍.
17) 亦卽股羃少句弦較乘句股和之二倍.
18) 弦較較羃, 卽弦和乘股弦較之二倍.
19) 亦卽弦乘弦較較少句乘股之二倍.
20) 원문은 '積'이다. 전후 문맥에 의거하여 積을 羃으로 고쳤다.
21) 弦羃與股弦較羃相加, 卽弦乘股弦較二倍多股羃.

이다. 공식 상호 간에 논리적인 상하 관계는 없다.

3) 정약용의 수리과학

(1) 이용감과 수학

[이용감] 정약용은 구고현에 관한 공식집을 편찬하였고 수리과학을 중시하는 이유에 대해서도 스스로 명언明言하였다. 『경세유표』 「이용감利用監」조에 보이는 것이 그것이다.

『경세유표』에 의하면 '이용감'은 왕조의 "전적으로 북학으로써 직職을 이루는" 기관으로서 구상된 것이다. '북학'이란 우수한 인재를 북방의 중국에 파견하여 선진적인 과학기술을 배울 것을 의미한다. 이용감 개설의 구상은 중국에서 배운 과학기술을 사회적으로 응용하고 이를 통해 국가의 재정을 안정시켜 '국부병강國富兵强'을 이루고 국위를 발양하는 바에 목적이 있다. 구상의 근간에 있는 것은 '왕자王者 치정致政의 대목大目'인 '이용후생'에 과학기술의 장려, 즉 "백공百工을 초치招致함"(중용)이 없어서는 안 된다는 실용 중시적 인식이다.

[백공지교와 수리] 정약용은 "백공을 초치하면 즉 재용財用이 족하게" 되는 이유로서 "농기가 편리하면 힘씀이 적어도 수확은 많다. 직기가 편리하면 힘씀이 적어도 포백布帛의 공급은 충분하다. 선박이나 차량의 제도가 편리하면 힘씀이 적어도 먼 곳에서 물건을 가져옴이 어렵

---

22) 相減, 卽股乘弦二倍少股冪.

지 않다. 인중기중引重起重의 법이 편리하면 대사(台樹)나 제방을 튼튼히
할 수 있다"23)라는 점을 들었다.

> 백공의 기술이 뛰어난 것(百工之巧)은 모두 '수리數理'에 근거해 있기
> 때문이다. 반드시 구고현예둔각상입상차句股弦銳鈍角相入相差의 근본
> 이치를 분명히 하고 나서야 비로소 이론을 실용에 옮기는 기법을 수
> 득修得할 수 있다. 혹시라도 사부(기술자) 밑에서 세월을 두고 훈련하
> 는 것이 아니면 끝내 습용襲用할 수 없다.24)

그러나 과학기술이 아무리 뛰어나다고 해도 이를 지탱하는 기초
학문(수학)이 제대로 되어 있지 않다면 이를 실제에 응용할 수 없고
실용에 옮길 수 없다. 이것이 북학, 즉 "북방의 중원(중국)에서 배우지"
않으면 안 되는 이유이다.
한편 정약용의 실용주의적 기술론은 「기예론技藝論」 1~3에서도 엿
볼 수 있다.

[구고원류의 집필 이유] 위의 인용문은 의도치 않게 정약용이 『구고원류』
를 집필한 이유에 대해서도 설명하고 있다. 즉 "반드시 구고현예둔각
상입상차句股弦銳鈍角相入相差의 근본 이치를 밝히고 나서야 비로소 이론
을 실용에 옮기는 기법을 수득修得할 수 있기" 때문이다. 혹은 『구고

---

23) 農器便利, 則用力少而穀粟多. 織機便利, 則用力少而布帛足. 舟車之制便利, 則用力少而遠
物不滯. 引重起重之法便利, 則用力少而台樹隄防牢.
24) 百工之巧, 皆本之於數理. 必明於句股弦銳鈍角相入相差之本理, 然後乃可以得其法. 苟非師
傳曹習積有歲月, 終不可襲而取之也.

원류』가 수학 공식집의 형식을 취한 이유도 공식집의 성격으로 보아 정약용의 실용주의적 경향 탓으로 보아야 할 것이다.

(2) 수학 중시와 이익

[북학과 기술 중시] 정약용이 북학으로 수렴되는 기술 중시적 시점을 획득한 것은 「이용감」조에 의하면 정조 16년(1792, 31세)에 정조의 특명을 받고 수원성의 설계에 종사했을 즈음이다. 『도서집성圖書集成』에 수록된 테렌츠(鄧玉函)의 『기기도설奇器圖說』을 하사받고 인중기중引重起重의 법을 강講하도록 명을 받은 후 기중기와 활차滑車 · 녹로轆轤 등의 구조를 설명한 「기중도설起重圖說」을 상진上進한 것에서 시작되었다. 또한 북학파 박제가의 『북학의』와 박지원의 『열하일기』를 읽고 "중국 기용器用의 제도가 많은 경우 사람의 뜻만으로 능히 헤아릴 수 있는 것이 아님"을 알고, 또 장군 이경무李敬懋로부터 병기 화기가 일진월보日進月步함을 들은 점도 새로운 시점을 획득함에 있어 큰 영향을 주었을 것이다.

[이익과 수학] 그러나 정약용이 구고술의 중요성을 인식한 것은 수학적 내용에서 볼 때 『기기도설』과 밀접한 관계가 있을 테지만, 사상의 근저를 이루는 수학 중시 · 실용 중시라는 기본적 발상의 경우 서학西學의 이질적인 이론에 자극되어 스스로 고안해 낸 것이라고 보기는 어렵다. 오히려 일반 성리학자의 실용 천시를 비판한 앞선 실학자들, 특히 이익의 영향을 받은 것으로 추정해야 할 것이다.

왜냐하면 (a) 정약용이 청년기에 이익을 사숙私淑하고 그의 유서를 탐독한 것은 「자찬묘지명」 등에 의거할 때 분명하고, (b) 실제로 이익의 『성호사설(유선)』(안정복 편)에 수학의 중요성을 언급한 문장이 남아 있기 때문이다. 『성호사설(유선)』 「기예문」의 산학에 의하면 이익은 서광계徐光啓의 말을 인용하여 학술이론과 실용기술의 기초로서의 산학의 역할을 강조하였다.

> 서광계는 "산학은 능히 리를 배우는 자의 부기浮氣를 없애고 정심精心을 단련한다. 일을 배우는 자에게는 정법定法을 주고 교사巧思를 돕는다. 사고의 세밀함을 바라기 때문이다"라고 하였는데 이 말은 지극히 옳다.25)

그러나 서광계의 말은 이마두利瑪竇(마테오 리치) 구역口譯 · 서광계 필수筆受의 『기하원본』에 보이는 서광계의 「기하원본잡의幾何原本雜議」로부터 인용한 것으로, 정확하게 말하자면 산학 일반에 대해서 그 중요성을 서술한 것은 아니다. 원문은 아래의 내용으로, 단지 유클리드의 『기하원본』에 대해서 서술한 명제에 불과하다.

> 이 책(『기하원본』)의 이점은, 리를 배우는 자의 부기浮氣를 없애고 정심精心을 단련한다. 일을 배우는 자에게는 정법定法을 주고 교사巧思를 돕는다.26)

---

25) 徐光啓有言曰, 算學能令學理者祛其浮氣, 練其精心. 學事者資其定法, 發其巧思. 蓋欲心思細密而已, 此說極是.
26) 此書爲益, 能令學理者祛其浮氣, 練其精心. 學事者資其定法, 發其巧思.

정약용은 동아시아적 전통에 반하여 수학을 기술의 기초로서 중시하였지만 이에 대해서는 서학西學의 직접적인 영향이라기보다는 오히려 이익의 지적 여과를 거친 간접적인 영향이라고 해석해야 할 것이다.

[구고원류의 보수적 성격] 사실상 정약용이 『구고원류』에서 논한 것은 구고형에 관한 종종의 잡다한 공식으로, 공식의 증명이 없을 뿐만 아니라 공식의 의미를 설명하는 계산도조차 없다. 단지 구고현의 화교和較나 멱적冪積 등 동아시아 전통 수학 개념을 종횡으로 조합하여 언어 표기로써 각종 공식을 설명하고 있음에 불과하다. 게다가 책 이름인 『구고원류』도 그 수학서로서의 보수적인 성격을 정확하게 설명한다. 정약용의 수학서에는 동아시아 전통에 결여된 『기하원본』식 증명 중시의 연역적 사고법의 영향이 터럭만큼도 없다.

4) 정약용의 수학 연구

[정약용의 실학과 과학기술] 정약용은 실학의 기초로서 과학기술을 중시하고 전문서를 저술하였다. 『구고원류』 등이 그것이다. 그러나 주지하다시피 실학자의 교양의 기초를 이루고 전문적으로 연구한 것은 성리학·훈고학·문자학 등이고, 실학도 결국은 강렬한 인문학적 경향을 갖는 주자학의 한 형태이다.

정약용이 자기의 연구 범위를 수학으로까지 넓힌 것에 대해서는 일정한 평가를 내려야 하겠지만 아쉽게도 그의 과학 연구 또한 인문학의 범위를 약간 넘은 정도에 불과하다.[27]

[과학 저작의 재평가] 정약용은 기중기의 발명자로서 이름 높지만 수리과학적 지식은 정확하지 않았던 것이 확실한 듯하다.

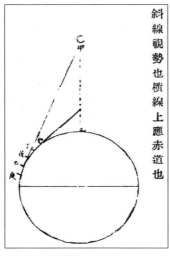

斜線視勢也橫線上應赤道也

예를 들어 「지구도설地毬圖說」은 서구 천문학에 기원하는 지원地圓(지구)에 대한 설명도인데, 갑甲의 북극에 대하여 병丙의 온성 → 정丁의 함흥 → 무戊의 한양 → 기己의 강진 → 경庚의 제주로, 남으로 갈수록 북극출지도北極出地度 즉 위도가 낮아지는 것을 설명함에 초보적인 오류를 범하고 있다.

정약용의 과학 저작에는 뛰어난 발상이 다수 보이기는 하지만, 『구고원류』가 논하는 것은 평면삼각법의 제 공식으로 구고정리의 응용에 불

[그림 8-3] 지구도
『與猶堂全書』 제1집 제9권의 「地毬圖說」에 보이는 '地球'의 설명도이다. 당시 실학자의 과학기술 지식을 과도하게 높게 추정해서는 안 된다.

27) 정약용의 과학사상에 대해서는 박성래, 「丁若鏞의 科學思想」(『茶山學報』, 1978)이나 김영식, 『정약용 사상 속의 과학기술』(서울대학교출판부, 2006) 등을 참조하였다. 김영식은 특히 정약용이 실용성을 추구하여 술수적 사고를 거부한 것을 강조하였는데, 전적으로 동감이다. 단 본 절의 목적은 과학 筆記가 아니라 본격적인 과학 저작인 『구고원류』를 정독하고 그 내용 분석을 통해 정약용의 과학사상이 갖는 의미를 추구하는 점에 있다.

과하여, 수학서로서의 수준이 높다고는 할 수 없다. 현대의 수학자가 정약용의 수학서를 본다면 언어대수학에 기인하는 기술記述의 복잡성과 애매성은 대수기호의 사용을 매개로 철저히 해소해야 한다고 주장할 것이다.

[정약용 실학에서의 과학기술의 위치] 정약용의 경학(六經四書之學과 一表二書之學)은 주자학을 전면적으로 부정하지는 않았지만, 주자설과 다른 자기 해석과 사상을 대대적으로 전개하고, 나아가서는 주자윤리학에 근거한 양반사회를 엄하게 비판한다. 시대의 차이가 그렇게 만들었다고는 하나 앞선 실학자들이 기껏해야 은밀하게 주자비판을 전개한 사실과 비교할 때 커다란 차이를 보여 준다는 측면에서 실로 흥미진진하다. 정약용을 칭하여 일류 경학자·사회사상가라고 할 수 있는 이치가 여기에 있다.

정약용은 또한 '천하국가를 위한' 학문으로서 '기예'를 중시하고 과학기술의 연구를 장려하였다. 스스로 과학서를 편찬한 것은 사회사상가 내지 사회제도의 조정자로서 실학을 추구한 바에 근거하고 있음에 틀림없을 것이다.

그러나 정약용의 실제 과학 연구는 너무 인문학적이고 소략해서 전문 연구의 영역에 달하지 못했다. 양반적 사회제도의 조정자라는 역할과 백공에 의한 과학기술의 향상 즉 실학의 장려와 실학의 실천은 본래 다른 차원의 사상事象에 속하는 이상, 양자의 괴리는 오히려 당연할지도 모르지만, 모순이 존재하는 것 자체는 확실하다.

정약용은 왜 사회제도의 조정자라는, 양반의 학문 범위를 넘어서는 과학기술의 연구를 추진하려고 한 것일까? 정조의 명을 받고 서구의 기중기에 대해 연구한 것도, 마진痲疹에 걸려 구사일생으로 살아난 것도 틀림없이 기술을 중시하는 시점을 획득함에 일정한 영향을 미쳤을 것이다. 그러나 실학 즉 실용 중시의 기본적 발상에 대해서는 스스로 서학서를 읽고 이질적 이론에 자극되어 안출案出한 것이라고 할 수는 없다. 앞선 실학자 특히 이익의 영향을 받은 것으로 추정해야 할 것이다.

정약용은 조선 실학의 집대성자이고 선행이론의 뛰어난 후계자이다. 말을 바꾸면, 이익이 마테오 리치의 『천주실의』나 아담 샬의 『주제군징』 등의 독서를 통해서 아리스토텔레스의 생물학적 심론(아니마론)과 서구의학의 생리학적 뇌기능론을 배우고, 그 계발하에서 주자설과는 달리 이성을 공정公情, 지각을 사정私情에 분속시키는 공사公私의 심학을 만들어 낸 것[28]처럼, 또는 홍대용이 서구 전래의 지원地圓(지구)설과 티코 브라헤의 우주체계에 근거하여 중국이 천하의 중심이 아니며 지구가 우주의 중심이 아닌 것을 인식하고, 화이론華夷論적 사고 나아가 이민족異民族 멸시를 반대하고, 또한 청의 지식인과의 필담을 통해서 새롭게 일어난 고증학의 일단을 접하여 스스로 사상혁명을 일으켜 부분적이나마 스스로의 사상 기반을 이루는 주자학에도 비판의 화살을 향했던 것[29]처럼, 각고의 노력으로 참신한 철학과 시대를 선취

---

28) 川原秀城, 「星湖心學—朝鮮王朝の四端七情理氣の辨とアリストテレスの心論」, 『日本中國學會報』第56集(2004)을 참조.
29) 제4장 3.을 참조 바란다.

하는 시점을 스스로 개척한 것이 아니다. 즉 자신의 실체험을 통해서 실학의 필요성이라는 기본 발상을 생각해 낸 것이 아니라 선행이론을 배우고 이론적으로 이해한 자에 다를 바 없다.

후계자는 숙명적으로 개산開山에 비하여 확고한 자신감이나 기초를 이루는 경험이 부족한 것이 일반적인데, 정약용의 경우도 마찬가지이다. 이론 범위는 이익과 비교하여 보면 굉대宏大하고 과학의 중요성도 정확하게 인식하고 있었지만 과학 지식의 학습이 아직 충분하지 않았다.

이익 등 앞선 실학자들은 서구과학을 배우고 그 자극하에서 자신의 실학이론을 구축하였다. 그러나 정약용은 기독교(西敎)에 마음이 끌리기는 했지만 서구과학(西學)을 둘러싸고는 가슴이 뛰는 경험을 하지 않았다. 이익 등을 매개하여 패러다임을 달리하는 서학 지식을 나름대로 흡수했음에도 불구하고 그러했다. 과학기술에 관한 지식은 자신의 광대한 사상 체계 중 그 주변부에 은밀하게 몸을 숨기고 있었음에 불과하다.

정약용의 경우, 수학을 포함한 과학기술적 지식은 이익 등과는 달리 그의 사상 구축에서 본질적인 기능을 하지 않았던 것이다.

2. 최한기의 기학 체계 ― 과학과 기학

최한기崔漢綺(1803~1877)는 자를 지로芝老라고 하고 호를 혜강惠岡이라고 한다.[30) 조선 말기를 대표하는 실학자 중 한 사람이다. 동아시아 기철학의 집대성자로 알려져 있다. 수리과학서를 포함해 다수의 실학 (철학)서를 편찬하였는데, 그 집필 목적은 자신의 기학을 체계화하는 바에 있다고 할 수 있다.

1) 최한기 소전

[가문] 최한기는 순조 3년(1803)에 최치현崔致鉉(1786~1812)을 아버지로, 청주한씨를 어머니로 해서 개성에서 태어났다. 생후 얼마 되지 않아 재종숙인 최광현崔光鉉(1760~1837)의 양자가 되었다. 최광현은 정조 24년(1800)에 무과에 합격하고 후에 곤양군수昆陽郡守에 이르렀다. 가문은 삭녕최씨 출신(養後孫)이지만 도중에 몰락하여 고조부까지는 양인良人이었고 증조부인 최지숭崔之嵩(1710~1765)에 이르러 무과에 합격하여 양반이 된 신흥 양반에 속한다.([그림 8-4] 참조)

[기학의 방기] 최한기는 순조 25년(1825, 23세) 식년시 생원에 삼등 51위로 합격하였다. 그러나 이건창李建昌의 「혜강최공전惠岡崔公傳」에 의하면 최한기는 "중세中歲(중년)가 되어 과거의 수험 공부를 그만두고 사진仕進의 길을 버리고 순수하게 학문에 힘을 쏟았다"[31)라고 한다.

---

30) 전기에 대해서는 주로 권오영, 『崔漢綺의 學問과 思想 研究』(집문당, 1999)를 참조하였다.
31) 中歲, 廢大科, 絕意仕進, 大肆力於經濟典.

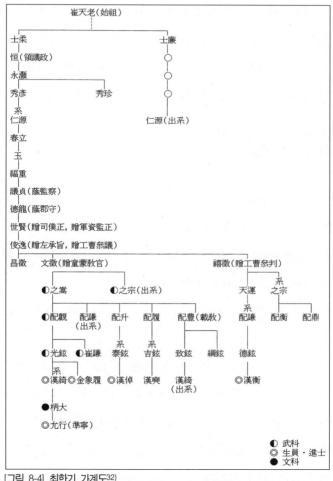

[그림 8-4] 최한기 가계도[32]
최한기 일족은 신흥 양반에 속하여 양반과는 학풍을 달리한다. 최한기 학문의 진수
는 기철학에 있는데 精緻한 철학에 덧붙여 풍부한 과학 지식도 과시한다. 과학 지식
의 풍부함은 일반 실학자의 유가 아니다.

[저술 생활] 최한기는 거학擧學을 방기한 후 독서와 저술에 전념하였다.

_____

32) 권오영, 『崔漢綺의 學問과 思想 硏究』(집문당, 1999)에서 그린 가계도를 인용하였다.

저작은 수학·의학을 포함하여 다방면에 걸치지만, 기본서는 『명남루총서明南樓叢書』(성균관대학교 대동문화연구원, 1971)와 『명남루전서明南樓全書』(여강출판사, 1986), 『증보명남루총서增補明南樓叢書』(성균관대학교 대동문화연구원, 2002)33)에 정리되어 있다. 대표작은 역시 『신기통神氣通』(1836)일 것이다.

2) 최한기의 기철학

(1) 서학과 중국

[중서회통의 노력] 예수회 선교사를 매개로 하여 동아시아에 서양 학문(西學)이 유입된 이래로, 중국의 지식인들이 서학을 자신의 옛 학문(中學) 체계 속에 자리매김하고 전통 학문과 일체화시켜 모순 없이 논하려는 시도가 몇 번이고 반복되어 온 것은 주지하는 대로이다.

[중국의 중서회통이론] 대표적인 것을 들자면 청 강희제 흠정欽定의 『율력연원』이나, 강영江永, 대진戴震 등의 시도가 이에 해당한다고 할 수 있다. 중국의 서학西學동화이론의 경우, 『율력연원』은 '격물치지'로써 서학과 중학을 일률적으로 논하였고, 강영은 '수'를 가지고, 또 대진은 '리'로써 서학과 중학 전부를 체계적으로 논하려고 하였다. 또한 서양 과학의 근원이 중국에 있다고 하는 강희제의 흠정설(西學中源說)도 본래의 목적은 서학의 도입을 통해 중학의 수준을 높이려는 시도였다고 이해해야 할 것이다.

---

33) 최한기의 분석에는 주로 이 총서 소수본을 사용하였다.

(2) 최한기의 기학 체계

그러나 최한기의 철학 체계는 분명히 '기'로써 서학과 중학·동학
東學을 모순 없이 자리매김하려고 한 것으로, 그 이전의 시도와는 크
게 다르다.

[최한기의 기학] 최한기의 기학은 주기론主氣論 혹은 유기론唯氣論적인 성
격이 극히 강하다. 그러나 현실에 존재하는 모든 물질이 기로 만들어
졌다고 생각한 것만은 아니다. 무형의 '리'에 대해서도 이를 '기의 조
리條理'라고 규정하여 조선시대를 풍미한 주자학 체계와도 다른 양상
을 보여 준다.

[운화기와 형질기] 최한기에 의하면 '기'란 '활동운화活動運化'를 속성으로
하는 유형의 물질이고 '우양풍우한서조습雨暘風雨寒暑燥濕' 혹은 이러한
현상을 일으키는 미소微小한 존재를 말한다. 이를 '운화기運化氣'라고
한다. 한편 우리들의 일상에서 눈에 보이는 유형의 물질은 단지 운화
기가 모여서 고정화되어 일정한 형질로 모양 지워진 것에 불과하다.
'형질기形質氣'라고 불리는 것이 그것이다. 최한기의 기학은 기의 유형
성有形性을 강조하는 점에 커다란 특징이 있다.

[추측과 증험] 최한기의 기학은 실용성과 경험을 중히 여겨 수량화와
검증을 중시하였다. 최한기는 인간이 사물을 인식할 때 (a) '추측推測'
(b) '증험證驗' 또는 '변통變通'의 두 과정을 거친다고 보았기 때문이다.

즉 인간은 경험과 사색을 통해서 외부 세계(자연과 사회)의 법칙성을 인식한다. 이것이 '추측'이다. 그러나 '추측'은 원래 "허잡虛雜함에 빠지기 쉬운" 성격을 갖고 있기 때문에, 추측에만 의거해서는 반드시 올바른 결론을 얻을 수 있다고 할 수 없다. 최한기에 따르면 '증험'이나 '변통'을 거쳐 객관성(運化之理)을 얻을 때 추측지리推測之理와 운화지리가 일치하여 올바른 인식에 도달할 수 있다고 하였다. 관념적인 정당성이나 정합성보다 현실적인 가치에 무게를 둔 최한기의 기학이론의 뛰어난 점이 바로 여기에 있다.

[삼등운화] 최한기는 기의 운동(活動運化)에 대해서 논할 때 이를 '삼등운화三等運化', 즉 (1) 대기운화大氣運化, (2) 통민운화統民運化, (3) 일신운화一身運化로 구분한다.

　　'대기운화'란 자연계에서의 기의 운동을 말하고, '통민운화'는 인간사회에서의 기의 운동, '일신운화'는 인간 신체에서의 기의 운동을 가리킨다. 최한기 기학의 특징인 삼등운화의 이론은 현대적으로 말하면 기의 구분법임과 동시에 학문의 분류법이기도 하고, 학문 연구의 당위로서 기철학(인문과학)의 통괄하에서 자연과학(대기운화지학), 사회과학(통민운화지학), 의료과학(일신운화지학)의 영역에 대하여 진리를 탐구하고 실용성을 추구해 갈 것을 요청하는 것을 의미한다.

[기학과 실학] 그러나 최한기는 단지 '기학'이라고 호칭할 만한 학문 체계의 개요나 조감도만을 만든 것이 아니다. 기철학의 하부에 위치하

는 제 학문 영역의 개별적인 내용에 대해서도 당시의 최첨단의 지식을 전개하고 자신의 기학으로써 그 최신 지식을 설명하는 데 진력하였다. 대대적으로 서구 전래의 과학 지식을 도입하면서 이를 기학으로써 논한 점에 최한기 기학의 일대 특징이 있다고 하지 않을 수 없다.

3) 최한기의 서학 연구

최한기는 30세 무렵부터 한역서를 통해 서학의 내용을 알고 흥미를 느껴 연구하기 시작하였다. 그 시기는 최한기가 『신기통神氣通』, 『추측록推測錄』(1836, 34세)이나 『인정人政』(1838, 36세)을 저술하고 기철학의 이론적 틀을 완성한 것으로부터 시간적으로 크게 거슬러 올라가지 않는다. 이후로 서학 연구에 다대한 시간과 정력을 기울여 평생 서학으로 자신의 기학 체계를 정밀화하고자 노력하였다.

(1) 연구의 단서

[육해법과 태서수법] 현존하는 자료에 근거하면, 최한기의 서학 연구는 광범히 농서 연구를 행하던 30세 즈음에 서양식의 뛰어난 양수기(揚水機具)에 관한 사양 설명서를 접하게 된 것에서 시작된 듯하다.

도광 갑오년(1834, 32세)의 자서가 붙은 『육해법陸海法』 2권(목판본)에는 『태서수법』(1612)에서 인용한 취수축수取水畜水의 법이 실려 있다. 『태서수법』이란 예수회 선교사 우르시스(熊三拔)가 찬설撰說하고 서광계徐光啓가 필기, 이지조李之藻가 정정한 서구 기원의 수력학(hydraulics)에 관한 농업 기술서이다.

[수시통고와 태서수법] 그러나 최한기는 당초 서양의 농업 기술을 알고자 『태서수법』을 읽기 시작한 것은 아니었다. 건륭제 흠정의 대형 농서 인 『수시통고授時通考』(1742)를 읽던 중 우연히 『태서수법』에 기재된 서 구식 양수기계 즉 용미차龍尾車(아르키메데스의 나선 양수기, Archimedean screw)・ 옥형차玉衡車(크테시비오스의 單動 2筒式 펌프, Ctesibian force-pump)・항승차恒升車 (흡입식 양수 펌프, suction lift-pump) 등에 관한 설명을 접하고 서학에 관심을 기울이기 시작하였다고 보아야 한다.

　　이렇게 말할 수 있는 것은 『육해법』에 보이는 서구식 양수기구와 중국식 농기구(水轉翻車 등)의 삽화를 『태서수법』을 수록한 서광계의 『농 정전서農政全書』(1628)나 『수시통고』 등과 대조해 보았을 때, 삽화가 모 두 동일한 것은 『수시통고』뿐이기 때문이다. 또한 최한기의 다른 농 학 관련서인 『농정회요農政會要』 10권(초기 저작이고 1842년 이전의 저작임은 알 려져 있지만 정확한 저술연대는 미상)에도 『수시통고』로부터의 인용문이 다 수 보이기 때문에 이 추정은 틀림없을 것이다.

[서학과 실학] 최한기가 서학 연구를 설수기구挈水機具 연구로부터 시작 한 것은 그의 사상 체계를 이해함에 있어 주의해야 할 사항의 하나이 다. 최한기의 서학이 갖는 실용적인 성격을 잘 보여 주는 적절한 사례 이기 때문이다. 『육해법』 자서는 그 정신을 "천하의 일은 농법보다 큰 것이 없고, 농업은 관개보다 앞선 것이 없고, 관개는 단지 설수挈水

(물 끌어오기)에서 다한다"라고 서술하였다.

[심기도설] 『육해법』과 동일한 실용 정신을 보여 주는 최한기의 서학 관련 저작으로는 조금 시대는 내려가지만 『심기도설心器圖說』 1책(寫本, 1842 「序」)이 있다. 『심기도설』은 기중기나 인중기引重機 등 '일용 중의 잡기雜器'를 도시圖示하고 해설을 덧붙인 것인데, 도설의 다수는 예수회 선교사인 등옥함鄧玉函(테렌츠)이 구수口授하고 왕징王徵(1571~1643)이 역회譯繪한 『원서기기도설록最遠西奇器圖說錄最』(1627 刻)에서 인용한 것이다. 도설은 16세기 이탈리아의 기술자인 라멜리(Agostino Ramelli, 1530?~1590?)의 『여러 가지 정교한 기계』(Le diverse et artificiose machine, 1588)에서 많은 내용을 취한 사실이 이미 고증되어 있다. 『심기도설』에는 또한 왕징의 『신제제기도설新製諸器圖說』(『遠西奇器圖說錄最』와 合刻)이나 『수시통고』에서 인용된 삽화도 그려져 있다.

(2) 중국서학사 II
① 서학 연구의 심화

[설수기구 연구에서 서양 천문학 연구로] 최한기는 유럽 기원의 설수기구의 우수함을 깨닫고 서학에 관심을 보이기 시작하였는데 얼마 지나지 않아 난해한 서양 천문학 연구에도 손을 대었다. 최한기가 서양 천문학을 연구하기 시작한 것은, 당시 서학 지식을 획득하기 위해서는 중국에서 수입한 한역 서학서를 매개로 할 수밖에 없었는데 1830~40년대 중국 서학의 핵심 부분을 점하는 것이 다름 아닌 천문학이었기 때문

이다. 최한기 학문의 변천을 정확하게 이해하기 위해서는 중국서학사에 대해서도 개략적인 이해가 필요한 이유이다.

[중국서학사] 중국 명청대의 서학은 크게 두 시기로 나눌 수 있다. 선교 개시로부터 건륭 중기에 이르는 전기와 아편전쟁 이후의 후기이다. 서양과학의 전달자는 전기와 후기를 통해 가톨릭에서 프로테스탄트로 변했지만 단지 그뿐만이 아니다. 중국 서학의 내용 자체도 크게 변화하였다. 전기의 중국 서학은 천산天算을 중심으로 하였는데, 전기의 중국 서학에 대해서는 이미 서술하였다.[34] 현재의 과제는 후기의 중국서학사를 개관하는 바에 있다.

② 아편전쟁 이후의 중국서학사

[아편전쟁과 서학의 변화] 중국 청말, 아편전쟁(1840~1842) 이후에 중국의 서학은 크게 변모하였다. 중국을 둘러싼 정치사회적 상황이 크게 변화한 탓이다.

아편전쟁에 패한 청조는 1842년에 영국과 남경조약을 체결하고 쇄국정책을 철회하지 않을 수 없었다. 이로써 해금海禁이 풀리고 서구의 기계 제조 상품이 노도와 같이 중국에 유입되어 중국사회를 크게 변화시켰다. 청조는 이러한 내우외환에 대처하고자 서구의 앞선 과학 기술을 받아들여 부국강병을 도모하였다. 양무운동이라고 불리는 시

---

34) 중국서학사 Ⅰ에 대해서는 제4장의 1. 1) 중국서학사 Ⅰ을 참조 바란다.

기이다. (1860~1894)

[번역 서학서의 비약적인 증대] 양계초梁啓超의 『서학서목표西學書目表』(1896)
에 따르면, 중국번曾國藩은 1865년 강남제조국江南製造局의 창설에 즈음
하여 서양서의 번역을 업무의 제일로 삼았고 수년간에 한역된 서양서
는 100책에 달했다. 그와 때를 같이하여 동문관同文館(1862 개관)과 중국
에 거주하는 서양인이 연이어서 번역에 종사한 결과, 19세기 말에는
번역된 서양서가 수백 책에 달했고 또 읽어야 할 책도 대략 300책에
이르렀다고 한다.

　통상 이전에 한역된 서학서가 200여 년간에 걸친 것을 전부 합쳐
도 200책에 미치지 못함에 반해, 양무운동 이후에는 불과 20여 년간에
1000책에 가까운 서양서가 한역된 것이다. 번역 서학서의 비약적인
증대야말로 당시 서학의 특징 가운데 으뜸가는 점이라고 할 수 있다.

[장르의 다양화] 또한 역출譯出된 서양서의 수적 증대와 더불어 서양서의
장르도 크게 변화하였다.

　양계초는 이에 대해 "남경조약 이전의 서양서는 거의가 천문수학
을 해설하고 기독교의 교리를 서술한 것"[35]이었음에 반해, 통상 이후
는 "중국 관국官局이 번역한 것은 군사 관련서가 가장 많고, 서양인
교회에서 번역한 것은 의학류가 가장 많고, 중국인의 서학 저작은 지
리·여행 기록이 가장 많다"[36]라고 총괄하였다. 목적의 차이에 근거

---

35) 通商以前之西書, 多言天算, 言教兩門.

한 학문의 다양화야말로 통상 이후 서학의 또 하나의 커다란 특징이라고 할 수 있다.

양계초의 『서학서목표』는 서양서를 크게 '학學', '정政', '교敎'의 세 부류로 나누고, 기독교 교리를 다룬 교류敎類를 제외한 학류와 정류를 더욱 세분하여 세목細目별로 읽을 가치가 있는 책 이름을 기술하였다. 서학류에는 산학 · 중학重學(역학) · 전학電學(전기학) · 화학 · 성학聲學 · 광학 · 기학汽學 · 천학 · 지학 · 전체학全體學(생리해부학) · 동식물학 · 의학 · 도학圖學 등의 전문서가 분류되어 있고, 서정西政류에는 사지史志 · 관제 · 학제 · 법률 · 농정農政 · 광정鑛政 · 공정工政 · 병정兵政 · 선정船政 등의 관련서가 모아져 있어, 당시의 중국 서학에 학문의 전문화 · 다양화 현상이 일어났음은 의심할 여지가 없다.

(3) 서양 천문학 연구

[최한기와 천학] 중국 서학은 1840~1860년경에 일대 변혁기를 맞이했으며, 이 변혁기에 생긴 급격한 변화는 거의 그대로 시차 없이 조선의 지식인에게도 여파를 미쳤고, 최한기도 이를 정면으로 받아들였다. 그중에서도 최한기의 서양 천문학 연구에는 이 영향이 잘 드러난다.

최한기의 서학서는 서구식 양수기구를 서술한 『육해법』 2권(1834)과 서구의 수리천문학을 설명한 『의상리수갑편』 1책(사본, 1835 「序」), 『의상리수을편』 1책(사본, 1839)이 현전하는 것으로 보아, 최한기는 1834년경

---

36) 中國官局所譯者, 兵政類爲最多, 西人敎會所譯者, 醫學類爲多, 中國人言西學之書, 以遊記爲最多.

에 서구식 기기 연구에서 한 발 나아가 본격적인 서학 연구 즉 서양 천문학 연구를 시작하였다고 추측할 수 있다. 당시 서학의 본류는 '천산天算'에 있었고 그 외의 한역 서학서는 그다지 존재하지도 않았으며, 서학에 관심을 기울인다는 것은 곧바로 서양의 수리천문학을 공부한다는 것을 의미하였기 때문이다.

[의상리수] 사본이 현전하는 최한기의 『의상리수』는 간단히 말하면 천체위치표 작성을 목적으로 한 고수준의 전문서인 『역상고성』(1724)과 『역상고성후편』(1742)에서 발췌하여 편찬한 것이라고 할 수 있다. 그러나 같은 서구 수리천문학의 전문서라고는 해도 『역상고성』(이하 전편으로 약칭)은 주전원법의 티코 브라헤 천문학에 기초한 것임에 반해 『역상고성후편』(이하 후편으로 약칭)은 케플러 이래의 타원법에 기초해 있어 의거하는 기하 모델을 달리한다. 『의상리수갑편』 중에 전편에 의거한 것은 구면삼각법 및 오성용수五星用數(상수)·오성총론 등이고, 후편에 의거한 것은 타원법 및 일전日躔(태양의 운행)용수·월리月離(달의 운행)용수·월식용수·일식용수 등이다. 또한 『의상리수을편』은 일전과 월리와 일월식의 계산법으로 구성되어 있으며 모두 후편에 근거해 있다.

[성기운화와 담천] 최한기는 만년 65세에 또 한 권의 천문학서를 편집하였다. 『성기운화』 12권(사본, 1867 「序」)이다.
　『성기운화』는 영국의 저명한 천문학자 허셜(John Frederick William Herschel, 1792~1871, 漢名 侯失勒約翰)의 원저를 영국인 프로테스탄트 선교사

와일리(Alexander Wylie, 1815~1887, 漢名 偉烈亞力)가 한역하고 이선란李善蘭이 산술刪述한 『담천談天』(1859 「序」)에 기초하여 편찬된 것으로, 『담천』의 범례에 따르면 와일리 등이 번역의 저본으로 삼은 것은 허셜의 *Outline of Astronomy*(1851, 제4판)의 1871년 중간본重刊本이다.

허셜 원서의 이름을 보면 분명히 알 수 있듯이 『담천』은 19세기 중엽에 저술된 유럽 천문학 개설서에 기초한 것이다. 이 점은 『의상리수』의 편찬이 계산식까지 완비한 전문서에 기초한 점과 크게 성격을 달리한다.

[담천의 근대 천문학] 그러나 중국의 천문학사가인 주문흠朱文鑫은 『천문호고록天文好古錄』 중서천문사연표中西天文史年表(1931)에서 『담천』을 매개로 하여 중국은 비로소 '근대 천문학의 전모'를 얻었다고 논하며 『담천』의 역사적인 가치를 높이 평가하였다. 물론 이 평가는 정곡을 찌른 것이라고 할 수 있다.

왜냐하면 『담천』이 비록 천문학 개설서라고는 해도 일류 천문학자가 저술한 출색한 개설서이고, 케플러의 타원설뿐만 아니라 코페르니쿠스의 지동설(태양중심설)을 설하고 뉴턴의 만유인력의 법칙에 기초한 천체 운동을 설명하고 있어, 당시의 서구 천문학 지식의 개요를 제대로 담아냈기 때문이다.

한편 『담천』 이전에 예수회 선교사가 전한 천문학은 고수준의 천문학임에는 틀림없지만 이론적으로 천주교 교의에 의해 속박된 점도 많고 당시 유럽의 최신 지식 전부를 전한 것이라고는 할 수 없다. 예를 들어 케플러의 타원법에 기초한 『역상고성후편』도 명말 이래의 지구중심설(천동설)을 파기하지 않았다. 동아시아에서는 명말청초에 코페르니쿠스의 지동설이 산발적으로 전해지기는 했지만 거의 주목을 끌지 못하였고, 청 말의 『담천』에 이르러 처음으로 우주론의 혁명적인 전환, 즉 천동설로부터 지동설로의 전환을 경험한 것이다.

『역상고성후편』과 『담천』의 우주체계가 상호 모순되어 서로 통용될 수 없는 것은 같은 서구 천문학서라고 해도 시대 배경이 다르고 저술 목적이 다른 이상 어찌할 도리가 없다고 해야 할 것이다.

[담천과 기철학] 최한기는 『성기운화』를 편찬할 때 대부분의 문장을 『담천』에서 전사하고 유럽 천문학의 최신 이론을 그대로 사용하였다. 이는 『담천』의 천문학 개설서로서의 특징 즉 세부에 이르는 오류 없는 논증보다는 전체상을 정확하게 제시하는 점을 이어받았음을 의미한다.

그러나 모두冒頭의 「천인기수天人氣數」와 「인기수人氣數」, 「지기수地氣數」 등의 기술은 천문학서가 다루는 내용이 아니다. 거기에 전개되어 있는 것은 천문학과 직접적으로는 무관한 자신의 기철학이다. 이것은 최한기가 『담천』을 이용하여 올바른 천문관 즉 천天과 지地의 운화이론을 보완하려고 한 것을 의미하고, 최한기의 저술 목적이 기철학에 있음을 여실히 보여 준다.

(4) 서양의학 연구

[신기천험과 홉슨] 최한기는 1866년 64세에 의서 『신기천험身機踐驗』 8권

(사본)을 편찬하였다. 『신기천험』은 자서自序나 범례에 명시되어 있듯이 재화在華 영국인 의사인 홉슨(Benjamin Hobson, 1816~1873, 漢名 合信)이 찬술撰述한 『전체신론全體新論』(1851, 陳修堂과 合譯), 『서의약론西醫略論』(1857, 管嗣復과 합역), 『내과신설內科新說』(1858, 管嗣復과 합역), 『부영신설婦嬰新說』(1858, 管嗣復과 합역) 등에 의거하여 편찬된 것이다.

[홉슨과 서양 근대의학] 홉슨은 런던대학에서 의학을 배우고 후에 런던선교회에 입회入會한 선교사 겸 의사로, 1839년 의료 선교사로서 중국에 파견되어 마카오병원에 근무하였다. 그 후 중국 각지를 순회하며 병원을 개설하고 활발한 의료활동을 벌였다.

홉슨의 대표적인 업적으로는 유럽 근대의학을 동아시아에 본격적으로 소개한 점을 들 수 있다. 그중에서도 정확한 해부도 113매를 첨부한 해부학 개론서 『전체신론』은 계통적으로 인체의 주요 기관, 즉

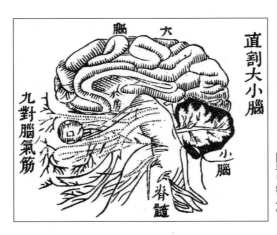

[그림 8-5] 『전체신론』의 뇌 해부도
『전체신론』은 중국에서 '公刊'된 최초의 생리해부학서이다. 사실적으로 그려진 해부도가 한 역할은 대단히 크다.

골격 · 기육肌肉 · 대뇌 · 오관 · 장부 · 혈액 · 비뇨기관 등에 설명을 덧붙인, 중국에서 공간公刊된 최초의 생리해부학서로서, 동아시아의 의학계에 미친 영향이 대단히 크며, 중국 근대의학사에서 그 가치가 높다.

[서양 해부학의 전입] 그러나 동아시아에 서양의 해부학을 소개한 것은 실은 명 말에 예수회 선교사 테렌츠(鄧玉函)가 역술譯述한 『태서인신설개泰西人身說槪』(사본)와 동 선교사 로(羅雅谷)가 역술한 『인신도설人身圖說』(사본)이 더 빠르다. 두 책은 청 초의 의사들에게 영향을 미치기는 했지만, 번역자도 의학이 전문이 아니고 또 그 지식도 대부분이 서구 르네상스 이전의 의학에 기초해 있었기 때문에 그 영향은 제한적이었다. 또한 강희 연간에는 만주어로 번역된 해부학서도 있었지만 중국의 풍속 습관에 맞지 않는다는 이유로 공간이 금지되었다. 이리하여 청대 중기 이후에는 명말청초의 서양의학 지식은 거의 잊혀 아무도 돌보지 않게 되었다.

홉슨 등의 진력에 의해 1850년 이후 서양의학이 햇볕을 보게 된 것은 실로 시대의 흐름에 따른 것으로, 총체적으로 서학에 일대 변혁이 일어난 결과라고 하지 않을 수 없다.

[신기천험의 근대적 성격] 최한기는 홉슨의 『전체신론』, 『서의약론』, 『내과신설』, 『부영신설』 등에서 발췌하여 『신기천험』을 편찬하였는데, 그 저술 목적은 인체의 '신기운화神氣運化' 즉 일신운화를 분명히 하고자 한 점에 있었다. 중국 의서는 기화맥락氣化脈絡에 어둡고 단지 방술

에 부회할 따름이어서 믿을 수 없으나, 서양 의서는 사체를 절개하여 구조를 조사하고 전체 생리나 경락 부위를 명찰하여 일정 정도 참조할 가치가 있다고 본다. 이것이 신기운화를 설명할 때 기초 이론을 서양 근대의학에서 구한 이유이다.

『신기천험』 모두冒頭의 주제 「뇌위일신지주腦爲一身之主」는 최한기에게 특별히 중요한 의미를 갖는 명제라고 할 수 있다. 최한기의 의학서 제1항 「뇌위일신지주」는 『전체신론』 제8항 「뇌위전체지주론腦爲全體之主論」의 제목과 내용을 크게 고쳐 썼을 뿐만 아니라, 가장 눈을 끌기 쉬운 책의 모두冒頭에 옮겨 놓아 『신기천험』에서 갖는 중요성을 살필 수 있기 때문이다. 사실 최한기 기학의 집약점의 하나가 일신운화에 있고 내용이 의학과 대단히 근접한 것이기 때문에 그 주제의 중요성은 당연한 것이라고 해야 할 것이다. 서양의학과 전통의학에서 주요하게 이론적으로 저어齟齬하는 곳의 하나가 뇌의 기능에 대한 이해인바, 최한기는 『전체신론』을 읽고 뇌의 신경계의 작용을 배워 기억력이나 판단력 등이 뇌의 기능인 것을 올바르게 이해하고 있었기 때문이다.

(5) 서학과 기학

[최한기의 서학 연구서] 최한기의 서학 연구서에는 이외에도 『지구전요地球典要』 13권(사본, 1857)과 『운화측험運化測驗』 2권(사본, 1860)이 있다.

『지구전요』는 주로 미국 장로회 선교사 웨이(Richard Quarterman Way, 1819~1895, 漢名 緯理哲)의 『지구도설地球圖說』(1848)이나 중국 청 말의 위원

魏源(1794~1850)의 『해국도지海國圖志』(1842), 서계여徐繼畬(1795~1873)의 『영환지략瀛環志略』(1848 刻) 등에 근거해서 저술된 세계 지리서이다.

또한 『운화측험』은 예수회 선교사 바뇨니(Alfonso Vagnoni, 1566~1640, 1605 來華, 漢名 高一志)의 『공제격치空際格致』(1633)나 페르비스트(Ferdinand Verbiest, 1623~1688, 1659 來華, 漢名 南懷仁)의 『영대의상지靈台儀像志』(1674 刻), 우르시스의 『태서수법』, 위원의 『해국도지』 등에 의해 편찬된 기학서이고, 혜성·유성·벼락·무지개·바람·비·온천·지진 등에 대해서도 언급하고 있다.

[서학 연구의 변화] 최한기의 서학 연구는 『기학氣學』(1857, 55세)을 전후해서 그 성격과 자리매김이 크게 변화하였다고 보지 않을 수 없다.

초기의 서학 관련서 즉 『육해법』(1834)이나 『의상리수』(1835~1839), 『심기도설』(1842)에는 기철학을 전개시킨 점이 그다지 현저하지 않지만, 후기의 서학 관련서 즉 『지구전요』(1857)나 『운화측험』(1860), 『신기천험』(1866), 『성기운화』(1867)에는 장황할 정도로 최한기의 독자적 기철학이 서술되어 있다. 특히 『운화측험』과 『성기운화』의 경우는 책이름 자체에 최한기의 독자적 기철학에서 유래한 용어가 포함되어 있어 이를 쉽게 추측할 수 있다.

[실학에서 철학으로] 최한기의 초기 서학 연구는 저술 내용을 보면 분명히 알 수 있듯이 전부가 실용과 직결되는 이론으로 구성되어 있어 매우 실학적이다. 이에 반해 만년의 서학 연구는 기철학으로써 통괄하

고자 하는 의도가 뚜렷이 보여 양상을 약간 달리한다.

서학 연구가 기철학의 통괄하에 놓인 것이 1850~1857년 이후의 일인 이상, 기철학의 하부에 위치하는 제 학술 영역에 대해서도 당시의 최첨단 서학 지식을 이용하고, 실제로 자신의 기의 관점에서 이들 최신 지식을 전부 설명하려고 한 것은 『기학』보다 약간 앞서서 시작된 특징으로 보아도 틀림없을 것이다.

최한기는 상당히 이른 시기부터 모름지기 학술 연구는 기철학(인문과학)의 통괄하에서 자연과학(大氣運化之學), 사회과학(統民運化之學), 의과학(一身運化之學)으로 나누어 진리를 탐구해 가야 한다고 생각하고 있었던 것이 분명하다. 그러나 자신의 학술상의 당위와 이상을 실행에 옮긴 것, 혹은 적어도 서학 연구에 응용한 것은 현존하는 자료에 근거하면 『기학』보다 조금 이른 시기라고 하지 않을 수 없다.

이상에서 알 수 있듯이 서양 전래의 과학 지식을 대대적으로 도입하면서 이를 기의 개별 전문학으로서 논하는 최한기의 학문 자세는 『기학』의 성서成書로부터 그다지 거슬러 올라가지 않는 시기에 성립하였다고 보는 것이 가장 자연스러운 추론이라고 생각된다. 다시 말하면 최한기의 기철학은 『기학』을 즈음하여 서학 지식을 흡수하면서 기의 종합학을 향하여 웅장하게 진화 혹은 변신하기 시작하였던 것이다.

4) 전통과 서양 전래의 새로운 지식

최한기는 동아시아 고유의 기의 철학을 승화시켜 그 개성적인 기철학으로써 서양의 천문학과 의학 등 광범한 분야의 신지식을 해석하고 자기의 학문적 영역에 엮어 넣어 정합적인 일대 체계를 구축하였다. 그가 '기학'이라고 부르는 것이다.

최한기는 자신의 기학서를 편찬할 때마다 예외 없이 뛰어난 한역 서양과학서를 저본으로 찾아내 한정된 조건하에서 최고의 선택을 하였다. 이 점에서 보자면, 그의 통찰력과 학력이 상당한 수준에 달했던 것은 틀림없다고 생각된다. 또 최한기의 기학은 앞 장에서 서술한 것처럼 고도로 정합적이며, 종합 학문으로 불리기에 충분한 내실을 갖추고 있는 것도 사실이다.

그러나 동시에 최한기의 기학서가 한역 서학서의 선택적 혹은 요약적인 인용이라는 방법을 통해서 서로 역사와 본질을 달리하는 동서의 학문을 통합하려고 한 시도였다는 점도 또한 의심할 여지가 없다. 본 항에서는 최한기의 서학 연구 방법 등을 분석하고 기학 체계하에서의 최한기 서학의 성격과 자리매김에 대해서 생각해 보고자 한다.

(1) 정밀과학과 최한기의 편찬

[한역 서양과학서의 다이제스트] 최한기의 학술 체계는 기철학으로 보자면 서양 근대과학 제 분야의 선진 지식을 솜씨 좋게 자신의 통제하에 두고 고도의 정합성을 확보한 대단히 뛰어난 작품이라고 할 수 있다.

그러나 최한기가 편찬한 서학서는 모두 기본 부분이 중국에서 수입된 한역 서양과학서를 전사傳寫함으로써 만들어진 것으로, 그의 서학서 편찬 방법 즉 서학의 연구 방법의 핵심이 기학 혹은 기철학의 여과를 거친 다이제스트에 있는 점도 확실하다. 그렇다면 원본 한역 서양과학서와 그 요약인 최한기 책을 비교함으로써 그의 서학이 갖는 성격과 편찬의 특징 등을 파악하는 것은 그다지 어려운 일이 아니다.

[정밀과학서의 환골탈태] 최한기는 1867년 허셜 원저, 와일리 번역, 이선 란 산술刪述의 『담천』18권을 이용하여 『성기운화』12권을 편찬하였 다. 『담천』은 앞서 지적한 대로 서구 천문학의 개설서에 불과하지만 양계초도 언급했듯이 "『담천』이라는 책은 반드시 수학에 능통하고 측량에 밝아야만 비로소 제대로 독해할 수 있는"[37] 정밀과학을 논한 수준 높은 교양서이다.(『西學書目表』, 讀西學書法)

그러나 최한기는 『성기운화』의 편찬에 즈음하여 자신의 기철학을 전개함과 동시에 코페르니쿠스의 지동설(태양중심설)을 설하고 뉴턴의 만유인력의 법칙도 언급하고 있지만, 정밀과학에 불가결한 기초 이론 과 수학에 의한 증명을 생략하고 원리를 이해하는 데 필요한 도판도 생략하였다. 정밀과학서로서 세세한 곳까지 고도로 전문적인 지식을 설하고 있음에도 불구하고, 전체로서는 원리적인 점이 취약하고 지식 의 나열에 그치는 점도 적지 않다. 『담천』「도리道理」장이 완전히 삭 제되어 있는 것 등은 그 전형적인 예라고 할 수 있다.

이러한 특징적인 사실에서 보자면 『성기운화』의 편찬은 서양 기 원의 뛰어난 첨단 지식 체계를 소개함이 목적이 아니라 오히려 정밀 과학서를 철학서로 바꾸는 작업이었다고 해야 할 것이다.

---

37) 談天一書, 必通算學, 明測量, 乃能卒業.

[의상리수와 역상고성전후편] 최한기의 천문학에 보이는 지식 중시의 성격은 『의상리수』(1835~1839)에서 보다 현저하게 나타난다. 『의상리수』 2책(3권?)은 『역상고성』 42권과 『역상고성후편』 10권 총 52권의 내용을 불과 2책으로 정리한 것으로, 철저한 요약이 이루어졌다는 점에 그 특징이 있다.

[수학 공식의 생략] 이러한 요약이 어디에 그 선택의 기준이 있고 또 무엇이 생략되었는가를 살펴보면, 『역상고성』과 『역상고성후편』이 모두 역曆의 작성에 특화된 전문서로서 치력治曆에 필요한 이론과 공식이 개별적이고 망라적으로 기술되어 있음에도 불구하고, 최한기가 인용한 수학 공식은 대폭적으로 생략되었으며 필요불가결한 공식조차 상당수가 기재되어 있지 않아서 이대로는 실제적인 계산에 거의 쓸모가 없다.

최한기 자신은 「성기운화범례」에서 "삼각법과 타원법 등은 『의상리수』 전편에 상세하게 기술하였다"[38]라고 적었지만 이는 최한기 개인의 주관적인 견해에 불과하다. 일례를 들자면 『의상리수갑편』의 삼각팔선상구법三角八線相求法은 다만 삼각형의 두 변 협각과 두 각 협변을 알고 있을 때의 해법만을 다룰 뿐으로, 해법의 설명이 끝나면 곧바로 구면삼각법의 설명으로 나아간다. 지나치게 간략해서 초학자가 최한기의 요약본을 읽고 그 의미를 이해할 수 있으리라고는 생각되지 않는다.

---

38) 平弧三角, 相求之比例, 楕圓角度, 面積之分數, 已詳於儀象理數前編.

[원리의 경시] 게다가 최한기가 지식 중시적 지향을 갖고 있어 자연과학의 기초 이론이나 원리적인 사항에 관심이 그다지 크지 않았던 점은 정밀과학서는 아니지만 『심기도설』(1842)에서도 조금도 다르지 않다. 최한기가 『원서기기도설록최遠西奇器圖說錄最』에 그려져 있는 교묘한 기계 중 몇 가지를 선택 모사模寫하여 『심기도설』을 편찬한 것은 이미 서술한 대로이다. 그러나 이때 해설의 기초가 될 중력 · 비중 · 중심 · 부력 등과 같은 역학 지식이나, 활차 · 지렛대 등 기계 원리에 관한 부분에 대해서는 전적으로 생략하여 언급하지 않았다.

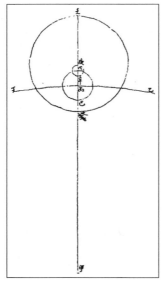

[그림 8-6] 『의상리수』의 周轉圓法 오성 운행에 대한 설명도. 甲이 地心, 乙丙丁이 本天, 戊丙己가 本輪, 庚辛이 均輪을 의미한다. 〈『增補明南樓叢書』 所收〉

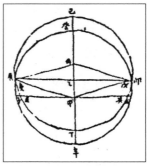

[그림 8-7] 『의상리수』의 타원법 일월의 운행에 대한 설명도. 甲이 지심, 乙이 본천심, 甲丙이 倍兩心差, 外周의 타원이 황도와 백도이다. 일월 운행의 "盈縮之原, 生於兩心差"라고 정확하게 설명하고 있다. 〈『增補明南樓叢書』 所收〉

[이질적인 이론 체계의 병용] 또한 최한기는 『역상고성』과 『역상고성후편』의 이론을 병용하여 『의상리수』 한 책을 편찬하였는데, 이는 정확하게 말하자면 주전원법(오성)과 타원법(일월)이라는 기하 모델을 서로 달리하는 이론을 병용하고 역曆 계산의 기점(曆元)이 40년 정도 차이가 나는 강희갑자원법康熙甲子元法(오성)과 옹정계묘원법雍正癸卯元法(일월)을 동시에 사용하는 것을 의미한다. 정밀과학을 논하면서 서로 다른 체계의 이론을 병용하는 것은 오늘날 우리들의 입장에서는 정상적이라고 보기 힘든 편찬이다. 그러나 이를 판단 근거로 삼아 『의상리수』를 정밀과학으로서 제 값도 못하는 쓸모없는 것으로 여기고 이를 전면 부정해서는 안 된다. 어쩔 수 없는 사정이 거기에는 있다.

『역상고성후편』은 책 이름에서 추측할 수 있듯이 17세기 후반에서 1830년대에 걸친 서구 천문학의 발전에 대응하여 『역상고성』의 일식 예보 수준을 높이려 한 임시 편찬물로, 전문적인 수리천문학서라면 논해야 할 바를 논하지 않은 점 혹은 전편을 참조하지 않으면 안 되는 점도 적지 않았다. 예를 들어 『역상고성후편』의 타원법은 전편의 주전원법과 비교하면 분명히 더 우월하지만 단지 일전日躔과 월리月離와 교식交食에 사용될 뿐으로 오성(오행성)에 관한 기술은 전혀 없다. 또 천문 계산에 불가결한 구면삼각법에 대해서도 전편에 있다는 이유로 후편에서는 생략되었다.

최한기가 「의상리수범례」에서 "『역상고성』의 전후편은 설명이 다르지만 추산의 근원에 대해서는 전편이 상세하다. 본서는 후편의 법을 주로 하고 때때로 전편의 제법으로 보완하였는데 이는 본말체용을 완비하기 위해서이다"39)라고 서술한 것도 무리는 아니다. 물론 그렇다고는 해도 최한기의 과학적 감수성을 의심하기에 족한 사례인 점은 굳이 설명할 필요도 없을 것이다.

(2) 서양 천문학과 동산

[기학의 최초의 전문서] 최한기는 1850년 48세에 『습산진벌習算津筏』(사본) 5권을 편찬하였다. 『습산진벌』은 자서에서 "수는 상象의 가감승제에서 생기고, 상象은 리의 형용곡절에서 생기고, 리는 기의 전후추측에서 생긴다. 기는 수의 체를 이루고 수는 기의 용을 이룬다"40)라고 한 것처럼 기수氣數의 책 즉 기철학의 총괄하에 있는 실학서로서 편찬된 초등수학서이다. 현존하는 자료에 따르면 기학 전문서의 최초의 예라고 할 수 있다.

[초등수학서의 편찬] 『습산진벌』의 편찬이 기학서 편찬을 목적으로 한 것은 초등수학서인 『습산진벌』(1850)이 고등수학을 이용한 수준 높은 수리천문학서인 『의상리수』(1835~1839)가 편찬된 이후의 작품인 점에서도 의심할 여지가 없다.

최한기에 의하면 "나는 앞서 『의상리수』를 편찬하여 대략 역가曆家가 관계하는 삼각구고타원의 수를 서술하였지만, 가감승제평방입방의 수에 대해서는 아직 언급할 여유가 없었다. 지금 『습산진벌』을 편

---

39) 曆象考成前後篇注雖殊, 而至推算之原, 前篇詳晐. 今以後篇法爲主, 間參以前篇諸法, 使本末體用得無錯闕.

40) 數生於象之加減乘除, 象生於理之形容曲節, 理生於氣之前後推測. 氣爲數之體, 數爲氣之用.

찬하여 그 결함을 보완하는 바이
다"[41]라고 하여 고등수학에서 다
루지 않는 초등수학의 내용에 대
해서 논하였다고 한다. 초등수학
의 완전한 습득 없이 고등수학을
이해하는 것이 불가능한 점을 고
려한다면『습산진벌』의 편찬 목
적이 기학으로서의 체계 정비에
있었다고 하지 않을 수 없을 것
이다.

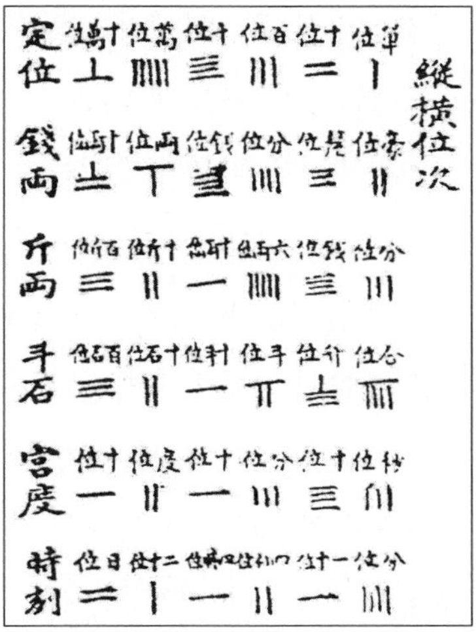

[그림 8-8]『습산진벌』의 종횡위차
縱橫位次圖는 算籌를 늘어놓을 때 종식과
횡식을 교대로 하는 것을 보여 주는 것이다.
〈『增補明南樓叢書』所收〉

[습산진벌의 내용]『습산진벌』은 초
학자 대상의 주산서籌算書로, 권1은 도량권형度量權衡·명위命位·구수승
결九數乘訣·산책算策·일점산법一點算法으로 이루어져 있고, 권2는 가법·
감법·인승因乘·귀제歸除, 권3은 평방·대종평방帶從平方, 권4는 입방,
권5는 대종입방帶從立方으로 구성되어 있다. 항목명을 한번 보아도 초
등수학서인 것은 자명하다.

[동산과 서산의 병용] 그러나『습산진벌』의 편찬에는 어딘가 기묘한 점
이 있다. 동산東算과 서산西算의 기묘한 비틀림 현상이 있기 때문이다.

---

41) 余編儀象理數, 而略擧曆家所係三角句股楕圓之數, 至若加減乘除平方立方之數, 未暇及焉.
   今編習算津筏以補其闕.

『습산진벌』은 권1에서 서양수학서 『수리정온』 하편(1724)을 인용하여 '도량권형'의 제도에 대해서 설명하고 있지만, 수학적 체계는 서양수학의 필산을 이용하지 않는다. 하물며 중국수학의 주산珠算을 쓰는 것도 아니고 실로 조선에서 전개된 주산籌算에 근거해 있다.

최한기는 동산의 전통에 근거해서 주산籌算의 초등수학서를 편찬한 것인데, 『습산진벌』은 최한기의 기학서 중에서 가장 서학의 영향이 적은 편으로 서학의 영향이 거의 없다고 해도 과언이 아니다. 이 때문에 최한기의 기학 하부의 천산天算 체계는 크게 동산계의 『습산진벌』과 서산계의 『의상리수』, 『성기운화』의 두 계열로 나뉘어, (a) 동산＝초등수학＝주산籌算과 (b) 서산＝고등수학＝필산의 두 체계로 이루어져 있다고 이해할 수 있다.

단 그렇다고 한다면 최한기의 천산天算 체계는 한편에서는 주산籌算으로써 가감승제·평방·입방 등의 초등 계산을 행하면서 다른 한편에서는 필산으로써 삼각·구고·타원 등의 고등 계산을 행하는 것이 되기 때문에 주산籌算과 필산의 병용이 필연화된 기묘한 계산 구조를 갖게 된다.

그러나 주지하다시피 정밀과학의 경우 이론은 하나의 강고한 체계성을 갖고, 개별 이론은 전체의 구조와 완전히 일체화되어 있어, 상이한 두 이론 체계를 멋대로 병용하거나 부분적으로 사용하는 것이 원칙적으로 불가능하다. 최한기가 지향한 서산과 동산의 병용은 절대로 불가능하다고 할 수는 없더라도, 정밀과학에서는 꽤나 무리한 체계라는 점만은 언급해 둔다. 적어도 천산天算 체계에서 불협화음을 빚

어낼 것임은 틀림없다. 이것이 최한기의 천산天算 체계가 갖는 서산과 동산의 기묘한 관계이다.

[동산의 이해 부족] 『습산진벌』의 편찬에는 주의해야 할 점이 또 하나 있다. 최한기가 참조한 동산서가 무엇인지는 특정할 수 없지만 『습산 진벌』에 동산의 오의奧義인 '천원술'과 '증승개방법'에 대한 언급이 전혀 없는 점이다. 이 사실은 최한기의 동산이 중인의 학문 수준에 도달하지 못했다는 점을 시사한다. 감히 비판하자면 최한기는 실용을 중시할 것을 주장하였지만 이는 아직은 이론 경도傾倒에 불과하고, 그의 실용 지향도 과거의 양반 실학자의 수준과 큰 차가 없거나 적어도 크게 뛰어넘지는 못했다. 최한기의 학문에 대해 이런저런 생각을 할 때, 고등교육에서의 실험과 훈련의 필요성을 떠올리게 되는 것은 아마도 필자 혼자만은 아닐 것이다.

(3) 서양의학과 전통의학

최한기의 기학이 갖는 동서 학문의 혼효混淆라는 성격은 『신기천험』에서 보다 현저하다.

① 최한기의 서양의학 지식

[전체신론 대부분의 전사] 이현구의 「최한기 기학의 성립과 체계에 관한 연구—서양 근대과학의 유입과 조선 후기 유학의 변용」[42]은 부차적인 분석에서 『신기천험』 제1, 2권과 『전체신론』을 대조하고 두 책의 상

호 관계를 분명하게 밝히고 있다.

이현구의 분석의 주요한 결론을 들자면, 『신기천험』 제1, 2권(전 27324자)은 『전체신론』 28503자 중 (1) 의학적 내용을 기술한 25382자(약 89%)를 그대로 옮기고 (2) 기독교 신학에 관련한 3121자(약 11%)를 삭제하고 (3) 삭제한 문자를 대신해서 2420자를 보충하여 자기의 기철학과 의학관을 전개한 것이다. 또 (4) 최한기의 새로운 보충이 『신기천험』 제1항의 「뇌위일신지주腦爲一身之主」와 제14항의 「수능겸시청手能兼視聽」, 제41항(말항)의 「신기총론神氣總論」에 집중된 점을 분명하게 하였다.

이현구의 분석을 통해서 우리들은 정밀과학서의 편찬(다이제스트)과는 달리 『신기천험』 제1, 2권이 『전체신론』을 대부분 그대로 전사하여 만든[43] 것임을 알 수 있다.

[해부학 지식의 소개] 『신기천험』은 전문서라기보다는 오히려 개설적인 기학서에 해당하지만, 대부분의 내용이 홉슨의 의학서를 인용한 것이고, 동아시아 전통의학에 결여된 해부학적 지식을 소개한 점은 주목할 만하다. 예를 들어 뇌에 대해서는 인간의 뇌의 중량·구조, 대뇌·소뇌·척추·뇌기근腦氣筋(신경) 등을 구체적으로 설명하고 뇌는 두개골 안에 있으며 동물 중에서 가장 고도의 기능을 갖추고 있다고 서술한다. 또한 뇌의 주요 기능으로서 감정이나 지각·기억·사고 등 정신 기능을 지배하고 생명활동을 조정하는 것도 언급하고 있다. 동아시아

---

42) 이 논문은 성균관대학교에 제출된 박사학위 논문으로, 후에 『최한기의 기철학과 서양 과학』(성균관대학교 대동문화연구원, 2000)이란 이름으로 출판되었다.
43) 단 해부도는 옮기지 않았다.

의학이 전통적으로 심장의 지각 작용을 인정한 점에서 보자면 최한기가 뇌의 지각 작용을 설한 것은 원칙적으로는 전통의학의 견해를 부정하고 서양의학의 견해에 찬성한 것을 의미한다.

[뇌주지각설과 심주지각설의 병용] 그러나 기묘한 것은 최한기가 특히 뇌의 지각 기능에 대해서는 서양의학의 견해를 기본적으로 인정하면서도 이를 전면적으로 받아들이려고 하지는 않았다는 점이다. 오히려 "기화맥락氣化脈絡에 어둡고 단지 방술에 부회함에 불과하다"[44]라고 스스로 비판한 전통의학의 학설 쪽에 접근한다.

최한기가 『신기천험』 범례에서 서양의학의 뇌주지각설腦主知覺說은 아직 인간의 추측변통 기능(成機)에 완전히 도달하지는 못했지만, 심이 지각 작용을 주재한다고 생각한 전통의학의 설(心主知覺說)은 올바르게 사용하면 이를 분명히 할 수가 있다고 운운한 것이 그것이다. 또한 자서自序에서는 서양의학의 뇌주지각설만을 믿고 전통의학의 심주지각설을 버리는 것도 좋지 않지만 반대로 동아시아의 심주지각설에만 빠져서 신경계(腦氣筋)가 신체 전체를 관통한다는 서양의학의 설을 깨우치지 못하는 것도 나쁘다고 서술하였다.

이는 해부학에 근거한 지각신경설을 한정적으로 이용하면서 『신기통神氣通』 이래의 기철학 즉 "신기(심)는 지각의 근기이고 지각은 신기의 경험이다"[45]라는 신기주지각설神氣主知覺說을 계승한 것이다.

---

44) 昧氣化脈絡, 惟恃方術傅會.
45) 『神氣通』, 권1, 經驗乃知覺, "神氣者知覺之根基也, 知覺者神氣之經驗也."

② 중서의 혼론魂論

[영혼과 신기] 선교사 홉슨의 『전체신론』「뇌위전체지주론」에는 "뇌는 사람의 영혼이 아니다. 즉 영혼이 이용하는 기機(器官)이고 이에 의해 사려 행위를 드러내는 것이다"[46]라는 1조가 있다.

최한기는 『신기천험』「뇌위일신지주」를 저술함에 있어 이 조항을 삭제하였는데, 이는 '영혼'이 극히 기독교적인 개념인 점에 기인한다. 그러나 최한기의 신기神氣는 유형과 무형의 본질적인 차이가 있기는 하지만 영혼과 유사한 점이 많다고 할 수 있다. 이른바 인신人身의 신기神氣란 단순하게 말하자면 기氣로 만들어진 유형의 심(心神=마음)과 신神(정신=혼)을 가리키기 때문이다.

[영혼과 신] 원래 예수회 선교사인 마테오 리치는 기독교를 동아시아에 전파하면서 아리스토텔레스의 아니마론에 근거하여 인간만이 갖고 있다고 여긴 이성적 혼(anima rationalis)을 '영혼'이라고 명명하였다. 또한 영혼(이성)은 신체 기관을 필요로 하지 않기(무형) 때문에 영원히 사멸하지 않는다(영혼불멸) 라고 주장하는 한편, 중국어의 '신神'을 영혼에 유사한 개념으로 파악하여 중국 고래의 신론神論을 철저하게 비판하였다.(『천주실의』)

[중국의학의 신] 중국어의 '신神', 그중에서도 중국의학에서 말하는 '신'

---

46) 腦非人之靈魂. 乃靈魂所用之機, 以顯其思慮行爲者耳.

은 이에 반해 생명활동과 생명력을 가리킴과 동시에 정신·의식·사고 등을 의미한다. 심장이 장藏하는 심신心神 및 오장五臟의 신神인 오신五神이 그것이다.

[심신] 우선 심신에 대해서 살펴보면, 심장이 갖고 있다고 여기는 정신기능이 심(마음)이고 심신心神이다.

예를 들어 『황제내경소문黃帝內經素問』「육절장상론六節臟象論」편에는 "심(심장)은 생명의 근본, 신(정신)의 소재이다"[47]라고 하고, 『소문』「영란비전론靈蘭秘典論」편에는 "심은 군주의 관官이고 신명(정신)이 작동하는 바이다"[48]라고 하고, 『황제내경영추黃帝內經靈樞』「사객邪客」편에는 "심은 오장육부의 대주이고 정신이 머무는 곳이다.…… 심이 상하면 신(생명력)이 사라지고 신이 사라지면 죽는다"[49]라고 하였다.

이는 심장이 신체의 생명 유지를 위해 필수불가결한 기관이고 정신작용이 이 심장의 주요한 작용임을 서술한 것이다.

[오신] 심신을 내포하는 오신五神도 사람의 정신기능의 복잡함을 해명하기 위해서 고안된 개념이라고 할 수 있다. 『소문』「선명오기宣明五氣」편에 "오장이 장藏하는 바는, 심장이 신神을 장하고, 폐장이 백魄을 장하고, 간장이 혼魂을 장하고, 비장이 의意를 장하고, 신장이 지志를 장한다"[50]라고 하였다. 이 혼·백·신·의·지가 오신이다.

---

47) 心者生之本, 神之處也.
48) 心者君主之官也, 神明出焉.
49) 心者五臟六腑之大主也, 精神之所舍也.……心傷則神去, 神去則死矣.

[심주지각설] 『황제내경』은 위에서 서술한 것처럼 의학의 기초 이론을 설명함에 있어 뇌가 아니라 심장을 정신활동을 담당하는 기관으로 논정論定하였는데, 이는 당시의 의학자들이 인간의 '신神'에 정신작용 이상의 기능을 허용하여 생명력이나 생명활동 등의 의미를 부여하였기 때문이라고 이해할 수 있다. 육체에 반해 정신이야말로 생명의 증거이고 또한 심장이야말로 생명활동을 보여 주는 기관이기 때문이다.

[형과 신] 한편 중국 의학서에서 말하는 '신神'은 정신이든 생명력이든 '형形'에 대한 개념이고 고래의 형신론形神論을 계승한 것이다. 『황제내경』은 인체와 정신에 대해서 '신'은 '형'을 떠나 독립해서 존재할 수 없고, 육체의 생명유지활동이 정지하면 정신도 그에 따라 소멸한다고 명확하게 서술하였다. 또한 '신'은 기로써 만들어진 물질이고 비물질적인 것이 아니라고 주장하였다.

[신의 물질성] 동아시아 의학의 신론이 갖는 특징 중의 하나는 어디까지나 '신'의 물질성을 줄곧 고집하는 점에 있다.

　『영추』「본신本神」편에는 "생명이 나오는 원시 물질을 '정精'이라고 하고, 음양의 정이 교합하여 형성되는 것을 '신神'이라고 한다"[51]라고 하는데, 이렇게 기술되어 있는 이상 '신'은 원시 물질인 정기로 형성된 것이고 따라서 '신' 자체가 정기가 변화한 일종의 물질이라는 점

---

　50) 五臟所藏, 心臟神, 肺臟魄, 肝臟魂, 脾臟意, 腎臟志.
　51) 生之來謂之精, 兩精相搏謂之神.

은 부정할 수 없다.

이는 인간의 정신활동에 주목하면서 형신形神 관계를 설명한 것인데, 동시에 남녀의 성교의 결과로 아이의 '신神'이 만들어지는 것을 지적하고 있어, 선천先天의 정精이 다음 세대로 유전遺傳해 가는 것을 분명하게 한다.

[중국의학의 유물적 성격] 중국 의학사상을 일별一瞥하여 확인할 수 있는 것은, 전통의학의 패러다임에 의하면 정신 내지 심신도 정묘한 기를 소재로 하여 만들어진 것으로 물질성을 그 본질로 한다는 점이다. 이것이야말로 최한기가 기철학을 완성함에 있어 의학 패러다임을 원용援用하고 정신 내지 심신을 '신기神氣'라고 이름 지어 유형성有形性을 강하게 주장한 소이이다.

③ 동양철학과 서양의학의 혼효

[뇌주지각설에 의한 신기설의 수정] 그러나 최한기는 만년에 해부학에 근거한 서양의학의 뇌주지각설을 알게 됨에 따라 서양 기원의 명제가 갖는 정당성을 인정하고 자신의 신기설神氣說을 약간 수정하였다. 의학 이론은 서양의 뇌주지각설에 따르면서 인문학 이론은 전통적인 심주지각설을 계속 지지하는 것으로, 심주지각설의 "심은 장부의 심(심장)을 가리키는 것이 아니다. 신기의 심(중심)을 말하는 것이다"[52]라고 하

---

52) 「身機踐驗凡例」, "心非臟腑之心. 乃重心之心."

는 등 종래의 설을 개변한 것이 그것이다.

최한기는 이리하여 위태롭지만 일정 정도 균형을 유지하는 동양 철학과 서양의학의 혼효混淆, 즉 실학이면서 동시에 철학이기도 한 일신운화 체계를 완성한 것이다.

[뇌주지각설과 심주지각설의 병용] 뇌주지각설과 심주지각설을 병용하는 최한기의 일신운화 이론에 대해서는 어떻게 이해하고 평가해야 할 것일까?

필자는 당초 한편은 의학적 명제이고 다른 한편은 철학(인문학)적 명제인 점을 근거로 천문수학의 명제와는 달리 논리상의 이율배반을 지적할 필요가 없고 이론적 체계성의 부재를 문제시할 필요도 없다고 판단하였다. 그러나 현재는 당초의 평가에 일정 정도의 타당성이 있음을 긍정하면서도, 최한기의 의학이론도 철학이론도 일신운화 체계로서 기학이론의 중요한 일부를 이루고 있는 이상, 엄밀하게는 지각의 주재자를 둘러싼 두 학설의 병존에 문제가 없는 것은 아니라고 생각한다.

종합해서 말하면 최한기의 기철학 체계는 과학이론으로 볼 경우, 천문수학뿐만 아니라 의학에 있어서도 이론적인 부정합을 내포하고 있다고 논하지 않을 수 없다.

5) 조선 실학의 방법론적 한계

마지막으로 양계초의 『서학서목표』(1896)의 언설을 인용하여 맺음말로 삼고자 한다. 양계초는 서학서의 독서법을 언급한 후에 "역출된 서적은 대부분이 20년 전의 옛 책이고, 서양인들은 이미 타기唾棄하여 이를 전혀 언급하지 않는다. 게다가 종종 필설筆舌을 거친 탓에 늘 원 뜻을 상실하곤 하였다. 따라서 널리 세계를 알고 일가언을 이루고자 하는 자는 반드시 서양 언어를 학습하지 않으면 안 된다"[53]라고 하였다.

동아시아 전체로 보면, 최한기의 한역 서학서에 의한 서학 연구법은 청년기에는 뛰어나고 선진적인 방법이었지만 만년기에는 방법론적 한계에 근접해 가면서 선진적인 지위를 서양 언어 학습자에게 넘겨줄 수밖에 없었다고 해야 할 것이다.

---

53) 譯出各書, 多二十年前之舊籍, 彼中人士, 已唾棄不道. 且屢經筆舌, 每失其意. 故欲周知四國, 成一家言者, 非習西文, 不可.

종장 　 조선의 수학과 동아시아

　　조선의 수학은 개항 이후 급속하게 근대화하여 오늘날과 같은 양
상으로 변모했다. 그러나 조선수학의 근대화는 일본과 마찬가지로 전
통과의 결별, 즉 천 년 이상 축적되어 온 과거의 지적 유산을 무시하
고 파기한 것을 그 특징으로 하였다. 전근대의 산학과 근현대의 수학
이 서로 소통할 수 없는 이질적인 패러다임에 근거하여 양자 사이에
통약불가능한 깊은 학문적 균열이 있는 것은 그 때문이다. 또한 본서
가 개항 전까지의 산학의 분석에 특화한 것도 조선수학이 갖는 역사
적 특징을 그 근거로 하고 있다.

　　본 장의 과제는 개별적으로 논의하지 못했던 전근대 조선수학사
의 제 문제를 총체적인 시점에서 논하는 것이다. 덧붙여서 비교수학
사의 시점에 입각하여 동산을 중심으로 동아시아 삼국의 수학에 대해
약간의 분석을 행하고자 한다.

1. 동국산학사의 제 문제

1) 양반의 산학과 중인의 산학

양반이란 간결하게 말하면 조선의 최상층사회 신분을 가리킨다. 과거(문과와 무과)에 합격하여 조의朝儀할 때 동반東班(문관)과 서반西班(무관)으로 정렬한 관료와 그 출신 모체인 사족을 말한다. 또한 중인은 양반에 버금가는 제2의 신분인 기술 관료와 그 가계에 속하는 자를 의미하였다.

양반도 중인도 산학을 연구하는 자가 적지 않았지만 양반의 산학과 중인의 산학은 크게 성격을 달리해 서로 단절된 전통을 갖고 있었다.1) 양반 수학자는 산학사상에 강한 관심을 갖고2) 서산西算 등 새로운 수학 지식에도 의욕적이었음에 반해, 중인 수학자는 전문가로서 알고리즘 자체에 깊은 흥미를 갖고 기법의 습득과 완성을 추구하였다.

(1) 폐쇄사회와 공동 환상

조선사회는 후기 이후 폐쇄사회적인 양상이 극히 강하게 나타난다. 조선왕조는 대외적으로는 중국 청에 신종臣從하면서도, 사상적으로는 이를 이적夷狄시하고 명을 멸하고 조선을 유린한 청에게 복수설

---

1) 崔錫鼎의 『九數略』은 古今算學에서 "近世朝士金觀察始振, 李參判憺, 任郡守溥, 朴殷山(縣監)緖最著"라고 양반의 수학 전통을 서술한 다음 "術士則稱慶善徵云"이라고 중인의 수학 전통을 언급하고 있다.
2) 양반의 산학사상에의 관심에 대해서는 제4장 2. 3) (1)의 [고금산학]을 참조 바란다.

치復讎雪恥하려고 하였다. 조선 중화사상과 북벌론이다.

또한 대내적으로는 강고한 신분제도를 유지하고 신분을 넘는 사회적 교류를 금지하였다. 예외가 있기는 하지만, 양반은 전반적으로 주자의 가르침을 금과옥조로 삼고, 중인의 학문적 성취(의학·漢學·蒙學·倭學·女眞學·천문학·지리학·命課學·律學·산학 등)를 사회적으로 이용하기는 해도 하급한 학문(잡학)으로 멸시하여 중인의 학문적 성과를 배우려고 하지 않았다.

조선사회에는 신분마다 배타적인 집단 및 공동 환상, 즉 양반 공동체, 중인 공동체……와 그 사상문화가 존재하였다고 말할 수 있을 것이다.

(2) 동산의 두 조류와 교류의 부족

[동산의 두 조류와 천원술] 조선왕조 하의 폐쇄사회에서 양반은 산학의 사상적인 정비에 우선적 의의를 두었고, 중인은 산학 내용의 충실화를 최대의 관심사로 삼았다. 양반과 중인은 언뜻 보기에 사회적으로 상호 보완적인 듯하지만 실은 그렇지 않다. 양자의 교류가 절대적으로 부족하고 지식의 공유가 충분히 이루어지지 않았기 때문이다.[3]

사실 홍정하(1684~?) 이후의 중인은 산학의 오의奧義로서 천원술을 존중하였지만 조선 중·후기의 양반 수학자들은 소수의 예외(임준·박

---

3) 양반과 중인 간에 깊은 골이 있고 지적인 교류가 정체되어 있던 것은 확실한 사실이지만 그렇다고 해서 교류가 완전히 없었던 것은 아니다. 안대옥의 지적에 따르면 18세기에도 洪量海(노론) → 文光道(중인) → 徐浩修(소론)와 같은 흐름이 있었다고 한다.

율·황윤석)를 제외하면 천원술이 무엇인지를 알지 못했다. 최석정(1646~
1715)이나 조태구(1660~1723), 홍대용(1731~1783), 배상열(1759~1789)에게 천
원술의 지식이 없었던 점은 이미 서술한 대로이다.

천원술은 동산의 존재 이유(raison d'être)였음에도 불구하고 조선
중·후기의 양반 수학자들은 그 가치를 정확하게 인식하지 못했던 것
이다.

[중인과 지식의 독점] 중인 수학자가 저술한 주산서籌算書의 수는 양반의
저작과 비교할 때 극단적으로 적다. 서명을 거론하자면 경선징의 『묵
사집산법』이나 홍정하의 『구일집』·『동산초』, 이상혁의 『차근방몽구』
·『산술관견』·『익산』 등에 불과하다. 덧붙여서 중인의 주산서籌算書
는 조선 말기에 남상길이 출판한 책(『구일집』과 이상혁의 저술)을 제외한
나머지 모두가 사본이다.

중인의 주산서籌算書가 출판되지 않았던 것은, 직접적으로는 출판
문화가 양반의 전유물이고, 양반의 가치 기준 및 부와 권력의 유무로
출판 여부를 결정지었기 때문이지만, 단지 그 탓만은 아니다. 아마도
중인 자신이 일족의 특권의 지속과 사회적 안정을 바란 나머지 산학
지식을 고도로 전문화하고 오의奧義를 비밀로 하였기 때문이기도 할
것이다.

그렇게 판단할 수 있는 이유는 홍정하의 획기적인 저작 『구일집』
을 양반 수학자들 중 어느 누구도 읽지 않았기 때문만은 아니다. 황윤
석의 『이재난고』[4]는 '산원算員' 즉 중인 수학자에 대해 기술할 때, 홍

정하가 후학의 고험考驗을 위해서 목제나 석제의 '입방제체立方諸體'를 제작하고 일가에 비장秘藏하여 외부에 가르쳐 주지 않았던 사실도 함께 전하고 있기 때문이다. 홍정하가 "(전문 지식을) 비밀로 하여 전하지 않았던" 것을 근거로 하여 남양홍씨가 산원을 배출한 이유를 곧바로 그 지식의 독점이나 학문의 폐쇄성 탓으로 돌릴 수는 없지만, 철저한 전문 교육과 사본에 의한 전승이 지식의 독점에 가장 유효한 형태인 점 또한 틀림없을 것이다.

폐쇄사회의 특권 계급은 이따금 스스로의 이권을 지키기 위해 지식의 독점을 꾀하였는데 이 점이 학문의 진보를 저해한 것은 분명하다.

[두 조류의 합류] 동국의 산학은 총괄적으로 양반 중에는 산학의 사상적 연구로 충분하다고 여기는 자가 많았고, 중인 중에는 기술적인 숙련 이상을 바라지 않는 자가 많았지만, 조선 말기에는 상황이 크게 변하였다.

말기의 대수학자 이상혁(1810~?)과 남상길(1820~1869)에 주목한다면, 동산의 두 흐름은 공통의 논적인 서산西算의 출현을 계기로 하나로 합류하였다고 말하지 않을 수 없다. 중인인 이상혁이 양반인 남상길을 위해 서문을 쓰고, 양반과 중인이 공동으로 공통의 사상 문제에 천착하여 동일한 알고리즘 평가를 내리고 있기 때문이다.

늦었다는 인상을 불식하기 어렵지만, 조선 말기에 배타적인 전통

---

4) 黃胤錫,『頤齋亂藁』제3책(한국정신문화연구원, 1997)의 1770년 4월 13일조에는 李子敬의 洪正夏에 대한 언급이 기록되어 있다. 원문을 옮기자면 "聞其傳在一人家, 而秘不傳耳"이다.

이 합류되어 신분사회의 사회적 이상인 양반과 중인의 진정한 협동이
실현된 것은 기쁜 일이다.

2) 산학 연구와 주자학 · 실학 · 서학

중인 수학자가 수리 처리를 직업으로 하는 왕조의 산원算員으로서
전문적 학문에 대해 연구하고 그 수준의 향상을 목표로 하는 것은 당
연한 의무일 것이다. 그런데 양반의 경우는 무엇 때문에 다수의 지식
인들이 부지런히 산학 연구에 종사하고 많은 주산서籌算書를 저술한
것일까? 본 항에서는 무엇이 지식인들을 산학 연구로 이끌었으며 덧
붙여 연구의 심화를 저해한 것은 무엇인가에 대해서 생각해 보고자
한다.

(1) 추진 사상

조선에서는 주자학, 실학 그리고 서학이 각각 스스로의 시점을 가
지고 산학 연구를 장려하고 추진하였다.

① 주자학

조선은 개국 이래 주자학을 국가의 지도 이념으로 삼았다. 양반을
비롯한 많은 지식인들은 주자학을 정통 학문으로 여겨 생애를 통해
그 해명에 전념하였다.

[리기론과 산학] 주자학은 리기론을 근간에 두는 사상 체계이기 때문에 필연적으로 역학易學과 친화성이 강하고 술수학과도 깊은 관계가 생기지 않을 수 없다.

술수학5)은 다른 말로 수술數術·수학數學이라고도 한다. 광의의 '수'에 대해서 그 추상적인 구조나 이론을 연구하는 학문을 말한다. 잡설을 뒤섞은 역학易學의 지류支流라고 할 수도 있다. 주요한 내용은 (1) 이론 근거를 음양오행(氣)의 생극제화生剋制化에 두는 수의 신비술과 (2) 산학과 역학曆學 등의 수리과학으로 구성되어 있다.

주자학은 술수학에 속하는 리기론을 근간에 둔 탓에 술수학적인 학문의 정비를 요청하고 그 결과 역학曆學과 산학의 연구를 신봉자에게 강요하였다. 전형적인 예로 황윤석의 『리수신편』을 들 수 있을 것이다. 『리수신편』은 성리학서임과 동시에 술수학서이고 역학曆學이나 산학, 어학에 대해서 전문적인 연구를 전개하였다.

[예학과 산학] 또한 주자학의 예학에서는 역학曆學을 제왕수시학帝王授時

---

5) 술수가 의미하는 바는 고금에 동일하지 않고 개념의 적용 범위도 청대 중기를 전후로 크게 달라졌다. 秦漢에서 청대 중엽까지는 술수학이란 수의 신비술인 龜卜·占筮·天文占·地理占(風水)·觀相(人相)·夢占 등을 주요한 분야로 하는 한편, 정밀과학에 속하는 曆學·算學·地學 등도 내포하는 광의의 수의 학문을 의미하였다. 당시 종종의 잡다한 점에 대해서 뿐만 아니라 수리과학에 대해서도 술수라고 칭할 수 있는 것은 그 때문이다. 이에 반하여 청대 중엽 이후에서는 술수학은 보통의 경우 단지 수의 신비술을 가리키는 데 지나지 않는다.
중국을 대표하는 술수서로서는 내용에 따르는 한 『易』을 제일로 들 수 있지만 중국 고대의 지식인에게 『易』은 經書의 하나로 술수서가 아니다. 또한 청 중엽 이전의 경우 술수에 광의의 의술인 方技(인체의 신비술을 포함)를 덧붙여서 方術로 칭하는 경우도 많다.

學으로 중시하고 산학을 소학으로 중시하였다.

주자는 『의례경전통해儀禮經典通解』를 편찬하고 유학경전에 보이는 수학 관련 사항을 '왕조례王朝禮'에 속하는 「역수曆數」와 '학례學禮'에 속하는 「서수書數」로 나누어 논술하였다. 『의례경전통해』는 예학적인 동기에 근거하여 산학 연구를 장려하였는데 주자학 예학의 조선산학에 대한 영향도 크다. 세종의 산학 진흥책을 비롯해 최석정·배상열 등의 주산서籌算書가 이를 잘 증명한다.

② 실학

조선의 실학은 주자학의 흐름을 이으면서 현실사회와 결합한 학문을 지향한 바에 특징이 있다. 성호학파와 북학파로 나뉘어 발전하였지만 중국을 경유하여 전래한 '서학西學'에 흥미를 보이고 천문학·수학·지리학 등 과학기술 관련 사항에 대해서 적극적인 연구를 전개한 점은 동일하다.

본서에서 거론한 홍대용·황윤석·서명응·서호수·서유구·홍길주·정약용·최한기 등은 모두 조선 후기와 말기를 대표하는 실학자이다. 특히 성호학파의 경우 산학 중시의 기본적 관점에 대해서는 클라비우스 → 마테오 리치 → 서광계徐光啓 → 이익 → 정약용으로 그 계보를 찾을 수 있다.[6]

---

6) 중국 西學의 학문적 계보에 대해서는 安大玉, 『明末西洋科學東傳史』(知泉書館, 2007)를 참조하였다.

③ 서학

서양의 철학은 주지하듯이 수학을 매우 중시하였다. 그리스 철학 이래의 수학 중시의 관점은 『천학초함』에 수록된 알레니(Giulio Aleni, 1582~1649, 1613 來華, 漢名 艾儒略) 답술의 『서학범西學凡』(1623 印) 등에 의해서 동아시아에 전해졌다.

[서학범의 서학육과] 『서학범』은 유럽 중세의 대학 교육 커리큘럼을 기술한 것이다.

『서학범』에 의하면 서양의 건학육재建學育才의 법은 크게 '육과'로 나뉘어 있다고 한다. (1) '문과文科', '문학文學', rhetorica, (2) '이과理科', '이학理學', philosophia, (3) '의과醫科', '의학醫學', medicina, (4) '법과法科', '법학法學', leges, (5) '교과敎科', '교학敎學', canones, (6) '도과道科', '도학道學', theologia이 그것이다. 각각 오늘날의 (1) 수사학, (2) 철학, (3) 의학, (4) 법학, (5) 교회법학, (6) 신학에 해당한다. 원문에는 "이과, 이를 비록소비아斐錄所費亞라고 한다", "도과, 이를 두록일아陡祿日亞라고 한다" 등으로 되어 있는데 비록소비아는 philosophia, 두록일아는 theologia의 음역이다.

알레니는 대학의 교육 커리큘럼으로서 문학을 먼저 수득修得한 후에 이학으로 나아가 논리적인 능력을 몸에 익히고 이학의 학습을 수료한 후에 시험을 통해 의과·법과·교과·도과 중의 하나를 전문적으로 연구한다고 해설하였다.

[서학범의 비록소비아]『서학범』에 기술된 서학육과 중에서 일반 교육적인 성격이 강한 '이학' 즉 비록소비아는 '격물궁리'를 추구하는 '의리의 대학'에 해당한다.

　비록소비아 즉 철학은 재차 5가家로 세분되어 있는데 (1) 명변明辨과 관련된 '낙일가落日加' logica, (2) 성리性理를 찰察하는 '비서가費西加' physica, (3) 성性 이상의 리를 찰하는 '묵달비서가默達費西加' metaphysica, (4) 물형物形의 도度와 수數를 궁극하는 '마득마제가馬得馬第加' mathematica, (5) 의리를 찰하는 '액제가厄第加' ethica가 그것이다. 이 중에서 마득마제가는 다른 이름으로 '기하지학幾何之學'이라고도 하여 '산법'(산술)과 '양법量法'(기하학), '율려律呂'(음악), '역법曆法'(천문학)을 그 안에 포함한다.

[비록소비아와 묵달비서가] 재화在華 예수회 선교사들은 유럽의 대학생은 모두 철학(斐錄所費亞)을 배우며 철학에는 수학(默達費西加)이 포함되어 있다고 주장하고『기하원본』,『동문산지』등 다수의 서양 철학서[7]를 한역하였는데, 이로부터 보면 서학에 있어 수학의 중시란 즉 철학으로서 산법·양법·율려·역법을 중시한 것을 의미한다.

(2) 저해 사상

조선 말기 교조화한 주자학과 완미고루한 서교가 산학 연구의 심화를 저해하였다.

---

7) 현재 일반적으로 漢譯 서양과학서라고 부른다.

① 주자학

주자학은 '술수학'으로서 산학의 정비를 기도하고 산학 연구는 역학易學적 사상 추구를 그 원동력으로 하였다.

[조선 술수학의 특징] 주희나 채원정 등이 소옹을 높게 평가하고 술수학에 대해 일정 정도의 존재 가치를 인정한 결과, 남송원명의 술수학은 총괄적으로 볼 때 하도낙서를 중용하고 역학易學적 수 해석을 채용하였다.

조선 술수학은 명학明學의 흐름을 이어 역학易學과의 동화를 적극적으로 추진하고 역설易說에 기초하여 수리數理를 재구축하였다. 주희나 채원정 등의 의도대로 조선 술수학은 역학易學에 예속하는 형태로 상수학으로서 발전한 것이다.

[술수학적 연구의 한계] 조선 주자학은 왕조 말기 폐쇄사회의 주도 사상으로서 교조화되고, 사상 통제를 마음껏 자행하였다. 산학 연구에서도 수리를 구축함에 있어 역설易說을 고집하고, 극단적인 경우는 역리易理를 근거로 수리의 자유로운 전개를 억제하였다. 특히 서산西算에 직면해서는 사상적 오류를 근거로 보편적인 연구를 방기하고 이를 배제하거나 경시하였다.

② 서교

재화 예수회는 서학과 서교를 일체적인 것으로 파악하고 서학을 선교에 이용하였다. 과학 선교가 바로 그것이다.

[서교와 전례 문제] 마테오 리치는 중국 포교에 즈음하여 엘리트층을 주요한 표적으로 하는 포교 방침을 정하고 과학 지식을 중시하는 간접적인 전도를 행하였다. 또한 전례(교회의 예배의식) 지침도 유연하게 정하여 보유론補儒論적인 교리 해석을 기초로 중국 고래의 '천天', '상제上帝'를 기독교의 '천주天主'(Deus)와 동일시하고, 중국인 신자가 제천지祭天地 · 배공자拜孔子의 공적 의식에 참가하는 것을 허가했으며 덧붙여 사적인 조상 제사도 용인하였다.8)

강희제(재위 1661~1722) 만년 전례 문제가 일어나고 교황 클레멘스 11세가 예수회의 적응주의적 교리 해석을 부인(교황령 Ex illa die, 1715)한 결과, 중국 황제와 로마 교황 간의 알력이 생겼다. 옹정제(재위 1722~1735)는 1724년 기독교의 선교를 전면적으로 금지하고 조상숭배를 인정하지 않는 선교사를 마카오로 추방하였다.

[조선의 서교] 조선의 서교도西敎徒는 교황 클레멘스 14세에 의한 예수회 해산(소칙서 Dominus ac Redemptor, 1773)으로부터 10년 정도 지난 1784년 이

---

8) 전례 문제에 대해서는 佐伯好郎, 『支那基督敎の硏究』(春秋社, 1944)나 矢澤利彦, 『中國とキリスト敎』(近藤出版社, 1972), William Bangert, *A History of the Society of Jesus* 2nd Ed.(The Institute of Jesuit Sources, 1986)을 참조.

승훈의 세례로 시작된다고 할 수 있는데, 당시 교황청은 적응주의에서 원리주의로 동아시아 포교 방침을 전환하였고 교도에 대하여 조상숭배를 엄하게 금지하였다. 조선의 서교도는 교황청의 원리주의적 해석과 『천학초함』의 보유론적인 해석 간의 모순을 무시하고 과감하게 천주교 교리에 따랐다. 종교상의 이유로 훼사폐사毀祠廢祀나 신주神主 소각 등이 빈발했던 이유이다.

조선 서교도는 교황청의 교사敎唆에 순순히 따랐고 원리주의적인 행동을 취하여 진지한 신앙生活을 영위하였는데, 교황청의 견해에 의하면 서교는 서학과 일체를 이루는 것임에도 불구하고 서학을 외면하고 전혀 연구하려고 하지 않았다. 서교도의 열광적인 행동은 주자학이 서학과 서교를 일체시하고 서학자를 일률적으로 사교도邪敎徒로서 철저하게 탄압한 것과 말 그대로 정반대였다.

2. 조선수학과 동아시아

1) 중산과 동산

(1) 사상적 차이

조선의 수학은 중국의 수학(中算)의 압도적인 영향을 받으면서 발전하였다. 신라와 고려의 수학은 당산唐算의 깊은 영향을 받아 『구장산술』을 학문의 중핵으로 삼았다.(유형 ii) 조선시대의 수학은 명초 수

학의 영향을 깊이 받아 『산학계몽』, 『양휘산법』, 『상명산법』을 기초로 하였다.(유형 iii)

그러나 조선 이전의 수학이 동 시대의 중국의 수학과 큰 차이가 없었음에 반해 특히 조선 후기 즉 임병양란 이후의 수학은 중국 명청의 수학과 성격을 크게 달리하였다. 동국의 산학, 줄여서 동산東算이 성립한 것이다.

[동산과 주자학] 동산은 순수수학의 주산籌算이고 고도의 천원술을 오의奧義로 하였다.(유형 iii) 한편 명산明算(정확하게는 명 중후기의 수학)은 실용본위의 주산珠算이고 계산의 속도를 자랑하는 일위산一位算을 특징으로 하였다.(유형 iv)

동산 대 명산 즉 주산籌算 대 주산珠算의 대립은 사상적인 원인을 찾자면 중시하는 원리가 다르고 이를 추진한 이념이 다르기 때문이기도 하다. 결국은 주자학적 보편주의·합리주의 대 양명학적인 실용주의·직관주의의 대립으로 귀결한다고도 볼 수 있다. 다른 방식으로 말하자면 '번쇄하지만 치밀함' 대 '공소하지만 편리함'의 상호 소통불가능한 대립이라고 해야 할지도 모른다.

주산籌算 대 주산珠算의 대립 구도는 명 초의 성리대전계 학문을 발전시킨 조선 주자학과 성리대전계의 학문을 완전히 무시한 명 중후기의 중국 심학의 사상적 차이를 상기하면 그 의미를 보다 깊게 이해할 수 있을 것이다.

(2) 서산의 수용 방식

청산淸算(정확하게는 명말 이후의 수학)은 예수회 선교사가 전래한 근대 수학에 직결되는 클라비우스계 수학을 진지하게 연구하고 이를 발전시켰다. 동산도 정조 대를 중심으로 청산淸算의 영향을 받아 서산西算[9]을 깊게 연구하였지만 중국 청의 서학과는 크게 수용 방식을 달리하였다.

[중국의 서학 수용] 재화 예수회 선교사들은 마테오 리치 이래로 과학 선교를 전도 방침으로 정하고 이질적인 서구 지식을 소개함으로써 중국 지식인들의 지적인 관심을 끌어 이를 전도의 보조로 삼았는데, 이 간접 선교는 적응주의인 탓에 유연하였으며 청중에게 입교를 강요하지도 않았고 교회 방문자에게도 지적 흥미에 그치는 자들의 존재를 허용하였다. 그러나 이러한 선교활동은 선교사가 유연하게 지식인들과 접하고 서양과학을 설하며 한역 과학서를 간행하였기 때문에 일반 중국 지식인 방관자들에게는 과학의 권위를 빌려 종교의 위광威光을 높이려 한다는 오해를 불러일으키기도 하였다. 일반적인 중국 지식인들에게 예수회의 선교는 오히려 서학을 중심으로 한 것에 불과해서 당초부터 서학과 서교가 괴리되는 요인을 내포하고 있었다고 하지 않을 수 없다.

예수회의 보유론적 과학 선교는 마테오 리치 재세 시에는 성공하여 그 이지적 전도를 통해 존경을 얻고 서광계 등 호교 지식인을 획득

---

9) 西算의 추진 이념을 말하면 역시 실증주의·이성주의일 것이다.

하였지만, 명청 교체기가 되자 일반 지식인들이 기독교의 종교 교리를 꺼려 서학관도 이에 동반하여 크게 악화되었다. 옹정 원년(1724)의 금교가 그 귀결이다.

한편 강희 8년(1669)의 역옥曆獄의 번안翻案10)을 거치면서 서력西曆은 반석의 지위를 확정하였으며 서학을 둘러싼 정황은 일변하였다. 역옥의 번안은 역법에서의 법정 투쟁이 서학의 전면적인 승리로 종결되어 청 정부가 공식적으로 서력의 상대 우위를, 나아가서는 서학 연구의 필요성을 인정한 것을 의미하였기 때문이다.

이렇게 하여 성립한 것이 서학과 서교를 준별하여 서교의 신앙을 금지하고 서학의 학습을 추진한 청의 정책이다.11) 청의 시대에 서산西算 연구가 성행한 것은 혹은 당연한 귀결이라고 해야 할 것이다.

---

10) 청의 서양신법에 의한 개력(1645)은 편력 자체가 전통적으로 경학의 중요한 구성 요소였기 때문에 보수파를 중심으로 해서 宋學을 신봉하는 중국 지식인들의 광범한 반대를 이끌어 내었다. 楊光先(1597~1669) 등이 그 中學派의 오피니언 리더였다. 양광선은 스스로 "曆理만 알 뿐"임에도 불구하고 성리학의 관점을 근거로 하여 時憲曆의 문제점을 지적하고, 妖書로 혹세무민하고 不軌를 기도하였다고 선교사를 탄핵하여 康熙 曆獄을 일으켰다.(1664)
양광선은 역옥을 통해 서양 신법을 중단하게 만들고 欽天監의 서학에 대해 일대 타격을 주기는 했지만, 이론적 근거가 박약한 규탄의 성격상 효과를 본 것은 한때뿐이었다. 강희 8년(1669) 曆獄案은 페르비스트(Ferdinand Verbiest, 1623~1688, 1659 來華, 漢名 南懷仁) 등의 노력에 의해 뒤집혀 순치 초년의 원래의 모습을 회복하였다.
서양과학(西學)의 중국과학(宋學)에 대한 상대 우위가 이렇게 하여 확정되고 서학은 학문적으로 확고부동한 지위를 확보하게 된 것이다.
11) 서학과 서교의 분화를 정당시하는 사회이론은 최종적으로는 梅文鼎을 통해서였다. 상세한 것은 川原秀城, 「梅文鼎與東亞」, 『宗教哲學』 45(中華民國宗教哲學研究社, 2008)를 참조 바란다.

[조선의 서학 수용] 조선의 서학 수용은 그 방식이 중국과 같지 않았다. 조선의 큰 흐름은 예수회의 희망대로 서학을 서교와 일체로 파악하여 기독교적 과학으로서 이해한 것이었다.

서학과 서교를 준별하지 않았던 이유는 (a) 조선의 지식인들은 총괄적으로 명의 『천학초함』을 매개로 한 서학을 배우고 『천학초함』에서 주창된 '서학 즉 서교'의 학문관을 받아들였기 때문이고,[12] (b) 또한 은혜를 입은 명을 멸망시킨 나라로서 청을 경멸한 결과 청의 귀중한 대對서교 경험(대서양 정책)을 배우지 않았기 때문이다.

조선서학사에서 서교의 중요성은 매우 높다. 이것이 조선식 서산 연구를 초래한 원인이라고 할 수 있다.

2) 동산과 화산

(1) 일본수학과 조선

조선수학은 역사상 두 번 일본수학의 성립에 결정적인 영향을 미쳤다. 특히 에도시대의 수학인 '화산和算'은 도요토미 히데요시(豊臣秀吉) 군軍이 약탈한 『산학계몽』의 천원술을 환골탈태시켜 새로운 기호대수학을 창출하였다.

---

12) 曆算上의 필요에서 출발하여 서학 연구에 손을 댄 인물의 경우는 『崇禎曆書』, 『律曆淵源』의 독해를 중심으로 하였기 때문에 서교와의 관계로 골치를 썩일 필요가 없었을 것이다. 홍대용·황윤석·서명응·서호수·서유구·홍길주 등이 그러하다.

① 일본수학사략

[아스카 · 나라에서 무로마치 말기] 아스카 · 나라 · 헤이안 시대에 일본의 수학은 유형 ii의 당산唐算(籌算, 언어대수)의 압도적인 영향하에 있었다. 『구장산술』, 『오조산경』 등이 중국에서 직접 전해지거나 혹은 백제 · 신라를 경유해 간접적으로 전해졌다.

[무로마치 말기에서 에도 초기] 견당사遣唐使의 폐지(894)로 시작된 문화적인 고립 상황이 장기간에 걸쳐 지속된 결과 재차 중국수학이 적극적으로 이입된 것은 꽤나 늦은 16~17세기의 일이다. 이때 전해진 것은 유형 iv의 (a) 주판(珠算盤)과 (b) 명의 주산서珠算書이다.

또한 도요토미 히데요시의 조선 침략을 매개로 하여 유형 iii의 『산학계몽』, 『양휘산법』 등이 전래되었다. 당시를 대표하는 수학서로는 요시다 미쓰요시(吉田光由)의 『진겁기塵劫記』(1627)와 사와구치 가즈유키(澤口一之)의 『고금산법기古今算法記』(1671) 등이 있다.

[세키 다카카즈 이후] 세키 다카카즈(關孝和, 1640?~1708)는 『산학계몽』의 천원술을 연구하여 그 기본적인 틀을 유지하면서도 미지수와 기지수의 표기를 기호화함으로써 동아시아의 대수 체계를 일반적인 추론이 가능한 형태로 개량하고 이를 통해 세로쓰기의 기호대수학(필산) 형식을 만들어 냈다.

세키 다카카즈의 『발미산법發微算法』(1674)에 보이는 '방서법傍書法'이 그것이다. 방서법의 발명은 곧바로 화산의 성립을 의미한다.

② 화산의 내용[13]

[세키 다카카즈의 업적] 세키 다카카즈의 업적은 대단히 많다. 연단술演段術의 창설, 행렬식과 뉴턴 근사해법의 발견을 비롯해 방정식의 판별식, 극값, 부정방정식, 급수, 방진方陣 등 다기한 분야에 걸쳐 있다. 세키 다카카즈의 저서(稿本) 대다수는 아라키 무라히데(荒木村英)와 다케베 가타히로(建部賢弘, 1664~1739)에 의해서 후세에 전해졌다. 『삼부초三部抄』, 『칠부서七部書』 등으로 칭해지는 것이다.

[다케베 가타히로] 다케베 가타히로는 세키 다카카즈의 고제高弟 중의 고제이다. 세키 다카카즈의 제자 중에서 가장 수학적 재능이 뛰어났다고 한다. 다케베 가타히로의 최대의 업적은 $(\sin^{-1}x)^2$과 $\sqrt{1+x}$ 의 급수전개식을 발견한 점에 있다. 또한 불완전하나마 귀납법을 추장推奬한 점도 저명하다.

저서로는 『발미산법연단언해發微算法演段諺解』(1685), 『산학계몽언해대성算學啓蒙諺解大成』 7권(1690), 『불휴철술不休綴術』(1772 稿) 등이 있다. 한학漢學과 역산악률曆算樂律로 명성이 자자했던 나카네 겐케이(中根元圭, 1662~1733)가 그의 제자이다.

[마츠나가 요시스케와 구루시마 요시히로] 세키 다카카즈와 다케베 가타히로의 유업을 정리하고 발전시킨 인물로는 마츠나가 요시스케(松永良弼,

---

13) 본 항은 川原秀城,「和算」(吉田忠·李廷擧 編,『日中文化交流叢書 8 科學技術』, 大修館書店, 1998)의 記述을 원용하였다.

1690?~1744)와 구루시마 요시히로(久留島義太, ?~1757)를 거론할 필요가 있
다. 마츠나가 요시스케는 세키류(流) 원리(圓理)의 완성자로 알려져 있으
며, 다수의 삼각함수와 역삼각함수의 급수전개식을 발견하였다.(『方圓
算經』, 1739 稿) 구루시마 요시히로는 행렬식의 라플라스 전개, 오일러
함수, 극대·극소론 등에 뛰어난 업적을 남겼다. 마츠나가 요시스케
는 아라키 무라히데의 흐름을 잇고 있으며 구루시마는 나카네 겐케이
의 제자이다.

[야마지 누시즈미] 다케베 가타히로·마츠나가 요시스케·구루시마 요시
히로의 뒤를 이은 것이 야마지 누시즈미(山路主住, 1704~1772)와 그 문하
의 인물들이다. 야마지 누시즈미는 순환소수 등을 연구하기도 하였으
나 그다지 독창적인 연구에 뛰어난 수학자는 아니었던 듯싶다.

그러나 아리마 요리유키(有馬賴徸, 1714~1783), 후지타 사다스케(藤田貞
資, 1734~1807), 아지마 나오노부(安島直圓, 1732~1798) 등 뛰어난 수학자를
육성하였다. 아리마 요리유키는 『습기산법(拾璣算法)』(1769), 후지타 사다
스케는 『정요산법(精要算法)』(1781)의 저작이 있다. 모두 세키류 수학의 좋
은 교과서로서 이름 높다.

[아이다 야스아키] 당시 세키류와 20년 이상에 걸쳐 논쟁을 반복한 최상
류(最上流)의 수학자로 아이다 야스아키(會田安明, 1747~1817)가 있는데, 그
도 논적인 후지타 사다스케와 마찬가지로 화산의 교육·계몽 면에 있
어 많은 업적을 남겼다. 이들의 연구 혹은 저작에는 간결·단순을 귀

히 여기는 정신이 충만해 있고, 이 간이화의 정신(일반화나 체계화로 연결될 수 있는 계기를 내포한다)이 화산 자체의 총체적인 발전을 촉진한 점도 적지 않다고 한다.

[아지마 나오노부] 한편 아지마 나오노부는 화산 중흥의 조祖라고 여겨지는 대수학자이다. 그의 업적 중 가장 뛰어난 것은 원리이차철술圓理二次綴術의 발견(『弧背術解』, 『圓柱穿空圓術』 등)인데, 이는 오늘날의 이중 적분에 상당한다고 알려져 있다. 또한 두 원의 공통 접선(傍斜)과 제원諸圓의 직경 간의 관계식을 구하는 방사술傍斜術이나 대수對數(로가리즘)의 연구 등도 그의 천재성을 증명하는 좋은 증거이다.

[와다 네이와 하세가와 히로시] 막말幕末의 수학자로서는 와다 네이(和田寧, 1787~1840), 하세가와 히로시(長谷川寬, 1782~1838) 등이 매우 중요하다.

와다 네이는 원리圓理의 제표諸表 혹은 정적분의 공식집을 만들어 이를 통해 구적求積 문제를 일률적으로 풀 수 있는 방법을 제시하고 종래 서로 고립되어 있던 구적법을 통일하였다.(『圓理豁術』) 또한 극수술極數術을 만들어 페르마(Pierre de Fermat)와 유사한 방법으로 극값을 논하였다. 한편 하세가와 히로시는 극형술極形術과 변형술로 유명한데, 그가 저술한 화산의 교과서 『산법신서算法新書』(1830)는 미증유의 발행 부수를 자랑했다고 한다.

(2) 동산과 화산의 분기점

① 동아시아 수학의 분기점

[중산과 동산의 분기점] 명산明算과 동산東算의 분기점은 조선 초 세종이 원명元明 민간수학의 실용주의적 개량에 반해 그 변화를 무시하고 주자학적인 행정 산학의 정비를 행한 점에 있다. 명산의 주산珠算(유형 iv)과 동산의 주산籌算(유형 iii)이라는 상호 소통불가능한 수학 세계가 거기서 성립하였다. 명 중엽 이후의 동아시아에서는 일반적으로 주산珠算이 극히 융성하였지만 조선에서는 주산珠算이 전혀 보급되지 않았다는 기묘한 뒤틀림 현상이 생긴 이유이다.

또한 청산淸算은 주산珠算(明算, 유형 iv) + 필산(西算, 유형 v)의 구조를 갖는데, 동산은 청산을 수입하고서도 주산籌算의 틀을 바꾸지 않았다. 청의 대수학자인 하국주何國柱와 조선의 산원算員 홍정하 · 유수석의 논산論算이 그 차이를 여실히 보여 준다.

[동산과 화산의 분기점] 동산과 화산의 분기점은 결과적으로 『산학계몽』에 대한 학습 태도의 차이에서 유래한 것이다.

동산은 전술한 대로 임병양란 이전의 산학 수준을 회복하고자 일어난 학문적 운동이 초래한 결과이다. 잡학에 속하는 중인의 수학 교과서 『산학계몽』의 복각으로 시작되었다. 한편 일본수학은 약탈본인 『산학계몽』의 내용을 이해하고자 함으로써 급속한 발전을 개시하였다. 이 학문적 산물이 화산이다.

일본수학은 조선 대수학代數學의 자극에서 촉발된 것이지만 첫 번째 관문에 해당하는 천원술의 정확한 이해에 도달하기까지 조금은 시간을 요했던 것 같다. 일본수학사상 최초로 천원술을 정확하게 이해하고 문제의 해법에 구체적으로 응용한 것은 사와구치 가즈유키의 『고금산법기』(1671) 전후인 것으로 알려져 있다. 『고금산법기』는 7권으로 구성되어 있는데 그 제4·5·6권이 천원술에 의한 해법을 기술하고 있다.

『고금산법기』의 수학사상의 가치는 단지 천원술을 최초로 완전하게 소화 흡수한 점에 있는 것만은 아니다. 제7권에서 다른 수학자에게 해답을 구하는 유제遺題 15문제를 제출한 것은 그보다 더한 의미가 있다. 사와구치 가즈유키의 유제는 다원고차방정식의 연립을 요구하기 때문에 일원방정식밖에 다룰 수 없는 천원술로는 풀 수 없고 이 문제를 풀기 위한 시행착오 속에서 천원술을 넘어선 기호법이 생겨남으로써 화산이 고고성呱呱聲을 울렸기 때문이다.

② 동산과 화산의 문화 배경

[사회 환경과 사상 배경] 수학으로부터 볼 때 조선사회와 일본사회의 차이도 현저하다. 동산은 관학이고 행정수학이지만, 화산은 민간수학이고 취미적 요소도 강하다. 동산을 배운 것은 양반과 중인의 특정 계급뿐이지만, 화산을 배운 것은 무사에서부터 널리 농민·공인·상인에 이른다.

동산은 주자학을 체제 교학으로 하는 엄격한 계급사회를 유지하기 위한 실용기술이다. 한편 화산은 상인 계급의 발흥에 동반하여 실학을 중시하고 학문의 실용성이나 사회적 실천을 구하는 사회적 요구가 그 성립을 배후에서 추진한 것으로 생각된다.

동산을 사상적으로 지탱시켜 준 것은 주자학적 보편주의·합리주의이지만, 화산을 사상적으로 지탱시켜 준 것은 오규 소라이(荻生徂徠) 학풍의 상대주의·현실주의라고 할 수 있을 것이다. 동산은 주자학에 근거한 엄격한 사상성·정통성을 한결같이 요구했음에 반해, 화산은 언뜻 보기에 무사상으로 보이지만 다른 계급의 문화·가치관에 대해서 관용적이었다. 화산이 방대한 지식을 축적할 수 있었던 것은 계급을 초월한 공동 작업을 가능하게 한 관용정신의 존재 덕이라고 생각하지 않을 수 없다.

[서학관의 차이] 동산은 이미 서술한 바대로 서학을 서교와 일체로 파악하여 기독교적 과학으로서 이해하였다. 화산은 이에 반해 매문정梅文鼎의 과학사상의 영향을 받아 서교를 물리치고 서학을 연구하였다.

주지하다시피 동아시아의 근세·근대는 서양의 과학이론이나 과학기술의 수입을 그 기본 요건의 하나로 한다. 또한 일본에서는 에도 막부의 8대 쇼군 도쿠가와 요시무네(德川吉宗, 재위 1716~1745)에 의한 서양 근대과학의 도입을 목적으로 한 서학서 수입의 일부 해금이 그 이후의 흐름을 결정지었던 점도 틀림없다.

원래 3대 쇼군 도쿠가와 이에미쓰(德川家光)는 국내외의 정치 상황을 감안하여 간에이(寬永) 16년(1639)에 기독교를 엄금하고 포르투갈인의 일본 도항을 금하는 쇄국령을 내렸는데, 이에 앞서 간에이 7년(1630)

에 금서령을 발포하고 기독교에 대해 언급한 책을 중국에서 수입하는 것을 금지하였다. 금서 중에는 기독교 교의와 무관한 예수회 선교사들의 과학기술서 『기하원본』, 『태서수법』 등도 포함되어 있었으며, 금서령이 쇄국령과 더불어 서양과학의 도입을 저해한 점은 의심할 여지가 없다.

그러나 에도시대 후기가 되면 일본 국내외의 정치 상황은 일변한다. 8대 쇼군 요시무네는 민용民用에 제공할 정확한 역법을 제작하고자 세키 다카카즈의 수제자 다케베 가타히로에게 널리 화한양和漢洋의 역산에 대해 자문을 구했다. 다케베 가타히로는 문인인 나카네 겐케이를 추거하였고, 나카네 겐케이는 자문에 응하여 본방(일본)의 역학曆學을 정미精微하게 하려면 예수회 선교사에 의한 한역 서양 천문학서의 연구가 불가결하다는 요지로 답신答申하였다. 교호(亨保) 5년(1720), 요시무네는 금서령을 완화하고 서학서의 수입 금지를 일부 폐지하였다. 금서령 완화의 최초의 성과는 매문정의 『역산전서』(1723)의 훈점訓點으로 나타났다. 교호 11년(1726)에 요시무네는 매문정의 천문수학서의 번역을 다케베 가타히로에게 명하였고 다케베는 나카네에게 이를 맡겼다.

교호 13년 나카네가 번역 작업을 완성하였고, 18년 다케베가 서문을 붙여 주정奏呈하였다. 다케베는 서문에서 매문정 책의 번역은 서양 천문학을 이해하는 데 일조하기 위해서 기도되었다 라고 명언明言하고 있다.

그러나 쇼군 요시무네는 한역서에 의한 서학 연구만으로는 충분하지 않다고 여겼다. 겐분(元文) 5년(1740)에 아오키 콘요(靑木昆陽)와 노로 겐죠(野呂元丈)에게 네덜란드어의 학습을 명하였다. 유명한 난학蘭學의 기원이다. 일본은 이렇게 하여 쇄국금교를 유지하고 전면적인 이식을 거부하면서도 양학洋學의 시대에 돌입한 것이다.

요시무네의 금서령 완화는 후세 일본의 서양화의 기초를 만들고 근대화의 방향성을 규정한 것이지만, 이 서양화라는 정책 결정에 영향을 미친 것이 바로 서학과 서교를 준별하고 서교를 물리치면서 서학을 주창한 매문정의 과학사상이다.

결론적으로 보면 일본 에도기의 화산 → 난학·양학의 학문 조류는 매문정의 영향을 받아서 성립한 것이라고 할 수 있다.

역자 후기

•

•

본서는 가와하라 히데키(川原秀城) 저 『朝鮮數學史』(동경대학출판회, 2010)의 전역이다. 다만 후언後言은 저자의 양해하에 할애하였다. 또한 내용 중 일부에 한하여 저자 자신에 의해 수정된 부분이 있음을 밝혀 둔다. 번역은 가능한 한 원의를 정확히 전달하고자 노력하였으며 의역은 될수록 피하였다. 단 한문 원전 번역에 관해서는 일본과 한국 양국의 학계 관행이 서로 같지 않은 점도 적지 않아 원저자의 문투를 어쩔 수 없이 역자가 자의로 바꾼 부분이 있다.

저자는 중국과학사 연구로 세계적 권위자였던 야부우치 기요시(藪內 淸)의 마지막 직전直傳 제자로, 일찍이 『유휘주구장산술劉徽注九章算術』을 처음으로 일본어로 완역한, 현대 일본을 대표하는 중국과학사 연구자의 한 사람이다. 연구 영역은 과학사 이외에도 술수학, 경학, 주자학, 고증학, 율려학 등 실로 다기에 걸친다. 학풍은 사변적인 것과 주의주장을 대언장어大言壯語하는 것을 싫어하고 꼼꼼한 원전 해독과 그에 근거한 논리적이고 치밀한 추론을 제일로 삼는다. 이런 의미에서 보자면 가노 나오키(狩野直喜) 이래의 교토대학(京都大學) 시놀로지 특유의 고증학적 학풍의 충실한 계승자라고 할 수 있다. 그러나 전통적인 교토학파의 시놀로지가 철저하게 중국 중심이었던 점에 반하여 저자의 학문은 그 시야를 한국을 포함한 동아시아로 확장한 점을 특징으로 한다.

여담이지만 저자의 한국학 연구에는 그 계기가 있다. 90년대 후반 재직하던 도쿄대학의 한 한국인 유학생이 외국어의 중요성을 강조한 어느 교수의 발언에 대해 "그런데 왜 일본인은 한국어를 배울 생각을 하지 않는가"라고 반론을 제기한 일이 있었다고 한다. 임석한 대다수의 사람들에게 한국인 유학생이 돌연 제기한 이 반론은 단순한 불평(文句)에 지나지 않았지만, 저자는 이에 자극받아 분발하여 1년 가까이 한국에 홀로 유학하고 한국어를 습득하게 된다. 이 경험이 저자의 본격적인 한국학 연구의 출발점이다. 저자는 그 후로 정년 퇴임한 현재에 이르기까지 과학사 연구과 함께 주자학을 중심으로 한 한국학 연구를 자신의 필생의 과제로 삼고 있다.

閑話休題. 번역을 끝내고 돌이켜보니 독자의 입장에서 볼 때 한문투성이의 지극히 불친절한 번역이 되었다. 그러나 한문이라는 언어적 표현 수단을 더 이상으로 제거한다면 그 또한 저자의 집필 의도를 정면에서

거스르는 결과가 될 것이다. 과학사도 문화사 연구의 일환인 이상 인문학의 한 분야이고, 따라서 언어 자체의 내적 논리가 수리와 더불어 본질적으로 중요한 두 축을 이루기 때문이다. 생각건대 시간이 많이 걸리더라도 전통 수학의 수리와 언어적 사유체계를 동시에 염두에 두고, 한편에서는 일일이 계산을 따라해 보며, 한편에서는 옥편을 찾아가며 꼼꼼히 한 줄 한 줄 읽어 나갈 독자가 있다면, 역자에게 그 이상의 보람은 없을 것이다.

본서의 번역과 출간은 전적으로 서울대학교 과학사 및 과학철학 협동과정의 김영식, 임종태 두 선생님의 지원 덕이다. 이 자리를 빌려 두 분에게 다시 한 번 심심한 감사를 드린다. 아울러 역자의 제반 사정에 의해 (주로는 능력 부족 탓이지만) 출간이 대폭 미루어진 점 사과드린다.

전문용어가 빈출할 뿐만 아니라 난삽하고 생경한 문장을 견디며 수식을 포함해 많은 오류를 지적해 준 예문서원 편집부 여러분에게도 큰 신세를 졌다. 마음에서 깊은 감사의 뜻을 표한다. 본서가 그나마 조금 더 오류가 적고 읽기 쉽게 된 것은 전적으로 그들의 공이다.

사적으로 저자는 역자로 하여금 학문이 독학만으로는 불충분하다는 당연한 사실을 처음으로 분명하게 깨닫게 해 준 은사이다. 다시 한 번 그간에 입은 홍은鴻恩에 감사드린다. 한국어판의 간행이 목전에 다가오니 역자가 저자에게 진 큰 빚이 조금은 덜어질 듯한 기분이 드는 것도 사실이다. 또 한편에서는 졸속한 번역으로 누를 끼치는 것은 아닐까 걱정이 들기도 한다. 당연한 이야기지만 본서의 일체의 오류는 오롯이 역자의 몫이다.

역자 識

참고문헌

【한국 과학 · 수학사】

郭世榮, 『中國數學典籍在朝鮮半島的流傳與影響』, 山東教育出版社, 2009.

金容雲 編, 『韓國科學技術史資料大系─數學篇』 全10卷, 驪江出版社, 1985.

金容雲 · 金容局, 『韓國數學史』, 槙書店, 1978; 『韓國數學史』(改訂版), 悅話堂, 1982.

藤本幸夫, 『日本現存朝鮮本研究集部』, 京都大學學術出版會, 2006.

朴星來, 『한국인의 과학정신』, 평민사, 1993.

兒玉明人 編, 『十五世紀の朝鮮刊銅活字數學書』(私家本), 1966.

李南姬, 『朝鮮後期 雜科中人 研究─雜科 入格者와 그들의 家系分析』, 以會文化社, 1999.

李成茂 · 崔珍玉 · 金喜福 編, 『朝鮮時代雜科合格者總覽─雜科榜目의 電算化』, 韓國精神文化研究院, 1990.

장혜원, 『산학서로 보는 조선수학』, 경문사, 2006.

全相運, 『韓國科學技術史』, 高麗書林, 1978.

_____, 『한국과학사』, 사이언스북스, 2000.

조선기술발전사 편찬위원회, 『조선기술발전사』 1~5, 과학백과사전종합출판사, 1996.

洪以燮, 『朝鮮科學史』, 三省堂出版, 1944.

_____, 『朝鮮科學史』, 正音社, 1946.

黃元九 · 李鍾英 엮음, 『朝鮮後期曆算家譜 · 索引』, 한국문화사, 1991.

金東基, 「韓國數學史」, 『韓國文化史大系 Ⅲ─科學 · 技術史』, 高麗大學校 民族文化研究所, 1965.

南權熙, 「庚午字本, 『新編算學啓蒙』과 諸版本 研究」, 『書誌學研究』 第16輯, 서지학회, 1998.

藤本幸夫, 「東京敎育大學藏朝鮮本について」, 『朝鮮學報』 81輯, 朝鮮學會, 1976.

閔泳珪, 「十七世紀 李朝學人의 地動說─金錫文의 易學二十四圖解」, 『東方學志』 第16輯, 1975.

박권수, 「徐命膺(1716~1787)의 易學的 天文觀」, 『한국과학사학회지』 제20권 제1호, 1998.

朴星來, 「丁若鏞의 科學思想」, 『茶山學報』, 1978.

_____, 「洪大容, 『湛軒書』의 西洋科學 發見」, 『震壇學報』 79, 1995.

小川晴久, 「地轉動說から宇宙無限論へ─金錫文と洪大容の世界」, 『東京女子大學論集』第30卷, 1980.

安大玉, 「調査ノート: 18世紀の朝鮮の渾天儀—裵相說の木製渾天儀について」, 『數學史研究』180號, 日本數學史學會, 2005.

_____, 「アストロラーブの東伝と朝鮮の簡平渾蓋日晷」, 『前近代における東アジア三國の文化交流と表象—朝鮮通信使と燕行使を中心に』(國際日本文化センター第29回國際研究集會豫稿論文集), 2006.

葉吉海, 「李朝世宗時期的朝鮮算學」, *Proceedings of Asia-Pacific HPM 2004 Conference*, 2004.

吳秉鴻, 「從李尙爀《借根方蒙求》探討中韓數學的交流與轉化」, *Proceedings of Asia-Pacific HPM 2004 Conference*, 2004.

李建宗, 「中人算學者代表人物—慶善徵」, *Proceedings of Asia-Pacific HPM 2004 Conference*, 2004.

林肯輝, 「淺談裵相說的《書計瑣錄》」, *Proceedings of Asia-Pacific HPM 2004 Conference*, 2004.

전용훈, 「19세기 조선 수학의 지적 풍토: 홍길주(1786~1841)의 수학과 그 연원」, 『한국과학사학회지』 제26권 제2호, 2004.

_____, 「崔漢綺と志築忠雄の近代科學に對する態度比較—氣, 重力, 神の槪念をめぐって」, 第89回公共哲學京都フォーラム豫稿集, 2009.

周宗奎, 「朝鮮儒家算書析論—以黃胤錫《算學入門》爲例」, *Proceedings of Asia-Pacific HPM 2004 Conference*, 2004.

川原秀城, 「『九數略』—算學と四象」, 『朝鮮文化研究』 3號, 東京大學 文學部 韓國朝鮮文化研究室, 1996.

_____, 「東算と天元術—17世紀中期~18世紀初期の朝鮮數學」, 『朝鮮學報』 第169輯, 朝鮮學會, 1998.

_____, 「최한기의 氣學體系—氣의 哲學과 西洋科學」, 『崔漢綺 탄생 2백주년 기념 학술회의: 惠岡 氣學의 사상—東西의 학적 만남을 통한 신경지』, 成均館大學校 大東文化研究院, 2003.

_____, 「星湖心學—朝鮮王朝の四端七情理氣の辨とアリストテレスの心論」, 『日本中學會報』 第56集, 2004.

_____, 「朝鮮18世紀後半期の「小學」教科書—裵相說の『書計瑣錄』と朱子學の初等教育觀」, 『數理解析研究所講究錄1444: 數學史の研究』, 京都大學 數理解析研究所, 2005.

_____, 「洪大容の科學知識と社會思想」, 『前近代における東アジア三國の文化交流と表象—朝鮮通信使と燕行使を中心に』(國際日本文化センター第29回國際研究集會豫稿論文集), 2006.

_____, 「朝鮮朝末期の數學」, 『數學史研究』 194號, 日本數學史學會, 2007.

514

_____, 「정약용의 과학저작」, 『茶山學』 13號, 다산학술문화재단, 2008.

洪萬生, 「十八世紀東算與中算的一段對話: 洪正夏vs何國柱」, 『漢學研究』 第20卷 第2期, 2002.

_____, 「中日韓數學文化交流的歷史問題」, 『科技, 醫療與社會學術研討會論文集』(王玉豊主 編), 高雄國立科學工藝博物館, 2002.

Jun, Yong-Hoon, "Hong Kil-ju(洪吉周, 1768~1841) and His Studies on Mathematics," *Proceedings of Asia-Pacific HPM 2004 Conference*, 2004.

Oh, Young-Sook, "SuriChongonPohae(數理精蘊補解): An 18th Century Korean Supplement to Shuli jingyun(數理精蘊)," *Proceedings of Asia-Pacific HPM 2004 Conference*, 2004.

【한국학 일반】

姜在彦, 『西洋と朝鮮』, 文藝春秋, 1994.

_____, 『朝鮮儒敎の二千年』(朝日選書), 朝日新聞社, 2001.

權五榮, 『崔漢綺의 學問과 思想 硏究』, 集文堂, 1999.

琴章泰, 『丁若鏞』, 성균관대학교 출판부, 1999.

琴章泰 著・韓梅 譯, 『丁若鏞』, 延邊大學出版社, 2007.

金文植, 『朝鮮後期 經學思想研究: 正祖와 京畿學人을 중심으로』, 一潮閣, 1996.

김영식, 『정약용 사상속의 과학기술』, 서울대학교출판부, 2006.

金泰俊, 『虛學から實學へ―十八世紀朝鮮知識人洪大容の北京旅行』, 東京大學出版會, 1988.

_____, 『홍대용』, 한길사, 1998.

民族文化推進會 編, 『韓國文集叢刊解題4』, 景仁文化社, 2000.

_____, 『韓國文集叢刊解題 5』, 景仁文化社, 2001.

_____, 『韓國文集叢刊解題 6』, 景仁文化社, 2005.

柳生眞, 『崔漢綺 氣學 研究』, 景仁文化社, 2008.

李佑成, 『韓國의 歷史像』, 창작과비평사, 1982.

李元淳, 『朝鮮西學史研究』, 一志社, 1986.

李賢九, 『崔漢綺의 氣哲學과 西洋科學』, 成均館大學校 大東文化研究院, 2000.

張志淵, 『朝鮮儒學淵源』, 亞細亞文化社, 1973.

한우근, 『星湖李瀷研究―人間 星湖와 그의 政治思想』, 서울大學校 出版部, 1980.

權純哲, 「茶山丁若鏞の經學思想研究」(未刊).

李賢九, 「崔漢綺 氣學의 成立과 體系에 關한 研究―西洋近代科學의 流入과 朝鮮後期

儒學의 變容」(未刊).

【중국 과학·수학사 외】

岡本さえ,『淸代禁書の硏究』, 東京大學 東洋文化硏究所, 1996.

_____,『近世中國の比較思想—異文化との邂逅』, 東京大學出版會, 2000.

_____,『イエズス會と中國知識人』, 山川出版社, 2008.

杜石然,『數學·歷史·社會』, 遼寧敎育出版社, 2003.

藤原松三郎,『明治前日本數學史』全5卷(日本學士院編), 岩波書店, 1954.

藤原松三郎先生數學史論文刊行會 編,『東洋數學史への招待—藤原松三郎數學史論文集』, 東北大學出版會, 2007.

森本光生,「『算學啓蒙諺解大成』について」,『數理解析硏究所講究錄1392: 數學史の研究』, 京都大學 數理解析硏究所, 2004.

藪內淸,『支那數學史槪說』, 山口書店, 1944.

_____,『中國の數學』, 岩波書店, 1974.

_____,『中國の科學と日本』, 朝日新聞社, 1978.

_____,『增補改訂中國の天文曆法』, 平凡社, 1990.

安大玉,『明末西洋科學東傳史—『天學初函』器編の硏究』, 知泉書館, 2007.

王渝生,『中華文化通志·科學技術典 算學志』, 上海人民出版社, 1999.

劉鈍,『大哉言數』, 遼寧敎育出版社, 1993.

李儼,『中國古代數學史料』, 中國科學圖書儀器公司, 1954.

李儼·錢寶琮,『科學史全集』全10卷, 遼寧敎育出版社, 1998.

錢寶琮 主編,『中國數學史』, 科學出版社, 1964.

錢寶琮 編·川原秀城 譯,『中國數學史』, みすず書房, 1990.

차종천 譯,『東洋數學의 古典—구장산술 주비산경』, 범양사 출판부, 2000.

Benjamin A. Elman, *On Their Own Terms: Science In China, 1550-1900*, Harvard University Press, 2005.

Jean-Claude Martzloff, *Histoire Des Mathématiques Chinoises*, Masson, 1988.

_____, *A History Of Chinese Mathematics*, Springer, 1997.

Karine Chemla·Guo Shuchun, *Les Neuf Chapitres*, Dunod, 2004.

Li, Yan·Du, Shiran, *Chinese Mathematics: A Concise History*, Clarendon Press, 1987.

渡邊純成,「淸代の西洋科學受容」,『淸朝とは何か』(岡田英弘 編), 藤原書店, 2009.

藤原松三郎,「支那數學史ノ硏究 Ⅲ」,『東北數學雜誌』, 1940.

梅榮照,「唐中期到元末的實用算術」,『宋元數學史論文集』, 1966.

安大玉, 「明末平儀(Planispheric Astrolabe)在中國的伝播—以『渾蓋通憲圖説』中的平儀 爲例」,『自然科學史研究』第21卷 第4期, 2002.

嚴敦杰, 「宋楊輝算書考」,『宋元數學史論文集』, 1966.

川原秀城 譯, 「劉徽註九章算術」,『科學の名著2—中國天文學・數學集』(藪內淸 編), 朝 日出版社, 1980.

＿＿＿＿,「第4章 中國の數學」,『數學の歴史2—中世の數學』(伊東俊太郎 編), 共立出版 社, 1987.

찾아보기

520

526

저자: 가와하라 히데키(川原秀城)

1950년 후쿠오카 현(福岡縣)에서 태어나, 1972년 교토대학(京都大學) 이학부 수학과 및 1974년 동 대학 철학과(중국철학사 전공)를 졸업하였으며, 1980년 동 대학원에서 문학연구과 박사과정을 수료하였다. 1992년 도쿄대학(東京大學) 문학부 조교수, 1994년 동 대학 교수를 거쳐, 2015년 동 대학에서 정년퇴임하였다. 현재 도쿄대학 명예교수로 있다.

주요 저역서로는 『荻生徂徠全集』 第13卷(荻生徂徠 著, 共編, みすず書房, 1987), 『中國數學史』(錢寶琮 主編, 全譯, みすず書房, 1990), 『中國の科學思想―兩漢天學考』(創文社, 1996), 『中國科學技術史』 上下冊(杜石然他 編著, 共譯, 東京大學出版會, 1997), 『毒藥は口に苦し―中國の文人と不老不死―』(大修館書店, 2001; 『독약은 입에 쓰다』, 김광래 옮김 ,성균관대학교 출판부, 2009), 『高橋亨 朝鮮儒學論集』(共編譯, 知泉書館, 2011), 『關流和算書大成―關算四傳書―』 第1-3期 (共編, 勉誠出版, 2008~2011), ACTA ASIATICA, No.106, Society and Thought during the Later Chosŏn Dynasty, The Toho Gakkai, Feb. 2014, 『朝鮮朝後期の社會と思想』(編書, 勉誠出版, 2015), 『西學東漸と東アジア』(編書, 巖波書店, 2015) 등이 있다.

역자: 안대옥安大玉

서울대학교 공과대학 화학공학과를 졸업하고, 대만국립정치대학臺灣國立政治大學에서 석사학위를, 일본 도쿄대학(東京大學) 대학원 인문사회계 연구과에서 박사학위를 받았다. 전공은 중국 근세 과학사와 중국서학사이다.

주요 저서로는 『에도시대의 실학과 문화』(공저, 경기문화재단, 2005), 『明末西洋科學東傳史』(知泉書館, 2007), 『한국유학사상대계―과학기술사상편』(공저, 한국국학진흥원, 2009), 『문명의 충격과 근대 동아시아의 전환』(공저, 도서출판 경진, 2012), 『曆の大事典』(共著, 朝倉書店, 2014) 등이 있다.

◀ 예문서원의 책들 ▶

원전총서

박세당의 노자 (新註道德經) 박세당 지음, 김학목 옮김, 312쪽, 13,000원
율곡 이이의 노자 (醇言) 이이 지음, 김학목 옮김, 152쪽, 8,000원
홍석주의 노자 (訂老) 홍석주 지음, 김학목 옮김, 320쪽, 14,000원
북계자의 (北溪字義) 陳淳 지음, 김영민 감수, 김영민 옮김, 295쪽, 12,000원
주자가례 (朱子家禮) 朱熹 지음, 임민혁 옮김, 496쪽, 20,000원
서경잡기 (西京雜記) 劉歆 지음, 葛洪 엮음, 김장환 옮김, 416쪽, 18,000원
열선전 (列仙傳) 劉向 지음, 김장환 옮김, 392쪽, 15,000원
열녀전 (列女傳) 劉向 지음, 이숙인 옮김, 447쪽, 16,000원
선가귀감 (禪家龜鑑) 청허휴정 지음, 박재양 · 배규범 옮김, 584쪽, 23,000원
공자성적도 (孔子聖蹟圖) 김기주 · 황지원 · 이기훈 역주, 254쪽, 10,000원
천지서상지 (天地瑞祥志) 김용천 · 최현화 역주, 384쪽, 20,000원
참동고 (參同攷) 徐命庸 지음, 이봉호 역주, 384쪽, 23,000원
박세당의 장자, 남화경주해산보 내편 (南華經註解刪補 內篇) 박세당 지음, 전현미 역주, 560쪽, 39,000원
초원담노 (椒園談老) 이충익 지음, 김윤경 옮김, 248쪽, 20,000원
여암 신경준의 장자 (文章準則 莊子選) 申景濬 지음, 김남형 역주, 232쪽, 20,000원

퇴계원전총서

고경중마방古鏡重磨方 — 퇴계 선생의 마음공부 이황 편저, 박상주 역해, 204쪽, 12,000원
활인심방活人心方 — 퇴계 선생의 마음으로 하는 몸공부 이황 편저, 이윤희 역해, 308쪽, 16,000원
이자수어李子粹語 퇴계 이황 지음, 성호 이익 · 순암 안정복 엮음, 이광호 옮김, 512쪽, 30,000원

연구총서

논쟁으로 보는 중국철학 중국철학연구회 지음, 352쪽, 8,000원
논쟁으로 보는 한국철학 한국철학사상연구회 지음, 326쪽, 10,000원
중국철학과 인식의 문제 (中國古代哲學問題發展史) 方立天 지음, 이기훈 옮김, 208쪽, 6,000원
중국철학과 인성의 문제 (中國古代哲學問題發展史) 方立天 지음, 박경환 옮김, 191쪽, 6,800원
역사 속의 중국철학 중국철학회 지음, 448쪽, 15,000원
공자의 철학 (孔孟荀哲學) 蔡仁厚 지음, 천병돈 옮김, 240쪽, 8,500원
맹자의 철학 (孔孟荀哲學) 蔡仁厚 지음, 천병돈 옮김, 224쪽, 8,000원
순자의 철학 (孔孟荀哲學) 蔡仁厚 지음, 천병돈 옮김, 272쪽, 10,000원
유학은 어떻게 현실과 만났는가 — 선진 유학과 한대 경학 박원재 지음, 218쪽, 7,500원
역사 속에 살아있는 중국 사상 (中國歷史に生きる思想) 시게자와 도시로 지음, 이혜경 옮김, 272쪽, 10,000원
덕치, 인치, 법치 — 노자, 공자, 한비자의 정치 사상 신동준 지음, 488쪽, 20,000원
리의 철학 (中國哲學範疇精髓叢書 — 理) 張立文 주편, 안유경 옮김, 524쪽, 25,000원
기의 철학 (中國哲學範疇精髓叢書 — 氣) 張立文 주편, 김교빈 외 옮김, 572쪽, 27,000원
동양 천문사상, 하늘의 역사 김일권 지음, 480쪽, 24,000원
동양 천문사상, 인간의 역사 김일권 지음, 544쪽, 27,000원
공부론 임수무 외 지음, 544쪽, 27,000원
유학사상과 생태학 (Confucianism and Ecology) Mary Evelyn Tucker · John Berthrong 엮음, 오정선 옮김, 448쪽, 27,000원
공자曰, 공자는 이렇게 말했다 안재호 지음, 232쪽, 12,000원
중국중세철학사 (Geschichte der Mittelalterischen Chinesischen Philosophie) Alfred Forke 지음, 최해숙 옮김, 568쪽, 40,000원
북송 초기의 삼교회통론 김경수 지음, 352쪽, 26,000원
죽간·목간·백서, 중국 고대 간백자료의 세계 1 이승률 지음, 576쪽, 40,000원
중국근대철학사(Geschichte der Neueren Chinesischen Philosophie) Alfred Forke 지음, 최해숙 옮김, 936쪽, 65,000원
리학 심학 논쟁, 연원과 전개 그리고 득실을 논하다 황갑연 지음, 416쪽, 32,000원
진래 교수의 유학과 현대사회 陳來 지음, 강진석 옮김, 440쪽, 35,000원
상서학사 — 『상서』에 관한 2천여 년의 해석사 劉起釪 지음, 이은호 옮김, 912쪽, 70,000원

강의총서

김충열 교수의 노자강의 김충열 지음, 434쪽, 20,000원
김충열 교수의 중용대학강의 김충열 지음, 448쪽, 23,000원
모종삼 교수의 중국철학강의 牟宗三 지음, 김병채 외 옮김, 320쪽, 19,000원
송석구 교수의 율곡철학 강의 송석구 지음, 312쪽, 29,000원
송석구 교수의 불교와 유교 강의 송석구 지음, 440쪽, 39,000원

역학총서

주역철학사 (周易研究史) 廖名春·康學偉·梁韋弦 지음, 심경호 옮김, 944쪽, 45,000원

송재국 교수의 주역 풀이 송재국 지음, 380쪽, 10,000원

송재국 교수의 역학담론 — 하늘의 빛 正易, 땅의 소리 周易 송재국 지음, 536쪽, 32,000원

소강절의 선천역학 高懷民 지음, 곽신환 옮김, 368쪽, 23,000원

다산 정약용의 『주역사전』, 기호학으로 읽다 방인 지음, 704쪽, 50,000원

한국철학총서

조선 유학의 학파들 한국사상사연구회 편저, 688쪽, 24,000원

퇴계의 생애와 학문 이상은 지음, 248쪽, 7,800원

조선유학의 개념들 한국사상사연구회 지음, 648쪽, 26,000원

유교개혁사상과 이병헌 금장태 지음, 336쪽, 17,000원

남명학파와 영남우도의 사림 박병련 외 지음, 464쪽, 23,000원

쉽게 읽는 퇴계의 성학십도 최재목 지음, 152쪽, 7,000원

홍대용의 실학과 18세기 북학사상 김문용 지음, 288쪽, 12,000원

남명 조식의 학문과 선비정신 김충열 지음, 512쪽, 26,000원

명재 윤증의 학문연원과 가학 충남대학교 유학연구소 편, 320쪽, 17,000원

조선유학의 주역사상 금장태 지음, 320쪽, 16,000원

한국유학의 악론 금장태 지음, 240쪽, 13,000원

심경부주와 조선유학 홍원식 외 지음, 328쪽, 20,000원

퇴계가 우리에게 이윤희 지음, 368쪽, 18,000원

조선의 유학자들, 켄타우로스를 상상하며 理와 氣를 논하다 이향준 지음, 400쪽, 25,000원

퇴계 이황의 철학 윤사순 지음, 320쪽, 24,000원

조선유학과 소강절 철학 곽신환 지음, 416쪽, 32,000원

되짚어 본 한국사상사 최영성 지음, 632쪽, 47,000원

한국 성리학 속의 심학 김세정 지음, 400쪽, 32,000원

동도관의 변화로 본 한국 근대철학 홍원식 지음, 320쪽, 27,000원

선비, 인을 품고 의를 걷다 한국국학진흥원 연구부 엮음, 352쪽, 27,000원

성리총서

송명성리학 (宋明理學) 陳來 지음, 안재호 옮김, 590쪽, 17,000원

주희의 철학 (朱熹哲學研究) 陳來 지음, 이종란 외 옮김, 544쪽, 22,000원

양명 철학 (有無之境—王陽明哲學的精神) 陳來 지음, 전병욱 옮김, 752쪽, 30,000원

정명도의 철학 (程明道思想研究) 張德麟 지음, 박상리·이경남·정성희 옮김, 272쪽, 15,000원

송명유학사상사 (宋明時代儒學思想の研究) 구스모토 마사쓰구(楠本正繼) 지음, 김병화·이혜경 옮김, 602쪽, 30,000원

북송도학사 (道學の形成) 쓰치다 겐지로(土田健次郎) 지음, 성현창 옮김, 640쪽, 32,000원

성리학의 개념들 (理學範疇系統) 蒙培元 지음, 홍원식·황지원·이기훈·이상호 옮김, 880쪽, 45,000원

역사 속의 성리학 (Neo-Confucianism in History) Peter K. Bol 지음, 김영민 옮김, 488쪽, 28,000원

주자어류선집 (朱子語類抄) 미우라 구니오(三浦國雄) 지음, 이승연 옮김, 504쪽, 30,000원

불교(카르마)총서

학파로 보는 인도 사상 S. C. Chatterjee·D. M. Datta 지음, 김형준 옮김, 424쪽, 13,000원

유식무경, 유식 불교에서의 인식과 존재 한자경 지음, 208쪽, 7,000원

박성배 교수의 불교철학강의: 깨침과 깨달음 박성배 지음, 윤원철 옮김, 313쪽, 9,800원

불교 철학의 전개, 인도에서 한국까지 한자경 지음, 252쪽, 9,000원

인물로 보는 한국의 불교사상 한국불교원전연구회 지음, 388쪽, 20,000원

은정희 교수의 대승기신론 강의 은정희 지음, 184쪽, 10,000원

비구니와 한국 문학 이향순 지음, 320쪽, 16,000원

불교철학과 현대윤리의 만남 한자경 지음, 304쪽, 18,000원

유식삼심송과 유식불교 김명우 지음, 280쪽, 17,000원

유식불교, 『유식이십론』을 읽다 효도 가즈오 지음, 김명우·이상우 옮김, 288쪽, 18,000원

불교인식론 S. R. Bhatt & Anu Mehrotra 지음, 권서용·원철·유리 옮김, 288쪽, 22,000원

불교에서의 죽음 이후, 중음세계와 육도윤회 허암 지음, 232쪽, 17,000원

한의학총서

한의학, 보약을 말하다 — 이론과 활용의 비밀 김광중·하근호 지음, 280쪽, 15,000원

동양문화산책
주역산책 (易學漫步) 朱伯崑 외 지음, 김학권 옮김, 260쪽, 7,800원
동양을 위하여, 동양을 넘어서 홍원식 외 지음, 264쪽, 8,000원
서원, 한국사상의 숨결을 찾아서 안동대학교 안동문화연구소 지음, 344쪽, 10,000원
안동 풍수 기행, 와혈의 땅과 인물 이완규 지음, 256쪽, 7,500원
안동 풍수 기행, 돌혈의 땅과 인물 이완규 지음, 328쪽, 9,500원
영양 주실마을 안동대학교 안동문화연구소 지음, 332쪽, 9,800원
예천. 금당실 · 맛질 마을 — 정감록이 꼽은 길지 안동대학교 안동문화연구소 지음, 284쪽, 10,000원
터를 안고 仁을 펴다 — 퇴계가 굽어보는 하계마을 안동대학교 안동문화연구소 지음, 360쪽, 13,000원
안동 가일 마을 — 풍산들가에 의연히 서다 안동대학교 안동문화연구소 지음, 344쪽, 13,000원
중국 속에 일떠서는 한민족 — 한겨레신문 차한필 기자의 중국 동포사회 리포트 차한필 지음, 336쪽, 15,000원
신간도견문록 박진관 글 · 사진, 504쪽, 20,000원
선양과 세습 사라 알란 지음, 오만종 옮김, 318쪽, 17,000원
문경 산북의 마을들 — 서중리, 대상리, 대하리, 김룡리 안동대학교 안동문화연구소 지음, 376쪽, 18,000원
안동 원촌마을 — 선비들의 이상향 안동대학교 안동문화연구소 지음, 288쪽, 16,000원
안동 부포마을 — 물 위로 되살려 낸 천년의 영화 안동대학교 안동문화연구소 지음, 440쪽, 23,000원
독립운동의 큰 울림, 안동 전통마을 김희곤 지음, 384쪽, 26,000원
학봉 김성일, 충군애민의 삶을 살다 한국국학진흥원 기획, 김미영 지음, 144쪽, 12,000원

일본사상총서
도쿠가와 시대의 철학사상 (德川思想小史) 미나모토 료엔 지음, 박규태 · 이용수 옮김, 260쪽, 8,500원
일본인은 왜 종교가 없다고 말하는가 (日本人はなぜ 無宗教なのか) 아마 도시마로 지음, 정형 옮김, 208쪽, 6,500원
일본사상이야기 40 (日本がわかる思想入門) 나가오 다케시 지음, 박규태 옮김, 312쪽, 9,500원
일본도덕사상사 (日本道德思想史) 이에나가 사부로 지음, 세키네 히데유키 · 윤종갑 옮김, 328쪽, 13,000원
천황의 나라 일본 — 일본의 역사와 천황제 (天皇制と民衆) 고토 야스시 지음, 이남희 옮김, 312쪽, 13,000원
주자학과 근세일본사회 (近世日本社会と宋学) 와타나베 히로시 지음, 박홍규 옮김, 304쪽, 16,000원

노장총서
不二 사상으로 읽는 노자 — 서양철학자의 노자 읽기 이찬훈 지음, 304쪽, 12,000원
김항배 교수의 노자철학 이해 김항배 지음, 280쪽, 15,000원
서양, 도교를 만나다 J. J. Clarke 지음, 조현숙 옮김, 472쪽, 36,000원
중국 도교사 — 신선을 꿈꾼 사람들의 이야기 牟鐘鑒 지음, 이봉호 옮김, 352쪽, 28,000원

남명학연구총서
남명사상의 재조명 남명학연구원 엮음, 384쪽, 22,000원
남명학파 연구의 신지평 남명학연구원 엮음, 448쪽, 26,000원
덕계 오건과 수우당 최영경 남명학연구원 엮음, 400쪽, 24,000원
내암 정인홍 남명학연구원 엮음, 448쪽, 27,000원
한강 정구 남명학연구원 엮음, 560쪽, 32,000원
동강 김우옹 남명학연구원 엮음, 360쪽, 26,000원
망우당 곽재우 남명학연구원 엮음, 440쪽, 33,000원
부사 성여신 남명학연구원 엮음, 352쪽, 28,000원
약포 정탁 남명학연구원 엮음, 320쪽, 28,000원

예문동양사상연구원총서
한국의 사상가 10人 — 원효 예문동양사상연구원/고영섭 편저, 572쪽, 23,000원
한국의 사상가 10人 — 의천 예문동양사상연구원/이병욱 편저, 464쪽, 20,000원
한국의 사상가 10人 — 지눌 예문동양사상연구원/이덕진 편저, 644쪽, 26,000원
한국의 사상가 10人 — 퇴계 이황 예문동양사상연구원/윤사순 편저, 464쪽, 20,000원
한국의 사상가 10人 — 남명 조식 예문동양사상연구원/오이환 편저, 576쪽, 23,000원
한국의 사상가 10人 — 율곡 이이 예문동양사상연구원/황의동 편저, 600쪽, 25,000원
한국의 사상가 10人 — 하곡 정제두 예문동양사상연구원/김교빈 편저, 432쪽, 22,000원
한국의 사상가 10人 — 다산 정약용 예문동양사상연구원/박홍식 편저, 572쪽, 29,000원
한국의 사상가 10人 — 혜강 최한기 예문동양사상연구원/김용헌 편저, 520쪽, 26,000원
한국의 사상가 10人 — 수운 최제우 예문동양사상연구원/오문환 편저, 464쪽, 23,000원

인물사상총서
한주 이진상의 생애와 사상 홍원식 지음, 288쪽, 15,000원
범부 김정설의 국민윤리론 우기정 지음, 280쪽, 20,000원